FERNAND LORIOT

Le fondateur oublié du Parti communiste

Historiques
Dirigée par Bruno Péquignot et Denis Rolland

La collection « Historiques » a pour vocation de présenter les recherches les plus récentes en sciences historiques. La collection est ouverte à la diversité des thèmes d'étude et des périodes historiques.

Elle comprend trois séries : la première s'intitulant « travaux » est ouverte aux études respectant une démarche scientifique (l'accent est particulièrement mis sur la recherche universitaire) tandis que la deuxième intitulée « sources » a pour objectif d'éditer des témoignages de contemporains relatifs à des événements d'ampleur historique ou de publier tout texte dont la diffusion enrichira le corpus documentaire de l'historien ; enfin, la troisième, « essais », accueille des textes ayant une forte dimension historique sans pour autant relever d'une démarche académique.

Série Travaux

Emmanuel de CHAMBOST, *Histoire de la CSF sous l'Occupation, L'enfance de Thales*, 2012.
Armand AJZENBERG, *L'abandon à la mort… de 76 000 fous par le régime de Vichy*, 2012.
Michel GRENON, *Charles d'Anjou. Frère conquérant de Saint Louis*, 2012.
Thomas PFEIFFER, *Marc Lescarbot : pionnier de la Nouvelle-France*, 2012.
Michel VANDERPOOTEN, *3000 ans de Révolution agricole, Techniques et pratiques agricoles de l'Antiquité à la fin du XIXe siècle*, 2012.
Kilien STENGEL, *L'aide alimentaire : colis de vivres et repas philanthropiques. Histoire de la Gigouillette 1934-2009*, 2012.
Donald WRIGHT, *L'Antiquité moderne,* 2012.
Georges ASSIMA, *La France et la Suisse. Une histoire en partage, deux patries en héritage*, 2012.
François CHEVALDONNE, *Rosa Bordas, rouge du Midi, mémoires, oublis, Histoire*, 2012.
Jean-Paul AUTANT, *De la mobilisation à la victoire. 1939-1946. Un singulier parcours sous l'uniforme durant le second conflit mondial*, 2012.
Christian FEUCHER, *Ali Bey, un voyageur espagnol en terre d'islam*, 2012.
Mélanie GABE, *Accoucher en France. De la libération aux années 1960*, 2012.
Jean-Marc SERME, *Andrew Jackson, l'homme privé. Émotions et sentiments d'un homme de l'Ouest*, 1767-1845, 2012.
Gilles GÉRARD, *Famiy Maron ou la famille esclave à Bourbon (île de la Réunion)*, 2012.
Bernard CAILLOT, *L'Angleterre face aux Bourbons dans la Guerre d'Indépendance Américaine. Paradoxe dans l'Europe des Lumières*, 2012.

Julien Chuzeville

FERNAND LORIOT

Le fondateur oublié du Parti communiste

© L'Harmattan, 2012
5-7, rue de l'Ecole-Polytechnique, 75005 Paris

http://www.librairieharmattan.com
diffusion.harmattan@wanadoo.fr
harmattan1@wanadoo.fr

ISBN : 978-2-336-00119-7
EAN : 9782336001197

« Je resterai proscrit, voulant rester debout. »
(Victor Hugo)

« *Nous n'étions guère nombreux le samedi 15 octobre, dans le cimetière de Pantin, derrière le cercueil de celui qui sauva l'honneur du socialisme français pendant la guerre et qui personnifia ici le communisme dans les années 1917-1920.* »[1] Voilà ce qu'écrivait en 1932, après la mort de Fernand Loriot, le syndicaliste Pierre Monatte. Loriot avait été en 1920 le principal fondateur du Parti communiste. Il était le premier signataire de la motion fondatrice du PC, qui remporta une large majorité au Congrès socialiste de Tours en décembre 1920.

Instituteur, militant socialiste, précurseur du syndicalisme enseignant, il fut l'un des leaders du mouvement pacifiste en France pendant la guerre de 1914-1918. Il est pourtant aujourd'hui tombé dans l'oubli. Cela est en partie dû à son attitude d'opposant interne en 1924-1926 puis à sa rupture avec le PC en 1926, et à sa dénonciation précoce du stalinisme.

Aujourd'hui, quatre-vingts ans après sa mort, par-delà les histoires officielles, voici le premier ouvrage qui lui est consacré.

---

[1] Pierre Monatte, « Une conscience : Fernand Loriot », *La Révolution prolétarienne* n° 140, 25 novembre 1932, p. 9.

I : Un instituteur socialiste et syndicaliste

« L'instituteur est lui aussi un prolétaire et un exploité »
(Marius Nègre, 1905[2])

Fils de Jules Isidore Loriot, distillateur âgé de 27 ans, et de sa femme Apollonie Magdelaine Portal, âgée de 18 ans, Isidore Fernand Ernest Loriot est né le 10 octobre 1870 à Ceton dans l'Orne, dans la maison de son grand-père paternel, un tisserand. Suivant une pratique courante à l'époque il utilisera son deuxième prénom comme nom usuel, se faisant appeler Fernand Loriot.

On ne dispose que de très peu d'éléments sur les trente premières années de sa vie. Du moins sait-on qu'il vit à Puteaux (banlieue de Paris), puis est élève au lycée de Versailles. Ayant devancé l'appel, il effectue son service militaire de trois ans à partir du 27 décembre 1888. Il est affecté au 26e Régiment d'artillerie à Versailles, et finit sous-chef artificier. Son livret militaire indique curieusement « étudiant » comme profession.

Fernand Loriot se marie le 21 juillet 1894 à Fontenay-sous-Bois avec Jeanne Eugénie Joséphine Ricard, née en 1872 dans l'Oise d'un père cheminot et d'une mère employée des postes. Le couple aura six enfants, dont deux n'atteindront pas l'âge adulte. L'aînée, Madeleine, naît le 21 décembre 1894 à Vincennes.

D'abord employé de banque, Loriot devient professeur libre en 1897, tout en aidant son frère qui tient un café, en assurant la comptabilité. Il a trouvé sa vocation avec l'enseignement, et travaille dès lors pour pouvoir intégrer l'école publique et laïque. On comprend la place que peut prendre l'enseignement laïque pour Loriot : dans la logique qui est la sienne tout au long de son parcours militant, l'émancipation nécessite l'action collective, mais aussi et surtout la connaissance, le savoir.

Autodidacte, il obtient le Brevet élémentaire en juillet 1900. Sa candidature est acceptée par l'Instruction publique en octobre 1900, mais il ne peut intégrer son poste à cause du décès accidentel de son frère avec qui il était associé, et c'est finalement à la rentrée 1901 qu'il commence à enseigner à l'école publique. Il est dans un premier temps instituteur auxiliaire, et exerce comme remplaçant dans les cantons de Pantin, Montreuil et Aubervilliers.

Il fera toute sa carrière dans le département de la Seine – ce département, supprimé dans les années 1960, regroupait Paris et sa proche banlieue : les communes qui le constituaient ont été divisées entre Paris (75), les Hauts-de-Seine (92), la Seine-Saint-Denis (93), et le Val-de-Marne (94). Loriot et sa

---

2 *L'Emancipation de l'instituteur*, juillet 1905, cité dans Thierry Flammant, *L'Ecole émancipée, une contre-culture de la belle époque*, Les Monédières, 1982, p. 47.

famille habitent successivement plusieurs villes de la banlieue parisienne : à Bois-Colombes puis à Puteaux, et ensuite à Noisy-le-Sec.

Il obtient le Brevet supérieur en 1902, puis le Certificat d'aptitude pédagogique en 1903. Instituteur stagiaire à Romainville depuis la rentrée de 1902, il est transféré à Noisy-le-Sec en 1903, à sa demande (puisqu'il y réside) – sa hiérarchie notant : « *Bon instituteur. Avis très favorable.* »[3] Il devient instituteur titulaire le 1er janvier 1904. Ayant déménagé à Puteaux, il y demande sa mutation. Titularisé à Puteaux à partir de la rentrée d'octobre 1904, il va y enseigner pendant plus de dix ans. Mais son salaire étant insuffisant, il travaille également quelques heures par semaine comme comptable de 1906 à 1908[4].

Fernand Loriot est adhérent socialiste à partir de 1901 à Noisy-le-Sec. Le mouvement socialiste en France est à l'époque divisé en deux organisations : le Parti socialiste français (PSF) de Jean Jaurès et Jean Allemane, et le Parti socialiste de France (PSdF) de Jules Guesde et Edouard Vaillant. La section de Noisy-le-Sec est alors au Parti socialiste français[5].

En 1904 Loriot passe – suite à son déménagement – à la section socialiste de Puteaux, où l'unité des courants socialistes est déjà réalisée sous le nom d'Union des travailleurs socialistes de Puteaux. La section de Puteaux, ville à l'époque ouvrière, est avant 1914 la section socialiste de la banlieue parisienne rassemblant le plus d'adhérents[6]. Loriot écrira plus tard : « *Je n'éprouve qu'un médiocre enthousiasme pour le très singulier socialisme que je trouve là. J'ai l'impression d'un socialisme de clocher uniquement préoccupé de questions locales dont la principale est la lutte pour la conquête de la municipalité.* »[7] Il aurait cependant été secrétaire de cette section socialiste[8].

La section est dominée par Lucien Voilin, qui représente Puteaux au niveau national. Voilin est élu député en 1910, puis maire de Puteaux en 1912 – ce qui montre une forte implantation et audience de la section socialiste. Loriot écrira que « *Voilin militant est au-dessous du médiocre* », cependant il le

---

3 Archives départementales de Paris, carton D1 T1 460 (désormais : AD75 D1T1460).
4 Il doit cesser cette activité suite à une dénonciation auprès de sa hiérarchie en mars 1908 (AD75 D1T1460).
5 Avant la formation du PSF, la section appartenait à la Confédération des socialistes indépendants.
6 Parti Socialiste Section Française de l'Internationale Ouvrière, Fédération de la Seine, *20e Congrès Fédéral (5-19 décembre 1915), rapports*, Paris, 1915, p. 9 (Office universitaire de recherche socialiste, E4 317 BD). Cf également Camille Fégy, « Une ville rouge : Puteaux », *L'Internationale* n° 268, 1er janvier 1922, p. 4.
7 Note autobiographique de Fernand Loriot, tapuscrit inédit de 8 pages, sans date [d'après le contenu : écrit en 1928], archives de Pierre Monatte, Institut français d'histoire sociale (IFHS) carton 14 AS/246c.
8 Note de police sur Fernand Loriot, 7 décembre 1916, Archives nationales (AN) carton F 7/13961. Cette affirmation est reprise dans des notes de police ultérieures, mais cela ne constitue toujours qu'une source unique.

juge « *absolument honnête, sincère. Sa grande simplicité d'allure et de vie, son affabilité, sa courtoisie, sa modération attirent la sympathie. Je ne lui ai d'ailleurs jamais ménagé la mienne que je lui ai gardée même aux heures où pendant la guerre je l'ai combattu ouvertement.* »[9] On voit ici s'affirmer un trait de caractère de Loriot, qui peut critiquer sévèrement des idées tout en conservant du respect pour ceux qui les défendent.

En avril 1905, l'unification socialiste se réalise au niveau national par la création de la Section Française de l'Internationale Ouvrière (SFIO). Cette fusion du PSF et du PSdF se réalise sur demande de la Deuxième Internationale (ou Internationale socialiste), qui s'était définie à ses débuts comme « *Parti socialiste démocratique révolutionnaire international* »[10], tout en ayant une pratique proche du fédéralisme.

Le Parti socialiste SFIO affirme dans sa déclaration de principe être « *un parti de lutte de classe et de révolution* », « *un parti de classe*[11] *qui a pour but de socialiser les moyens de production et d'échange, c'est-à-dire de transformer la société capitaliste en une société collectiviste et communiste* »[12]. Loriot fait partie des 34.000 adhérents que compte la SFIO à sa fondation, aux côtés notamment de Jean Jaurès, Jules Guesde, Paul Lafargue et son épouse Laura – une des filles de Karl Marx –, Edouard Vaillant, Jean Allemane, Arthur Groussier, etc. Le parti compte nombre d'anciens de la Commune de Paris de 1871, de plus certains – parfois les mêmes – ont milité avec Karl Marx, et plus nombreux encore sont ceux qui ont connu Friedrich Engels, mort seulement dix ans plus tôt.

* * *

A la même période, Fernand Loriot adhère à la franc-maçonnerie en rejoignant la loge « Education coopérative » du Grand Orient, en mars 1905. Dans le contexte de l'époque, il faut sans doute y voir une volonté d'opposition au cléricalisme et de défense de la laïcité. Il est de surcroît initié quelques mois avant le vote de la loi de séparation de l'Eglise et de l'Etat, donc à une période où ces débats sont particulièrement vifs.

Il démissionnera de la franc-maçonnerie en décembre 1909[13], pour des raisons qui nous sont inconnues. Au vu de ses nombreuses activités, il s'agit

---

9 Note autobiographique de Fernand Loriot, 1928, document cité.
10 Cité dans Georges Haupt, *La Deuxième Internationale, 1889-1914*, Mouton, 1964, p. 24 (cf également note 5, pp. 29-30, ainsi que p. 86).
11 Autrement dit un parti au service d'une classe sociale, en l'occurrence le prolétariat.
12 Parti Socialiste (Section Française de l'Internationale Ouvrière), *1er & 2e Congrès nationaux, compte rendu analytique*, Paris, 1905, pp. 13-14.
13 Il devient apprenti le 10 mars 1905, et compagnon le 26 janvier 1906 (fiche du Grand Orient de France sur Fernand Loriot).

peut-être tout simplement d'un manque de disponibilité : c'est qu'entre temps, Loriot est aussi devenu militant syndical.

Au Syndicat des instituteurs de la Seine

La Fédération nationale des syndicats d'instituteurs (FNSI) est créée en juillet 1905 ; il s'agit de la première organisation syndicale nationale d'enseignants[14]. Le syndicat du département de la Seine est créé début 1906. Fernand Loriot rejoint ce Syndicat des instituteurs dès qu'il apprend sa création : « *lorsqu'en 1906 j'apprends la formation d'un Syndicat d'instituteurs qui se revendiquent du programme révolutionnaire de la C.G.T., c'est avec joie que j'y donne mon adhésion. Je trouve en effet au syndicat un milieu beaucoup plus conforme à mes aspirations.* »[15]
Cette organisation syndicale est dans un premier temps d'ampleur réduite : en 1906, il n'y a qu'« *un millier de cotisants* » au syndicat sur 120.000 instituteurs[16]. Rappelons que l'Etat ne reconnaît pas à l'époque à ses fonctionnaires le droit syndical. La FNSI n'est théoriquement pas légale, mais « tolérée ». Cela n'empêche pourtant pas la répression : le secrétaire général de la FNSI, Marius Nègre, est révoqué par arrêté ministériel en avril 1907[17].

Syndicaliste de l'enseignement à partir de 1906, Loriot devient alors davantage militant syndical que militant socialiste. La Fédération nationale des syndicats d'instituteurs décide formellement d'adhérer à la CGT en mars 1907. L'article premier de ses statuts stipule que la CGT « *groupe, en dehors de toute école politique, tous les travailleurs conscients de la lutte à mener pour la disparition du Salariat et du Patronat.* » La FNSI définit pour sa part les instituteurs comme faisant partie du « *prolétariat administratif* »[18].
Le 18 mai 1911, Loriot est élu au Conseil syndical – c'est-à-dire à la direction – du Syndicat des instituteurs de la Seine[19]. Le 30 juillet de la même année, il refuse avec un de ses collègues de faire chanter *La*

---

14 La FNSI utilise également des variantes de son nom, dont « Fédération nationale des syndicats d'institutrices et d'instituteurs ». La profession était à l'époque à peu près paritaire mais le recrutement des hommes et des femmes se faisait à part, ces dernières étant moins payées. L'égalité des traitements fut une revendication de la FNSI, finalement satisfaite – de haute lutte – en 1919.
15 Note autobiographique de Fernand Loriot, 1928, document cité.
16 Georges Duveau, *Les Instituteurs*, Seuil, 1966, p. 148.
17 François Bernard, *Le Syndicalisme dans l'enseignement, histoire de la Fédération de l'enseignement des origines à l'unification de 1935*, Grenoble, s.d. [1966], tome I, p. 104.
18 Intervention d'André Chalopin au congrès de la CGT de septembre 1912 au Havre, *Compte-rendu sténographique*, p. 39.
19 *Bulletin du Syndicat des instituteurs et institutrices de la Seine* n° 7, juin-juillet 1911, p. 77.

Marseillaise à ses élèves lors de la distribution des prix. Il est en conséquence sanctionné financièrement par le maire de Puteaux[20] (qui ne peut ignorer que Loriot est un militant de la SFIO, parti politique qui lui ravira son poste de maire l'année suivante).

La Fédération des instituteurs va faire parler d'elle après son Congrès tenu à Chambéry du 15 au 17 août 1912. Lors de ce congrès, la FNSI décide à l'unanimité de relayer la campagne du « Sou du soldat » de la CGT. Il s'agissait d'une caisse de solidarité visant à maintenir le lien entre les syndicats et leurs adhérents pendant qu'ils effectuaient leur service militaire. Le gouvernement, qui considère le Sou du soldat comme un moyen de propagande antimilitariste (ce qui est dans une certaine mesure le cas), met « *les syndicats d'instituteurs en demeure de se dissoudre.* » Mais la FNSI résiste et poursuit son activité, même si certaines fédérations départementales cèdent néanmoins devant les menaces de sanctions[21].

Le 16 septembre, les syndiqués qui refusent la dissolution publient un Manifeste retentissant. Loriot figure parmi les 70 premiers signataires du Manifeste, de même que des militants que nous retrouverons par la suite : Hélène Brion, Alexandre Blanc, Gabrielle et Louis Bouët, Henriette Izambard, Louis Lafosse, Marie et François Mayoux. Ils y affirment : « *Nous résisterons [...] pour sauvegarder la liberté de tous les salariés de l'Etat.* » Donnant leur conception du métier, ces instituteurs écrivent : « *Les enfants du peuple ont droit, tout comme les petits bourgeois, à un enseignement vivant et vrai : tous nos efforts tendent à le leur donner.* »[22] Ce Manifeste recueillera au total près de 800 signatures[23].

Le 3 octobre, un nouveau Conseil fédéral de la FNSI est élu. Loriot figure parmi ses 18 membres, de même que André Chalopin, Hélène Brion et Alexandre Blanc. Loriot est également élu trésorier de la Fédération, et figure à ce titre parmi les cinq membres du bureau[24]. Comme l'écrivit Louis Bouët : « *quand les ordres de dissolution, les menaces et les poursuites de toutes sortes assaillaient les militants, Loriot fut de ceux qui résistèrent*

---

20 AD75 D1T1460.
21 François Bernard, *Le Syndicalisme dans l'enseignement*, op. cit., tome I, pp. 186 à 243, et *L'Ecole émancipée* n° 47, 31 août 1912.
22 « Manifeste des instituteurs », *La Bataille syndicaliste* n° 509, 16 septembre 1912, p. 1, « Les instituteurs syndiqués. Ils expliquent et justifient dans un Manifeste les résolutions votées au Congrès de Chambéry », *L'Humanité* n° 3074, 16 septembre 1912, p. 1, et « Manifeste des instituteurs syndiqués », *L'Ecole émancipée* n° 1, 28 septembre 1912, pp. 7-9.
23 François Bernard, *Le Syndicalisme dans l'enseignement*, op. cit., tome I, p. 217. Parmi les signataires supplémentaires figurent notamment Julia Bertrand, Marcelle Brunet, Marie Guillot et Jean-Pierre Raffin-Dugens.
24 Idem, pp. 223-224, et *La Bataille syndicaliste* n° 527, 4 octobre 1912, p. 1 (et erratum du lendemain).

courageusement, il prit la fonction de trésorier dans le nouveau bureau fédéral »[25].

En effet, la justice entre en action contre les signataires du Manifeste. Loriot fait partie des militants poursuivis, lui et ses co-accusés étant condamnés le 22 octobre à 50 francs d'amende chacun. Le tribunal proclame également la dissolution du Syndicat des instituteurs et institutrices de la Seine, mais ce dernier poursuit cependant son activité[26]. Au sein des instances de l'Instruction publique, la « peine de la censure » (blâme grave) est prononcée le 19 octobre contre tous les membres du Conseil fédéral – dont Loriot.

Un nouveau congrès de la FNSI a lieu à Bourges en septembre 1913. En raison de la répression, l'ambiance n'est pas à l'optimisme. Charles Joly démissionne de son poste de secrétaire fédéral. Chalopin propose alors de former un nouveau Conseil fédéral avec des militants de la Seine, mais il fait face à certains qui voudraient dissoudre la FNSI et intégrer les amicales d'instituteurs : l'un d'eux, Emile Glay, lui prédit qu'il serait « *tout seul dans la Seine* ». Louis Bouët décrit alors la scène : « *Du fond de la salle, une voix s'élève à ce moment, celle du trésorier fédéral Loriot qui était en train de rembourser aux délégués leurs frais de chemin de fer : "Tu ne seras pas seul, Chalopin : tu peux compter sur moi !"* »[27] Une militante écrira qu'il « *a fallu Loriot pour nous redonner confiance et nous faire accepter le voeu de Chalopin.* »[28]

L'offensive gouvernementale contre la FNSI se conclut par un échec. Mais le syndicat, qui bénéficiait jusqu'à Chambéry d'une forte croissance numérique, subit dans un premier temps un recul de ses effectifs, bientôt compensé par de nouvelles adhésions. Si le développement du nombre des adhérents a connu un relatif coup d'arrêt, l'expérience de la lutte contre le pouvoir a par contre aguerri les militants. Alors que la CGT avant 1914 était en crise et que le syndicalisme révolutionnaire y perdait du terrain, à l'inverse sa fédération des instituteurs était en croissance et sa radicalité s'affirmait. Le fait que les instituteurs syndicalistes forment un noyau solide et expérimenté, et qu'ils soient souvent également militants de la SFIO, va jouer un rôle important par la suite.

Un nouveau Conseil fédéral de la FNSI est élu : Marcel Cottet est le secrétaire général, Hélène Brion est secrétaire adjointe, et Loriot est

---

25 Louis Bouët, « Nécrologie : Fernand Loriot », *L'Ecole émancipée* n° 5, 30 octobre 1932, pp. 74-75.
26 « Les instituteurs syndiqués en correctionnelle », *La Bataille syndicaliste* n° 546, 23 octobre 1912, pp. 1-2, et « Un coup de force judiciaire », *L'Humanité* n° 3111, 23 octobre 1912, pp. 1-2.
27 Louis Bouët, *Trente ans de combat syndicaliste et pacifiste*, L'Amitié par le livre, s.d. [1973], pp. 171-177.
28 Il s'agit d'Elise Salabelle (François Bernard, *Le Syndicalisme dans l'enseignement*, op. cit., tome I, pp. 253-254).

reconduit comme trésorier[29]. En mai 1914, il fait partie de la délégation de quatre responsables de la FNSI qui sont reçus au ministère, pour y exposer leurs revendications salariales et d'arrêt de la répression[30].

Même s'il a été militant socialiste avant d'être syndicaliste, les nécessités de l'heure – le syndicalisme enseignant étant plus faible et de surcroît réprimé – l'amènent à prendre plutôt des responsabilités importantes dans la FNSI.

* * *

La CGT et la SFIO, les deux organisations dont Loriot est membre, mènent depuis plusieurs années des campagnes contre la menace d'une guerre européenne. La CGT appelle à empêcher un éventuel conflit par la « *grève générale révolutionnaire* »[31], et la SFIO préconise « *le recours aux moyens révolutionnaires, grève générale et insurrection, afin de prévenir ou d'arrêter le conflit et d'arracher le pouvoir aux classes dirigeantes qui auraient déchaîné la guerre.* »[32] Les congrès de la Deuxième Internationale – à Stuttgart (1907), Copenhague (1910) et Bâle (1912) – adoptent également plusieurs résolutions très fermes contre la guerre[33].

Du 14 au 16 juillet 1914, dans un contexte où la guerre européenne menace d'éclater, le congrès de la SFIO se prononce de nouveau contre la guerre. La CGT organise quelques manifestations, la SFIO se contente essentiellement de proclamations, et aucune des deux organisations ne prépare en fait de moyens concrets pour s'opposer à la guerre.

Le 31 juillet, Jean Jaurès est assassiné par un nationaliste. L'engrenage vers la guerre était déjà en marche, la mobilisation avait été décrétée la veille par la Russie tsariste, elle est décidée en France et en Allemagne le 1er août, et le 3 août la guerre est déclarée.

Les directions de la CGT et de la SFIO, ne pouvant empêcher la guerre[34], rallient ensuite « l'union sacrée ». Le 4 août, l'intégralité des députés de la SFIO votent les crédits de guerre, puis, en contradiction avec les décisions

---

29 Idem, p. 256.

30 *L'Ecole émancipée* n° 34, 16 mai 1914, pp. 403-404.

31 Motion adoptée en congrès de la CGT sur proposition de Merrheim, citée dans Edouard Dolléans, *Histoire du mouvement ouvrier*, tome 2, Armand Colin, 1967, p. 195, et dans Jean-Jacques Becker, *Le Carnet B, les pouvoirs publics et l'antimilitarisme avant la guerre de 1914*, Klincksieck, 1973, p. 52.

32 « La Résolution du Parti contre la guerre », adoptée à l'unanimité par le congrès de la SFIO le 21 novembre 1912, *L'Humanité* n° 3141, 22 novembre 1912, pp. 1-2.

33 Voir plusieurs citations dans Alfred Rosmer, *Le Mouvement ouvrier pendant la Première Guerre mondiale*, éditions d'Avron, 1993, tome I, pp. 93-94.

34 Paul Louis écrira, en une formule cruelle mais pertinente, que la guerre « *emporta les résistances, comme la marée montante disloque les digues de sable que des enfants lui opposent.* » (Paul Louis, *La Crise du socialisme mondial*, Alcan, 1921, p. 39). Sur ces questions, cf Jean-Jacques Becker, *1914 : comment les Français sont entrés dans la guerre*, FNSP, 1977.

des congrès, deux députés socialistes (Jules Guesde et Marcel Sembat) entrent au gouvernement.

Les rares militants restés pacifistes se trouvent accablés par un sentiment d'impuissance face à l'ampleur des forces déchaînées. Ainsi Raymond Péricat, ancien secrétaire de la Fédération CGT du bâtiment, part au front, et dira plus tard : « *Je n'ai pas eu, quoique ne reconnaissant pas de frontières, ni de patrie, la force de caractère pour ne pas partir. J'ai eu peur, c'est vrai, du poteau d'exécution.* »[35] Georges Dumoulin, un autre pacifiste de la CGT dont il était le secrétaire adjoint, déclarera avec la plus grande clarté : « *Je suis allé à la guerre parce qu'il n'était pas possible de faire autrement.* »[36] Comme beaucoup, Loriot cède en août 1914 aux sirènes de la « défense nationale ».

L'instauration de la censure empêche de toute façon l'expression de pensées dissidentes : « *A partir du 2 août 1914, on finit par s'habituer aux colonnes blanches dans les journaux, aux publications saisies et interdites, à la présence du censeur au marbre des imprimeries de presse.* »[37] De plus des organes radicaux cessent de paraître, comme la revue syndicaliste révolutionnaire *La Vie ouvrière*, ainsi que les journaux anarchistes. L'information n'est pas seulement en partie censurée, elle est de plus orientée voire falsifiée. Le syndicaliste Marcel Hasfeld dira que la presse usait « *d'un bourrage de crâne tel qu'il semblait impossible de remonter le courant* »[38].

Ces différents mécanismes ont fonctionné efficacement, et « *la propagande des gouvernements, aussi bien en France qu'en Allemagne, sut persuader les masses populaires que leur pays était victime d'une agression* »[39]. Du fait de la censure, les civils « *ont ignoré la gravité des défaites militaires, les crises diplomatiques, les effets économiques catastrophiques et les véritables*

---

35 Confédération Générale du Travail, *XIVe Congrès confédéral, tenu à Lyon du 15 au 21 septembre 1919, Compte rendu sténographique*, p. 140.
36 Idem, p. 203.
37 Maurice Rajsfus, *La Censure militaire et policière (1914-1918)*, Le Cherche Midi, 1999, p. 23 (l'auteur rappelle que « *la censure représente surtout la perte de l'une des libertés fondamentales : le droit à l'expression libre* »). Parmi les problèmes que la censure pose à l'historien, il y a d'abord les articles censurés dont on ignore ce que contenaient les passages interdits. Par ailleurs, les militants pacifistes savaient qu'ils risquaient la censure voire l'emprisonnement : il y a donc une part d'autocensure, leur pensée n'est pas toujours exprimée aussi clairement qu'ils le feraient si la liberté de la presse était respectée – or, « *dans la pratique, la liberté de la presse est suspendue* » (Serge Berstein et Pierre Milza, *Histoire de la France au XXe siècle, tome I : 1900-1930*, Complexe, 1999, p. 266). Il en est de même pour les correspondances, puisqu'ils savent que leur courrier est ouvert et lu. Les articles partiellement censurés sont extrêmement nombreux parmi ceux que nous utilisons de 1915 à 1919.
38 Cité par Jean Prugnot dans son introduction à Marie-Christine Bardouillet, *La Librairie du travail*, Maspero, 1977, p. 18.
39 Robert Verdier, *Bilan d'une scission, congrès de Tours*, Gallimard, 1981, p. 18. Selon Daniel Ligou, « *la France utilise la menace allemande, au même titre que l'Allemagne utilise la menace russe.* » (*Histoire du socialisme en France (1871-1961)*, PUF, 1962, p. 241).

horreurs de la guerre. » La censure ayant « *fortement réduit l'écho des crises économiques ou sociales* », elle a contribué « *puissamment à anesthésier l'opinion publique* »[40].

---

40 Claude Bellanger, Jacques Godechot, Pierre Guiral et Fernand Terrou (dir.), *Histoire générale de la presse française, tome III : de 1871 à 1940*, PUF, 1972, p. 413. Selon l'historien Jean-Jacques Becker, la censure était en France « *beaucoup plus rigide qu'en Allemagne ou dans le Royaume-Uni* » (*1917 en Europe*, Complexe, 1997, p. 74).

II : Contre la guerre

> « *Par une habile exploitation des haines séculaires, fruits de tout un passé de violences spoliatrices, par une savante surexcitation des passions chauvines, par la dissimulation de leurs véritables desseins, les gouvernants de tous les pays belligérants ont fait accepter leur guerre aux masses populaires. Par la suppression des libertés, par la dictature, par la formidable organisation oppressive de l'Etat capitaliste, ils ont maintenu ces masses dans la fournaise* »
> (Fernand Loriot, 1919[41])

De nombreux militants de la FNSI sont mobilisés, dont le secrétaire du Syndicat des instituteurs de la Seine André Chalopin, qui meurt au front quelques semaines plus tard. Le secrétaire fédéral Marcel Cottet est également mobilisé : Hélène Brion le remplace, et Loriot l'assiste au sein du bureau. De plus, Loriot et Brion vont représenter pendant la guerre la FNSI au Comité confédéral de la CGT. Mais dans les premiers mois de la guerre, l'activité syndicale est quasiment à l'arrêt. Le congrès de la CGT prévu à Grenoble en septembre 1914, pour lequel Loriot devait être délégué[42], est annulé. Le congrès annuel de la FNSI est également supprimé.
L'attitude de Loriot a été d'abord la résignation face à la guerre, puis une opposition modérée, et ensuite une franche opposition – qui ne se démentira plus de 1915 jusqu'à la fin de guerre.

L'hebdomadaire officieux de la FNSI, *L'Ecole émancipée*, parvient à reparaître début octobre 1914. Dans ce premier numéro, un bref article de Fernand Loriot appelle les instituteurs à soutenir la revue en ces temps difficiles – ce faisant, il relaie le discours de défense nationale contre le « *militarisme prussien* »[43]. Mais la revue est loin d'adopter le ton de l'union sacrée : elle est interdite dès la fin octobre. L'équipe de rédaction fait alors paraître *L'Ecole*, renommée en juin 1915 *L'Ecole de la Fédération*. La revue publie chaque semaine d'impressionnantes listes des instituteurs tués au front[44]. En février 1915, un article de Loriot intitulé « L'action fédérale » – donc traitant de l'action de la FNSI – est intégralement censuré[45].

---

41 « La Paix », *La Vie ouvrière* n° 10, 2 juillet 1919, p. 1.
42 *Bulletin sindical* [sic, ce bulletin adoptait une orthographe simplifiée] *des institutrices & instituteurs de la Région parisienne* n° 10, juillet 1914, p. 207. Ce bulletin cesse par la suite de paraître du fait de la guerre.
43 F. Loriot, « Aux institutrices, aux instituteurs », *L'Ecole émancipée* n° 1, 3 octobre 1914, p. 5.
44 En janvier, Loriot rend hommage à six militants du Syndicat des instituteurs de la Seine (F. Loriot, « Nécrologie », *L'Ecole* n° 13, 23 janvier 1915, p. 56).
45 *L'Ecole* n° 16, 13 février 1915, pp. 65-66.

Loriot déménage en septembre 1915 à Paris, et demande sa mutation à Aubervilliers, où il enseigne à partir de la rentrée d'octobre 1915. Il reste cependant militant de la section socialiste de Puteaux pendant la durée de la guerre.
A l'été 1915, il devient « pacifiste radical » suite à des discussions avec ses camarades du syndicat des instituteurs[46]. Louis Bouët écrira qu'à partir d'août 1915, « *il tint bravement tête à la meute des fonctionnaires syndicaux sursitaires qui nous raillaient et nous injuriaient parce que nous restions fidèles au syndicalisme de lutte et que nous exprimions notre volonté de paix.* »[47] Ce courant pacifiste dans lequel se situe Loriot milite non seulement pour une paix rapide, mais pour une « paix blanche », c'est-à-dire le refus des annexions et donc le retour à la situation territoriale d'avant la guerre. Il s'agit de faire cesser la guerre le plus tôt possible, « sans vainqueur ni vaincu ».

S'il y a eu des opposants à la guerre dès août 1914 en Allemagne comme en France, c'est dans des conditions extrêmement difficiles que le socialisme pacifiste avait commencé à se manifester.
En novembre 1914 la socialiste allemande Clara Zetkin, secrétaire internationale des femmes socialistes, lance un appel à lutter pour la paix immédiate sans annexion. L'appel est diffusé en France à l'initiative de Louise Saumoneau, qui était avant la guerre la secrétaire du Groupe des femmes socialistes[48]. Le 2 décembre 1914, Karl Liebknecht vote seul contre les crédits de guerre au Reichstag, affirmant : « *notre devoir vis-à-vis du peuple allemand et de l'humanité tout entière, vis-à-vis du prolétariat international auquel il appartient indissolublement, nous oblige à nous opposer de toutes nos forces à cet entredéchirement des peuples.* »[49] Cette prise de position a un écho considérable, y compris en France. Mais à part ce geste spectaculaire de Karl Liebknecht, les analyses contre la guerre développées en Allemagne par les spartakistes, et en particulier par Rosa Luxemburg, resteront en fait inconnues en France pendant la guerre[50].
En France, des réunions du noyau de *La Vie ouvrière* (Pierre Monatte, Alfred Rosmer, Alphonse Merrheim, etc.), revue du courant syndicaliste révolutionnaire de la CGT, ont lieu dans son local du quai de Jemmapes.

---

46 L'expression « camarade » était à l'époque, et déjà avant 1914, couramment employée dans la FNSI et plus largement dans la CGT.
47 Louis Bouët, « Nécrologie : Fernand Loriot », art. cit.
48 Louise Saumoneau, *Les Femmes socialistes contre la guerre, I : Appel de Clara Zetkin, son introduction en France*, Paris, s.d., pp. 2-6, et *La Femme socialiste* n° 24, février 1915.
49 Karl Liebknecht, *Militarisme, guerre, révolution*, Maspero, 1970, p. 133.
50 Pour des raisons pratiques (dont la présence en France de militants russes en exil), il y a eu en France une surestimation des courants russes par rapport à ceux de la gauche allemande, ces derniers étant pourtant plus en phase avec un marxisme révolutionnaire démocratique. Cette méconnaissance des analyses luxemburgistes a été un facteur de faiblesse théorique du courant pacifiste radical en France.

Mais dans un premier temps, ces réunions pacifistes ne donnent pas lieu à des proclamations publiques.

D'importantes divergences s'expriment au sein de la direction de la CGT dès les premières semaines du conflit, sans toutefois être connues à l'extérieur jusqu'en décembre 1914. A cette date, Monatte démissionne du Comité confédéral de la CGT pour protester contre l'attitude d'acceptation de la guerre par la majorité. Dans sa lettre de démission, qu'il diffuse sous forme de tract au sein des milieux syndicaux, Monatte écrit que « *parler de paix est le devoir qui incombe, en ces heures tragiques, aux organisations ouvrières conscientes de leur rôle.* » Il note que c'est ce que font d'ores et déjà de nombreux socialistes : « *l'Independent Labour Party, en Angleterre [...] les deux partis socialistes russes ; de même que les socialistes italiens et suisses [...] le parti socialiste américain [...] Karl Liebknecht - et avec lui une minorité du parti socialiste allemand* ». Et il conclut : « *je crains fort que nos organisations centrales, en France comme en Allemagne, C.G.T. comme Parti socialiste, Union Syndicale internationale comme Internationale socialiste, n'aient signé leur faillite. [...] Si l'humanité doit connaître un jour la paix et la liberté, au sein des Etats-Unis du monde, seul un socialisme plus réel et plus ardent, surgissant des désillusions présentes, trempé dans les fleuves de sang d'aujourd'hui, peut l'y mener. Ce n'est pas, en tout cas, les armées des alliés, non plus que les vieilles organisations déshonorées qui le peuvent.* »[51]

Clara Zetkin appelle à une Conférence internationale des femmes socialistes à Berne, fin mars 1915. Rosa Luxemburg avait prévu de s'y rendre, mais elle fut arrêtée et emprisonnée le mois précédent. Pour la France, c'est Saumoneau qui est présente au nom du Comité d'action féminine socialiste pour la paix contre le chauvinisme, qu'elle venait de créer. La Conférence réunit des militantes de huit pays, et lance un appel à la paix intitulé « Femmes du prolétariat, Où sont vos maris ? Où sont vos fils ? », dont la conclusion affirme :
« *Les travailleurs de tous les pays sont frères. Ce n'est que leur volonté unie qui peut mettre fin à l'assassinat des peuples.*
Seul le Socialisme est la paix future de l'Humanité.
A bas le capitalisme, qui sacrifie des hécatombes d'êtres humains à la richesse et au pouvoir des classes possédantes !
A bas la guerre ! Par et pour le socialisme ! »[52]

---

[51] Pierre Monatte, *Pourquoi je démissionne du Comité Confédéral*, tract reproduit en fac-similé dans Alfred Rosmer, *Le Mouvement ouvrier pendant la Première Guerre mondiale*, op. cit., tome I, entre les pp. 304 et 305, et dans Aude et Charles Sowerwine, *Le Mouvement ouvrier français contre la guerre, 1914-1918*, EDHIS, 1985, tome VII (pas de pagination).
[52] Texte diffusé en France sous forme de tract A4 recto simple (Archives de la préfecture de police, carton B^A 1536 (désormais : APP B^A 1536), et fac-similé dans Sowerwine, tome VII), et publié dans *La Femme socialiste* n° 27, mai 1915.

En France, la minorité pacifiste s'affirme progressivement au sein de la CGT. En avril 1915, Merrheim et Rosmer font reparaître le journal de la Fédération des Métaux, et contournent la censure[53]. Un timide début d'opposition se manifeste dans la SFIO en mai 1915, par un rapport de la Fédération de la Haute-Vienne envoyé à toutes les fédérations[54]. Des militants, des sections et des figures du parti comme Jean Longuet, rejoignent ces « minoritaires ». Longuet, qui était l'un des représentants de la SFIO au Bureau socialiste international, député de banlieue parisienne et accessoirement petit-fils de Karl Marx, va représenter ce courant au point qu'on appellera ses partisans les « longuettistes ».

Alors qu'un premier courant socialiste pacifiste s'affirme, la direction de la SFIO favorable à « l'union sacrée » semble au contraire se radicaliser dans le sens inverse : un troisième député de la SFIO, Albert Thomas, intègre le gouvernement de guerre en mai 1915, et deviendra même en décembre 1916 ministre de l'armement. De plus l'opposition a du mal à s'affirmer dans les instances socialistes ; en effet, les pacifistes modérés se rallient à la majorité de guerre lors du Conseil national des 14 et 15 juillet 1915.

Il semble que Loriot, comme la majorité de la section de Puteaux, soit alors partisan de ce pacifisme modéré des « longuettistes ». Le 25 juillet 1915, c'est lui qui représente sa section au Comité fédéral SFIO de la Seine, et il intervient pour demander que les adhérents socialistes soient admis de droit à assister en observateurs aux réunions du Conseil national et de la Commission administrative permanente (CAP, la direction du parti). Mais sa proposition ne sera pas adoptée[55]. On retrouve à plusieurs reprises cette volonté de Loriot que les militants puissent prendre pleinement connaissance des débats des instances de direction, et qu'un accès direct aux informations leur soit garanti.

Le 14 août, il participe au premier congrès national de la FNSI tenu depuis le début de la guerre, au siège de la CGT à Paris. La discussion agit pour lui comme une véritable prise de conscience. Une majorité emmenée par des militants de province[56] vote un texte clairement opposé à la guerre.

---

53 Alfred Rosmer, *Le Mouvement ouvrier pendant la Première Guerre mondiale*, op. cit., tome I, pp. 237-239 et 254-257, et fac-similé de la première page de ce numéro entre les pp. 368 et 369.

54 Texte reproduit et commenté dans Alfred Rosmer, *Le Mouvement ouvrier pendant la Première Guerre mondiale*, op. cit., tome I, pp. 292-296. Selon Jean Longuet, « *l'idée de la reprise des relations internationales n'y était encore exprimée que sous une forme assez vague et incertaine.* » (« Quatre ans de lutte pour l'Internationale », *Le Populaire* n° 286, 26 janvier 1919, p. 3).

55 Rapport « Chamois » informateur « 7 » [il s'agit d'un cadre de la SFIO favorable à la guerre ; par recoupement, il ne peut s'agir que de Charles Rossignol – comme l'avait déjà noté l'historien Jean-Louis Robert], 26 juillet 1915, APP B^A 1470.

56 Elise Avenas, Julia Bertrand, Louis Bouët, Marie Guillot, Louis Lafosse, Marie Mayoux et Jules Raffin. Ce sont les arguments de ces militants qui ont convaincu Loriot du bien-fondé du pacifisme radical, qu'il adopte alors de façon définitive.

Désormais convaincu de la justesse de cette orientation pacifiste radicale, c'est Loriot qui défend cette position de la FNSI lors de la Conférence de la CGT du lendemain.

Le 15 août, lors de cette Conférence nationale de la CGT Loriot s'exprime donc au nom de la Fédération des Instituteurs. Une résolution pacifiste est présentée à l'initiative de Merrheim et Albert Bourderon, et cosignée par plusieurs militants de la Fédération des syndicats d'instituteurs : Loriot, Louis Bouët, Louis Lafosse, Marie Guillot, Marie Mayoux, Marthe Bigot et Hélène Brion[57]. La résolution affirme fortement : « *Cette guerre n'est pas notre guerre !* […] *Chaque Etat belligérant y a sa part écrasante de responsabilité directe. Déjà quatre millions de cadavres et encore plus de blessés. C'en est assez !* » Le texte dénonce l'union sacrée, « *réclame le rétablissement des libertés* », et appelle à ce que la CGT travaille « *de toutes ses forces à une rapide conclusion de la paix.* »[58]

Obtenant un quart des suffrages[59], la résolution n'est certes pas adoptée mais son résultat n'est pas négligeable, et ses initiateurs la diffusent sous forme de tract. C'est le premier texte pacifiste important en France émanant d'un collectif ayant une représentativité effective, et il parvient à obtenir une certaine audience. L'écrivain Romain Rolland commente dans son journal : « *C'est, depuis le commencement de la guerre, la voix la plus intelligente et la plus impartiale qui se soit élevée en France. Il est remarquable que les syndicats ouvriers soient arrivés à une conscience plus juste de la situation politique européenne que les classes dirigeantes.* »[60]

Merrheim écrit le 23 août à Romain Rolland : « *Minorité que la censure muselle **complètement**, nous n'en continuons pas moins notre action dans nos milieux ouvriers* »[61].

Un an après le début de la guerre, les principaux acteurs de la lutte pacifiste se sont manifestés : Monatte, Saumoneau, Merrheim, Bourderon, Loriot, Bouët, etc. Monatte, Merrheim et Bourderon étaient depuis plusieurs années des figures de premier plan de la CGT[62], de même concernant Loriot et

---

57 Signalons que ces sept instituteurs militants étaient à cette date tous adhérents de la SFIO, ce qui montre l'importance de la double appartenance au sein de la FNSI.
58 Résolution reproduite dans Alfred Rosmer, *Le Mouvement ouvrier pendant la Première Guerre mondiale*, op. cit., tome I, pp. 351-354.
59 27 voix contre 79 à la résolution de Léon Jouhaux (le secrétaire général de la CGT), soit 25,5 % contre 74,5 % (il y a également 9 abstentions, cf *Syndicalisme révolutionnaire et communisme, les archives de Pierre Monatte*, Maspero, 1968, p. 136). Des chiffres légèrement différents sont parfois indiqués.
60 Romain Rolland, *Journal des années de guerre, 1914-1919*, Albin Michel, 1952, p. 494.
61 Cité dans Romain Rolland, *Journal des années de guerre, 1914-1919*, op. cit., p. 493. Souligné dans l'original.
62 Monatte n'était âgé que de 33 ans, mais était déjà une personnalité reconnue et appréciée des militants syndicaux. Il écrira à Jean Maitron en retraçant son parcours : « *1914. Tous les vieux se taisant ou déraillant, je suis obligé de parler à leur place.* » (lettre du 4 novembre 1948 citée dans *Le Mouvement anarchiste en France*, Gallimard, 1992, tome I, p. 325).

Bouët à la FNSI. L'action des instituteurs syndicalistes ne passe pas inaperçue auprès de leur ministère de tutelle : en septembre, « *Loriot et Hélène Brion ont été sermonnés par les premiers grands chefs du ministère* »[63].

Au niveau européen, la Conférence de Zimmerwald (en Suisse) va affirmer l'opposition socialiste à la guerre. Convoquée à l'initiative du Parti socialiste italien (resté opposé à la guerre), et organisée par des socialistes suisses dont le député Robert Grimm, cette conférence tenue du 5 au 8 septembre 1915 est une date importante pour la réapparition de l'internationalisme socialiste.
Les pacifistes français sont représentés par les syndicalistes Albert Bourderon et Alphonse Merrheim, tous deux secrétaires de leur Fédération respective de la CGT[64]. Bourderon est également militant socialiste : il avait d'ailleurs participé au congrès de fondation de la SFIO en 1905. Lors d'une conférence devant des militants de la SFIO, Bourderon précisera qu'il s'est rendu à Zimmerwald « *comme membre du Parti Socialiste* »[65].
Des militants de nombreux pays sont présents. D'autres socialistes internationalistes ont été empêchés de se rendre en Suisse, dont les délégués britanniques, sans même parler des militants déjà emprisonnés pour antimilitarisme (comme Rosa Luxemburg en Allemagne). Liebknecht, qui ne peut venir, écrit cependant à la conférence.
La Conférence de Zimmerwald publie un appel commun à tous les participants[66], principalement rédigé par Léon Trotski et Grimm, qui appelle au « *rétablissement de la paix entre les peuples.* » Dans ce but, le manifeste incite les « *prolétaires d'Europe* » à entreprendre la « *lutte pour la paix, pour la paix sans annexions ni indemnités de guerre* », qui est « *la lutte pour la liberté, pour la fraternité des peuples, pour le socialisme.* » Le texte reprend la conclusion du *Manifeste communiste* de 1848 : « *Prolétaires de tous les pays, unissez-vous !* »[67]
La censure française exige que la presse ne parle pas de cette conférence[68]. Mais l'information finit par progressivement filtrer, et deux brochures font

---

63 Lettre de Lafosse à Bouët, 17 septembre 1915 (citée dans Louis Bouët, *Le Syndicalisme dans l'enseignement*, op. cit., tome II, p. 25).
64 Les minoritaires socialistes de la Haute-Vienne, sollicités, choisirent de ne pas se rendre à la Conférence (Alfred Rosmer, *Le Mouvement ouvrier pendant la Première Guerre mondiale*, op. cit., tome I, p. 372).
65 Rapport « Chamois » informateur « 79 », 23 octobre 1915, APP B^A 1535.
66 Lénine, à l'époque en exil en Suisse, avait dans un premier temps proposé une orientation différente, en substance de « transformation de la guerre impérialiste en guerre civile ». Mais, étant minoritaire, il s'était finalement rallié au texte adopté. Notons que l'importance de Lénine à Zimmerwald a été par la suite souvent exagérée, du fait de sa célébrité ultérieure.
67 Alfred Rosmer, *Le Mouvement ouvrier pendant la Première Guerre mondiale*, op. cit., tome I, pp. 368-386.
68 La censure exige de « *ne rien laisser passer* » au sujet de la réunion (Maurice Rajsfus, *La Censure militaire et policière (1914-1918)*, op. cit., p. 57).

connaître en France les résultats de Zimmerwald : l'une de Bourderon et Merrheim est publiée par la Fédération des Métaux à 10.000 exemplaires, l'autre paraît à 4.500 exemplaires à l'initiative d'Alfred Rosmer, se présentant comme « Lettre aux abonnés de la Vie ouvrière »[69]. Rosmer y déplore le manque d'informations causé par l'état de guerre : « *On ne sait rien, en France, de ce qui se passe* réellement *à l'étranger. On ignore même ce qui se passe en France.* »[70]

Les autorités ne laissent pas faire, et sévissent contre les pacifistes. Saumoneau est arrêtée le 2 octobre pour son action contre la guerre, et n'est libérée que fin novembre. Les brochures sur Zimmerwald sont interdites par arrêté du ministre de l'Intérieur[71], mais leur diffusion se poursuit clandestinement.

Outre la censure et la répression, il y a également un volet idéologique de la lutte contre les pacifistes. De façon significative, lorsque des extraits de la lettre de démission de Monatte de la direction de la CGT – datant de décembre 1914 – sont lus au Sénat par Clemenceau en juillet 1917 (sans que le nom de Monatte ne soit cité), le sénateur Jean Guilloteaux, entendant ces extraits, s'écrit : « *Ce sont des boches !* »[72] La thématique est en effet rapidement en place, et tout au long de la guerre les pacifistes français sont qualifiés de « *boches* », d'« *agents allemands* », etc. Du reste cette ficelle était déjà utilisée avant la guerre, contre Jaurès notamment[73]. La nouveauté est que ces attaques viennent maintenant aussi de l'intérieur du mouvement ouvrier, y compris de la part de certains dirigeants de la SFIO et de la CGT ralliés à l'union sacrée. Ainsi un « majoritaire de guerre » de la CGT lance-t-il en plein Comité confédéral : « *tu as une âme d'allemand, Loriot.* »[74] Pour les tenants du discours dominant, c'est alors l'insulte suprême[75]. Merrheim est lui aussi souvent la cible de telles sorties[76], et la situation n'est pas différente au sein de la SFIO – où certains renient Karl Marx après avoir « découvert » avec effroi que le théoricien internationaliste et apatride était né en Allemagne. En marge du CN de la SFIO d'août 1916, Alexandre

---

69 Des chiffres nettement plus importants – respectivement 25.000 et 15.000 – sont donnés dans un rapport de police, assez alarmiste, du 22 novembre 1915 (AN F 7/13574).

70 Reproduit dans Alfred Rosmer, *Le Mouvement ouvrier pendant la Première Guerre mondiale*, op. cit., tome I, p. 551. Souligné dans l'original.

71 Arrêté du ministre Louis-Jean Malvy, 22 novembre 1915 (APP B^A 1558).

72 Le sénateur Emmanuel Halgan s'exclame pour sa part, en parlant des militants pacifistes : « *Il faut leur couper le cou !* » (cf Georges Clemenceau, *L'Antipatriotisme devant le Sénat, discours prononcé le 22 juillet 1917*, Payot, 1917, pp. 27-28).

73 Alexandre Croix, *Jaurès et ses détracteurs*, Spartacus, 1976, pp. 228, 236, 238, 240-241, 245-247, 250-251, 253, etc.

74 Intervention d'Henri Cnudde (secrétaire de la Fédération du textile depuis 1915), le 7 décembre 1916 (AN F 7/13575).

75 Pierre Darmon, *Vivre à Paris pendant la Grande Guerre*, Fayard, 2002, chapitre VI : « L'hystérie germanophobe », en particulier pp. 123-127.

76 Edouard Dolléans, *Alphonse Merrheim*, Paris, s.d. [1939], pp. 28-29.

Varenne, député de la droite du parti, qualifie ainsi les minoritaires de « *tas d'embochés* », et traite même Bourderon d'espion[77].

* * *

Les militants pacifistes décident de s'organiser de façon plus structurée. Fernand Loriot prenait déjà part aux réunions du jeudi soir du groupe de *La Vie ouvrière*, et il participe à cette période à la création d'un premier comité contre la guerre, avec d'autres militants d'extrême-gauche internationalistes. Il écrira que « *fondé à l'état embryonnaire en août 1915, ce Comité fut officiellement constitué en France au retour de Zimmerwald c'est-à-dire dans les premiers jours d'octobre 1915. [...] Le Comité était ouvert à tous ceux, socialistes, syndicalistes, anarchistes, qui acceptaient la lutte du prolétariat contre la guerre.* »[78] C'est en novembre qu'un Comité d'action internationale (CAI[79]) est formellement créé. Il changera de nom début 1916 pour devenir le Comité pour la reprise des relations internationales.

Un tract présentant le comité est diffusé : « *A ceux qui sont restés fidèles aux nobles idées de fraternité humaine ; à ceux qui n'ont pas faibli devant les forces mauvaises et qui croient toujours à la nécessité des relations et de l'action internationales des travailleurs nous adressons ce pressant appel. Camarades,*
Depuis de longs mois, aucune vérité n'a pu être dite à la classe ouvrière. La presse est entièrement soumise aux volontés de ceux qui ont intérêt à étouffer la vérité. Contre tout esprit de justice et de liberté, une Censure impitoyable exerce sa dictature officielle et la crainte et la vénalité ont créé, dans les journaux, une Censure particulière, plus impitoyable encore.
Et, pourtant, nous sommes parvenus à une époque où il faut que des vérités soient dites. La classe ouvrière de ce pays doit connaître ce qui se passe dans les autres nations ; elle doit savoir quels sont les sentiments de ceux qui versent le même sang et les mêmes larmes. »
Ses signataires sont surtout des syndicalistes : Merrheim, Bourderon, Péricat, Marcel Hasfeld, Louis Lepetit, Marcel Vergeat, etc., mais aussi deux militantes du Comité d'action féminine socialiste pour la paix contre le chauvinisme : Stéphanie Bouvard et Louise Couteaudier. Par contre, ne peuvent apparaître publiquement ni les mobilisés (comme Monatte et Rosmer), ni les fonctionnaires (comme Loriot) – dont la liberté de parole est limitée[80].

---

77 Lettres de Claude Calzan (secrétaire de la Fédération socialiste du Rhône) à Merrheim et Bourderon (APP B^A 1560), et intervention de Bourderon lors du Conseil fédéral de la Seine du 3 septembre 1916 (AN F 7/15935^1).
78 Fernand Loriot, *Bulletin communiste* n° 36-37, 1er septembre 1921, p. 594.
79 Le CAI est parfois désigné comme « Comité d'action internationale pour la paix », mais cette appellation n'est pas exacte.
80 Tract du Comité d'action internationale, A4 recto simple (Service historique de la Défense

Face à une situation radicalement nouvelle, celle de la lutte minoritaire contre la guerre, le militantisme de Loriot va évoluer. Comme il l'écrira plus tard : « *La mobilisation avait réduit à presque rien les syndicats d'instituteurs, notamment le syndicat de la Seine. Plus il devenait nécessaire d'agir, moins le syndicat offrait ce champ d'action.* » C'est ce qui le conduit à militer davantage au sein du Parti socialiste SFIO : « *Il faudra la guerre et un concours de circonstances pour que je consacre au parti l'essentiel de mon activité.* »[81]

Justement, la Conférence de Zimmerwald est le grand sujet de discussion des socialistes à l'automne 1915. La résolution de Zimmerwald est adoptée par des partis socialistes en Grande-Bretagne, Suisse, Italie, Pologne, Russie, Roumanie, Bulgarie, Portugal, etc. En France, les sections en débattent de façon souvent agitée. Merrheim et Bourderon rendent compte de Zimmerwald le 7 novembre, d'abord devant des syndicalistes à la Bourse du Travail, puis à la Maison commune (rue de Bretagne) devant 300 socialistes, parmi lesquels les dirigeants de la SFIO venus apporter la contradiction : Pierre Renaudel – le leader de fait de la SFIO depuis la mort de Jaurès –, le secrétaire général Louis Dubreuilh, etc[82].

Les partisans de Zimmerwald commencent à s'organiser au sein de la SFIO ; ce sont souvent des syndicalistes minoritaires qui sont à la fois militants de la CGT et du parti – parmi lesquels Bourderon et Loriot. Ce dernier écrit à Louis Bouët le 23 octobre : « *Nous travaillons ferme en ce moment à la C.G.T. : 1°) pour grossir la minorité du 15 août ; 2°) pour constituer une minorité semblable au sein du Parti socialiste au prochain congrès de décembre.* »[83] Ce sont donc des militants pacifistes ayant la double appartenance CGT et SFIO qui vont créer en France le courant socialiste « zimmerwaldien ».

Mais la direction de la SFIO, pour condamner la résolution de Zimmerwald et tenter d'empêcher les débats à son sujet dans les sections socialistes, publie le 9 novembre en première page de *L'Humanité* une résolution qui demande aux Fédérations et sections d'« *éviter même l'apparence d'une participation quelconque à une propagande contraire aux intérêts de la défense nationale* »[84]. Les idées « zimmerwaldiennes » se trouvent donc dès

---

(SHD) carton 6N148, et archives de travail d'Annie Kriegel (fonds non-inventorié), Institut d'histoire sociale, Nanterre). Une version légèrement différente est citée dans Alfred Rosmer, *Le Mouvement ouvrier pendant la Première Guerre mondiale*, op. cit., tome II, p. 23.
81 Note autobiographique de Fernand Loriot, 1928, document cité. Simultanément à cet activisme, il enseigne toujours à plein temps.
82 Alfred Rosmer, *Le Mouvement ouvrier pendant la Première Guerre mondiale*, op. cit., tome I, pp. 400-402, et rapports de police des 7 et 10 novembre 1915 (AN F 7/15935^1).
83 Archives Bouët, IFHS 14 AS/435.
84 Pour faire bonne mesure, le communiqué ajoute « *...et à l'organisation nationale et internationale du socialisme qu'on prétend consolider.* » *L'Humanité* n° 4223, 9 novembre 1915, p. 1.

le départ en butte à une très nette hostilité de la part de la direction de la SFIO ralliée à l'union sacrée.

Au sein de la Fédération de la Seine, plusieurs sections votent à l'unanimité contre Zimmerwald ; à l'inverse, le 20 novembre la section de Boulogne-Billancourt vote à l'unanimité pour Zimmerwald[85]. Le même jour, lors de la réunion de la 13e section socialiste de Paris, un pacifiste zimmerwaldien est tout simplement empêché de parler[86]. Le 28 novembre, un « socialiste de guerre » de cette section propose d'exclure Bourderon du parti. Lors du vote, Charles Rappoport est le seul des 35 adhérents présents à voter une motion pacifiste[87]. Fin novembre à la 14e section, le débat sur Zimmerwald est écourté sur demande des majoritaires[88].

Une résolution pacifiste est distribuée en tract aux 300 adhérents qui assistent au congrès départemental socialiste de la Seine le 6 décembre. Le texte reproche au groupe parlementaire SFIO d'avoir « *sans l'assentiment du Parti, autorisé deux de ses Membres à participer au Pouvoir, faisant ainsi endosser au Parti tout entier la responsabilité du régime de dictature que nous subissons* ». Ces minoritaires, emmenés par Bourderon, veulent que le congrès « *s'associe pleinement à la résolution de la Conférence de Zimmerwald* », et demandent aux députés socialistes de ne plus voter les crédits militaires ainsi qu'aux ministres de démissionner[89].

Le 12 décembre à la section de Saint-Ouen, un militant mobilisé s'exprime en faveur des thèses de Zimmerwald : « *CHASSAIN, soldat au 203e Régiment d'Infanterie, qui arrive des tranchées, déclare que ses camarades ont assez de la guerre et réclament la paix à tout prix. Il estime que les responsabilités du Parti Socialiste sont lourdes et ne s'explique pas la présence au Pouvoir de Ministres socialistes. Pour sa part, il votera la motion de Zimmerwald.* » Sur 32 adhérents présents, il est cependant le seul à voter en ce sens[90].

Au cours de cette période, le Comité d'action internationale se développe. Par exemple, le Syndicat des ouvriers menuisiers réuni à la Bourse du travail à Paris vote en décembre à l'unanimité son adhésion au CAI, et décide de lui verser 10 francs de cotisation mensuelle[91]. La direction de la CGT s'inquiète des progrès du CAI – qui s'implante entre autres au sein des syndicats de

---

85 Rapport « Chamois » informateur « 93 », 21 novembre 1915, APP B^A 1536.
86 Rapport « Chamois » informateur « 85 », 21 novembre 1915, APP B^A 1536.
87 Rapport « Chamois » informateur « 85 », 29 novembre 1915, APP B^A 1536.
88 Rapport « Chamois » informateur « 85 », 27 novembre 1915, APP B^A 1536.
89 Tract A4 recto-verso, SHD 6N146 (cf également APP B^A 1535, et copie dans AN F 7/13072).
90 Rapport « Chamois » informateur « 83 », 13 décembre 1915, APP B^A 1536.
91 Rapport « Chamois » informateur « 93 », 20 décembre 1915, APP B^A 1536.

l'alimentation, du bâtiment, des métaux, des instituteurs – et décide de se réunir de son côté pour lutter contre ce courant oppositionnel[92].

Le congrès de la Fédération socialiste de la Seine tient sa deuxième et dernière session le 19 décembre, en présence de 300 adhérents. Une motion est présentée par Bourderon et soutenue par Loriot :
« *Considérant que la Conférence de Zimmerwald a renoué les relations internationales qui n'auraient jamais dû être interrompues :*
Le Congrès,
Décide de rétablir immédiatement les rapports socialistes internationaux, s'associe pleinement à la résolution de la Conférence de Zimmerwald, qui a commencé de mettre en œuvre la décision de Stuttgart, Copenhague, Bâle, qui ont dit : "Au cas où la guerre éclaterait néanmoins, c'est le devoir des classes ouvrières de s'entremettre pour la faire cesser promptement". »
Dans le département, cette motion Bourderon obtient 545 mandats (5,2 %), la motion Longuet 3836 mandats (36,5 %), et la motion Renaudel 6121 mandats (58,3 %). Bien que Longuet dirige un courant qui s'oppose aux « majoritaires de guerre », il défend pourtant lors de réunions de la SFIO l'union sacrée et la participation gouvernementale[93] ; le courant socialiste zimmerwaldien est donc bien distinct de cette autre minorité nettement plus modérée.
Pendant le Congrès départemental, Loriot reprend le slogan « *guerre à la guerre* », et déclare : « *Nous devons travailler à la reprise immédiate des relations internationales. On a insinué que nous ne parlerions pas avec SCHEIDEMAN, ni avec SUDEKUM* [dirigeants du SPD, le parti socialiste d'Allemagne]. *Pourquoi pas ; nous parlons bien avec RENAUDEL.* » Loriot exprime ainsi clairement que pour lui les « socialistes de guerre » sont équivalents, quelle que soit leur nationalité[94].
Les 5,2 % obtenus n'accordent que deux délégués aux zimmerwaldiens de la Fédération de la Seine pour le congrès national : Bourderon et Loriot sont désignés. Néanmoins, le vote montre déjà la fragilité de la « majorité de guerre », les deux minorités pacifistes obtenant dans la Seine plus de 40 %, dès fin 1915. Ce poids des pacifistes ne va cesser de se renforcer.

Le premier congrès national de la SFIO depuis le début de la guerre s'ouvre le 25 décembre 1915 à Paris, à la Maison des syndicats, en présence de 280 délégués représentant 82 fédérations, et d'une centaine d'autres adhérents présents en observateurs. Les séances se tiennent à huis clos (la presse est

---

92 Rapports de police des 18, 23 et 30 décembre 1915 (AN F 7/13574).
93 Rapports « Chamois » informateurs « 85 » et « 96 », 26 septembre et 8 novembre 1915, APP B^A 1536. Prenant un pari sur l'avenir, Longuet déclare que « *ce sera l'honneur du Parti Socialiste de ne pas avoir dénoncé l'union sacrée.* »
94 En réponse, « *RENAUDEL déclare qu'il considère ces paroles comme injurieuses.* » (rapport « Chamois » informateurs « 79 » et « 89 », APP B^A 1536, et AN F 7/13073).

interdite[95]), et aucun résumé des débats n'est publié : *L'Humanité* n'indique, dans un très bref communiqué quotidien, que le nom des orateurs. L'ambiance est très tendue, on se traite mutuellement d'embusqués, et à la tribune Longuet dénonce une « *dictature de Renaudel* » dans le parti.

Loriot et Bourderon sont corédacteurs d'une motion pacifiste, qui prévoit en particulier le refus des crédits de guerre (sa publication sera interdite par la censure). Au cours du congrès, c'est d'abord Bourderon qui présente la motion, par un discours qui est fréquemment interrompu. Loriot intervient par la suite lors de la troisième journée du congrès. Malgré le fait que ce soit sa première intervention en congrès national de la SFIO, et bien que se trouvant face aux deux ministres socialistes, il critique leur participation au gouvernement :

« *LORIOT vient défendre la motion de Zimmerwald et attaque vivement les ministres socialistes.*
GUESDE lui répond qu'au lendemain de la paix il ne sera plus ministre.
SEMBAT fait la même déclaration. »[96]

Face à Loriot, les ministres ne trouvent à lui opposer que l'excuse de « la parenthèse » : selon cette théorie, après la guerre tout redeviendrait comme avant et il n'y aurait plus qu'à oublier la politique appliquée pendant la guerre. Evidemment, la réalité n'est jamais aussi simple. L'historien Georges Lefranc écrira que dans la CGT, « *ce qui en 1914 avait été présenté comme une parenthèse n'en est pas une.* »[97]

Lors du vote le dernier jour du Congrès, le 29 décembre, la motion Bourderon n'obtient que 76 voix sur 2736 (2,8 %). C'est peu, « *mais sa seule existence fait pression.* »[98] Avec cette motion, le courant socialiste se revendiquant de Zimmerwald fait son apparition au niveau national.

Il y a également 103 abstentions, mais le courant Longuet a finalement voté avec la majorité de guerre une « résolution de synthèse ». Apprenant ce ralliement, la pacifiste Marie Guillot est « *si écœurée qu'elle rend sa carte*

---

95 Ce qui n'empêche pas des « indiscrétions » : un compte-rendu du premier jour du congrès, très favorable aux majoritaires, est publié par *Le Petit parisien* (n° 14302, 26 décembre 1915, pp. 1 et 3) ; devant les protestations du congrès, cela n'est plus le cas des séances suivantes.

96 Rapport « Chamois » informateur « 7 », 28 décembre 1915, APP B^A 1535, ainsi que AN F 7/13072 et F 7/13074. L'ensemble des rapports d'informateurs émanent de majoritaires, et défendent leur point de vue. Pour la perspective opposée, à considérer avec une prudence égale, cf *Demain* n° 4, avril 1916, pp. 251-263 (reproduit dans Alfred Rosmer, *Le Mouvement ouvrier pendant la Première Guerre mondiale*, op. cit., tome II, pp. 48-55).

97 Georges Lefranc, *Le Mouvement syndical sous la Troisième République*, Payot, 1967, p. 214.

98 Jacques Kergoat, *Histoire du parti socialiste*, La Découverte, 1997, p. 23. Le 12 janvier 1916, *L'Humanité* publie un décompte des mandats par fédération (n° 4287, p. 4) : la motion Bourderon y est ramenée à 72 voix, mais on se rend compte qu'elles proviennent intégralement de 4 fédérations : Seine, Gironde, Loire et Tarn-et-Garonne. On peut donc s'interroger sur la sincérité d'un scrutin qui donne exactement 0 % aux zimmerwaldiens dans les 78 autres fédérations, alors que l'on sait qu'il y a déjà des socialistes zimmerwaldiens dans certains de ces départements.

du Parti. »⁹⁹ C'est au contraire un soulagement pour le ministre Sembat, qui note dans son journal que « *le grand coup du congrès est passé sans encombres* »¹⁰⁰. A la FNSI, où les militants sont très souvent adhérents de la SFIO, on approuve l'action de Loriot : « *Lapierre était au congrès socialiste et loue le courage de Loriot.* »¹⁰¹ Faisant le compte-rendu du congrès à la section de Puteaux, Loriot dénonce les directions de la SFIO et de la CGT qui ont « *trahi l'internationale ouvrière.* »¹⁰²

Les premiers porte-parole du courant socialiste zimmerwaldien, Saumoneau, Bourderon et Loriot, sont militants socialistes depuis au moins une quinzaine d'années¹⁰³. Aucun n'a cependant eu jusque là un rôle de premier plan dans la SFIO proprement dite – Bourderon et Loriot étant surtout actifs dans le syndicalisme, et Saumoneau dans le mouvement féminin socialiste : elle fut co-fondatrice en 1899 du Groupe féministe socialiste¹⁰⁴.

Contrairement à la situation de la gauche pacifiste opposée au vote des crédits de guerre en Allemagne, où on retrouve rapidement des députés (Karl Liebknecht, Otto Rühle) et des théoriciens et historiens de premier plan (Rosa Luxemburg, Franz Mehring), en France les militants pacifistes révolutionnaires ne sont pas des figures du parti habitués aux luttes de congrès. C'est un facteur important pour expliquer leur assez faible impact en terme de voix dans les congrès. Dans la SFIO, le CAI a de lourds handicaps : il ne dispose pas d'un réseau constitué avant 1914, il n'a pas de presse, et il n'a pas de porte-parole connu des militants. De plus cette action naissante s'inscrit à contre-courant complet d'une vie politique anémiée, dans un contexte de rétrécissement radical du champ démocratique et d'un conformisme imposé par toutes les institutions. Mais de 1916 à 1918, avec Loriot comme principal porte-parole au sein de la SFIO, l'audience de ce courant pacifiste révolutionnaire ne va cesser de s'accroître.

Face à l'affirmation du courant pacifiste, les autorités réagissent. En France comme en Allemagne, des militants pacifistes sont envoyés au front, dont Monatte. Dans certains cas, il s'agit clairement d'une sanction qui vise à les

---

99 Slava Liszek, *Marie Guillot*, L'Harmattan, 1994, p. 143.
100 Marcel Sembat, *Les Cahiers noirs, journal 1905-1922*, Viviane Hamy, 2007, p. 577.
101 Lettre de Maurice Foulon du 24 janvier 1916, citée dans Louis Bouët, *Le Syndicalisme dans l'enseignement*, op. cit., tome II, p. 27.
102 La convocation annonce : « *Réflexions sur le Congrès national, par Loriot* » (*L'Humanité* n° 4318, 12 février 1916, p. 4). Le rapport de police de son intervention est malheureusement très bref et confus (AN F 7/13074).
103 Notons qu'il y a homogénéité générationnelle parmi les principaux acteurs de ces débats : les leaders des trois courants socialistes – Renaudel, Longuet et Loriot – sont tous nés dans les années 1870, de même que Saumoneau, Paul Faure, Blum, Mayéras et Pressemane à la SFIO, Jouhaux, Merrheim, Dumoulin, Péricat et Rosmer à la CGT, etc.
104 Charles Sowerwine, *Les Femmes et le socialisme*, FNSP, 1978, p. 89. Saumoneau avait été déléguée à plusieurs congrès socialistes, dont celui de fondation de la SFIO d'avril 1905.

empêcher d'agir[105], puisque les autorités ne se font certainement guère d'illusion quant à leur potentiel militaire (ainsi Liebknecht, qui a été envoyé au front contre son gré, écrit le 21 septembre 1915 : « *Près de moi, fracas insensé. L'enfer est lâché sur nous.* **Je ne tirerai pas**. », et le 4 octobre : « *Pour le reste, tous les dangers possibles m'importent peu ; mais, tuer des hommes, je ne peux pas. C'est la fin de tout !* »[106]).
Dans le cadre de l'union sacrée, c'est aussi une aide du gouvernement à la direction de la CGT pour la « débarrasser » de ses opposants pacifistes : « *Les rappels de sursitaires ou de réformés à l'encontre des minoritaires [...] et les sursis d'appel accordés aux majoritaires sont un des aspects de la politique gouvernementale à l'égard des syndicats.* »[107]
De fait, les seuls pacifistes qui peuvent rester actifs sont ceux qui ne sont pas mobilisables : les femmes, et les hommes réformés ou trop vieux. Ils sont cependant directement concernés par le conflit : par exemple le fils aîné de Loriot, Robert, est fait prisonnier début 1916 au cours de la bataille de Verdun[108] et reste détenu en Allemagne pendant le restant de la guerre. Son deuxième fils, Maurice, part ensuite au front avec la « classe 1918 ». Sa fille aînée épouse en mai 1917 un soldat en permission, Maurice Fromentin, qui était avant la guerre le secrétaire de la Jeunesse socialiste de Puteaux.

Le militantisme pacifiste est rendu très difficile par la censure. Des historiens de la presse française ont souligné qu'« *un des rôles le plus important de la censure fut de freiner le développement des idées pacifistes* », et que « *la voix des groupes de la gauche pacifiste fut presque étouffée dans la presse* »[109]. Il y a également le contrôle voire la saisie des correspondances, et les réunions interdites. Par exemple, la police interdit en

---

105 « *Les minoritaires se plaignent à plusieurs reprises que le gouvernement désorganise leur action en mobilisant ceux qui manifestent leur opposition à la guerre ; sans doute, la tactique a-t-elle été appliquée, de propos délibéré, à Monatte, à Million, à Nicod* » (Georges Lefranc, *Le Mouvement syndical sous la Troisième République*, op. cit., pp. 201-202). Le président de la République Raymond Poincaré écrit dans son journal le 19 août 1916 : « *Charles Maurras réclame ce matin des poursuites contre les auteurs de la propagande antipatriotique. Je demande moi-même en Conseil qu'on fasse quelques exemples. Malvy* [le ministre de l'Intérieur] *me dit qu'on a envoyé au front des ouvriers qui avaient distribué des placards de Zimmerwald et de Kienthal.* » (*Au service de la France*, tome VIII, Plon, 1931, p. 319 ; on voit au passage que sur la répression le président semble en accord avec l'extrême-droite). Cf également l'intervention de Monatte au Congrès de Lyon de la CGT le 17 septembre 1919 (p. 107 du compte-rendu sténographique), et Alfred Rosmer, *Le Mouvement ouvrier pendant la Première Guerre mondiale*, op. cit., tome I, pp. 241-242.
106 Karl Liebknecht, *Lettres du front et de la geôle*, éditions du Sandre, 2007, pp. 24 et 28. Souligné dans l'original.
107 Robert Brécy, *Le Mouvement syndical en France, 1871-1921*, éditions du Signe, 1982, p. 87.
108 Archives du Comité international de la Croix-Rouge (Genève).
109 Claude Bellanger et al. (dir.), *Histoire générale de la presse française*, tome III, op. cit., pp. 416 et 413.

mars 1916 la réunion organisée par les femmes pacifistes à l'occasion de la Journée internationale des femmes[110].

Un rapport des Renseignements Généraux du 27 décembre 1915 intitulé « *Surveillances exercées à l'égard des membres de la commission du "Comité d'Action Internationale"* » nous apprend que les responsables du CAI sont suivis par la police, et leur courrier systématiquement ouvert. Ces lourdes investigations ne donnent cependant pas beaucoup de résultats : les filatures nous apprennent par exemple que Bourderon se trouve en journée sur son lieu de travail, puis en soirée dans les locaux de la CGT, après quoi il rentre chez lui – ce qui n'est pas un emploi du temps très étonnant pour un travailleur syndicaliste[111]. A partir de janvier 1916, le courrier de Fernand Loriot est à son tour intercepté, lu par la police, et parfois recopié. Mais, se rendant compte du contrôle de leur correspondance, certains vont tenter d'y parer : Loriot donnera ainsi à ses correspondants sûrs une autre adresse d'envoi à Paris pour les « *lettres confidentielles* »[112].

Le Comité pour la reprise des relations internationales

Début 1916, le CAI change de nom et devient le Comité pour la reprise des relations internationales (CRRI). Le Comité regroupe les militants pacifistes révolutionnaires, partisans de Zimmerwald, qu'ils soient syndicalistes, socialistes ou libertaires. Il « *possède ainsi des ramifications nombreuses dans l'ensemble du mouvement ouvrier français.* »[113] Les réunions se tiennent au 33 rue de la Grange-aux-Belles, siège de la CGT, et en particulier de sa Fédération des Métaux qui est dirigée par Merrheim. Les deux secrétaires du Comité sont Merrheim et Bourderon, le trésorier étant Marcel Hasfeld.

Au sein du CRRI, deux « fractions » ou « sections », l'une socialiste et l'autre syndicaliste, se réunissent parfois chacune de leur côté. La commission du CRRI, qui se réunit chaque semaine, est composée de 6 syndicalistes et de 6 socialistes – ces derniers étant également parfois des syndicalistes actifs, dont Bourderon et Loriot. Dans un contexte de censure, les réunions du CRRI sont un bon moyen de s'informer : sur les grèves, sur les autres mouvements pacifistes en Europe, etc.

---

110 Charles Sowerwine, *Les Femmes et le socialisme*, op. cit., p. 193.
111 Rapports des 27 et 31 décembre 1915, APP B^A 1558.
112 Le 1er février 1917, il informe Louis Bouët qu'il change d'adresse « alternative » (IFHS 14 AS/436). On retrouve une pratique identique de la part de Merrheim, qui de surcroît cesse à partir de 1915 de conserver des copies de ses lettres les plus « sensibles » (Victor Daline, *Alphonse Merrheim et sa « correspondance confidentielle »*, dans V. Daline, *Hommes et idées*, éditions du Progrès, 1983, pp. 232-342).
113 Madeleine Rebérioux, *Le Socialisme et la première guerre mondiale (1914-1918)*, dans Jacques Droz (dir.), *Histoire générale du socialisme*, tome 2, PUF, 1997, p. 615.

Un tract de 4 pages est publié pour présenter le CRRI : « Aux organisations Socialistes et Syndicales, à leurs militants ». Ce texte fait un bilan de l'action menée depuis la Conférence de Zimmerwald, et informe que « *malgré les tracasseries policières, nombreuses sont venues les approbations, les adhésions et toute l'aide pécuniaire indispensable à notre action et à cette propagande ; les résultats ont dépassé toutes nos espérances. […] Nous nous réunissons, nous nous groupons pour agir parce que les organismes centraux de la CGT et du Parti, tant à la Conférence des Bourses et Fédérations du 15 août qu'au Congrès national Socialiste de décembre 1915, se sont refusés, dans leur majorité, à faire la besogne leur incombant moralement.* » Le but est de « *participer à une action socialiste-syndicaliste internationale **pour la Paix**. […] sachant que la guerre ne tue pas la guerre ; qu'au contraire elle développe et renforce le militarisme, cause de guerres futures, nous disons qu'il est impossible que les consciences socialistes et syndicalistes restent impassibles devant ces horreurs et ces terribles perspectives. Notre devoir nous commande à tous de travailler de toutes nos forces, de toute notre énergie, pour mettre fin le plus promptement possible au massacre mondial.* »[114] Dans un tract ultérieur, le CRRI affirme son unité de pensée avec les socialistes pacifistes d'Allemagne, et reprend le slogan de Karl Liebknecht : « *L'ennemi principal est dans notre propre pays !* »[115]

La Section socialiste du CRRI diffuse également un tract, spécialement à destination des militants de la SFIO, qui est intitulé : « Aux Fédérations ! Aux Sections ! » Faisant allusion à l'affaire Dreyfus, le CRRI évoque un nouveau devoir moral pour les socialistes, qui se trouvent là aussi face à l'injustice et au militarisme. Le texte proclame en conclusion : « *Vive le Socialisme ! Vive l'Internationale !* »[116]

La réunion du CRRI du 21 février rassemble une quarantaine de militants. Le bureau de séance est composé de Bourderon, Merrheim et Loriot. Un compte-rendu établit qu'à cette date le CRRI a déjà 460 adhérents[117]. Fin avril 1916 le bilan est de 850 adhésions, dont plus de 500 en province, et parmi les adhérents parisiens plus d'une centaine sont mobilisés[118]. Lors de la réunion du 20 mars, il y a cette fois environ 70 présents. Merrheim signale que son courrier est ouvert, retardé, et parfois qu'il n'arrive pas du tout. L'anarchiste Sébastien Faure annonce qu'il va créer le journal *Ce qu'il faut*

---

114 Tract format A4 de 4 pages, sans date [février 1916], APP B^A 1558 (également en fac-similé dans Sowerwine, 1985, tome VII). Souligné dans l'original.
115 *A l'Internationale*, tract A4 recto-verso, fac-similé dans Sowerwine, 1985, tome VII.
116 Tract A4 recto-verso, APP B^A 1558 (fac-similé dans Sowerwine, 1985, tome VII).
117 Rapport « Chamois » du 23 février 1916, APP B^A 1558.
118 Rapport « Chamois » du 28 avril 1916, APP B^A 1558.

dire[119]. Paraissant à partir du 2 avril, cet hebdomadaire des libertaires restés pacifistes subira lourdement la censure.

Un Conseil national de la SFIO se tient le 9 avril, et les longuettistes se décident pour la première fois à ne pas voter avec les majoritaires de guerre – en partie sous la pression des zimmerwaldiens[120]. Le CRRI, représenté par Bourderon, vote la motion pourtant très modérée des minoritaires, qui obtient 32,6 % des suffrages (contre 67,4 % aux majoritaires)[121]. Ce ralliement de Bourderon se fait dans le but de présenter une unité des minorités contre le repli nationaliste de la direction.

Justement, « *du côté des majoritaires, on commence à envisager l'exclusion des minoritaires, du moins des plus turbulents. Mais l'opération devient plus difficile, à mesure que leurs forces grandissent.* »[122] En effet, comme à la CGT les minoritaires pacifistes obtiennent dans la SFIO environ un tiers des suffrages. Un rapport « deux tiers / un tiers » se met donc en place dans ces deux organisations, entre les « majoritaires de guerre » et leurs opposants. Afin d'accroître leur audience, les longuettistes créent début mai un hebdomadaire national pour diffuser leurs positions : *Le Populaire*, qui se présente comme « Journal-revue hebdomadaire de propagande Socialiste & Internationaliste ».

Une nouvelle conférence socialiste internationale, prenant la suite de celle de Zimmerwald, est convoquée en Suisse pour la fin avril 1916. Merrheim, Bourderon et Marie Mayoux (institutrice de la FNSI) sont prévus pour être les délégués de la France, mais le gouvernement leur refuse les passeports indispensables pour quitter le pays. Les militants du CRRI sont donc empêchés d'aller en Suisse, mais trois députés de la SFIO (Alexandre Blanc, Pierre Brizon et Jean-Pierre Raffin-Dugens[123]) parviennent à se rendre à la conférence qui se réunit à Kienthal du 24 au 30 avril 1916.

A la commission du CRRI du 27 avril, pendant la conférence, Bourderon explique qu'il avait parlé avec Blanc lors du CN de la SFIO et qu'ils s'étaient trouvés en accord ; après l'interdiction du gouvernement il a donc demandé à Blanc d'aller en Suisse avec les deux autres députés, profitant de l'immunité parlementaire. Brizon est alors venu voir Merrheim pour discuter de ce qu'il faudrait dire à la conférence. Les trois députés socialistes « pèlerins de Kienthal » ne sont pas à proprement parler des envoyés du CRRI, mais sont

---

119 Rapport « Chamois » du 21 mars 1916, APP B^A 1558.
120 Annie Kriegel, *Aux origines du communisme français, 1914-1920*, Mouton, 1964, p. 122, « Deux périls », *Le Populaire du Centre* n° 93, 2 avril 1916, p. 1, etc.
121 *L'Humanité* n° 4376 et 4386, 10 et 20 avril 1916, *Le Populaire* n° 1, 1er mai 1916, et *Demain* n° 7, juillet 1916, pp. 38-43.
122 Georges Lefranc, *Le Mouvement socialiste sous la Troisième République*, op. cit., p. 207.
123 Instituteurs et membres de la FNSI, Blanc et Raffin-Dugens avaient été signataires avec Loriot du Manifeste de septembre 1912. Brizon était un ancien professeur.

néanmoins présents en accord avec ce dernier et à son initiative. Les délégués d'Autriche-Hongrie, de Grande-Bretagne, de Hollande, de Roumanie, de Bulgarie et de Suède, ainsi que certains allemands, ont été empêchés d'arriver en Suisse. La Conférence de Kienthal adopte un manifeste, principalement rédigé par Brizon, intitulé : « Aux Peuples qu'on ruine et qu'on tue ! ». Ce texte appelle au vote contre les crédits de guerre, et à « *la fin immédiate de la collaboration socialiste aux gouvernements capitalistes de guerre* ». Annonçant le bilan du conflit, le manifeste prévoie que les peuples seront tous vaincus, « *c'est-à-dire tous saignés, tous épuisés : tel sera le bilan de cette folie guerrière.* »[124] Cet appel est diffusé en tract par le CRRI[125]. Le journal *Le Bonnet rouge* tente de publier ce texte le 17 mai, mais il est intégralement censuré.

Revenus de Kienthal, les trois députés français sont désavoués par le secrétaire général de la SFIO Louis Dubreuilh ; Brizon lui répond alors : « *Si c'est un procès d'indiscipline que vous comptez me faire, je n'aurais pas de peine à démontrer que, de nous deux, l'indiscipliné c'est vous. [...] Et qu'ai-je fait là-bas* [à Kienthal] *? Pas autre chose que d'appliquer la décision suivante du Congrès de Stuttgart que vous-même avez signé en 1908 : "Au cas où la guerre éclaterait néanmoins, c'est le devoir des classes ouvrières de s'entremettre pour la faire cesser promptement." [...] Je suis resté dans l'Internationale. Vous êtes tombé dans le nationalisme. Où est le coupable ?* »[126] Finalement la direction demanda aux fédérations concernées de décider des sanctions à prendre envers les trois députés, mais les trois fédérations décidèrent de ne prendre aucune mesure contre eux, voire les approuvèrent[127].

Lors de la réunion du CRRI du 8 mai, il est établi que ses militants savent que « *tout ce qui est fait au Comité est rapporté au gouvernement* », ce qui est exact. Les dirigeants du CRRI ont donc conscience de la présence de « mouchards ». Lors de cette même réunion, « *LORIOT considère que le Comité est mal organisé et que c'est pour cela qu'il fait peu de travail ; il expose un système d'organisation nouveau.* »[128] Mais on ignore en quoi cela consiste, ni si cette nouvelle organisation est appliquée ou non. Les réunions du CRRI réunissent tout de même régulièrement entre 50 et 100 militants, mais des désaccords se manifestent nettement au cours de certaines réunions

---

124 Alfred Rosmer, *Le Mouvement ouvrier pendant la Première Guerre mondiale*, op. cit., tome II, pp. 70-99.
125 Tract A4 recto-verso, APP B^A 1558 (fac-similé dans Sowerwine, tome VII).
126 Pierre Brizon, « Réponse de l'Accusé », *Le Populaire du Centre* n° 137, 16 mai 1916, p. 1. Ce texte est intégralement censuré dans *Le Bonnet rouge* du 18 mai 1916.
127 Hubert-Rouger, *Encyclopédie socialiste, La France socialiste*, tome III 3e partie, Quillet, 1921, pp. 566-567.
128 Rapport « Chamois » du 9 mai 1916, APP B^A 1558.

entre socialistes et anarchistes. Une partie de ces derniers, qui étaient déjà hostiles à la SFIO avant 1914, estiment totalement superflu que des membres du CRRI militent en son sein.

Le 29 mai, la réunion du CRRI consiste en un rapport sur la conférence de Kienthal par Brizon et Raffin-Dugens. La séance étant ouverte au-delà des seuls adhérents du CRRI, près de 200 militants sont présents[129].

Le 24 juin, les trois députés de la SFIO revenus de Kienthal votent contre les crédits de guerre. Brizon intervient à la tribune de la Chambre des députés pour expliquer ce vote contre les crédits, malgré l'hostilité et les interruptions de la majorité des députés et du président de séance. Son intervention, diffusée sous forme de tract par le CRRI, a un retentissement important et Brizon reçoit de nombreuses lettres – dont certaines du front – le félicitant pour son geste courageux[130]. Les trois députés continueront de voter contre les crédits jusqu'à la fin de la guerre.

Lors de la réunion du CRRI du 19 juin, qui regroupe une centaine de participants, Marie Mayoux et Loriot proposent de changer le nom du CRRI en « Comité pour la Paix », plus explicite. La proposition n'est cependant pas retenue[131]. Le 3 juillet Loriot accepte d'être reconduit à la commission du CRRI, à condition que son nom continue de ne pas apparaitre dans les tracts[132]. Loriot étant toujours instituteur en poste, il craint donc des représailles en tant que fonctionnaire.

Il n'a pas tort : le 4 mars 1916, un inspecteur est venu enquêter dans l'école où enseigne Loriot, conséquence d'une injonction du Ministère à « *se renseigner discrètement sur la propagande pacifiste de cet instituteur* »[133]. Mais l'inspecteur a beau examiner les cahiers de ses élèves, il est obligé de constater : « *Je n'y ai trouvé aucun texte critiquable.* » De plus, « *dans l'école, l'attitude de M. Loriot et ses paroles ont toujours été parfaitement correctes.* » L'inspecteur a trouvé un « *caractère ferme* » aux collègues de Loriot, et il estime qu'auprès d'eux « *une propagande même habile resterait absolument sans résultat.* »[134] On aimerait bien trouver un motif pour sanctionner le dangereux pacifiste, mais l'instituteur est irréprochable, et de

---

129 Rapports « Chamois » du 30 mai 1916, APP B^A 1558. Deux informateurs de police étant présents, on dispose de deux rapports pour cette réunion.
130 154 lettres reçues par Brizon ont été publiées par Thierry Bonzon et Jean-Louis Robert, *Nous crions grâce, 154 lettres de pacifistes, juin-novembre 1916*, éditions ouvrières, 1989.
131 Rapport « Chamois » du 21 juin 1916, APP B^A 1558.
132 Rapport « Chamois » du 4 juillet 1916, APP B^A 1558. Il y a une centaine de participants à cette réunion, et 120 lors de celle du 17 juillet.
133 Lettre du 29 février 1916 (AD75 D1T1460). Ce courrier faisait suite à une lettre du 24 février du directeur de la Sûreté générale au Ministre de l'Instruction publique, avertissant des « *agissements de M. Loriot* », devenu secrétaire-adjoint du CRRI (Centre des archives contemporaines (Fontainebleau), carton 19940459/360 ; désormais : CAC 19940459/360).
134 Lettre au directeur de l'Enseignement primaire de la Seine, 8 mars 1916 (AD75 D1T1460).

prétexte on ne trouve point... Loriot est tout de même inspecté le 10 juin, mais là non plus l'inspecteur ne voit rien à lui reprocher, et écrit que « *le maître fait sa tâche avec exactitude.* »[135]

Un congrès de la FNSI est prévu les 14 et 15 juillet à la Maison commune, siège du syndicat. Bien qu'il n'ait pas été annoncé publiquement, les autorités décident de l'interdire, et le 11 juillet l'inspecteur d'académie se rend dans les écoles de Brion et de Loriot pour leur signifier cette interdiction. Le 12 juillet, le Conseil des ministres délibère à propos de ce congrès, et confirme à l'unanimité son interdiction – même Guesde et Sembat se prononcent en ce sens[136] ! Le 13, le Conseil fédéral de la FNSI décide de consulter les congressistes en vue de tenir tout de même la réunion ; le CF constate également « *l'aveu implicite de la violation des correspondances que cette interdiction constitue* ». Le 14, la soixantaine de délégués se rapatrient au siège de la CGT, et le congrès est finalement autorisé après une intervention de Raffin-Dugens auprès du ministre de l'Intérieur. Merrheim intervient en tant qu'invité, puis « *Loriot expose l'attitude de la Fédération au sujet de Zimmerwald et de Kienthal.* » La FNSI confirme son orientation pacifiste par 73 % des suffrages exprimés, et le Congrès vote également une motion de sympathie « *aux courageux camarades de la minorité allemande, notamment Rosa Luxembourg, Karl Liebknecht, Clara Zetkin* »[137].

Un nouveau Conseil national de la SFIO se tient les 6 et 7 août. L'ambiance y est extrêmement tendue entre majoritaires et minoritaires : les délégués s'invectivent, une chaise est lancée par un majoritaire en direction de Raffin-Dugens, ce qui entraîne un brouhaha général puis l'évacuation de la salle. Loriot étant absent, c'est Bourderon qui se plaint du fait que la majorité interdit toute représentation à la minorité de Kienthal : « *Nous réclamons une représentation parce qu'elle seule nous permettra de tenir des réunions qui nous sont interdites aujourd'hui par le gouvernement. Car le gouvernement empêche des réunions – ce gouvernement où siègent des ministres socialistes. Et nous réclamons une liberté égale à la vôtre.* »

Le vote de priorité donne 63 % à la motion de la majorité, contre 37 % à une motion commune des minorités. Un paragraphe condamnant « *le dangereux divisionnisme de Zimmerwald et de Kienthal* » est adopté par 65 % des délégués – vote qui montre que plus du tiers des délégués se refusent à condamner les conférences pacifistes internationales.

---

135 Rapport d'inspection (AD75 D1T1460).
136 Raymond Poincaré, *Au service de la France*, tome VIII, op. cit., p. 294.
137 Procès-verbaux du Conseil fédéral de la FNSI (IFHS 14 AS/207), Louis Bouët, *Le Syndicalisme dans l'enseignement*, op. cit., tome II, pp. 38-40, *Le Bonnet rouge* n° 842, 29 juillet 1916, p. 2, *Demain* n° 9, septembre 1916, p. 170, et rapport de police sur « Les instituteurs pacifistes », décembre 1917, 17 pages (AN F 7/13575).

Les minoritaires protestent contre le fait que les colonnes de *L'Humanité* leur sont fermées ; mais la majorité ne leur donne pas satisfaction, et renvoie la question au prochain congrès[138].

La rapport de force interne n'ayant pas varié, le majoritaire Jean Lebas déclare au soir du conseil : « *Rien de changé.* » Raffin-Dugens lui répond : « *Si, beaucoup de morts en plus.* »[139]

* * *

Des contacts s'étaient noués depuis l'automne 1914 entre les syndicalistes révolutionnaires de *La Vie ouvrière* et des socialistes russes en exil, également pacifistes : d'abord un premier contact entre Monatte et le menchevik Julius Martov, puis une amitié durable entre Rosmer et Léon Trotski[140] (en exil en Autriche, ce dernier était arrivé en France en novembre 1914). C'est par ce biais que quelques révolutionnaires russes vont participer, en plus de leurs activités spécifiques d'exilés[141], aux réunions de la Vie ouvrière et au mouvement pacifiste en France. Dans son autobiographie, Trotski mentionne qu'il rencontra dans le mouvement ouvrier pacifiste « *l'instituteur Loriot, qui cherchait une issue dans la voie du socialisme révolutionnaire* »[142].

Martov a cependant quitté la France pour la Suisse en septembre 1915, et en octobre 1916 Trotski sera expulsé par le gouvernement français vers l'Espagne, d'où il gagnera les Etats-Unis. Mais au cours de l'été 1916 il va être très présent au sein des réunions du CRRI.

Lors de la réunion du CRRI du 31 juillet, Trotski propose une résolution. Loriot et Saumoneau suggèrent qu'elle soit amendée par la commission du CRRI, ce qui est voté[143]. Le 3 août la commission se réunit. Une majorité, notamment Merrheim, Saumoneau, Loriot et Lepetit, regrette dans la proposition de Trotski le ton des attaques contre la minorité longuettiste, qui y est paradoxalement plus attaquée que les majoritaires de guerre. La commission se réunit de nouveau le 10 août, en présence de Trotski. Ce dernier a remanié son texte, dont il fait lecture. La commission est cette fois

---

138 *L'Humanité* n° 4495-4497, 7-9 août 1916, pp. 1-2, *Le Populaire* n° 15, daté du 6 août 1916, pp. 1-4, et AN F 7/13073.

139 Alfred Rosmer, *Le Mouvement ouvrier pendant la Première Guerre mondiale*, op. cit., tome II, p. 191, et *Bulletin syndical du Syndicat des institutrices et instituteurs du département de la Seine* n° 4, octobre 1916, p. 86 (cet « écho » est signé « Franc Luron », qui est peut-être un pseudonyme d'occasion de Fernand Loriot).

140 Alfred Rosmer, *Le Mouvement ouvrier pendant la Première Guerre mondiale*, op. cit., tome I, pp. 223-224, et Pierre Monatte, *Trois scissions syndicales*, éditions ouvrières, 1958, pp. 239-240.

141 Ils se consacraient principalement à la publication d'un quotidien socialiste en russe, qui eut plusieurs noms du fait des interdictions successives.

142 Léon Trotsky, *Ma Vie*, Gallimard, 1973, p. 294.

143 Rapport « Chamois » du 1er août 1916, APP B^A 1558.

divisée de façon plus équilibrée, Loriot et Lepetit approuvant les nouvelles formulations. Le texte est cependant donné à Loriot pour réécriture[144].

Le sujet est abordé lors de la réunion plénière suivante du CRRI, le 14 août, qui réunit entre 70 et 80 participants sous la présidence de Loriot et Lepetit. Loriot fait un rapport sur la proposition discutée, en indiquant que la commission est divisée. Il propose d'en extraire les « *points essentiels* », affirmant « *qu'il est essentiel que le Comité affirme sa position internationaliste* », et dénonçant « *l'équivoque* » du courant longuettiste. Bourderon déclare qu'« *il y a des idées qui sont bonnes* », mais que « *le Comité ne peut pas admettre intégralement la proposition TROTZKY*[145]. » Loriot répond « *que le Comité doit accepter une partie des réserves formulées par Bourderon.* » La position conciliatrice de Loriot est validée par un vote en fin de réunion[146].

Loriot présente finalement son texte devant les 80 adhérents présents lors de la réunion du 28 août. Se prononçant pour « *la guerre à la guerre, à toutes les guerres* », il réfute les arguments des « socialistes de guerre », et des longuettistes qui continuent à voter les crédits militaires. Mais selon Loriot, les majoritaires trahissent alors que les longuettistes se trompent. Trotski intervient pour critiquer « l'indulgence » de Loriot vis-à-vis des longuettistes, mais Bouët (présent à Paris à l'occasion des vacances scolaires) soutient le texte de Loriot, et répond qu'il « *croit à la sincérité de Longuet* » tout en désapprouvant ses positions[147].

Le 14 septembre, la commission du CRRI discute d'un projet de bulletin de l'organisation. Celui-ci serait clandestin, « *intermittent au gré des ressources et des circonstances* », et pourrait paraître dès le 1er octobre. A la même réunion, Loriot annonce que sa brochure est désormais terminée[148].

La brochure *Les Socialistes de Zimmerwald et la guerre* est dès lors imprimée par le CRRI. Comme toujours, elle est d'un petit format afin de pouvoir échapper à la censure, en étant glissée dans des enveloppes ou dissimulée dans des journaux.

Loriot montre la profonde division qui traverse le mouvement socialiste face à la guerre mondiale : « *C'est que la guerre a révélé aux uns les vertus magiques de la collaboration gouvernementale, de l'union sacrée, de*

---

144 Rapports « Chamois » des 4 et 11 août 1916, APP B^A 1558. Constatons qu'un des deux informateurs de police au sein du CRRI, le numéro « 80 », fait partie des membres de sa commission. Nous ne sommes pas parvenu à l'identifier.
145 Nous respectons à chaque fois l'orthographe utilisée dans les citations : Trotski, Trotsky ou Trotzky. Signalons que sa carte de visite lors de son exil en France indiquait « *Léon Trotzky* » (Archives de la préfecture de police de Paris).
146 Rapports « Chamois » des 15 et 16 août 1916 (comptes-rendus de la même réunion par chacun des deux informateurs), APP B^A 1558.
147 Rapport « Chamois » du 29 août 1916, APP B^A 1558.
148 Rapport « Chamois » du 15 septembre 1916, APP B^A 1558.

l'entente du capital et du travail, du socialisme national, de la guerre libératrice... et que ces fleurs nouvelles dans le jardin socialiste, écloses dans le sang où se noie l'Internationale, apparaissent aux autres comme de sinistres emblèmes. »

Il examine l'un après l'autre les trois courants de la SFIO. Il critique d'abord la majorité, qui « *a scellé avec nos ennemis de classe le pacte "d'Union sacrée", dont elle s'est montrée le soutien le plus ferme et qu'il n'est plus permis, aujourd'hui, de considérer comme une simple trêve, son caractère de permanence ayant été revendiqué par les représentants les plus notoires du Parti et de la C.G.T. [...] La lutte de classe est chaque jour dénoncée, chaque jour bafouée par des socialistes-nationalistes qui entendent lui substituer l'union des classes, compromis décevant et stérile qui est la négation même du socialisme.* »

Il passe ensuite à la « minorité socialiste », c'est-à-dire les longuettistes. Conformément à son mandat, donné par la commission du CRRI, pour cette partie Loriot reprend et adapte certains éléments du texte proposé par Trotski. Kienthal avait clairement appelé à voter contre les crédits de guerre ; or les longuettistes continuent à voter pour, ce qui est un reproche majeur que leur font les zimmerwaldiens. Trotski écrit dans sa proposition que les longuettistes « *isolent criminellement les citoyens Brizon, Raffin-Dugens et Blanc qui ont courageusement fait le premier pas dans la voie de l'affranchissement du parti socialiste de la responsabilité de l'œuvre du militarisme.* » Dans le texte définitif, ce passage est ainsi reformulé : les longuettistes « *isolent dangereusement dans le groupe socialiste parlementaire français les citoyens Brizon, Raffin-Dugens et A. Blanc qui, courageusement, ont fait le premier pas dans la voie de l'affranchissement du parti de la responsabilité de l'œuvre du militarisme.* »

De même, Trotski affirme : « *Le bloc gouvernemental a besoin du socialisme apprivoisé qui discipline les masses ouvrières et les rattache au militarisme par toute l'autorité du socialisme. De la même façon le socialisme officiel a besoin de l'opposition Longuétiste* [sic] *qui groupe tous les éléments mécontents dont elle endort la conscience socialiste et qu'elle oblige ensuite à suivre la politique de la majorité officielle du parti.* » Et voici la version remaniée par Loriot et publiée : « *De même que le bloc gouvernemental a besoin du socialisme apprivoisé qui discipline les masses ouvrières et les rattache au militarisme par toute l'autorité du socialisme, la majorité, en présence des résistances zimmerwaldiennes, a besoin de la minorité qui fait son jeu, inconsciemment sans doute, en attirant à elle les éléments mécontents dont elle endort la conscience socialiste et qu'elle oblige ensuite à suivre la politique officielle du Parti.* »

Loriot aborde ensuite les questions de principe : « *Avant 1914, les socialistes étaient d'accord pour proclamer que la guerre, en affaiblissant et en appauvrissant les travailleurs, diminuait la capacité d'action spécifique de leur classe et fournissait de ce fait aux gouvernants le moyen d'étouffer ou*

d'ajourner les revendications populaires. On la condamnait donc non seulement au nom de l'humanité, mais au nom même du socialisme. Mais en réalité cette unanimité était factice et la situation de l'Internationale, précaire. » Il traite également des conséquences pratiques de la guerre sur la société : « *C'est dans l'intérêt de la défense nationale que les libertés les plus essentielles au progrès humain sont supprimées, les garanties les plus indispensables suspendues, la presse domestiquée, la haine célébrée, le mensonge élevé à la hauteur d'une institution nationale.* » Considérant que « *ces conflits consacrent de nouvelles injustices, compliquent au lieu de le résoudre le problème des nationalités, créent de nouveaux antagonismes, multiplient les germes de guerres futures, accablent la classe ouvrière sous le poids des charges accumulées* », et après avoir cité Jaurès, il écrit que « *la défense nationale **n'est pas socialiste*** », et que « *le devoir vital de la classe ouvrière est de demander dès maintenant l'armistice immédiat pour entamer les pourparlers de paix.* » Enfin, le texte se conclut en s'adressant au nom des zimmerwaldiens aux socialistes de tous les pays :
« *Exigez la fin immédiate de la collaboration socialiste aux gouvernements capitalistes de guerre ! Exigez des parlementaires socialistes qu'ils votent désormais contre les crédits demandés pour prolonger la guerre !*
A bas la guerre !
Vive la paix ! *- La paix immédiate et sans annexion.*
Vive le socialisme international ! »[149]

La brochure est distribuée lors de la réunion du CRRI du 9 octobre, qui est présidée par Loriot et Merrheim. Loriot y annonce que la commission a discuté de la création d'un bulletin du CRRI, il demande donc l'aide des militants souhaitant s'y associer. Il fait également le compte-rendu des oppositions au sein du Comité confédéral de la CGT[150].
Loriot participe également aux réunions mensuelles de l'Union des syndicats CGT de la Seine, où les pacifistes représentent environ un tiers des délégués – parmi lesquels plusieurs autres membres du CRRI, comme Bourderon et Lepetit. Loriot y critique l'orientation des majoritaires ainsi que le changement de fonctionnement de la CGT, déclarant par exemple : « *Hier, c'étaient les organisations syndicales qui donnaient à la C.G.T. les indications nécessaires sur toutes les questions relatives à la bonne marche du mouvement ouvrier ; aujourd'hui c'est tout le contraire* »[151].

---

149 Comité pour la reprise des relations internationales, *Les Socialistes de Zimmerwald et la guerre*, Paris, s.d. [1916], pp. 5 à 29. Souligné dans l'original. Copie de la proposition de Trotski dans APP B^A 1560 ; une version plus courte (et retraduite du russe) dans Léon Trotsky, *La Guerre et la révolution*, Tête de feuilles, 1974, tome II, pp. 150-153.
150 Rapport « Chamois » du 10 octobre 1916, APP B^A 1558.
151 Réunion du 20 décembre 1916, rapport de police du 21 décembre 1916 (CAC 19940459/360).

La fraction syndicale du CRRI est dominée par la tendance anarcho-syndicaliste, et tend à s'autonomiser par rapport au Comité : selon Rosmer, cela s'explique entre autres par « *l'inimitié personnelle existant entre Merrheim et Péricat* »[152]. La section syndicale du CRRI décide de prendre le nom de « Comité de défense syndicaliste » (CDS). Dans sa réunion du 3 novembre, le CDS envisage de créer sa propre trésorerie, indépendante du CRRI[153]. Mais il continue à se présenter comme « *section du Comité pour la reprise des relations internationales* »[154], et les contacts ne sont pas rompus. Le Syndicat des instituteurs de la Seine y délègue Marcelle Brunet, qui est membre de la Commission exécutive du CDS, et parfois Loriot ou Brion. Ces deux derniers figurent d'ailleurs parmi les 20 « *membres les plus actifs* » du CDS selon un rapport de police du 21 novembre 1917[155].

En octobre, les longuettistes créent à leur tour un Comité pour la défense du socialisme international (CDSI)[156]. Par ailleurs, à la droite de la SFIO s'était créé en mai un Comité de propagande socialiste pour la défense nationale[157]. Le mode d'organisation du CRRI a donc fait des émules chez d'autres tendances socialistes.

Le CDSI est traversé par des sensibilités différentes, certains de ses militants étant plus radicaux que Longuet. Le CRRI maintient un contact avec ces militants, en particulier en participant aux groupes des « Amis du *Populaire* ». Lors de la réunion du CRRI du 20 novembre, sous la présidence de Loriot et Merrheim, Loriot fait justement devant les 70 présents le compte-rendu de la réunion des Amis du *Populaire* à laquelle il a participé avec Rappoport[158].

Le 22 octobre au Conseil fédéral socialiste de la Seine, Loriot déclare que « *seule la reprise des relations internationales peut amener la paix* », et ajoute : « *La deuxième Internationale est morte, il faut préparer la*

---

152 Alfred Rosmer, *Le Mouvement ouvrier pendant la Première Guerre mondiale*, op. cit., tome II, p. 195.
153 Rapport « Chamois » informateur « 80 », 4 novembre 1916, APP B^A 1558. La question n'est toujours pas tranchée lors de la réunion du 27 novembre, à laquelle participe d'ailleurs Merrheim (rapport du 28 novembre 1916, AN F 7/13569).
154 *Aux organisations syndicales ! A leurs militants !*, brochure du CDS, s.d. [fin 1916] (AN F 7/13569).
155 AN F 7/13569. Cela nous semble exagéré, Loriot n'étant que rarement présent aux réunions du CDS.
156 Le CDSI a parfois utilisé une variante de son nom : « Comité d'action pour la défense du socialisme international ».
157 Alfred Rosmer, *Le Mouvement ouvrier pendant la Première Guerre mondiale*, op. cit., tome II, pp. 186-187, et Thierry Hohl, *Comité de Propagande Socialiste pour la Défense Nationale : des socialistes nationaux ?*, dans Jean Vigreux et Serge Wolikow (dir.), *Rouge et rose, deux siècles de socialismes européens*, EUD, 2007.
158 Rapport « Chamois » du 21 novembre 1916, APP B^A 1558.

troisième. »¹⁵⁹ C'est à notre connaissance la première fois qu'il évoque la perspective d'une « troisième Internationale ».

Dans l'immédiat, l'urgence reste la lutte contre la guerre. La section socialiste du CRRI diffuse en novembre un tract intitulé « Aux Fédérations, aux Sections, aux membres du Parti Socialiste ». Ce texte expose les responsabilités de la guerre, critique des éléments de la politique d'avant guerre comme « *la démagogie nationaliste qui, sous prétexte de lutte pour l'indépendance nationale et de revanche à prendre, empoisonnait partout l'esprit public, en cherchant à éterniser et à intensifier les haines et les préjugés nationaux.* »

Le Comité considère que c'est « *le régime d'exploitation capitaliste, de violence réactionnaire et d'orgueil nationaliste et impérialiste qui a déchaîné cette guerre atroce dont on ne voit pas la fin.* » Le CRRI pointe ensuite la volte-face des socialistes de guerre : « *Au lieu de combattre, au moins politiquement et moralement le fléau de la guerre, des majorités de dirigeants socialistes en France, en Allemagne et en Autriche et certains porte-parole du socialisme anglais, belge et russe, se sont fait les auxiliaires les plus aveugles et les plus acharnés de la guerre à outrance, oubliant toutes leurs déclarations, tous leurs principes, tous leurs engagements d'avant-guerre.* »

Le tract se conclut en proposant que le congrès de la SFIO adopte cinq mesures : le départ immédiat des socialistes du gouvernement, le « *refus motivé des crédits militaires* », la rupture avec « *l'union dite sacrée* » qui « *n'a jamais été qu'hypocrisie et mensonge* », la demande de la convocation d'un congrès de l'Internationale, et la demande « *d'un armistice immédiat en vue d'entamer des pourparlers pour la paix.* »¹⁶⁰

Mais l'action des pacifistes est fortement entravée. Loriot écrit aux Bouët le 25 novembre 1916 : « *Non, il n'est pas facile d'agir. Nous sommes ici très étroitement surveillés et nous ne pouvons rien dire, rien faire sans que les pouvoirs en soient immédiatement informés. Hier, la police a empêché une réunion en faveur de F. Adler*¹⁶¹ *dans laquelle nous devions, Merrheim et moi prendre la parole. Cependant les organisateurs avaient pris toutes leurs précautions et il était convenu de n'informer que des personnes sûres !!*

Dans le parti socialiste la lutte est en ce moment sourde, mais ardente sans apporter, hélas ! plus de clarté. La majorité reste sur son terrain. La minorité Longuet s'enlise de plus en plus dans l'équivoque et certains

---

159 *L'Action socialiste* n° 5, 25 octobre 1916, p. 4, et rapport de police (AN F 7/13074).
160 Tract A4 recto-verso, APP Bᴬ 1558 (fac-similé dans Sowerwine, 1985, tome VII).
161 Friedrich Adler, scientifique et socialiste autrichien, pacifiste, venait d'abattre le comte Stürgkh, chef du gouvernement monarchiste austro-hongrois. Condamné, puis libéré par la Révolution en 1918, Adler fut ensuite dirigeant de l'Internationale dite « deux et demi », puis de l'Internationale ouvrière socialiste dans les années 1920-1930. L'interdiction de cette réunion prévue le 24 novembre est signalée dans la synthèse de police sur le pacifisme de janvier 1919 (AN F 7/13372), et dans des rapports de police des 25, 26 et 28 novembre 1916 (CAC 19940459/360).

Zimmerwaldiens paraissent décider à commettre la funeste erreur de faire aux prochains Congrès, bloc avec elle. Je lutte de toute mon énergie contre cette défaillance qui enlèverait toute signification à l'opposition. Le comité [CRRI] partage mon avis, mais par sa composition un peu hétérogène il est peu qualifié pour indiquer la ligne de conduite aux membres du parti ou tout au moins pour les obliger impérativement à la suivre.
Je n'ai, je crois, aucune chance d'être délégué au congrès socialiste. »[162]
Sur ce dernier point, le pessimisme de Loriot sera démenti. Mais les pacifistes ne sont pas au bout de leur peine : fin novembre, un des imprimeurs du CRRI est arrêté et du matériel du Comité est saisi. Lors de la réunion du CRRI du 4 décembre, Bourderon indique que cet imprimeur « *est bien le quatrième, le cinquième, le sixième peut-être que le Comité a employé* »[163]. C'est cependant un coup dur pour l'activité du CRRI. De fait, après cette arrestation le projet d'un bulletin du CRRI n'est plus évoqué.
Leur action à la base se poursuit néanmoins, non sans succès. Lors de la réunion du CRRI du 18 décembre, Loriot fait le rapport du congrès socialiste de la Seine qui a donné 1333 mandats (12,6 %) à la motion Bourderon-Rappoport soutenue par Loriot, 4014 (37,9 %) pour la motion Longuet, et 5238 (49,5 %) pour la motion Renaudel[164]. En un an, le rapport de forces chez les socialistes du département s'est donc modifié principalement au profit des partisans de Zimmerwald : ils passent de 5,2 % à 12,6 %, le courant Longuet est en très légère hausse (passant de 36,5 % à 37,9 %), et les « socialistes de guerre » perdent la majorité absolue en passant de 58,3 % à 49,5 %. Mais ces derniers conservent pour le moment une majorité au niveau national.

Le Congrès national de la SFIO se tient du 24 au 29 décembre 1916 : Loriot fait partie des cinq délégués zimmerwaldiens de la Seine, en compagnie de Bourderon, Cartier, Rappoport et Saumoneau. Il est nommé à la commission des résolutions et intervient à plusieurs reprises devant le congrès, en particulier le 27 pour défendre une motion préconisant des pourparlers de paix immédiats[165]. Elle n'obtient que 109 voix contre 2838 (3,7 % contre 96,3 %) – il faut dire que cette motion n'est pas votée par Bourderon qui reporte ses mandats vers le courant longuettiste, ce qui affaiblit

---

162 Souligné dans l'original. IFHS 14 AS/435.
163 Rapport « Chamois » du 5 décembre 1916, APP B^A 1558.
164 Rapport « Chamois » du 19 décembre 1916 (APP B^A 1558 ; la réunion du CRRI est présidée par Merrheim), *L'Humanité* n° 4628, 18 décembre 1916, pp. 1-2, et Boris Souvarine, « La victoire internationaliste », *Le Populaire* n° 33, 18 décembre 1916, pp. 3-4. Loriot est désigné comme seul représentant des zimmerwaldiens au sein de la commission des résolutions de 11 membres.
165 Selon Hubert-Rouger, « *la motion Loriot affirmait la nécessité d'une paix immédiate pour répondre aux aspirations des peuples* » (*La France socialiste*, tome III 3e partie, op. cit., p. 411). Interdite par la censure en France, cette brève motion est publiée en Suisse par la revue *Demain* (n° 11-12, daté novembre-décembre 1916, p. 342).

considérablement la motion émanant du CRRI. Loriot intervient de nouveau le 28, contre le vote des crédits de guerre. La motion de politique générale proposée par la direction est adoptée par 1595 mandats (54,4 %) contre 233 (kienthaliens, 7,9 %), les longuettistes s'abstenant (1104 mandats, 37,7 %)[166].

Le dernier jour, Loriot intervient à propos de la participation ministérielle, en proposant la motion suivante : « *Le Congrès, en application des décisions des Congrès internationaux, décide la cessation immédiate de la participation ministérielle.* » La motion 1, pour la continuation de la participation ministérielle, obtient 1637 voix (56 %), la motion 2 qui appelle à « *rechercher la cessation* » de cette participation obtient 708 voix (24 %), et la motion Loriot de cessation immédiate obtient 574 voix (20 %). Ce vote montre la fragilité de la position de la majorité, et le fait que l'orientation défendue par Loriot trouve un écho consistant sur certains points.

Par la suite, Loriot réclame la liberté d'expression des « kienthaliens » dans *L'Humanité* : mais sa motion en ce sens étant rejetée, les colonnes du quotidien leur restent donc fermées. La nouvelle CAP (Commission administrative permanente, la direction du parti) est constituée de 13 « socialistes de guerre » et de 11 longuettistes, mais d'aucun kienthalien – alors que leur poids au congrès devrait logiquement leur assurer au moins une place dans l'organe de direction du parti. Une répartition proportionnelle aurait dû mathématiquement donner 13 majoritaires, 9 longuettistes, et 2 kienthaliens[167].

Loriot rédige un compte-rendu de ce congrès, mais la censure en supprime l'essentiel. Dans les passages qui ont pu paraître, Loriot écrit que « *en arrivant au Congrès, nous savions que la majorité était décidée à demander à l'assemblée l'exclusion du parti des zimmerwaldistes* ». Cependant, « *l'opposition a augmenté et cette constatation incite visiblement la majorité à une attitude d'expectative prudente.* »

L'article de Loriot devait en fait paraître en deux parties, mais il renonce à faire paraître des bribes de la seconde partie : « *la Censure a mutilé à tel point la première partie du compte-rendu du Congrès national socialiste de décembre, qu'il ne reste rien de ce qui pouvait intéresser nos lecteurs. […] Dans ces conditions, il est inutile d'exposer à nouveau notre publication à paraître en retard et en blanc.* »[168]

---

166 Ce vote est le plus significatif pour établir le poids respectif des trois courants ; ainsi l'historien Jean-Paul Brunet parle-t-il pour ce congrès de « *quelque 8 % aux zimmerwaldiens dirigés par l'instituteur Loriot.* » (*Histoire du socialisme en France*, PUF, 1989, p. 45 ; même chiffre dans *Cahier et revue de l'Ours* n° 204, mars-avril 1992, p. 10).

167 *L'Humanité* n° 4635-4640, 25-30 décembre 1916, *Le Populaire* n° 34, daté du 25 décembre 1916, pp. 1-6, et AN F 7/13072. Les majoritaires s'opposèrent avec succès à la présence de la presse au congrès, à l'inverse des minoritaires qui y étaient favorables. Cette interdiction n'empêcha pas *Le Matin* de donner du congrès des échos pittoresques, quoique pas toujours fiables (n° 11.990-11.995, 25-30 décembre 1916).

168 F. Loriot, « Le Congrès national socialiste », *Bulletin syndical du Syndicat des*

Loriot écrit ses impressions du congrès aux Bouët, le 3 janvier 1917 : « *L'assaut le plus dur a été à la commission des résolutions où j'étais seul pour soutenir ma motion en faveur des pourparlers de paix. […] Les délégués minoritaires surtout n'étaient pas contents. Ils s'étaient attaché Bourderon à qui ils avaient promis un siège à la C.A.P.*[169] *et les déclarations de ce dernier ainsi que celles de Raffin-Dugens nous ont enlevé pas mal de voix. Je ne comprends pas que des camarades ayant reçu mandat de défendre le point de vue de Zimmerwald et de Kienthal aient pu voter une motion dans laquelle on invite le gouvernement à soutenir son effort de guerre pour la défense nationale.* » Puis, Loriot critique en particulier les positions des longuettistes : « *Il est désastreux que ce soit cette minorité hésitante et sans idées nettes qui bénéficie des révoltes de la conscience socialiste. […] La minorité est liée à la majorité par la conception irraisonnée de la défense nationale.* »[170]

Dans *Le Populaire* du 1ᵉʳ janvier 1917, le longuettiste Ludovic Zoretti écrit que ce sont « *des questions de pure doctrine* » qui les séparent « *des vrais zimmerwaldiens, comme Loriot* »[171]. Ce dernier représente à ce point le courant pacifiste radical de la SFIO que l'on parle parfois de « loriotistes »[172] pour désigner ces militants, qui restent plus couramment appelés « zimmerwaldiens » ou « kienthaliens ». Loriot écrira qu'au sein de la SFIO, « *les militants du rang commencent à m'écouter avec attention et intérêt. Je sens peu à peu s'ouvrir devant moi dans le parti un vaste champ d'action, de propagande*[173]. *Je dis bien d'action de propagande pour la révolution du prolétariat, car je ne vise nullement à ressusciter l'ancien parti absorbé par l'action parlementaire et dominé par le groupe parlementaire.* »[174]

Une réunion de la Fédération socialiste de la Seine est organisée le 21 janvier, pour faire un compte-rendu du Congrès national auprès des militants. Loriot ouvre la séance en justifiant les positions de « *la fraction*

---

institutrices et instituteurs du département de la Seine n° 6, janvier-février 1917, pp. 105-110, et F. Loriot, « Sous les ciseaux », *Les Semailles* n° 1, avril 1917, p. 8 (*Les Semailles* prend la suite du *Bulletin syndical*).

169 Ils proposèrent effectivement Bourderon comme membre de la CAP, mais les majoritaires « *opposèrent un veto énergique* » à celui qu'ils considéraient encore comme un zimmerwaldien (AN F 7/13072).

170 IFHS 14 AS/436.

171 L. Zoretti, « Au lendemain du congrès », *Le Populaire* n° 35, p. 1.

172 Cette appellation orale se retrouve également dans des articles, par exemple : *Le Populaire* n° 85, 23 février 1918, pp. 2-3 et n° 159, 16 septembre 1918, p. 2, *Le Journal du peuple* n° 79, 20 mars 1918, p. 2, *L'Ecole de la Fédération* n° 1, 28 septembre 1918, p. 8, *La Démocratie nouvelle* n° 499, 24 février 1920, p. 1, *Le Journal des débats* n° 61, 2 mars 1920, p. 3, etc. (on trouve très rarement la variante orthographique : « loriottiste »). Alexandre Zévaès parle d'une « *tendance d'extrême-gauche* » dans la SFIO de 1916, « *dont Loriot est le leader* » (*Le Socialisme en France depuis 1904*, Fasquelle, 1934, p. 107).

173 Ce mot n'avait pas à l'époque la connotation négative qu'il a aujourd'hui.

174 Note autobiographique de 1928, document cité, corrigé d'après le manuscrit.

kienthalienne », et en signalant « *qu'avant l'ouverture des débats du congrès, Renaudel avait manifesté l'intention de faire prononcer l'exclusion des Kienthaliens et des Zimmerwaldiens, mais que cette exclusion n'a pas été adoptée.* » Il désapprouve de nouveau le vote des crédits de guerre y compris par les députés longuettistes. Dans son intervention, Longuet critique à son tour Loriot qui selon lui « *se cantonne dans un purisme extrême* »[175].
Le 23 janvier, Loriot est présent à la réunion des Amis du *Populaire*. Le bureau de l'association élu à cette réunion est composé de Délépine comme secrétaire, Boris Souvarine et Raoul Verfeuil comme secrétaires adjoints, puis notamment Paul Faure, Marianne Rauze, Bourderon et Loriot[176]. Les liens sont donc loin d'être rompus avec la minorité longuettiste, même si la politique défendue est clairement différente.

La fraction socialiste du CRRI appelle à une réunion le 15 février, ouverte y compris aux socialistes n'étant pas adhérents du Comité, l'accès à la salle se faisant sur présentation de la carte d'adhérent de la SFIO. A cet effet un tract est édité, qui annonce une réorganisation : « *Les membres socialistes de la Commission du* Comité pour la Reprise des Relations Internationales *ont jugé utile de mieux coordonner les efforts des militants du Parti,* **fermement** *décidés à mener la lutte contre la guerre, d'après les principes et les décisions des Congrès Internationaux de Stuttgart, Copenhague et Bâle* »[177]. Une permanence hebdomadaire de la fraction socialiste du CRRI est également mise en place. Cette dynamisation va entraîner un accroissement de l'audience et du poids du CRRI au sein de la SFIO.
Loriot explique à Louis Bouët les raisons de cette réunion dans une lettre du 1er février : « *La nécessité d'une organisation meilleure* [du CRRI] *n'a rencontré que des partisans. Dans ce but nous ferons le 14 courant* [finalement le 15] *une réunion à laquelle seront conviés tous les Zimmerwaldiens de la Seine. Mais il s'agit de les toucher et il est difficile de le faire sans que dame police en soit aussitôt informée. J'ai même reçu à cet égard certaines communications qui m'ont infiniment attristé et dont je te parlerai quand je te verrai. Aussi ne sommes-nous pas sûrs de réussir notre réunion. Il nous faudrait bien des choses pour développer notre action, mais ce qui nous manque surtout c'est le temps. Un ou deux organisateurs intelligents et actifs disposant de toute leur journée, un ou deux propagandistes ayant aussi les loisirs de se déplacer suffiraient. Les adhérents seraient plus nombreux, la caisse par suite mieux garnie et nous*

---
175 *L'Humanité* n° 4663, 22 janvier 1917, p. 1, *Le Bonnet rouge* n° 1012, 23 janvier 1917, p. 2, et rapport de police du 22 janvier (AN F 7/15935[1]). De même que Loriot, Longuet « *s'élève contre la proposition de Renaudel en vue d'exclure les Kienthaliens.* »
176 Rapport « Chamois » informateur « 93 », 23 janvier 1917, APP B[A] 1558.
177 Comité pour la Reprise des Relations Internationales (Section Socialiste), *Aux Militants du Parti Socialiste (S.F.I.O.)*, tract A5 recto-verso, APP B[A] 1558 (fac-similé dans Sowerwine, 1985, tome V). Souligné dans l'original.

pourrions avoir un journal. » Loriot donne aussi des nouvelles du camarade expulsé de France quelques mois plus tôt : « *Trotsky m'écrit de temps en temps. Il est à New-York avec sa famille et est en bonne santé. […] Je dois lui envoyer le compte-rendu du congrès national. Je viens de terminer la première partie de ce compte-rendu. Il paraîtra (si Anastasie* [la censure] *le permet) dans le prochain bulletin du syndicat de la Seine. J'ai peur qu'il ne soit copieusement blanchi.* »[178]

Le 15 février, Loriot ouvre la séance devant les 130 socialistes présents. Il déclare que le but de la réunion est « *la réorganisation de la section socialiste* » du CRRI, ainsi que de « *donner à la minorité plus de cohésion afin d'établir un programme qui s'efforcera de rallier les différentes tendances lors du prochain conseil national.* » Il propose la constitution d'une « *Commission Centrale chargée de la correspondance avec les groupements zimmerwaldiens des Fédérations de province.* » Il estime qu'une scission du parti lors du prochain Conseil national est probable, opinion partagée à l'époque par des socialistes de tous les courants. C'est en effet à cette période que la minorité pacifiste fut exclue du SPD en Allemagne, mais il n'en fut rien en France – même s'il y eut des demandes de « majoritaires de guerre » en ce sens. En particulier, Loriot avait sans doute lu l'organe de la droite du parti, *L'Action socialiste*, dont le numéro du 14 février attaquait violemment les kienthaliens et proposait à leur encontre des « *sanctions* », des « *mesures* » et « *l'exclusion des kienthaliens de toutes les fonctions du Parti.* »[179]

Loriot propose enfin la rédaction d'un manifeste du CRRI et appelle à des cotisations plus régulières. Loriot puis Rappoport insistent sur l'importance qu'il y a à refuser de voter les crédits de guerre, refus qui constitue « *le symbole de notre action pour la paix.* »[180]

Lors de la réunion du CRRI du 1er mars, Loriot propose la nouvelle organisation de la section socialiste. Loriot en est le secrétaire, et Saumoneau la secrétaire adjointe. Il signale que Bourderon refuse désormais de signer la motion de la section socialiste du CRRI ; à partir de cette période, Bourderon restera dans une position intermédiaire, à la gauche du CDSI, à la droite du CRRI. Saumoneau informe le Comité que la 5e section SFIO de Paris a voté en faveur de l'exclusion des zimmerwaldiens[181].

---

178 Souligné dans l'original. IFHS 14 AS/436.
179 Edmond Soutif, « Sanctions nécessaires », ainsi que d'autres articles dans *L'Action socialiste* n° 20, 14 février 1917, pp. 3-4. Même page, on lit sous la plume de Jean-Baptiste Lavaud une diatribe sexiste contre « *l'invasion* » des « *demoiselles et vieilles dames* » dans les sections socialistes (les femmes étant coupables à ses yeux d'être trop souvent pacifistes). Dans le numéro du 28 février, Arthur Gibaud demande ouvertement « *l'exclusion des kienthaliens* » (p. 4).
180 Rapport « Chamois » informateur « 93 », 16 février 1917, APP B^A 1558.
181 Rapport « Chamois » informateur « 80 », 2 mars 1917, APP B^A 1558.

Fin mars, la section socialiste du CRRI publie une petite brochure intitulée *Organisation et action de la section*. Il s'agit d'expliciter les éléments exposés par Loriot lors de cette réunion du 1ᵉʳ mars, et de réaffirmer les positions du CRRI : « *L'existence des groupements zimmerwaldistes est justifiée par la politique du 4 août* [le vote des crédits de guerre], *qui a brisé l'Internationale et livré le Parti à la bourgeoisie capitaliste dirigeante* ». La section socialiste du CRRI se réclame de la fidélité aux principes socialistes internationalistes d'avant 1914 : « *La section, répondant aux accusations mensongères des majoritaires et aux critiques injustifiées de certains minoritaires, se défend de vouloir innover et n'a d'autre politique que celle qu'avait adoptée, avant 1914, l'Internationale tout entière.* » Citant plusieurs résolutions socialistes d'avant 1914, la section préconise de cesser toute participation au « *gouvernement dans la société bourgeoise* », et de voter contre les crédits de guerre ; elle appelle également à reconstituer « *l'Internationale ouvrière* », à intensifier « *l'action nationale et internationale pour la paix* », et appelle enfin au « *rétablissement des droits et des libertés qu'à la faveur de l'état de siège le Gouvernement d'union sacrée, comprenant trois ministres socialistes, a supprimés.* » Le texte parle également des Amis du *Populaire* dont « *les velléités de retour à une politique nettement socialiste ont toujours été annihilées et désavouées par ses chefs.* »[182] Le CRRI, et singulièrement Loriot qui est un des auteurs (voire l'unique auteur) de ce texte, a donc pleinement conscience des divergences importantes qui traversent la minorité longuettiste. En vérité, aucune des trois tendances socialistes n'est vraiment homogène.

* * *

Le 25 février, le Conseil fédéral socialiste de la Seine se tient à la Maison commune. Les longuettistes y obtiennent la majorité absolue avec 4720 mandats (50,1 %), les « socialistes de guerre » obtiennent 4184 mandats (44,3 %), et la motion Loriot 529 (5,6 %). La Fédération de la Seine passe donc aux pacifistes[183]. *L'Humanité*, dirigée par les « socialistes de guerre », ne publie aucun compte-rendu de ce Conseil dont ils sortent perdants.

Loriot est élu délégué de la Seine pour le Conseil national de la SFIO du 4 mars. La veille, il participe à la réunion de préparation des minoritaires, qui réunit environ 150 longuettistes et kienthaliens. Loriot y fait partie d'une commission chargée de préparer une motion commune[184].

Lors du CN, Loriot s'exprime à propos de cette motion pacifiste proposée par Pressemane, qu'il ne vote qu'avec réserve. La motion, dont la publication

---
182 Comité pour la reprise des relations internationales (section socialiste), *Organisation et action de la section*, Paris, 1917, pp. 2-4.
183 « Dans le Parti », *Le Journal du peuple* n° 48, 26 février 1917, p. 2.
184 Rapport de police du 4 mars 1917 (CAC 19940459/360). Parmi les huit autres membres de la commission figurent notamment Pressemane, Longuet et Bourderon.

est interdite par la censure, obtient 1377 mandats (46,9 %) contre 1556 aux majoritaires de guerre (53,1 %). Loriot intervient ensuite contre une « motion de discipline » condamnant les kienthaliens. Cette motion est explicitement dirigée contre le CRRI, dont les membres sont interdits d'« *exercer aucune fonction ni remplir aucune délégation du Parti, et seront déchus de plein droit des fonctions et délégations dont ils peuvent être actuellement investis.* » Loriot déclare que « *après la guerre, il appartiendra au Parti de juger les uns et les autres.* » Selon le compte-rendu du *Journal du peuple* : « *Loriot, principal accusé, se transforme en accusateur, et rappelle aux majoritaires les engagements qu'ils ont pris autrefois, les motions qu'ils ont signées, bref, tout ce qu'ils ont renié sans élégance. Et il annonce sa ferme résolution de continuer la propagande qu'on lui reproche, certain d'être fidèle aux décisions des congrès internationaux.* »[185] La motion est adoptée par 53,5 % des délégués contre 6,4 % à une motion Goude (pacifiste), mais la grande majorité des minoritaires refusent même de participer au vote : il y a donc 40,1 % d'« abstentions »[186].

S'il n'y a pas encore de scission, la condamnation des militants socialistes pacifistes est aussi claire que ferme. La situation est cependant incertaine, puisque les « majoritaires de guerre » n'ont plus qu'une très courte majorité, et un retournement prochain paraît probable.
Lors du compte-rendu du CN devant la Fédération de la Seine le 25 mars, Loriot s'élève contre les sanctions, et déclare que le CN « *a agi en violation des statuts qui prévoit que toute sanction, pour être valable, doit intervenir après le jeu normal d'une Commission arbitrale.* » Revenant sur le fond des divergences, il interroge le concept même de nation, exposant le fait que la nation « *n'a pas existé toujours. Le cadre national disparaîtra comme est disparu le cadre provincial.* »[187] C'est donc une perspective communiste qu'il propose, vision mondialiste qui enlève toute validité à l'argument de la « défense de la patrie » ; sans légitimité des Etats-nations, la guerre de 14-18 ne peut être justifiée. Son opposition à la guerre est donc complète.

Printemps 1917, lueurs dans la nuit

Alors que la situation semble bloquée, des évènements inattendus allant dans le sens des pacifistes vont faire irruption.
En mars 1917, la révolution en Russie renverse le tsarisme (en février selon le calendrier russe, d'où l'appellation de « révolution de février »). On assiste

---

185 *Le Journal du peuple* n° 56, 6 mars 1917, pp. 1-2 (ce compte-rendu est largement censuré, y compris son titre).
186 *L'Humanité* n° 4706, 6 mars 1917, pp. 4-5, et *Le Populaire* n° 41, daté du 5 mars 1917, pp. 3-6.
187 *L'Action socialiste* n° 25, 28 mars 1917, p. 4.

à la formation massive de conseils ouvriers (« soviets », en russe). Le Comité exécutif du soviet de Petrograd lance un appel à la paix sans annexion (qui est diffusé en tract par le CRRI[188]), mais le gouvernement modéré issu de la révolution poursuit cependant la guerre. Cette révolution qui surprend quasiment tout le monde, mais dont l'imminence avait été annoncée en réunion du CRRI[189], prouve pour de nombreux militants en France qu'une révolution est possible et que l'on peut prendre son destin en main même si l'on est un « petit ». C'est là l'importance historique de l'affirmation des conseils de travailleurs. L'émergence de ces conseils ouvriers, forme spontanée de démocratie directe et d'appropriation de la politique, fait forte impression en France dès le printemps 1917[190].

Le CRRI organise le 29 mars un meeting de soutien à la révolution russe, qui rassemble un millier de personnes. Le meeting est présidé par Merrheim, assisté de Loriot et Rappoport. Rempli d'espoir, Merrheim déclare qu'« *à l'exemple de la Russie tous les peuples belligérants feront la révolution et qu'ainsi la guerre prendra fin.* » Dans son discours, Loriot déclare espérer que « *le "Comité permanent des délégués des ouvriers et des soldats"* [c'est-à-dire le Comité des soviets] *finira par s'assurer le bénéfice intégral de la Révolution* ». Puis, il conclut en lançant à la salle : « *A bas la guerre ! Vive la Révolution russe !* » Rappoport met en garde en estimant que « *la révolution russe ne peut s'accommoder de la continuation de cette guerre* », et que « *la guerre est funeste aux révolutions* ».

Loriot propose un court texte de soutien à la révolution, qui est adopté par l'assistance[191]. Le journal *Ce qu'il faut dire* veut publier ce texte le 31 mars, mais la censure le supprime intégralement[192]. Ce texte disait notamment : « *C'est avec une émotion profonde que la minorité française adhérente aux conférences de Zimmerwald et de Kienthal a appris l'effort gigantesque du peuple russe se libérant de l'absolutisme tsariste.* […] *Nous sommes fermement convaincus que la révolution russe émancipera non seulement les peuples de Russie, mais contribuera aussi au réveil des énergies*

---

188 *Appel du Comité des députés ouvriers et soldats de Russie aux prolétaires de tous les pays*, tract A4 diffusé en avril 1917, AN F 7/13575 (et fac-similé dans Sowerwine, tome VII).
189 Lors de sa réunion du 4 janvier 1917, le syndicaliste russe Dridzo déclare « *qu'un sérieux mouvement révolutionnaire* » est sur le point d'éclater en Russie (Dridzo, dit Lozovski, à l'époque en exil en France, militant de la CGT et de la SFIO, rejoignit la Russie après la révolution, fut dans un premier temps partisan de l'indépendance des syndicats puis exclu du parti bolchevik, se rallia ensuite à la ligne léniniste et devint président de l'Internationale syndicale rouge ; il mourut exécuté sur ordre de Staline).
190 Par exemple, Louis Bouët écrit le 6 mai 1917 à Hélène Brion : « *à quand le Conseil des délégués ouvriers et soldats pour Paris et la France de la Révolution ?* » (APP B^A 1561).
191 Rapport « Chamois » du 30 mars 1917 et télégramme de la police municipale du 29 mars 1917 à 23h 45, APP B^A 1558. Il y avait 600 participants selon le premier rapport, 800 selon le deuxième, 2000 selon le CRRI.
192 *Ce qu'il faut dire* n° 53, p. 4.

révolutionnaires en Europe, et entraînera tous les prolétaires à reprendre la lutte pour leur émancipation intégrale. »[193]
D'emblée, la révolution russe constitue pour Loriot et le CRRI une lueur dans la nuit. Cette guerre paraissait sans fin, la paix semble maintenant à portée de main. Le prolétariat avait disparu comme acteur historique depuis qu'il s'était laissé enrôler en août 1914, et voilà que la révolution sociale peut l'emporter. Les socialistes s'étaient majoritairement dissous dans l'union sacrée, mais désormais ils jouent les premiers rôles en Russie. La révolution russe paraît de plus porteuse de la victoire de Zimmerwald – rappelons que les différents courants socialistes de Russie, tant les mencheviks que les bolcheviks et les socialistes-révolutionnaires, étaient tous représentés à Zimmerwald. Aux yeux du courant « kienthalien » en France, cette révolution est donc porteuse de la paix et du socialisme.

Le CRRI publie en avril un tract intitulé « La Révolution russe et le devoir socialiste », qui se conclut par un appel révolutionnaire : « *Travaillons pour la Paix, pour la Révolution sociale !* [...] *A bas la guerre ! A bas le capitalisme ! Vive la révolution universelle !* »[194] Romain Rolland note dans son journal que « *l'auteur de cette proclamation est Loriot.* »[195] Le document inquiète les autorités, et le 28 avril le ministre de l'Intérieur ordonne la saisie du tract[196].

* * *

Une deuxième lueur d'espoir intervient au même moment : à partir de mars, une importante vague de grèves spontanées se développe en France, même si la censure fait que leur importance est sous-estimée. Ces grèves se déclenchent au départ sur des revendications économiques : augmentation des salaires, baisse du temps de travail, meilleures conditions de travail. Par la suite, une tonalité pacifiste s'y ajoute[197]. Les grèves sont en grande partie le fait de travailleuses, sur-exploitées par rapport aux hommes[198]. En conséquence, le CRRI diffuse au mois de mai un tract intitulé « Aux grévistes, aux femmes ! » :

« *Camarades,*

---

193 Rapport de police du 7 avril 1917, APP B^A 1558.
194 Tract A4 recto-verso, AN F 7/13575 et SHD 6N146 (fac-similé dans Sowerwine, 1985, tome VII).
195 Romain Rolland, *Journal des années de guerre, 1914-1919*, op. cit., p. 1188.
196 Trois autres tracts sont concernés, dont celui du CRRI reprenant l'appel du Comité des soviets (SHD 6N146).
197 Certaines revendications sont censurées, par exemple dans *L'Humanité* n° 4795, 3 juin 1917, p. 2.
198 Leurs salaires étaient bien plus faibles (cf par exemple Edouard Dolléans, *Histoire du mouvement ouvrier*, tome 2, op. cit., p. 230). Simultanément, « *les entrepreneurs travaillant pour la défense nationale font de prodigieux bénéfices* » (Serge Berstein et Pierre Milza, *Histoire de la France au XXe siècle, 1900-1930*, op. cit., p. 272).

Le prolétariat féminin, le plus exploité de tous les prolétariats, sortant enfin de sa torpeur, a entrepris une campagne énergique pour faire relever les salaires de famine qui sont les siens depuis toujours. […]
Honneur à ces vaillantes qui ont les premières levé l'étendard de la juste révolte. […]
Et vous, femmes et hommes qui continuez le travail, aidez nos soeurs de vos gros sous ! Organisez des collectes, des versements de solidarités ; aidez de toutes vos forces les grévistes dans la lutte pour la justice ! La vraie bataille pour l'émancipation, la vraie guerre du Droit, ce sont ces femmes qui la mènent ! […]
Faites grève ! Soutenez la grève !
Et tenez bon ! On les aura ! »[199]

On voit ici apparaître un détournement ironique du discours dominant : le « on les aura (les allemands) » du discours officiel devient ici « on les aura (les patrons – voire aussi le gouvernement et les responsables de la guerre en général) » ; au front les soldats détournent également l'expression[200].

Le mouvement de grève se poursuit en s'intensifiant jusqu'en juin, et « *constitue pour Paris la plus grande vague de grèves connue jusqu'alors.* »[201] A ces grèves spontanées s'ajoutent la formation de comités de grève, et des manifestations où l'on voit apparaître des rubans rouges et des drapeaux rouges[202].

Simultanément, un mouvement va se développer au sein de l'armée. Bien que ce soit particulièrement difficile, les militants pacifistes réussissent malgré tout à faire parvenir du matériel militant au front : tracts, journaux et brochures. Un rapport de police de juin 1916 notait que « *la campagne pacifiste dirigée par le "Comité pour la Reprise des Relations Internationales" est portée jusque dans les rangs des troupes combattantes.* » Le rapport expliquait que les journaux et les petites brochures sont parfois « *dissimulés dans d'autres journaux ordinaires. Aussitôt parvenus à leurs destinataires, ils circulent dans toutes les mains.* »[203] Evidemment, cela ne signifie pas une adhésion de l'ensemble des

---

199 APP B^A 1558 (fac-similé dans Sowerwine, 1985, tome VII). Souligné dans l'original.
200 Rémy Cazals, *Les Mots de 14-18*, Presses universitaires du Mirail, 2003, p. 82. Des mutins procéderont à leur tour au détournement de ce slogan, le « on les aura » s'appliquant cette fois aux officiers (André Loez, *14-18, les refus de la guerre, une histoire des mutins*, Gallimard, 2010, pp. 376-377).
201 Jean-Louis Robert, *Ouvriers et mouvement ouvrier parisiens pendant la Grande Guerre et l'immédiat après-guerre*, thèse de doctorat d'Etat, Université Paris I, 1989, p. 1527, et Jean-Louis Robert, *Les Ouvriers, la patrie et la Révolution, Paris 1914-1919*, Les Belles lettres, 1995, p. 124.
202 Jean-Louis Robert, *Ouvriers et mouvement ouvrier parisiens...*, op. cit., p. 1542, et *Les Ouvriers, la patrie...*, op. cit., pp. 131-133.
203 Rapport du 9 juin 1916, APP B^A 1560. Cf également le témoignage d'un soldat faisant circuler au front une brochure pacifiste fin 1915 : Emile Renault, « Zimmerwald au front »,

soldats qui lisent ces textes, mais il est certain qu'en ces temps de censure voire de désinformation gouvernementale, le CRRI donne des informations de première main, exactes et précises. Les tracts et brochures du CRRI sont donc de bons moyens de s'informer, tant pour les civils que pour les soldats qui y ont accès. L'impact des publications du CRRI au front est difficile à mesurer ; cependant il ne semble pas, malgré l'alarmisme des autorités militaires, qu'il soit absolument déterminant. Le 28 février 1917, le général en chef écrit certes que « *les faits de propagande pacifiste aux armées se multiplient. Depuis plus d'un an, des tracts, brochures, journaux pacifistes parviennent aux armées. Il en sévit maintenant une véritable épidémie. On en arrête plus, en 15 jours, qu'on en saisissait en trois mois en 1916.* »[204] Mais les textes pacifistes ne peuvent rencontrer d'écho au front que s'ils correspondent à des aspirations des soldats, ce d'autant plus que la propagande inverse – celle du discours dominant – leur arrive en quantité infiniment plus élevée.

Dès 1914 il y avait eu des désertions dans l'armée, ainsi que d'autres formes de désobéissance, notamment des fraternisations ponctuelles avec les soldats allemands. La répression fut meurtrière, environ 600 soldats français étant fusillés par leur propre armée pendant la durée du conflit[205]. A partir d'avril 1917, une vague de mutineries se déclenche, causée par la lassitude et la volonté d'imposer au gouvernement de faire la paix. De nombreux régiments chantent *L'Internationale*[206], certains se déclarent en grève. Fin mai et début juin, ce sont de multiples manifestations de soldats, régulièrement avec des drapeaux rouges, qui refusent de partir au combat et demandent la paix. On lit dans une pétition signée par plus de mille soldats : « *la continuation de la guerre actuelle qui a déjà fait verser le sang de millions de victimes n'est plus qu'une duperie, sans aucun profit pour la France et moins encore pour ceux qui la font réellement.* »[207] Certains parlent même de « marcher sur Paris », afin de faire pression sur le pouvoir pour qu'il conclue la paix. Dans « *les revendications des mutins, [...] se lit un socialisme en filigrane.* »[208] Des soldats reprennent des slogans comme « *A bas la guerre, vive la*

L'Emancipation de Maine-&-Loire n° 102, juillet 1919, pp. 292-293.
204 *Les Armées françaises dans la Grande Guerre*, tome V 2ᵉ vol., annexes 1ᵉʳ vol., Imprimerie nationale, 1937, p. 26. Il est précisé que « *ces tracts émanent du Libertaire, du Comité pour la reprise des relations internationales, du Comité de défense syndicaliste, de la Fédération des métaux, du Syndicat des instituteurs, de l'anarchiste Séb. Faure principalement.* »
205 André Loez, *La Grande Guerre*, La Découverte, 2010, p. 55.
206 André Loez, *14-18, les refus de la guerre, une histoire des mutins*, annexe téléchargeable (crid1418.org), p. 12.
207 Cité dans André Loez, *14-18, les refus de la guerre*, op. cit., p. 354.
208 André Loez, *Un socialisme en filigrane ? La politisation des mutins de 1917*, dans Romain Ducoulombier (dir.), *Les Socialistes dans l'Europe en guerre*, L'Harmattan, 2010, p. 115.

révolution ! » Le 2 juin, le président Poincaré écrit dans son journal : « *L'ordre est menacé partout. La fièvre s'étend.* »[209]
Mais en même temps que des soldats arborent spontanément des symboles du socialisme, c'est la direction de la SFIO qui y a renoncé, en approuvant la guerre et en restant dans l'union sacrée[210]. Cependant l'existence de minorités socialistes pacifistes dans les différents pays permet, au travers d'actes forts comme les conférences internationales pour la paix et les votes contre les crédits de guerre, de procurer un appui moral à la révolte intérieure de nombreux soldats contre la guerre, et de leur donner un espoir : il existe malgré tout des structures politiques qui luttent pour la paix, cette alternative existe.

Ces révoltes ont comme conséquence que le commandement militaire, en particulier le général Pétain, demande d'aggraver encore la censure et la répression contre les pacifistes[211]. De fait, une circulaire du ministre de l'Intérieur Malvy est envoyée aux préfets le 26 juin 1917 : « *Le Gouvernement veut que vous ne tolériez, d'accord avec l'autorité militaire, aucune réunion même privée organisée par des groupements tels que : Les Amis de "Ce qu'il faut dire", le Comité pour la reprise des relations internationales, le Comité de Défense Syndicaliste dont le but évident est une propagande pour la paix.* »[212]

Dans l'immédiat, la répression, la censure et le contrôle du courrier limitent les informations sur ces mutineries. Les pacifistes ne disposent donc probablement pas des informations leur permettant de prendre toute la mesure de l'ampleur des mutineries[213], qui ont concerné des dizaines de milliers de soldats, et entraîné des milliers de condamnations (qui vont de la

---

209 Raymond Poincaré, *Au service de la France*, tome IX, op. cit., p. 153.
210 L'historien Jean-Yves Le Naour parle à ce propos de « *piège de l'Union sacrée* » (*L'Affaire Malvy*, Hachette, 2007, p. 268). Le premier jour de l'offensive Nivelle, Renaudel était avec le général en chef au Grand Quartier Général – la direction de la SFIO se trouvait donc littéralement aux côtés de la hiérarchie militaire (Raymond Poincaré, *Au service de la France*, tome IX, op. cit., p. 114).
211 Le 4 juin 1917, lettre du Grand Quartier Général demandant la dissolution du CRRI (SHD 6N146). Lettre de Pétain du 25 mai 1917 demandant de « *réprimer aux sources cette propagande intolérable* » (AN F 7/13370), et du 23 juin 1917 appelant à réprimer le CDS et le CRRI (citée dans Jean-Yves Le Naour, *L'Affaire Malvy*, op. cit., p. 111). Interventions de Pétain en Comité de guerre pour accroître la répression contre les pacifistes les 7 juin, 11 juin, 30 juillet et 29 août (Raymond Poincaré, *Au service de la France*, tome IX, op. cit., pp. 159, 162, 218 et 259), etc.
212 AN F 7/13370 et 13569.
213 Le rapport de police du 16 juillet 1917 concernant la surveillance de la correspondance des pacifistes indique que les lettres venant du front adressées aux pacifistes parisiens « *sont généralement relatives aux incidents qui se sont produits sur le front. Elles sont conçues dans des termes tels que leur saisie a été jugée indispensable.* » (APP B^A 1562). Le rapport suivant, du 27 juillet, signale que de nombreuses lettres ont de nouveau été saisies ; dès juin, des lettres de soldats parlant des mutineries étaient saisies (APP B^A 1561). Ce moyen d'information direct est donc, pour autant qu'on le sache, coupé par la censure postale.

prison avec sursis jusqu'à la peine de mort, en passant par plusieurs années de prison ferme ou les travaux forcés[214]). Par contre, ils en subissent le contrecoup par le durcissement des autorités à leur encontre. Ils sont tout de même informés de l'existence de la répression, et Brizon la déplore dans un discours à la Chambre des députés le 14 juin : « *Messieurs, à l'heure où je parle, on fusille des soldats sur le front ! Des balles françaises assassinent des soldats français...* »[215]

Correspondant à un rejet spontané de la guerre, les orientations du CRRI rencontrent à partir de 1917 une résonance importante par rapport à ses effectifs militants réels. Même si l'on partage les idées pacifistes, s'engager activement dans une structure pacifiste présente un danger réel de représailles diverses voire d'emprisonnement, et réclame donc un courage certain. Dans une situation où le libre-arbitre semble avoir disparu, les mutins – en partie influencés par l'exemple russe – tentent de créer un nouveau possible. Mutineries, grèves à tendances pacifistes, et militantisme au sein d'une organisation pacifiste représentent trois manifestations différentes d'une riposte face à une situation imposée et à une chape de plomb massive : la censure, et l'union sacrée qui sape le pluralisme. Par ces mouvements, tentatives d'expressions démocratiques de la base, il s'agit de ne plus subir en silence, de faire entendre sa voix et de tenter de mettre fin à une situation insupportable.

Parallèlement à la répression qui s'intensifie contre les pacifistes, on éteint les mouvements de grèves par un mélange de répression et de satisfaction partielle des revendications. Les mobilisations similaires menées en province sont à la fois stoppées grâce à des hausses de salaires, et étouffées par la censure[216]. De plus, la menace de l'envoi au front jouait depuis le début de la guerre contre les possibilités de grèves de la part des hommes, et en effet des « rappels » auront lieu pour sanctionner des grévistes[217]. La censure a là encore joué un grand rôle pour empêcher une convergence entre les divers révoltés du printemps 1917. Il semble notamment que les mouvements au sein de la marine militaire en Allemagne – qui avaient lieu à la même période – restèrent inconnus des mutins en France.

*   *   *

---

214 André Loez parle d'« *une justice hâtive et partiale, où la logique punitive prévaut largement sur le droit. Certaines dépositions de témoins sont forcées ou falsifiées.* » (*14-18, les refus de la guerre*, op. cit., p. 518).

215 Cité dans Pierre Roy, *Pierre Brizon, pacifiste, député socialiste de l'Allier, pèlerin de Kienthal*, Créer, 2004, p. 173.

216 Par exemple, concernant les mouvements à Toulouse où « *des cortèges, drapeaux rouges en tête et au chant de l'Internationale, parcourent les rues* », cf Jean-Jacques Becker, *Les Français dans la Grande Guerre*, Robert Laffont, 1980, pp. 198-201.

217 Jean-Louis Robert, *Ouvriers et mouvement ouvrier parisiens...*, op. cit., p. 572.

A cette période, Romain Rolland écrit dans son journal que Loriot « *est maintenant le chef du mouvement zimmerwaldien à Paris.* »[218] Henri Guilbeaux écrit que Loriot « *vient d'être élu secrétaire du Comité pour la reprise des relations internationales* », et annonce que le CRRI va publier un journal – nouvelle tentative qui n'aboutira pas[219]. Guilbeaux décrira le Loriot de cette période comme « *le véritable chef de l'opposition au sein du parti socialiste français* »[220]. Mais cette opposition se poursuit dans des conditions difficiles. Le compte-rendu de la Commission administrative permanente de la SFIO du 5 avril 1917 indique : « *La Commission prend acte des lettres qui lui ont été adressées par les citoyens Bourderon et Loriot.* »[221] Les lecteurs ne peuvent donc en connaître ni le contenu ni même le sujet. Il s'agissait en fait pour eux de protester et de faire appel contre la motion discriminatoire à l'égard des kienthaliens qui avait été adoptée lors du CN de mars[222].

Suite à la Révolution russe, et profitant du congé que lui offrent les vacances de Pâques, Loriot se rend en Suisse début avril afin de participer au nom du CRRI à une conférence pacifiste dans la lignée de celles de Zimmerwald et de Kienthal (qui n'aura finalement pas lieu). Il réussit à passer la frontière clandestinement, grâce à l'aide de Lucie Colliard. Il se rend à Genève puis à Berne, où la question du retour des révolutionnaires russes exilés mobilise les pacifistes présents en Suisse. Loriot écrit : « *Rien ne peut donner une idée de l'effervescence qui règne en ce moment dans la colonie russe à Berne.* [...] *Mais les gouvernements de l'Entente leur refusent le passage. Il ne leur reste qu'une route, celle des Empires Centraux.* » Il s'agit donc de s'entendre sur les conditions du voyage par l'Allemagne, et Loriot participe avec d'autres à une réunion où s'expriment Lénine, Zinoviev, Radek, etc. : « *Après plusieurs heures de délibération, nous acceptons tous les termes du protocole qui règlera le passage à travers l'Allemagne.* »[223] Loriot signe donc, avec dix autres socialistes européens (parmi lesquels le maire de Stockholm Carl Lindhagen), ce protocole approuvant le passage par l'Allemagne de 32 révolutionnaires russes, dont 19 bolcheviks, dont Lénine[224]. Pour la France, Loriot signe avec Henri Guilbeaux. Ce dernier

---

218 Romain Rolland, *Journal des années de guerre, 1914-1919*, op. cit., p. 1139 [11 avril 1917].
219 *Demain* n° 13, mai 1917, pp. 41-42.
220 Henri Guilbeaux, *Du Kremlin au Cherche-Midi*, Gallimard, 1933, p. 90.
221 *L'Humanité* n° 4739, 8 avril 1917, p. 6.
222 Rapport de police du 30 avril 1917 (AN F 7/15935¹). S'estimant injustement condamné par son parti, Bourderon déclare que « *c'est comme dans l'affaire Dreyfus* ».
223 Note autobiographique de Fernand Loriot, 1928, document cité.
224 Victor Serge, *Lénine 1917*, dans *Mémoires d'un révolutionnaire, et autres écrits politiques*, Robert Laffont, 2001, p. 178. Le texte du protocole figure dans Romain Rolland, *Journal des années de guerre, 1914-1919*, op. cit., p. 1156, et avec la liste des signataires dans Henri Guilbeaux, *Le Portrait authentique de Vladimir Ilitch Lénine*, Librairie de l'Humanité, 1924, pp. 156-157 (il fut intégralement censuré dans *Ce qu'il faut dire* n° 59, 12 mai 1917, p.

rapporte que, se voyant proposer le protocole, Loriot « *lut attentivement et fit cette réflexion : - Je suis prêt à signer, mais je voudrais que l'on modifiât légèrement le texte. Vous écrivez, en effet,* « *…que les internationalistes russes, qui durant toute la guerre, n'ont cessé de lutter de toute leur énergie contre l'impérialisme allemand…*» *Je propose d'ajouter :* « *…contre tous les impérialismes et en particulier contre l'impérialisme allemand…* ». *On y acquiesça unanimement. Je vois encore le visage rayonnant de Lénine, à la manifestation de cet internationalisme conséquent. Son estime pour Loriot augmenta* »[225].

C'est l'occasion pour Loriot d'échanger avec d'autres zimmerwaldiens, comme le spartakiste Paul Levi, le suisse Robert Grimm, Angelica Balabanoff, ainsi que Lénine. Loriot raconte : « *Je passe avec Lénine la journée suivante. La sympathie qu'il me manifeste ne se démentira plus. Ce n'est pas, cependant, parce qu'il y a entre nous un accord parfait sur tous les sujets que nous abordons. Ce que je vois, ce que j'entends est trop nouveau pour un militant français c'est-à-dire passablement ignorant de l'histoire révolutionnaire internationale pour que je ne reste pas dans une expectative prudente. Mais il sent certainement en moi assez de sincérité, de franchise, de désir de connaître et de ne pas rester prisonnier de formules convenues pour me faire confiance, cette confiance dont il m'a honoré jusqu'à sa mort* […] *malgré ses occupations, Lénine resta avec moi et tint à m'accompagner à la gare* »[226]. Après être arrivé à Genève, il passe de nouveau la frontière clandestinement grâce à Lucie Colliard, et achève son périple à temps pour la rentrée des classes, reprenant son enseignement après des vacances agitées.

Un meeting contre la guerre est organisé le 1er mai à Paris par le CDS. C'est un vaste succès, puisque 10.000 participants y écoutent notamment Merrheim, Péricat, Lepetit et Bourderon. Plusieurs tracts du CRRI y sont diffusés. A l'issue du meeting une manifestation est improvisée, qui se dirige place de la République, en scandant « *A bas la guerre ! Vive la paix !* », et en chantant *L'Internationale*. Mais le cortège est bientôt arrêté par la police, des manifestants sont brutalisés, d'autres arrêtés. Cette manifestation est une étape importante dans l'essor du mouvement pacifiste : c'est un « *succès inattendu* » pour le CRRI[227].

---

3). Le premier signataire, l'allemand « Paul Hartstein », est en réalité Paul Levi. Signalons pour anecdote que dans le téléfilm *Un Train pour Petrograd*, réalisé par Damiano Damiani en 1988, c'est Loriot qui apporte le protocole à Lénine (interprété par Ben Kingsley).
225 Henri Guilbeaux, *Le Portrait authentique de Vladimir Ilitch Lénine*, op. cit., p. 133. Cf également Henri Guilbeaux, *Du Kremlin au Cherche-Midi*, op. cit., pp. 130-134.
226 Note autobiographique de Fernand Loriot, 1928, document cité.
227 « Grandiose manifestation ouvrière », *Le Bonnet rouge* n° 1094, 2 mai 1917, p. 1, Alexandre Zévaès, *Le Socialisme en France depuis 1904*, op. cit., p. 108, commission du CRRI du 3 mai 1917 (rapport « Chamois » informateur « 80 », 4 mai 1917, APP B^A 1558), « Le premier Mai pendant la guerre », *Bulletin du Syndicat des Métallurgistes de Bourges* n°

A la commission du CRRI du 3 mai, Loriot et d'autres décident de se rendre à la réunion des minoritaires longuettistes salle Pleyel, le dimanche 6 mai[228]. Lors de cette rencontre des socialistes minoritaires, Loriot intervient en faveur de la participation à la Conférence socialiste prévue à Stockholm. Les minoritaires décident de participer à cette réunion internationale même si la majorité de la SFIO s'y refuse. Loriot déclare qu'il « *croit à la fin de la deuxième internationale, car la trahison de certains a rendu sa reconstitution impossible sur les bases d'autrefois.* » Un compte-rendu indique enfin qu'il « *donne lecture d'une motion qui produit une grande impression* », mais aucun détail n'est donné sur son contenu[229].

Loriot intervient également lors du Conseil fédéral socialiste de la Seine, le 20 mai. La motion Loriot y obtient 790 mandats, soit 7,5 % des suffrages, les longuettistes obtenant 50,5 % et les « majoritaires » 42 %. La censure réagit et « *interdit de commenter les votes* »[230].

L'activité de la SFIO en tant qu'organisation nationale est alors maigre : d'une part les réunions publiques sont toujours interdites, d'autre part l'adhésion de la direction du parti à l'union sacrée réduit considérablement ses velléités revendicatives. Le budget national du parti sert en grande partie à combler le déficit de *L'Humanité*[231]. Les réunions de la CAP sont tendues et sans grand résultat, les deux blocs se faisant face de façon répétitive : les 13 majoritaires contre les 11 minoritaires.

Le Conseil national de la SFIO se réunit les 27 et 28 mai : Loriot y est délégué de la Fédération de la Seine. Le projet de Conférence de Stockholm, lancé par les socialistes des Pays-Bas et de Scandinavie puis soutenu par les révolutionnaires russes, occupe une part importante des débats. La CAP avait dans un premier temps refusé de s'y rendre, par une résolution adoptée fin avril par 13 voix contre 11[232]. La Conférence était alors prévue pour le 15 mai : repoussée à juin, elle revient en débat dans la SFIO. Lors du CN les majoritaires de guerre transigent[233], et une motion favorable à la Conférence de Stockholm est finalement adoptée à l'unanimité. Par ce texte, la SFIO se prononce pour que l'Internationale se réunisse « *pour une action commune destinée à préparer la paix selon les principes formulés par le gouvernement révolutionnaire et les socialistes de Russie.* » Les « majoritaires » de guerre

---

15, avril 1918, p. 3, et rapport de police de 6 pages sur le meeting et la manifestation (APP B^A 1562).
228 Rapport « Chamois » informateur « 80 », 4 mai 1917, APP B^A 1558.
229 Boris Souvarine, « La Conférence nationale des socialistes minoritaires », *Le Populaire* n° 47, 7 mai 1917, pp. 3-5, et rapport de police du 6 mai 1917 (AN F 7/15935¹).
230 *Le Bonnet rouge* n° 1114, daté du 22 mai 1917, p. 1.
231 Selon le trésorier Camélinat, « *l'Humanité a absorbé la plus grosse part de nos ressources.* » (*Le Populaire* n° 34, daté du 25 décembre 1916, p. 3).
232 *L'Humanité* n° 4759 et 4764, 28 avril et 3 mai 1917, et *Le Populaire* n° 46, 30 avril 1917, pp. 2-3.
233 Ils savent que les minoritaires ont décidé le 6 mai de participer de toute façon à la conférence, ce qui contribue à leur changement de position.

semblent ainsi changer d'orientation : ils sentent qu'il leur faut lâcher du lest devant la progression des minorités pacifistes, qui plus est suite à la Révolution russe et sous la pression des mouvements de grèves qui se poursuivent[234]. Conséquence de ce changement, Loriot intervient pour expliquer que lui et son courant votent la motion « *dans un esprit d'unité et parce que l'Internationale va revivre.* »[235]

Mais le gouvernement français avait décidé dès le 8 mai de refuser les passeports nécessaires pour se rendre à Stockholm, et incitait le gouvernement britannique à les refuser également aux socialistes de Grande-Bretagne. Les gouvernements empêchent ainsi la tenue de la conférence[236].

* * *

Le 13 juin, un long texte de Loriot dans *Le Journal du peuple* est intégralement censuré, y compris son titre[237]. On ignore donc de quoi il était question, même s'il semble – d'après une lettre interceptée de Hélène Brion aux Bouët – que Loriot évoquait la séance du parlement réuni en Comité secret[238], qui avait confirmé l'interdiction faite aux socialistes d'aller à Stockholm. Loriot, qui a donc passé du temps à rédiger son texte pour rien, retient sans doute la leçon : il n'est décidément pas autorisé à exprimer sa pensée dans la presse.

Le 16 juin, une délégation du CRRI – composée de Loriot, Merrheim, Cartier et Saumoneau – se rend à une réunion du CDS. C'est Loriot qui exprime la position du CRRI : il « *propose la coordination des efforts des deux comités* », en particulier pour « *une action commune en ce qui concerne la question de la paix* ». Sa proposition est approuvée par Péricat, Lepetit et Vergeat, mais rencontre l'hostilité d'autres anarchistes tels Francis Boudoux, Pierre Le Meillour et Louis Beauvais qui refusent tout travail commun. Il est finalement décidé d'une concertation minimale entre les deux comités[239].

---

234 Les mutineries ne sont pas mentionnées, mais on peut se demander si elles ne jouent pas, malgré tout, un certain rôle – il faudrait établir ce que les socialistes savaient précisément à ce moment-là.
235 *L'Humanité* n° 4790, 29 mai 1917, p. 2. Selon *Le Journal du peuple*, il déclare : « *C'est pour l'Internationale ! C'est pour la paix !* » (n° 133, 29 mai 1917, pp. 1-2).
236 Raymond Poincaré, *Au service de la France*, tome IX, op. cit., pp. 132, 136 et 149 (8, 10 et 31 mai 1917). Albert Thomas étant au gouvernement, on imagine mal que Renaudel ait pu ignorer cette décision du 8 mai – son acceptation de Stockholm pourrait donc n'être que purement tactique.
237 Les trois colonnes de texte sont intégralement blanchies, seul subsiste la signature « F. Loriot », et l'indication : « Tribune libre » (n° 148, pp. 1-2).
238 Lettre du 14 juin 1917 (AN F 7/13375). Par des contacts réguliers avec des députés socialistes, Loriot et le CRRI étaient directement informés du contenu des débats tenus à huis clos.
239 Rapport de police du 17 juin 1917 (AN F 7/13569), et Robert Brécy, *Le Mouvement*

La Conférence de Stockholm est relancée en juillet : elle est cette fois prévue pour le mois d'août. Les socialistes continuent à demander les passeports nécessaires, le gouvernement persistant dans son refus[240]. Mais le projet suscite des discussions, et le Comité d'organisation rédige un questionnaire qui est adressé aux différents partis socialistes.
Le 25 juillet se tient une réunion pour définir le mandat de la SFIO à la Conférence de Stockholm. Loriot est membre de la « Commission du questionnaire » qui se réunit à plusieurs reprises. Il se trouve en désaccord avec le texte finalement proposé en août et fait sa propre contre-proposition. Les longuettistes se divisent : certains dont Longuet votent avec la majorité, d'autres derrière Verfeuil font une autre proposition, Pressemane s'abstient, et Bourderon vote la proposition Loriot[241]. La minorité kienthalienne envoie sa propre réponse au questionnaire, et la diffuse sous la forme d'un tract de quatre pages[242]. Loriot et Marianne Rauze sont désignés comme représentants du courant pacifiste radical pour la Conférence de Stockholm, dont la date ne cesse d'être reportée, désormais à septembre 1917. Mais la conférence, toujours entravée par les gouvernements qui refusent de délivrer des passeports, ne se tiendra pas. L'échec est important car cette conférence, largement connue dans la population, avait suscité l'espoir d'une paix rapide.
Loriot écrit aux Bouët, le 31 juillet ; on voit dans cette lettre que l'enthousiasme du printemps 1917, en l'absence de résultats tangibles en France, semble bel et bien retombé : « *La situation générale reste trouble et notre Fédération ne peut pas échapper à l'influence de la lente, mais sûre désagrégation du socialisme et du syndicalisme. Zimmerwald traverse, au moins en France, une crise grave. La répression gouvernementale, la guerre hypocrite et implacable menée contre nous par les social-patriotes, les fautes du comité de défense syndicaliste qui s'est dressé non en filiale mais en organisation rivale de notre comité […] nous rendent la tâche bien difficile.* » Loriot passe ensuite à la situation au sein de la SFIO, et aux discussions autour du projet de Conférence de Stockholm : « *Heureusement la minorité Longuet se divise. Les troupes sont levées contre les élus et acceptent en somme Zimmerwald. Merrheim est d'avis qu'il y a lieu de faire un pas à droite vers ces éléments. Ils ont été si faibles jusqu'ici que je ne vois*

---

syndical en France, op. cit., p. 98. La date du 14 juin est parfois indiquée pour cette réunion.
240 « Invitation des Socialistes russes et du Comité hollando-scandinave à une Conférence internationale », *L'Humanité* n° 4841, 19 juillet 1917, p. 1, et Raymond Poincaré, *Au service de la France*, tome IX, op. cit., pp. 219, 223, 224, 235 et 257 (31 juillet, 1ᵉʳ août, 2 août, 11 août et 27 août 1917).
241 *L'Humanité* n° 4875, 22 août 1917, p. 1.
242 Fac-similé de ce tract dans Sowerwine, 1985, tome VI. Sur ce projet de conférence, cf les documents rassemblés dans Comité organisateur de la conférence socialiste internationale de Stockholm, *Stockholm*, Tidens Förlag, 1918 (fac-similé dans *Histoire de la IIᵉ Internationale*, tome 22, Minkoff, 1980, pp. 249-834). La réponse du CRRI figure pp. 631-635 du fac-similé. Voir également Jules Humbert-Droz, *L'Origine de l'Internationale communiste, de Zimmerwald à Moscou*, La Baconnière, 1968, pp. 215-232.

pas cela sans appréhension. Verfeuil et Maurin avaient à la commission du questionnaire donné leur adhésion à ma réponse au questionnaire de Stockholm. Ils se sont ensuite ravisés pour suivre Alexandre qui veut présenter au nom de la minorité française le memorandum intégral de la minorité allemande. Celui-ci contient évidemment d'excellentes choses, mais il est encore obscurci d'équivoques inévitables dans un texte qui a dû concilier toutes les opinions de Ledebour à Bernstein. Les Zimmerwaldiens d'Allemagne [les spartakistes] *le repoussent et ce serait nous séparer d'eux que de l'accepter. Je vais probablement encore rester seul avec mon texte. »*
Enfin, il aborde les sujets personnels : « *Mon fils prisonnier va bien. Mon second (classe 18) est parti et va être prochainement envoyé au front. Quant à ma grande Madeleine elle est à la campagne avec son mari. Celui-ci doit repartir dans quelques jours mais pas à Salonique* [en Grèce, où il était mobilisé précédemment] *– il ira quelque part sur le front français. Que d'inquiétudes ! »*[243]

Le 3 août, le congrès annuel de la Fédération nationale des syndicats d'instituteurs est de nouveau interdit par le gouvernement : l'entrée de la Maison des syndicats est barrée par la police. Plusieurs policiers effectuent des filatures de militants pour les empêcher de se réunir ailleurs. Mais les instituteurs syndicalistes parviennent finalement à se réunir clandestinement, « *dans les endroits les plus variés* » selon le compte-rendu interne. Le Congrès, animé en particulier par Loriot, Brion, Guillot, Mayoux, Lafosse et Colliard, se prononce de nouveau pour la paix, et salue la Révolution russe, « *rayon de liberté, de progrès de l'humanité au milieu des ténèbres épaisses de la barbarie contemporaine* »[244].

Le 20 août, Loriot participe au Comité confédéral de la CGT qui reçoit les deux délégués du soviet de Petrograd, Goldenberg et Smirnov – tous deux socialistes mencheviks –, alors en mission en France et en Europe de l'Ouest. Goldenberg « *se revendique de Zimmerwald et Kienthal, et appelle à la paix* » ; il prône la participation de la CGT à la Conférence de Stockholm. Loriot intervient dans le débat, à l'issue duquel la CGT adopte le principe de sa participation à Stockholm – la direction ayant cédé sous la double pression de son opposition interne et des émissaires mencheviks[245].

Loriot fait ensuite partie des 10 délégués de la SFIO à la conférence socialiste interalliée de Londres des 28 et 29 août 1917. Isolé au sein de la délégation française, il trouve un soutien auprès du Parti socialiste italien

---

243 Archives Bouët, IFHS 14 AS/436.
244 Louis Bouët, *Le Syndicalisme dans l'enseignement*, op. cit., tome II, p. 57, « Chez les instituteurs », *Le Journal du peuple* n° 180, 8 août 1917, p. 2, Ch. Papillot, « Congrès de la F.N.S.I. », *Les Semailles* n° 4, octobre-novembre 1917, pp. 82-85, *L'Ecole de la Fédération* n° 46, 25 août 1917, pp. 399-401, et IFHS 14 AS/207.
245 Rapports des 21 et 22 août 1917, AN F 7/13575.

(partisan de Zimmerwald) : « *Je passe la nuit à rédiger une résolution* [...] *Le lendemain matin je donne connaissance de ma motion aux délégués de l'Italie (Modigliani et un autre camarade dont j'ai oublié le nom* [certainement Lazzari]*) qui me déclarent la signer. Ces adhésions sont les seules que j'obtiendrai.* »[246] Pour le reste : « *Conférence au Central Hall d'ailleurs parfaitement inutile. J'ai nettement l'impression que les Gouvernements sont derrière les délégations dans ce qu'elles ont de plus représentatif.* »[247]

Le 10 septembre, les délégués socialistes italiens de la conférence, sur le chemin du retour, participent à une réunion du CRRI à Paris. Ce sont le député Giuseppe Modigliani, le directeur du quotidien *Avanti!* Giacinto Serrati, et le secrétaire général du PSI Costantino Lazzari – tous trois avaient participé aux conférences de Zimmerwald et de Kienthal. Cette présence marque la reconnaissance du CRRI par la direction d'un parti socialiste important. La réunion est co-présidée par Cartier, Loriot et Lazzari. Loriot ouvre la séance par un bilan très critique de la conférence de Londres. Brizon félicite Loriot pour son action à la conférence, et dénonce la façon inexacte dont *Le Populaire* en a rendu compte ; Loriot répond qu'il va écrire à Longuet « *pour obtenir ces rectifications* », bien qu'il pense que satisfaction ne lui sera pas donnée[248]. Lazzari prend ensuite la parole et approuve sur le fond les positions de Loriot. Puis il fait ensuite un compte-rendu de la situation en Italie, déclarant envisager « *un mouvement révolutionnaire en Italie* » pour l'hiver 1917-1918. Modigliani intervient à son tour et se déclare plus pessimiste que Lazzari. Il insiste sur le danger de « *la collaboration socialiste aux gouvernements bourgeois* »[249].

Le congrès de la Fédération SFIO de la Seine se tient les 23 et 30 septembre. Loriot co-préside la séance du 23 après-midi, à la Bellevilloise. L'exclusion des « kienthaliens » est proposée par Léon Rosenthal, mais sa motion ne semble pas être passée au vote. Loriot intervient, et critique la participation d'Albert Thomas au gouvernement[250]. Le 30, Loriot s'exprime contre le vote

---

246 *L'Humanité* du 4 septembre (n° 4888, p. 1) mentionne très rapidement l'existence de ce texte de Loriot, sans en indiquer le contenu. Nous n'avons pu le retrouver.
247 Note autobiographique de Fernand Loriot, 1928, document cité (Loriot situe par erreur en « 1918 » ses souvenirs de cette conférence). Cf également *Le Populaire* n° 61, 8 septembre 1917, pp. 1-3 (compte-rendu que contestera Loriot).
248 En effet, nous n'avons pas trouvé de rectification dans les numéros suivants du *Populaire*. Un échange à ce sujet opposa Loriot et Longuet lors de la réunion des socialistes minoritaires du 16 septembre (*Le Populaire* n° 63, 22 septembre 1917, p. 4), au cours de laquelle Loriot préconisa une nouvelle fois de voter contre les crédits de guerre.
249 Rapport « Chamois » informateurs « 77 » et « 80 », 11 septembre 1917, APP B^A 1558. Ludovico D'Aragona de la « CGT italienne » (*Confederazione Generale del Lavoro*, syndicat zimmerwaldien) est également présent.
250 *L'Humanité* n° 4908, 24 septembre 1917, pp. 1-2, Boris Souvarine, « Le Congrès de la Fédération de la Seine », *Le Journal du peuple* n° 221, 24 septembre 1917, p. 1, *Le Populaire*

des crédits de guerre : « *ce qu'il eût fallu, c'était le refus des crédits dès le 4 août 1914.* » Une résolution commune des minorités, repoussant notamment la participation ministérielle, l'emporte par 5415 mandats (52 %) contre 5005 (48 %). Sur la question des crédits de guerre, la résolution Loriot préconisant un vote contre – position qui regroupe le CRRI et l'aile gauche des longuettistes (Bourderon, Maurin, Verfeuil, Souvarine) – obtient 24,5 % des suffrages exprimés, contre 48 % pour les majoritaires et 27,5% pour les longuettistes modérés[251]. Ce vote marque l'acquisition d'un poids important des zimmerwaldiens au sein de la Fédération de la Seine, ce qui est un reflet du fait que le pacifisme est devenu plus audible dans une partie de la société. Mais la censure interdit la publication des résolutions minoritaires[252].

Le Congrès national de la SFIO se tient du 6 au 9 octobre 1917 à Bordeaux. En raison de son travail, Loriot ne peut y prendre part : Guilbeaux regrette que « *notre camarade Loriot, l'âme du mouvement zimmerwaldien en France, instituteur comme on sait, empêché par ses fonctions ne put faire le voyage de Bordeaux.* »[253]

La question de la participation gouvernementale ne se pose plus : à l'occasion d'un changement de gouvernement, la participation ministérielle de la SFIO s'est achevée en septembre[254]. Les opposants aux crédits de guerre se divisent au congrès entre ceux derrière Brizon qui se rallient à la motion des minoritaires (portée par Pressemane) avec un amendement anti-crédits, et ceux qui ne votent pour aucune motion mais simplement contre les crédits. Les majoritaires obtiennent 53,8 % des suffrages exprimés, les minoritaires 28,8 %, l'amendement Brizon 13,3 %, et les votes simplement anti-crédits 4,1 %. Les opposants aux crédits de guerre obtiennent donc un total de 17,4 %, résultat le plus élevé jusqu'ici au niveau national, et les majoritaires n'ont plus qu'une courte majorité. Ils mettent cependant leur veto à la présence d'un « kienthalien » au conseil d'administration de *L'Humanité*, poste auquel leur poids dans les votes leur donne pourtant droit[255]. La direction persiste de surcroît à leur refuser toute expression dans le quotidien de leur parti.

---

n° 64, 29 septembre 1917, p. 4, et rapport de police du 24 septembre 1917 (AN F 7/15935[1]).
251 *Le Journal du peuple* n° 224, 27 septembre 1917, p. 2, *L'Humanité* n° 4915, 1er octobre 1917, pp. 1-2, et B. S. [Boris Souvarine], « Le Congrès fédéral de la Seine. Victoire des Internationalistes », *Le Journal du peuple* n° 228, 1er octobre 1917, p. 1.
252 *L'Humanité* n° 4911, 27 septembre 1917, p. 1, et *Le Journal du peuple* n° 226, 29 septembre 1917, p. 4.
253 Henri Guilbeaux, *Le Mouvement socialiste et syndicaliste français pendant la guerre (esquisse historique), 1914-1918*, Editions de l'Internationale communiste, 1919, p. 34 ; cf également *Demain* n° 18, octobre 1917, p. 389.
254 Mais trois députés SFIO seront néanmoins commissaires du gouvernement de décembre 1917 jusqu'à mai 1919 : Adéodat Compère-Morel, Blaise Diagne et Fernand Bouisson.
255 *L'Humanité* n° 4925, 11 octobre 1917, pp. 1-2, et *L'Ecole de la Fédération* n° 7, 10 novembre 1917, pp. 53-54.

Mais la situation évolue à la base du parti. Le 14 octobre se tient un Conseil fédéral de la Seine : Loriot y est élu à la Commission exécutive de 24 membres. Fait remarquable, il arrive quatrième par le nombre de voix. Bourderon (6ᵉ) et Rappoport (16ᵉ) sont également élus[256]. A partir de cette date, Loriot participe régulièrement aux réunions hebdomadaires de la Commission exécutive. Il y demande – et obtient – que les comptes-rendus publiés donnent le détail des votes et un résumé des interventions, ceci afin d'accroître l'information des adhérents[257].

La réunion du CRRI du 18 octobre est consacrée à un compte-rendu du congrès de la SFIO. Rappoport fait le bilan du congrès, et justifie son vote pour l'amendement Brizon. Saumoneau au contraire ne comprend pas le vote de Rappoport ; tous deux regrettent la division des suffrages des kienthaliens. Cartier, Loriot et Hélène Brion se rallient au point de vue de Saumoneau, et l'attitude de Rappoport au congrès est désavouée[258]. Suite à cette réunion un tract est édité pour clarifier les positions du CRRI. Le texte rappelle la « *nécessité d'une action énergique du prolétariat international contre la guerre et pour la paix sans annexion et sans indemnité* », et constate un « *progrès certain de nos idées [qui] est loin de se manifester clairement dans nos Congrès nationaux.* » Le Comité regrette « *la mésaventure de Bordeaux* » qui a fait qu'une partie de ses mandats lui ont échappé, et appelle à une politique claire et cohérente « *pour le Socialisme et pour la Paix.* »[259]

*   *   *

La prise du pouvoir en Russie par les bolcheviks, début novembre – fin octobre selon le calendrier russe alors en usage –, n'a dans l'immédiat pas d'impact important en France[260] (notons que les bolcheviks avaient été renforcés quelques mois plus tôt par le ralliement d'autres militants socialistes, dont Trotski). Par contre, le fait qu'ils proposent la paix à tous les belligérants, puis qu'ils concluent un armistice en décembre 1917 les rend populaires auprès des pacifistes – même si par la suite les conditions de la paix sont contestées, en particulier le fait qu'il s'agisse d'une paix séparée. En Russie même, les conditions du traité de Brest-Litovsk de mars 1918 sont

---

256 *L'Humanité* n° 4932, 18 octobre 1917, p. 2.
257 Jean-Louis Robert, *Ouvriers et mouvement ouvrier parisiens...*, op. cit., p. 27.
258 Rapport « Chamois » informateur « 80 », 19 octobre 1917, APP Bᴬ 1558. Loriot préside la réunion ; Merrheim est présent.
259 Comité pour la Reprise des Relations Internationales (Section Socialiste), *Aux Militants du Parti Socialiste (S.F.I.O.)*, tract A4 recto-verso (à ne pas confondre avec un tract du même titre de février 1917), APP Bᴬ 1558 (fac-similé dans Sowerwine, 1985, tome VII).
260 Cf par exemple Annie Kriegel, *L'Opinion publique française et la Révolution russe*, dans Victor Fay (dir.), *La Révolution d'Octobre et le Mouvement ouvrier européen*, EDI, 1967, p. 95.

critiquées par des bolcheviks minoritaires et par les socialistes-révolutionnaires de gauche, et en Allemagne par des spartakistes, etc.

Dans un premier temps, Loriot ne s'exprime pas publiquement sur ce qui n'est vu à l'époque que comme une « phase bolcheviste de la révolution ». Parmi les militants du CRRI, Rappoport – qui est le mieux informé des questions russes – est très critique vis-à-vis de « *la tactique de Lénine* » qu'il présente comme « *la synthèse – quelque peu artificielle – du marxisme et du blanquisme.* »[261] En janvier 1918, suite à la dissolution de l'Assemblée constituante par les bolcheviks, Rappoport accentue sa désapprobation : « *le décret de la dissolution de la Constituante de Lénine inaugure un nouveau socialisme antidémocratique qu'aucun congrès national ou international n'a prévu. Force nous est d'examiner ce néo-socialisme, cette nouvelle déviation du socialisme, suffisamment d'ailleurs abimé par le suicide de l'Internationale. [...] Lénine vient, par un coup de force, de renverser non seulement la Constituante, mais aussi et surtout sa propre doctrine, le programme socialiste international. La garde rouge de Lénine-Trotzky a fusillé Karl Marx [...] C'est du blanquisme à la sauce tartare. C'est le suicide de la Révolution.* » Et Rappoport de conclure : « *Le socialisme se fera par le peuple ou il ne se fera pas.* »[262] En clair, il ne se fera pas par Lénine.

Mais cela n'empêche pas le même Rappoport de louer Lénine pour sa politique en faveur de la paix, le 29 janvier à la section socialiste du 5ᵉ. La question de la paix étant brûlante, c'est cet aspect qui est pour les militants du CRRI le plus important pour jauger les bolcheviks. En conséquence, le 9 février à la réunion du 17ᵉ, Cartier félicite Lénine et Trotski « *qui, seuls, se conforment aux principes socialistes d'avant-guerre* ». Le 9 mars, Loriot s'exprime devant la section socialiste du 17ᵉ ; d'après un rapport de police, « *Loriot déclare : "voter les crédits de guerre c'est demander la continuation de la tuerie prolétarienne au bénéfice de la classe capitaliste. Ce que vous voulons, c'est la paix... la paix par tous les moyens." Il félicite ensuite les prolétaires allemands et autrichiens pour leur dernier mouvement de grève, et termine en faisant l'éloge de LENINE et TROTSKY qui "ont soulevé le peuple russe et détruit à jamais le tzarisme."* »[263]

Après la signature du traité de Brest-Litovsk en mars 1918, le CRRI publie un tract intitulé « Pour la Révolution russe, pour la Paix, pour la Révolution sociale ». Le Comité écrit que « *la coalition capitaliste, refusant de*

---

261 Charles Rappoport, « Les étapes de la Révolution russe. Les Soviets proposent l'armistice. La force du léninisme et sa faiblesse », *Le Journal du peuple* n° 280, 22 novembre 1917, p. 1.
262 Charles Rappoport, « Tribune libre : Socialisme et Démocratie », *Le Journal du peuple* n° 24, 24 janvier 1918, p. 1.
263 Rapport de police sur le pacifisme, partie III : *Dans les milieux socialistes* (AN F 7/13372).

s'associer aux pourparlers de paix générale, mettait le gouvernement maximaliste [bolchevik] *en demeure de la suivre dans une guerre impérialiste sans issue que la Russie épuisée ne voulait ni ne pouvait faire, ou de signer la paix séparée, qui a abouti au désastreux traité de Brest-Litovsk.* » Le CRRI déplore donc l'isolement du nouveau gouvernement russe sur la question de la paix. Le tract appelle de nouveau à « *la paix générale sans annexion et sans indemnité* »[264].

Pour les militants du CRRI, il n'y a donc pas d'abord une adhésion au bolchevisme, mais une adhésion à la Révolution russe, aux conseils ouvriers et à l'armistice. Leur attitude correspond aussi à un enthousiasme qui émerge, au bout de quelques mois, au sein d'une partie de la base socialiste : ainsi la Fédération de la Loire-Inférieure adresse en février 1918 sa « *cordiale admiration* » à Lénine et Trotski[265]. On observe d'ailleurs à la même période le même type de réaction favorable aux bolcheviks chez les syndicalistes minoritaires et de nombreux anarchistes[266].

* * *

En France, l'arrivée au pouvoir de Clemenceau en novembre entraîne un durcissement de la répression. Hélène Brion, secrétaire de la FNSI et militante du CRRI, est arrêtée en novembre 1917. Elle reste détenue pendant plus de quatre mois. Pendant sa détention, Loriot devient secrétaire général par intérim de la FNSI.

Face à cet accroissement de la répression, et aux calomnies contre les pacifistes, Loriot participe à la création d'un journal clandestin : *Les Voix qu'on étrangle*, qui n'eut qu'un seul numéro, en décembre 1917. On y trouve des articles de Loriot, Merrheim, Madeleine Vernet, Henriette Izambard, etc. Loriot répond à l'affirmation de Clemenceau qui avait déclaré, lors de son investiture, vouloir s'en prendre aux traîtres et aux « demi-traîtres » : « *L'arrestation d'Hélène Brion, de Piédérière, de Suzanne Dufour, de Mouflard, les perquisitions opérées chez nombres de militants socialistes et syndicalistes, forcent tous ceux qui ont adhéré aux conclusions des conférences de Zimmerwald et de Kienthal à se reconnaître sous l'épithète de demi-traîtres. Demi-traîtres à qui ? Demi-traîtres à quoi ? Quels serments avons-nous reniés ? De quelle doctrine, de quel idéal sommes-nous les transfuges ?* » Concernant son orientation politique, il précise qu'il ne souhaite pas le retour pur et simple à la situation d'avant la guerre : « *nous*

---

264 Tract recto-verso (distribué en mai 1918 à des travailleurs en grève), AN F 7/13569.
265 *Le Populaire* n° 83, 9 février 1918, p. 4. En 1918, le plus « bolcheviste » des militants de la SFIO est le longuettiste Boris Souvarine (Jean-Louis Panné, *Boris Souvarine*, Robert Laffont, 1993, p. 61).
266 Jean-Louis Robert, *Les Ouvriers, la patrie...*, op. cit., pp. 194-197, et Jean Maitron, *Le Mouvement anarchiste en France*, op. cit., tome II, pp. 41-43.

voulons la paix, et nous la voulons définitive, mais nous pensons que le socialisme est seul capable d'assurer cette stabilité. »[267]

Du 23 au 25 décembre 1917, Loriot participe à la Conférence confédérale de la CGT à Clermont-Ferrand. L'opposition entre majoritaires et pacifistes y est une fois de plus très vive, les discours des représentants de chaque tendance étant interrompus par des protestations de militants de la tendance adverse (ainsi Loriot « intervient » deux fois, pendant les discours de Luquet et de Jouhaux, mais ne fait pas pour sa part de discours à la tribune). François Mayoux (de la FNSI) dénonce la répression gouvernementale, puis critique les majoritaires de la CGT : « *Nous avons pris, nous, les pacifistes, nos responsabilités. Nous ne nous en faisons pas gloire, nous étions pacifistes avant, nous le sommes pendant, nous le serons après ; les responsabilités majoritaires sont terribles parce qu'elles sont liées à celles du gouvernement actuel* ». Par ailleurs, Merrheim cite et approuve un texte de Lénine et Trotski pour la « *paix générale* ».

Une commission est nommée et, en dépit de l'âpreté des débats, elle propose un texte d'unanimité qui se revendique entre autres de l'aspiration de la Révolution russe à une paix générale, et demande au gouvernement français de communiquer les conditions de paix. Les majoritaires ont préféré transiger et adopter une partie des positions des minoritaires. Mayoux intervient cependant pour indiquer que les délégués de la FNSI vont s'abstenir, n'étant pas satisfaits par la motion « *d'abord parce que la formule de l'union sacrée n'a pas été dénoncée.* » La résolution est finalement votée par 161 voix contre 2 abstentions : celles de Mayoux et Loriot[268].

Loriot revient sur cette conférence dans une tribune publiée par *Le Journal du peuple*. Il justifie le refus de voter la résolution, d'abord parce qu'elle est « *muette sur l'"Union sacrée" alors qu'il est impossible à la classe ouvrière d'agir sans la rompre* ». Plus largement, il observe que « *la guerre est entrée dans une phase décisive : les évènements se succèdent avec une rapidité déconcertante. Pour ne pas être dominée par eux, la classe ouvrière doit mettre en œuvre toutes ses ressources d'observation pénétrante, de décision raisonnée, d'action méthodique...* » Cela implique d'adopter une politique indépendante à « *opposer efficacement à la volonté des classes dirigeantes* »[269].

*   *   *

---

267 F. Loriot, « Demi-traites » [sic, coquille pour « Demi-traîtres »], *Les Voix qu'on étrangle*, pp. 1-2.
268 Confédération Générale du Travail, *Compte rendu de la Conférence extraordinaire tenue à Clermont-Ferrand les 23, 24, 25 décembre 1917*, Paris, s.d. [1919], pp. 66, 75-76, 116, 141 et 155-156.
269 F. Loriot, « La Conférence de Clermont-Ferrand », *Le Journal du peuple* n° 15, 15 janvier 1918, p. 2.

Le 10 février 1918 se tient le Conseil fédéral de la Fédération socialiste de la Seine, où Loriot n'est pas présent. Cinq motions sont en présence : celle des longuettistes obtient 4530 mandats (44,9 %), la motion de la droite du parti obtient 1470 mandats (14,6 %), la motion Loriot-Saumoneau-Rappoport obtient 1381 mandats (13,7 %), enfin deux motions « centristes » – l'aile modérée des majoritaires – rassemblent 2711 mandats (26,8 %). Les « majoritaires de guerre » sont donc dispersés en trois motions, et les longuettistes n'obtiennent pas la majorité absolue. Ce vote traduit un flottement dans la Fédération socialiste de la Seine à cette période. Avant de se séparer, le Conseil adopte des protestations contre l'emprisonnement de socialistes pacifistes, Brion en France et Lazzari en Italie[270].

Lors du Conseil national de la SFIO des 17 et 18 février, Loriot est présent le dimanche 17, mais il est absent pendant la plus grande partie de la journée du lundi 18 (sans doute est-il en classe). Le dimanche soir, il fait partie de la commission des résolutions de 10 membres et, seul kienthalien, s'y retrouve une fois de plus isolé.
L'Humanité écrit que le lundi : « *En l'absence de Loriot, la citoyenne Saumoneau vient exposer le point de vue zimmerwaldien intransigeant.* » Le vote sur les questions internationales oppose le « *texte de la Commission* » au « *texte Loriot* », qui prévoit la reprise des relations internationales immédiate et sans condition : le résultat est sans appel, le second texte n'obtenant que 7,7 % des voix contre 92,3 %.
Sur les motions générales, c'est Mayoux qui vient défendre la motion Loriot. La motion Renaudel (majoritaires) obtient 49,8 %, la motion Paul Faure (minoritaires) obtient 42,6 %, et la motion Loriot (kienthaliens) obtient 7,6 %[271]. Les « majoritaires de guerre » parviennent cependant à se maintenir à la direction du parti, mais par une majorité artificielle : le CN approuve finalement la motion Renaudel – et donc le vote des crédits de guerre – par 1556 mandats contre 1415 (52,4 % contre 47,6 %), mais le détail du vote par fédération montre que les 497 mandats de la Fédération du Nord sont allés lors de ce vote *intégralement* en faveur du vote des crédits[272]. Profitant de la situation du département qui ne pouvait délibérer normalement (puisque situé en zone envahie par l'Allemagne), la direction parvient donc à imposer une orientation qui n'est plus acceptée par la majorité des militants.

*   *   *

---

270 *L'Humanité* n° 5048, 11 février 1918, p. 1, et *Le Journal du peuple* n° 42, 11 février 1918, p. 1.
271 *L'Humanité* n° 5056, 19 février 1918, pp. 1-2, *Le Populaire* n° 85, 23 février 1918, pp. 1-3, *Le Journal du peuple* n° 50, 19 février 1918, pp. 1-2, et AN F 7/13073.
272 *L'Humanité* n° 5058, 21 février 1918, p. 2, et Alfred Rosmer, *Le Mouvement ouvrier pendant la Première Guerre mondiale*, op. cit., tome I, pp. 520-522.

En tant que secrétaire fédéral intérimaire de la FNSI, Loriot signe le 31 janvier 1918 une protestation contre la répression subie par ses militants, texte qui est diffusé au sein de la CGT[273]. Le ministère ordonne alors une enquête sur les auteurs du texte. L'inspecteur d'académie procède à l'interrogatoire de 11 instituteurs syndicalistes, et propose le 28 février la révocation de Loriot et de Henriette Izambard (également membre du Conseil fédéral de la FNSI), le texte étant à ses yeux « *nuisible à l'union nationale* »[274]. Une procédure disciplinaire interne à l'Instruction publique est alors déclenchée, et Loriot est finalement sanctionné fin mars par un déplacement d'office : il est nommé à Gennevilliers[275].

D'autres militants pacifistes sont touchés par la répression. L'écrivain pacifiste Marcel Martinet note dans son journal le 26 mars : « *On juge Brion, Colliard. On arrête Rappoport.* »[276] Ces trois militants sont tous du CRRI.

Le 16 mars, l'arrestation de Loriot est annoncée – mais par erreur[277]. Le lendemain de ce curieux incident, il signe dans *Le Journal du peuple* un article justifiant la ligne adoptée par les kienthaliens lors du CN de la SFIO. Il y souligne l'importance fondamentale de la question des crédits de guerre, que les députés longuettistes continuent de voter, puis il annonce que la minorité kienthalienne poursuivra son action sur la même orientation : « *Insensibles aux railleries comme aux menaces, affranchis du culte des idoles si funeste dans notre parti, nous continuerons, conscients de la gravité de l'heure, d'affirmer sans emphase, mais aussi sans défaillance ce que nous croyons être la vérité socialiste, ou mieux la vérité tout court.* »[278]

En avril, Loriot participe à une tentative d'hebdomadaire pacifiste, *La Plèbe*. Formé autour de Fernand Desprès, Marcel Martinet et Jean de Saint-Prix, son objectif est « *l'union, pour l'action, des éléments syndicalistes,*

---

273 Texte reproduit dans C.G.T., *Rapports présentés au XIIIᵉ congrès, juillet 1918*, Paris, 1918, pp. 37-38.
274 Rapport de l'inspecteur d'académie au Préfet (AD75 D1T1460).
275 Lettre du ministre de l'Instruction publique au Préfet de la Seine, 28 mars 1918 (AD75 D1T1460).
276 Carnet manuscrit de Marcel Martinet n° 5, département des manuscrits de la BNF (NAF 28352). Des extraits sont publiés en annexe dans Marcel Martinet, *Les Temps maudits*, Agone, 2003 (cf p. 198).
277 « Loriot arrêté », *Le Journal du peuple* n° 75, 16 mars 1918, p. 2 ; on lit également dans un rapport de police du 16 mars 1918 que Loriot a été arrêté pour « *défaitisme* » (AN F 7/13576 et 13743). Cf également *L'Ecole de la Fédération* n° 27, 30 mars 1918, pp. 223-224.
278 F. Loriot, « Après le Conseil national. Notre attitude », *Le Journal du peuple* n° 76, 17 mars 1918, pp. 1-2. Dès le 6 mars il faisait lecture, au cours d'une réunion de la 3ᵉ section de la SFIO, d'un article qu'il avait écrit à ce sujet (rapport de police du 7 mars 1918, CAC 19940459/360) – peut-être l'a-t-il par la suite remanié ; dans le cas contraire cela indiquerait que ses textes paraissent avec un sérieux retard.

libertaires et socialistes demeurés fidèles à l'Internationale et à la Révolution ». Le premier numéro paraît le 13 avril : la censure ayant eu la main lourde, de nombreux passages paraissent en blanc.

Loriot publie le 27 avril un article qui est partiellement censuré. Il y rappelle que *« la division du socialisme en trois tendances n'existe pas qu'en France. »* Partout, *« des Zimmerwaldiens, résolument attachés à l'indépendance de l'action ouvrière, décidés à aller jusqu'au sens des paroles dans l'application de la formule : "La libération des travailleurs sera l'œuvre des travailleurs eux-mêmes", s'efforcent de hâter l'heure où les peuples, maîtres de leur destin, réaliseront le socialisme et avec lui la paix définitive. »* Il cite comme zimmerwaldiens *« les partis socialistes d'Italie, de Russie, de Suède, de Norvège, de Pologne, de Roumanie, de Bulgarie, de Suisse »,* ainsi que *« les minoritaires d'Allemagne, d'Angleterre, de Hollande... »* Il considère que ce qui a changé, c'est que *« notre programme, le programme socialiste, est sorti du domaine de la spéculation de l'esprit : sa réalisation en Russie soulève aujourd'hui la réaction mondiale à laquelle il s'imposera demain. »*[279]

Etant toujours largement censuré, le journal est finalement supprimé par les autorités, et cesse donc de paraître après son dernier numéro du 4 mai, moins d'un mois après sa création. Trois semaines plus tard, Fernand Desprès est arrêté[280]. La répression se poursuit donc contre les pacifistes.

Les déplacements d'office de Loriot et d'Izambard prennent effet le 1er mai 1918, et suscitent les protestations de Marthe Pichorel dans *Le Populaire* : elle souligne que l'indemnité de résidence est moins élevée à Gennevilliers, que d'autre part Loriot n'est plus *« chargé de la classe de garde rétribuée, qui, à Aubervilliers, l'aidait à boucler son modeste budget »,* et qu'il s'agit donc d'une lourde perte financière pour lui[281]. Hélène Brion – elle-même libérée depuis peu – écrit que *« sans égard pour leurs vingt ans de service, leurs lourdes charges de famille, leur santé précaire, l'Administration leur impose une perte d'au moins 800 francs, plus une fatigue quotidienne au-dessus de leurs forces, et des frais variables. »*[282]

Effectivement, ce changement de poste fait perdre du temps et de l'énergie à Loriot, qui a donc matériellement moins de possibilité pour militer. A partir du printemps 1918, il cesse par exemple d'intervenir au sein du Comité

---

279 F. Loriot, « Zimmerwaldiens et Minoritaires », *La Plèbe* n° 3, 27 avril 1918, pp. 1-2.
280 *La Vague* n° 19, 9 mai 1918, p. 4, *L'Ecole de la Fédération* n° 43, 20 juillet 1918, pp. 349-351, et Amédée Dunois, « L'affaire Desprès », *Le Journal du peuple* n° 204, 24 juillet 1918, p. 2.
281 « L'enseignement. Déplacement d'office », *Le Populaire* n° 32, 12 mai 1918, p. 4.
282 *Le Populaire* n° 24, 4 mai 1918, p. 1. Une nouvelle protestation est publiée ultérieurement : Marthe Pichorel, « Le déplacement d'office de Loriot et d'Henriette Izambard », *Le Populaire* n° 229, 30 novembre 1918, p. 2. Cf également *L'Ecole de la Fédération* n° 33, 11 mai 1918, p. 273.

confédéral de la CGT. Les emprisonnements de pacifistes contribuent également à entraver l'activité du CRRI, qui se poursuit de façon moins visible.

Renversement de majorité à la SFIO

Au Conseil fédéral de la Seine le 21 juillet, Loriot défend sa motion et critique les « *contradictions* » de la motion Longuet. La motion Loriot dénonce « *l'union sacrée à la faveur de laquelle la réaction s'est développée et impose au pays ses méthodes gouvernementales liberticides* ». Elle appelle au contraire la SFIO à « *reprendre ses traditions d'action autonome et de lutte de classe* », à voter contre les crédits de guerre, à « *intensifier l'action des masses pour la Révolution sociale et la paix* », et à se solidariser « *avec le gouvernement des Soviets* »[283].
Ce texte rallie 8,6 % des suffrages, la motion Longuet qui prévoit le « *refus des crédits de guerre* »[284] l'emporte avec 59,5 %, les « centristes » (motion Sellier-Cachin) obtiennent 21,4 %, et les « majoritaires » (droite du parti) 10,5 %. *Le Populaire* note avec satisfaction que « *les deux motions de la minorité* », c'est-à-dire Loriot et Longuet, sont largement majoritaires : « *Le socialisme de lutte de classe et d'internationalisme l'emporte sur toute la ligne.* »[285] Le rapport « deux tiers / un tiers » est inversé, au profit des pacifistes.

Lors du Conseil national de la SFIO des 28 et 29 juillet 1918, Loriot intervient : d'après *Le Populaire*, « *Loriot en impose par sa sincérité profonde et les majoritaires l'écoutent sans broncher. Représentant de la tendance zimmerwaldienne, partisan du refus inconditionné des crédits de guerre, il reproche à la majorité de la Seine* [les « minoritaires » longuettistes étant majoritaires dans le département de la Seine] *l'opportunisme qui consiste à en conditionner l'octroi. On est pour ou contre la guerre, donc pour ou contre les crédits.* »[286] Loriot déclare également que « *la prolongation de la guerre étouffe la liberté et la démocratie. La prolongation de la guerre fait le malheur de l'Humanité.* » Il appelle à la paix, au moyen de « *la révolution sociale internationale* » et de « *l'action concertée des peuples.* »[287]

---

283 *Le Populaire* n° 114, 2 août 1918, p. 2.
284 *Le Populaire* n° 101, 20 juillet 1918, p. 2.
285 *Le Populaire* n° 104, 23 juillet 1918, pp. 1-2.
286 Malgré cette critique, « *sur les bancs de la minorité, Loriot fut très applaudi.* » (*Le Populaire* n° 111, 30 juillet 1918, p. 1).
287 *L'Humanité* n° 5216, 29 juillet 1918, p. 1, *Le Journal du peuple* n° 209, 29 juillet 1918, pp. 1-2, et rapport de police du 29 juillet 1918 (CAC 19940459/360).

Trois motions sont en présence : la motion Loriot obtient 5,3 % des suffrages, la motion Longuet 53,8 %, et la motion Renaudel 40,9 %[288]. Pour la première fois, les « minoritaires » deviennent donc majoritaires au niveau national. A l'inverse, les partisans de l'union sacrée sont désavoués. De plus, les longuettistes n'excluent plus de voter contre les crédits de guerre, ce qui favorise les rapprochements avec le CRRI.

Le 17 août, Loriot fait à la section de Puteaux le compte-rendu de ce Conseil national. Il affirme que « *les Kienthaliens ont, seuls, adopté la ligne de conduite conforme à l'attitude antérieure* » du parti socialiste. Il ajoute : « *Nous refusons les crédits, car nous ne voulons en rien aider un Gouvernement bourgeois. Pas de participation ministérielle. Réunion immédiate de l'Internationale, afin d'examiner les moyens à employer pour amener la paix.* »[289]

* * *

Le 3 août doit s'ouvrir le congrès de la FNSI mais, comme l'année précédente, le congrès se voit purement et simplement interdit par les autorités. Les forces de l'ordre barrent l'accès à la Maison des syndicats durant toute la journée, et des policiers filent Loriot et Brion. Raffin-Dugens suggère alors aux congressistes d'aller en délégation à la Chambre des députés ; une fois sur place, il propose simplement de tenir le congrès dans une salle de la Chambre. Et c'est donc au Palais Bourbon que se tient la première journée du congrès, les syndicalistes débattant sous les ors de la République de leur lutte contre la guerre. Une très large majorité confirme l'orientation de la FNSI contre le « *massacre organisé des peuples* ». Le lendemain les délégués se réunissent d'abord à la Maison commune, rue de Bretagne, puis sont de nouveau interdits de réunion par la police, et le congrès s'achève en plein air[290].

A la SFIO, le congrès départemental de la Seine se tient les 15 et 29 septembre, Loriot intervenant lors des deux séances. Sa motion « kienthalienne » obtient 8,7 % des suffrages, les longuettistes 56,7 %, la motion Blum (« centriste ») 8 %, et les « majoritaires de guerre » 26,6 %.

---

288 *Le Populaire* n° 112, 31 juillet 1918, p. 1, *Le Journal du peuple* n° 210, 30 juillet 1918, p. 1, et *Demain* n° 27-28 [sic, en fait 28-29], août-septembre 1918, pp. 231-232.

289 La convocation annonce : « *Compte rendu du Conseil national, par Loriot.* » Un deuxième point est à l'ordre du jour : « *Le verdict du Sénat* », c'est-à-dire la condamnation de Malvy par le Sénat siégeant en Haute-Cour – la section de Puteaux adopte à l'unanimité une protestation contre ce jugement, comme le reste de la SFIO (*L'Humanité* n° 5235, 17 août 1918, p. 2, CAC 19940459/360, et AN F 7/13372).

290 Louis Bouët, *Trente ans de combat syndicaliste et pacifiste*, op. cit., pp. 244-248, rapport de police du 3 août 1918 (AN F 7/13743), « Régime d'arbitraire », *Le Populaire* n° 116, 4 août 1918, p. 1, et *L'Humanité* n° 5222, 4 août 1918, p. 2.

Les délégués du CRRI pour le congrès national sont Loriot, Saumoneau, Léonie Kauffmann et Joseph Cartier[291].

Après leur victoire au Conseil national, les minoritaires espèrent logiquement obtenir la majorité au congrès national. La censure ne leur facilite pas la tâche, *Le Populaire* étant « suspendu » – c'est-à-dire totalement interdit de parution – pendant cinq jours, du 29 septembre au 3 octobre.

Peu avant le congrès Loriot s'adresse, par une courte tribune dans *Le Journal du peuple*, aux longuettistes dont il anticipe la victoire : « *Maîtres de la situation, vous allez enfin donner votre mesure, diriger au lieu d'obéir et les militants vous jugeront à l'œuvre.* »[292]

Le Congrès national se tient du 6 au 10 octobre 1918 à Paris. Loriot intervient le dimanche 6 pour défendre, en vain, une motion appelant à l'armistice immédiat. Malade, il ne peut être présent les jours suivants.

Au terme d'un congrès agité, c'est une courte victoire – mais victoire décisive – des « minoritaires », les longuettistes auxquels le courant de Loriot s'est finalement associé. L'explication de vote des kienthaliens est lue par Louise Saumoneau : elle lit d'abord la résolution du CRRI[293] mais sans la proposer au vote, puis déclare que sans renoncer à défendre leurs idées ils décident de reporter leurs voix « *sur la résolution de la minorité, dont nous ne prenons pas la responsabilité, mais exclusivement dans le but de changer l'orientation du Parti* » dans un sens plus internationaliste. Etant donné la courte majorité (52,3 %[294]), le ralliement des kienthaliens a été décisif pour dégager une majorité absolue.

Le Journal du peuple titre : « *Le Parti socialiste revient au socialisme* ». C'est la défaite définitive des « socialistes de guerre », qui perdent la direction du parti qu'ils tenaient depuis août 1914. C'est aussi l'aboutissement de trois ans de confrontation d'orientations politiques divergentes et souvent directement antagonistes, au sein d'une SFIO qui désavoue désormais sa participation à l'union sacrée et au gouvernement de guerre.

Après le congrès, Lucie Colliard déclare que l'attitude des kienthaliens « *s'est inspirée d'une préoccupation pratique et du désir de faire l'unité toujours plus à gauche.* » Loriot salue ce changement de majorité et la

---

291 *Le Journal du peuple* n° 259 et 273, 16 et 30 septembre 1918, pp. 1-2, et *L'Humanité* n° 5279, 30 septembre 1918, p. 2.
292 F. Loriot, « Tribune socialiste. Pour l'Unité minoritaire », *Le Journal du peuple* n° 267, 25 septembre 1918, p. 2.
293 Publiée en tract A4 recto-verso par le CRRI (AN F 7/13375). Le texte figure également dans *L'Ecole de la Fédération* n° 2, 5 octobre 1918, pp. 17-18.
294 Motion Longuet (gauche du parti) : 1528 mandats (52,3 %), motion Renaudel (droite) : 1212 mandats (41,5 %), et motion Blum (centre) : 181 mandats (6,2 %). La commission des résolutions désignée par le congrès se compose de 16 membres de la « droite », 3 du « centre », 18 « longuettistes » et 4 « kienthaliens » – ce qui est révélateur des rapports de force.

défaite des « *social-nationalistes* » comme une « *étape* » importante, mais il considère que l'homogénéité de la nouvelle majorité n'est « *qu'une illusion qui s'évanouira au premier souffle révolutionnaire.* »

Louis-Oscar Frossard devient à 29 ans secrétaire général de la SFIO. Ce retournement de majorité entraîne également un changement d'orientation de *L'Humanité*, dont les ventes s'étaient écroulées[295]. Ce n'est cependant pas un militant de la gauche qui en prend la direction, mais un « centriste » issu de la droite du parti : Marcel Cachin[296].

Conséquence de la victoire des tendances pacifistes, Fernand Loriot est élu à la CAP. Il participe dès lors régulièrement à ses réunions qui ont lieu en général une fois par semaine. A partir de cette période, il prend régulièrement la parole lors de réunions publiques de la SFIO, dans la Seine et parfois en province.

Loriot est également élu trésorier-comptable de la SFIO, autrement dit adjoint au trésorier Camélinat (célèbre pour son rôle dans la Commune de 1871). La fonction de Loriot n'est pas à priori majeure, et n'est pas rémunérée. Mais les circonstances vont transformer cette nomination à un poste d'adjoint en une véritable charge de trésorier. Le 29 octobre, Frossard annonce à la CAP que pour raisons de santé Camélinat ne peut plus exercer son rôle de trésorier, et Loriot accepte alors de le remplacer[297]. Lors de la CAP du 3 décembre, il est décidé que « *le citoyen Loriot continuera à remplir les fonctions de trésorier jusqu'au rétablissement du citoyen Camélinat.* »[298] Une semaine plus tard, la CAP « *décide d'allouer une indemnité mensuelle de 200 francs au trésorier-adjoint du Parti.* »[299] Loriot signe désormais « *le trésorier provisoire* »[300], puis devient en 1919 trésorier en titre[301], et restera à ce poste jusqu'à ce qu'il en démissionne en avril 1920 – notamment en raison de l'hostilité de certains députés, qui voyaient en lui

---

[295] Jean-Louis Robert, *Ouvriers et mouvement ouvrier parisiens...*, op. cit., p. 1001.

[296] F. Loriot, « Le Congrès national socialiste », *L'Ecole de la Fédération* n° 6, 2 novembre 1918, pp. 50-52 (une version différente de cet article dans *L'Avenir international* n° 11, novembre 1918, pp. 11-17), *Le Populaire* n° 177 à 181, 9 au 13 octobre 1918, *Le Journal du peuple* n° 280 à 286, 7 au 13 octobre 1918, *L'Humanité* n° 5286 à 5291, 7 au 12 octobre 1918, *Demain* n° 30, octobre 1918, pp. 318-322, et AN F 7/16000¹.

[297] Rapport de l'informateur « 7 », 30 octobre 1918 (APP B^A 1470), et *L'Humanité* n° 5311, 1er novembre 1918, p. 2.

[298] *L'Humanité* n° 5348, 8 décembre 1918, p. 4.

[299] CAP du 10 décembre 1918, *L'Humanité* n° 5355, 15 décembre 1918, p. 4.

[300] *L'Humanité* n° 5358, 18 décembre 1918, p. 2.

[301] C'est le cas dès le Conseil national de juillet 1919, cf *L'Humanité* n° 5565, 14 juillet 1919, p. 1. Mais plus tard le parti indique que ce changement date du congrès extraordinaire de septembre 1919 : Parti Socialiste (Section Française de l'Internationale Ouvrière), *Congrès national de Strasbourg (février 1920), Rapport du secrétariat*, Paris, 1920, p. 7.

d'abord le leader de l'aile gauche et refusaient de lui verser leurs cotisations[302].

*   *   *

A partir de fin octobre, les révolutions qui triomphent en Autriche-Hongrie et en Allemagne renversent les monarchies, et hâtent la fin de la guerre. La veille de l'armistice, le 10 novembre 1918, Loriot prend la parole lors d'un meeting de la SFIO qui réunit des milliers de socialistes et de syndicalistes. Après les interventions de Cachin, Jouhaux et Longuet, Frossard annonce la victoire de la Révolution socialiste en Allemagne. Loriot intervient ensuite et appelle à « *choisir entre la soi-disant démocratie où le peuple subit le joug du capitalisme et la démocratie socialiste où le peuple exerce son pouvoir pour l'abolition de l'exploitation, pour la suppression des classes, pour la socialisation de la propriété.* » Il ajoute : « *Deux routes s'offrent à nous : celle du socialisme réformiste et celle du socialisme révolutionnaire. C'est celle du socialisme révolutionnaire que nous devons prendre. La Révolution existe. Elle est en Russie. Elle est en Allemagne. Demain elle sera partout.* » Après des interventions de Merrheim et Frossard, la réunion se conclut par un appel à « *la République internationale des travailleurs* »[303].

Mais même après l'armistice du 11 novembre, la situation de guerre persiste : la censure est maintenue (des articles du *Populaire* sont censurés quasiment tous les jours), les soldats restent mobilisés (Loriot est directement concerné, comme il l'écrit le 4 juin 1919 : « *Mon gendre et mes deux fils sont toujours mobilisés* »[304]), des réunions socialistes sont interdites[305], etc. Pour les pacifistes il s'agit donc de continuer à combattre l'état de guerre, d'obtenir la démobilisation immédiate et l'arrêt de toute intervention contre « la Russie des soviets » (le gouvernement engageait des militaires français dans la guerre civile russe, contre les bolcheviks), d'arriver à une paix acceptable, et enfin d'obtenir la fin de toute censure ainsi que l'amnistie des militants poursuivis.

Le 12 novembre, à la CAP de la SFIO, Loriot propose avec Frossard, Paul Faure et Verfeuil, une résolution qui est adoptée à une courte majorité. Par ce texte, la SFIO se félicite de la signature de l'armistice et appelle à

---

302 Voir dans le *Bulletin communiste* : n° 6 (22 avril 1920, p. 16), n° 9 (13 mai 1920, p. 8), et n° 11 (27 mai 1920, p. 12 : une « *parfaite gestion* » lui est reconnue par la SFIO, où il est encore minoritaire). Le 5 mars 1920, il avait de nouveau été réélu trésorier, à l'unanimité de la CAP.
303 « Paris socialiste acclame la Révolution allemande », *Le Populaire* n° 211, 12 novembre 1918, p. 1, et *L'Humanité* n° 5321, 11 novembre 1918, pp. 1-2.
304 Lettre aux Bouët, archives Kriegel.
305 Voir par exemple L.-O. Frossard, « Le règne du flic », *Le Populaire* n° 330, 11 mars 1919, p. 1.

« *empêcher que le socialisme naissant, tant en Russie qu'en Allemagne et en Autriche, ne soit écrasé par des coalitions de capitalismes étrangers* ». La SFIO appelle également les travailleurs « *à se tenir prêts à faire triompher le socialisme en France comme dans les autres pays de l'Europe.* »[306] Le 24 décembre, la CAP adopte, cette fois à l'unanimité, un texte qui « *demande formellement le retrait des troupes actuellement en Russie et la cessation du blocus, qui a pour résultat d'affamer le peuple russe* »[307].

La révolution allemande qui balaie le régime de Guillaume II met en place la République, et installe au pouvoir une coalition du SPD et de l'USPD (socialistes indépendants exclus du SPD en 1917). Les spartakistes fondent le Parti communiste d'Allemagne, et participent en janvier 1919 à une nouvelle tentative révolutionnaire. C'est l'échec, la répression est féroce, et le 15 janvier des Corps francs assassinent, sur ordre du ministre social-démocrate Gustav Noske, les leaders spartakistes Rosa Luxemburg et Karl Liebknecht. Une nouvelle action révolutionnaire en mars subit le même sort, et une tentative de République des conseils en Bavière est rapidement écrasée dans le sang.
Ces défaites ont entre autres conséquences que, contrairement à de nombreuses attentes, le centre de gravité révolutionnaire ne passe pas de la Russie à l'Allemagne – et donc pas des bolcheviks aux spartakistes.

*   *   *

En tant que trésorier intérimaire de la SFIO, c'est Loriot qui a en charge les envois des cartes 1919 aux fédérations[308]. La nouvelle direction va recueillir en cette année 1919 quasiment 100.000 nouvelles adhésions[309], le mouvement socialiste atteignant des effectifs bien supérieurs à tout ce qu'il avait connu jusqu'alors. Ces adhésions étaient en fait pour certaines des retours d'adhérents ayant quitté la SFIO pendant la guerre, mais l'afflux massif de nouveaux militants n'en est pas moins un fait majeur en 1919 et 1920, le parti voyant ses effectifs quadrupler en l'espace de deux ans. En avril, Loriot doit signaler au nom de la trésorerie que l'on manque de cartes d'adhérents, qui ne sont pas imprimées assez vite pour faire face au flux d'adhésions[310].

---

306 *L'Humanité* n° 5323, 13 novembre 1918, p. 1, et *Le Populaire* n° 213, 14 novembre 1918, pp. 1-2.
307 *L'Humanité* n° 5365, 25 décembre 1918, p. 1, et *Le Populaire* n° 255, 26 décembre 1918, pp. 1-2.
308 *Le Populaire* n° 265, 5 janvier 1919, p. 2.
309 Il y a 97.526 adhérents supplémentaires en 1919, selon Frossard (*L'Humanité* n° 5730, 30 décembre 1919, p. 1).
310 *Le Populaire* n° 361, 11 avril 1919, p. 4. L'afflux d'adhérents se poursuivant, il signale le même problème en juin (F. Loriot, « Note de la trésorerie », *L'Humanité* n° 5540, 19 juin

De plus, on voit de plus en plus des longuettistes tenir un discours qui était celui des zimmerwaldiens pendant la guerre[311]. Le rapprochement est manifesté par le fait que des ordres du jour du CRRI sont désormais publiés dans *Le Populaire*, ou encore que CDSI et CRRI présentent une liste commune de candidats à la Commission exécutive de la Fédération de la Seine[312].

Ne pouvant plus se réunir à la Maison des syndicats sous la protection de la Fédération des métaux, le CRRI décide le 9 janvier du changement d'adresse du comité qui est désormais domicilié à la Maison commune. Le CRRI passe donc d'un local syndical à un local partagé, principalement socialiste mais aussi lieu de réunion du Syndicat des instituteurs de la Seine. Les réunions du CRRI y seront cependant rapidement interdites par la police[313].

Le 14 janvier, *Le Populaire* accorde son hospitalité à un article de Loriot. Il y écrit que les soldats français sont morts « *pour un nouveau partage du monde au profit du capitalisme des nations alliées.* » Loriot ajoute que « *la bourgeoisie dirigeante a un intérêt évident à tromper les masses et à présenter comme un régime de liberté celui qui, en réalité, assure et étend sa domination.* » A l'inverse, pour lui « *la liberté ne peut résulter que de l'établissement d'un ordre social entièrement nouveau, basé sur la suppression de la propriété privée.* »[314]

Le 21 janvier, les longuettistes proposent à la CAP de la SFIO un « ordre du jour » (c'est-à-dire une motion) suite à l'assassinat de Karl Liebknecht et Rosa Luxemburg. Loriot et Saumoneau proposent (en vain) un autre texte, comme l'écrit Loriot : « *nous avons opposé à leur ordre du jour de pur hommage aux qualités des victimes des majoritaires allemands* [c'est-à-dire de la direction du SPD], *notre ordre du jour de solidarité complète avec leur but et leurs moyens de l'atteindre.* »[315] Voici cet « ordre du jour Loriot » : « *La C.A.P., profondément émue de l'assassinat de Karl Liebknecht et Rosa Luxembourg, salue avec une infinie douleur et le plus profond respect la mémoire de ces héros du socialisme international et de la Révolution. Elle déclare se solidariser entièrement avec le but poursuivi par eux et la tactique qu'ils ont employée pour l'atteindre.* »[316]

1919, p. 4).
311 Cf par exemple Phedon [Paul Louis], « Le vrai débat de Berne », *Le Populaire* n° 298, 7 février 1919, p. 1.
312 *Le Populaire* n° 327, 8 mars 1919, p. 2. Loriot, déjà à la CAP, n'est pas candidat.
313 Lettre de la Fédération des métaux à Loriot du 24 décembre 1918 reproduite dans *La Femme socialiste* supplément 1918-1919, et *Le Populaire* n° 279, 19 janvier 1919, p. 4.
314 F. Loriot, « Pour la liberté », *Le Populaire* n° 274, 14 janvier 1919, p. 1.
315 Lettre à Bouët du 23 janvier, archives Kriegel.
316 *L'Humanité* n° 5398, 27 janvier 1919, p. 2.

Le 26 janvier, Loriot est un des orateurs d'un meeting de la SFIO pour la démobilisation et contre l'intervention en Russie. Devant les 2.000 participants, un hommage est d'abord rendu à Liebknecht et Luxemburg « *tombés pour la cause de la démocratie et de la liberté.* » Après Cachin, Loriot intervient : « *Le camarade Loriot fait le bilan de la guerre. Douze millions de morts, des centaines de milliards engloutis dans un gouffre immense.* » Il défend la Révolution russe et l'action des bolcheviks, en précisant : « *Il n'y a pas Lénine d'un côté et Clemenceau de l'autre, c'est la classe capitaliste et bourgeoise qui se trouve en face du prolétariat.* » Autrement dit, le conflit n'est pas entre des individus et des chefs d'Etat, mais entre des classes sociales. En conclusion, Loriot appelle à la prise du pouvoir par le prolétariat, pour créer un monde « *dans lequel les mots de justice, liberté, égalité, fraternité auront enfin un sens.* ». Selon *Le Populaire*, « *il est vigoureusement applaudi.* »[317]

Ce même jour, Loriot publie un article dans *Le Populaire* pour répondre à un texte de Bracke hostile aux bolcheviks. Il est important de le citer largement afin de comprendre son raisonnement et les motifs qui le poussent à soutenir le nouveau pouvoir russe : « *On a beau jeu vraiment de jeter à trois mille kilomètres de distance et derrière le "cordon sanitaire" établi par la réaction, le discrédit sur l'œuvre des bolcheviks. Au lieu de la condamner au point de vue socialiste, ceux qui prétendent parler au nom du prolétariat feraient mieux de chercher à la connaître, et d'agir en sorte qu'elle soit soumise au jugement des masses. Certes, la misère existe en Russie ; mais, outre que les bolcheviks n'en sont pas responsables, elle existe partout. […] Or, les Alliés font la guerre aux bolcheviks et les encerclent pour les affamer. On est mal venu, dans ces conditions, à accuser le bolchevisme de ne pas être générateur de progrès humain. Si l'œuvre accomplie en Russie par le prolétariat, œuvre considérable en dépit des obstacles, ne constituait pas un progrès, les gouvernements bourgeois ne craindraient pas tant sa puissance de séduction sur les masses. Je pourrais montrer un simple article documentaire sur l'organisation de l'enseignement en Russie dont la censure n'a pas laissé passer un seul mot.* »[318]

Lors de la CAP du 28 janvier, Saumoneau propose une motion de Loriot, qui est absent, « *relativement à l'appel de Maxime Gorki "Au monde civilisé", et au manifeste du groupe Spartacus* ». Il s'agit apparemment d'une proposition de publication de ces deux textes par la SFIO, mais un rapport de police indique que la motion vise à faire adopter par la SFIO « *la politique révolutionnaire de Liebknecht.* » Il pourrait donc s'agir de publier et

---

317 « Le meeting sur la démobilisation et contre l'intervention en Russie », *L'Humanité* n° 5398, 27 janvier 1919, p. 2, *Le Populaire* n° 287, 27 janvier 1919, p. 1, et *Le Journal du peuple* n° 27, 27 janvier 1919, pp. 1-2.
318 F. Loriot, « Bolchevisme et Socialisme », *Le Populaire* n° 286, 26 janvier 1919, pp. 1-2.

d'adopter ces textes comme bases politiques – du moins celui de la Ligue Spartakiste. Mais seules 4 voix approuvent la motion, 10 votent contre et 9 s'abstiennent[319].

Berne, à la croisée des chemins

Du 3 au 10 février 1919, Loriot est présent à la Conférence socialiste de Berne, la délégation de la SFIO comportant des représentants de ses divers courants. Une conférence syndicale internationale se déroule dans la même ville au même moment (dans un autre étage du même bâtiment[320]), en présence de délégués de la CGT, mais Loriot n'y participe pas[321].
La conférence socialiste a pour but de reconstituer la Deuxième Internationale, mais avant même son ouverture l'échec se manifeste par le refus des partis les plus à gauche d'y participer : c'est le cas du Parti socialiste italien, du Parti socialiste suisse (pays où se déroule la Conférence !), du Parti socialiste serbe, du Parti socialiste de Roumanie, des spartakistes qui viennent de créer le Parti communiste d'Allemagne, etc. - sans même mentionner les bolcheviks. Même parmi ceux qui se rendent à Berne, l'état d'esprit est loin d'être à la conciliation. Ainsi Longuet, commentant l'assassinat de Liebknecht et Luxemburg, écrit à propos des dirigeants du SPD : « *nous nous demandons, en vérité, de quel front ceux qui sont responsables de leur mort oseront demain se présenter à Lausanne ou à Berne, devant l'Internationale rassemblée !* »[322]
Le contexte n'était donc pas à l'entente cordiale, alors qu'il « *fallait ramasser les débris d'une Internationale qui s'était écroulée.* »[323] De fait, les discussions mettront en évidence des divergences fondamentales, « *plus profondes que celles d'avant-guerre.* »[324]

Avant de se rendre à la conférence, Loriot écrit un article dans *Le Journal du peuple* pour annoncer que ce « *ne sera pas une conférence socialiste* », étant composée d'éléments « *en majorité asocialistes et anti-révolutionnaires* ». Selon lui la conférence « *n'offre aux éléments internationalistes aucune*

---

319 *L'Humanité* n° 5404, 2 février 1919, p. 4, et rapport de police du 29 janvier 1919 (AN F 7/15935[1]). Le texte de Gorki fut publié en 1920 ; le texte spartakiste n'est pas identifié clairement.
320 « A Berne. La Conférence syndicaliste », *L'Humanité* n° 5409, 7 février 1919, p. 2, et Pierre Renaudel, *L'Internationale à Berne*, Grasset, 1919, p. 23.
321 Pour la composition précise des délégations syndicales, cf Confédération Générale du Travail, *XIVᵉ Congrès confédéral, tenu à Lyon du 15 au 21 septembre 1919, les rapports confédéraux*, s.d., pp. 39-40.
322 *Le Populaire* n° 279, 19 janvier 1919, p. 1.
323 Maria Sokolova, *Les Congrès de l'Internationale socialiste entre les deux guerres mondiales*, thèse de doctorat, Genève, 1954, p. 38.
324 Idem, p. 46.

possibilité de faire triompher leurs conceptions. On peut penser toutefois qu'une réunion de ces éléments eût permis d'envisager la situation et de prendre les décisions qu'elle comporte. Il n'est pas douteux que c'est cette impérieuse nécessité d'être enfin éclairés sur la situation générale qui a déterminé certains internationalistes à entreprendre le voyage »[325].

Loriot est plus explicite dans une lettre à Louis Bouët, le 23 janvier : « *la Conférence internationale est une comédie, un défi au socialisme et aux classes ouvrières. A aucun moment je n'ai eu d'illusions sur le véritable caractère de cette conférence. J'estime cependant que si les bolcheviks ont eu raison de décider de n'y pas participer, ils ont eu tort de le clamer si tôt. La conférence était (et reste) une occasion de se rencontrer. C'est là, après nous être concertés que tous les internationalistes auraient dû dans un manifeste retentissant annoncer au monde leur intention de se séparer pour toujours des social-patriotes et proclamer la création de la 3ᵉ et véritable internationale. Notre position, au retour, aurait été incomparablement plus claire et plus forte. Je le laisse entendre dans mon dernier article paru dans* le Journal du Peuple *de mardi dernier 21 janvier et que tu as dû lire. Le* Populaire *après avoir sollicité ma collaboration avait refusé de publier cet article. Ce refus a provoqué au journal de très vives discussions et il se peut qu'à l'avenir on me permette d'exprimer mes opinions. Ce n'est qu'à cette condition que j'enverrai des articles. Je préfère naturellement le* Populaire *au* Journal du Peuple *de l'homme d'affaires qu'est Fabre.* »[326]

Loriot profitera effectivement du fait d'être sur place pour échanger avec « *Fritz Platten et plusieurs révolutionnaires internationaux.* »[327] Platten, socialiste suisse, allait participer un mois plus tard à la fondation de l'Internationale communiste à Moscou, et rendra compte lors de la séance du 5 mars de ces réunions tenues en Suisse en présence de Loriot[328]. Léonie Kauffmann et Charles Rappoport, venus sans mandat de la SFIO, participent certainement avec Loriot à ces rencontres informelles qui se tiennent en marge de la conférence.

Loriot écrira que les délégations à Berne sont « *farcies d'idéologie officielle* »[329]. Le 10 février, il fait une intervention radicalement à contre-courant de la tonalité générale, s'exprimant contre ceux qui « *sont venus ici, non pour rechercher la solution socialiste des tragiques problèmes posés devant l'Humanité par le grand crime capitaliste ; mais pour faire justifier par l'Internationale le néo-socialisme de guerre gouvernemental,*

---

325 F. Loriot, « La Conférence socialiste internationale », Le Journal du peuple n° 21, 21 janvier 1919, pp. 1-2.
326 Archives Kriegel.
327 Note autobiographique, document cité.
328 Pierre Broué (dir.), *Premier congrès de l'Internationale communiste*, EDI, 1974, pp. 183-187.
329 Note autobiographique, document cité.

nationaliste et chauvin qu'on a vu partout éclore sur les ruines du véritable socialisme au lendemain de la déclaration de guerre. » Ces socialistes de guerre sont venus « *non pour affirmer leur attachement au pacte d'Amsterdam qui fut avant la guerre notre charte à tous* », mais « *pour obtenir la condamnation de l'immense effort de libération prolétarienne entrepris en Russie et qui à travers l'Europe, s'avance irrésistiblement vers les nations occidentales. Ainsi serait absous l'assassinat de Rosa Luxembourg et de Karl Liebknecht. Ainsi serait légitimée la répression ultérieure du mouvement spartacien d'Allemagne. Ainsi seraient frappés de suspicion et paralysés les efforts révolutionnaires des prolétaires français, anglais, italiens...* [...] *L'activité qu'on s'efforce de donner à la seconde internationale est une illusion. La guerre capitaliste l'avait mortellement blessée, la politique des social-nationalistes a achevé de la tuer en tant qu'organisation de classe. Toutes les tentatives pour lui redonner la caractère qu'elle a perdu resteront vaines. L'histoire socialiste ne s'écrit pas dans des congrès ; elle s'écrit page par page, jour par jour, par les prolétaires et aujourd'hui ces prolétaires, dans leur élite révolutionnaire et consciente ne sont plus avec vous.* » Loriot conclue en affirmant que « *pour nous, indéfectiblement attachés au socialisme et à ses traditions glorieuses de lutte de classe et de révolution, nous adressons notre salut fraternel et l'assurance de notre solidarité agissante à la République communiste russe qui lutte contre un monde d'ennemis bourgeois et pseudo-socialistes. Flétrissant les assassins de Liebknecht et de Rosa Luxembourg, ainsi que le gouvernement prétendu socialiste, qui avec la complicité des généraux de l'Empire a armé leurs bras, nous adressons au prolétariat révolutionnaire d'Allemagne et de tous les pays nos espoirs en leur victoire définitive et totale qui sera celle du prolétariat universel.* » Cette intervention est par la suite diffusée sous forme de tract par le CRRI[330].

Constatant les divergences des participants concernant la Russie bolchevique, la Conférence décide d'y envoyer une commission composée de socialistes des diverses sensibilités pour se rendre compte sur place de la situation. Les bolcheviks accepteront la venue de la commission, mais ce sont les gouvernements français et britannique qui refuseront les passeports,

---

330 *Déclaration faite à la Conférence Internationale de Berne par le camarade Loriot*, dernière page d'un tract de 4 pages A4 de la section socialiste du CRRI sur le projet de programme de la SFIO (archives Bouët, IFHS 14 AS/437). Le texte est également publié dans *L'Internationale communiste* n° 1, 1er mai 1919, pp. 73-74, et lu au cours du congrès de fondation de la IIIe Internationale par Jacques Sadoul (*Premier congrès de l'Internationale communiste*, op. cit., pp. 112-113 (séance du 3 mars) ; la déclaration de Loriot est reproduite pp. 269-270). Loriot fait une autre intervention qui est très brièvement résumée dans John de Kay, *L'Esprit de l'Internationale à Berne*, s.l.n.d. [1919], p. 80, et il co-signe avec Frossard, Paul Faure et Verfeuil une courte résolution contre la condamnation des bolcheviks par la conférence.

empêchant donc la commission de faire son enquête[331]. La conclusion tirée par de nombreux militants sera que les bolcheviks n'ont rien à cacher, et que ce sont leurs propres gouvernements qui ne veulent pas que l'on connaisse la situation réelle en Russie[332]. Cette décision de refus des passeports aura donc contribué au crédit des bolcheviks.

Après avoir assisté à la conférence, le journaliste et historien allemand Wilhelm Herzog rend visite à Romain Rolland : Herzog se dit très déçu par les socialistes qu'il a vus à Berne, à l'exception de Kurt Eisner pour l'Allemagne, Friedrich Adler pour l'Autriche, et Fernand Loriot pour la France[333].

Loriot fait pour sa part un compte-rendu de la conférence lors de la réunion du CRRI le 22 février. Pour les socialistes les plus à gauche, il est désormais évident que la Deuxième Internationale est morte. En une formule frappante, Loriot écrira que « *l'édifice tombe en ruine, il y a du sang sur les murs, le sang de Liebknecht, de Rosa Luxembourg et d'autres.* »[334]

* * *

Le 19 février un anarchiste, Emile Cottin, tente d'assassiner Clemenceau. Le lendemain, des perquisitions ont lieu dans des locaux libertaires, chez des militants anarchistes, ainsi qu'au domicile de Loriot. Naturellement rien n'est trouvé chez lui qui puisse le lier de près ou de loin à l'attentat, mais cela confirme la pression mise sur lui par les autorités.

Amédée Dunois proteste dans *L'Humanité* : « *notre excellent camarade Loriot est au nombre des perquisitionnés de la journée. Notre émotion sera partagée par tous les membres du Parti, à quelque fraction qu'ils appartiennent. Professionnellement et politiquement, Loriot est un homme de cœur et de conscience, qui jouit de l'estime de tous ceux qui le connaissent, amis aussi bien qu'adversaires. […] depuis notre dernier congrès, il administre avec un dévouement parfait les finances du Parti*

---

331 Cf par exemple Paul Faure, « Dictature réactionnaire », *Le Populaire* n° 336, 17 mars 1919, p. 1.
332 Alexandre Blanc dira en congrès de la SFIO : « *S'il est vrai que les Bolcheviks commettent les fautes que d'aucuns prétendent, pourquoi l'Entente a-t-elle refusé des passeports à la commission d'enquête de Berne ? Il y avait là une occasion de faire la lumière.* » (*L'Humanité* n° 5627, 14 septembre 1919, p. 1). Loriot critiquera de même le gouvernement qui « *a refusé à la commission issue du congrès international de Berne et composée, cependant, en grosse majorité d'adversaires du bolchevisme, d'aller enquêter sur place.* » (F. Loriot, « Nouvelle offensive », *La Vie ouvrière* n° 12, 16 juillet 1919, p. 4).
333 Romain Rolland, *Journal des années de guerre, 1914-1919*, op. cit., pp. 1724-1725 [11 février 1919]. Eisner fut assassiné quelques jours plus tard par un militaire d'extrême-droite ; Adler devint par la suite un dirigeant de l'Internationale dite « deux et demie » (voir annexe 3) ; Herzog mentionne également le britannique Ramsay MacDonald, futur Premier ministre travailliste.
334 F. Loriot, « Avant Strasbourg », *Le Journal du peuple* n° 39, 8 février 1920, pp. 1-2.

socialiste. [...] *Pour soupçonner qu'un lien quelconque a pu exister entre Loriot et le débile héros du drame de la rue Franklin, il faut être frappé d'aberration totale.* »[335] Cela n'arrête pas la presse de droite, qui agite l'idée que l'attentat pourrait être le fait d'un « complot bolchevik » : on prétend que « *de nombreux tracts, des brochures et des papiers intéressants* » ont été saisis[336]. La confusion est grande, puisque les groupes anarchistes sont décrits comme exerçant de « *la propagande bolcheviste [...] sous les formes les plus occultes* », et inversement Loriot est présenté comme « *un anarchiste bien connu* »[337] ! Hasfeld est également perquisitionné[338] ; il semble donc que l'occasion soit saisie de viser le CRRI, dont Loriot est le secrétaire et Hasfeld le trésorier.

Le fait que le tireur a agi seul est rapidement avéré, et le « coup du complot »[339] ne prend pas – mais il resservira l'année suivante[340]. Bien qu'il n'ait que légèrement blessé Clemenceau, Cottin est condamné le 14 mars à la peine de mort, qui sera plus tard commuée en dix années d'emprisonnement.

Quinze jours après, le 29 mars, l'assassin de Jaurès, Raoul Villain, est purement et simplement acquitté. Sa culpabilité ne fait pourtant aucun doute, mais il est alors considéré normal qu'un nationaliste ait assassiné un socialiste pacifiste. C'est un indicateur frappant de la puissance de l'antisocialisme dans certains milieux[341]. Face à ce verdict, l'émotion des socialistes est immense : la Fédération SFIO de la Seine dénonce « *un verdict de classe* » et un « *geste de guerre civile* »[342], la CGT y voit la confirmation qu'il y a « *deux justices : l'une frappant avec férocité et haine les travailleurs et leurs militants ; l'autre absolvant le meurtre par passion réactionnaire* »[343]. En riposte, une manifestation organisée le dimanche 6 avril réunit environ 150.000 manifestants, Loriot y participant aux côtés de Frossard, Blum, Longuet, Saumoneau, Dunois, Jouhaux, Bourderon, Merrheim, Anatole France, Emile Vandervelde, etc[344].

---

335 *L'Humanité* n° 5423, 21 février 1919, p. 1 (une autre protestation paraît dans le numéro du lendemain : « Scandale de police », par Daniel Renoult). La trésorerie de la FNSI lui est temporairement confisquée, de même que quelques documents (*L'Ecole de la Fédération* n° 24, 8 mars 1919, p. 206).
336 « Après l'attentat contre M. Clemenceau. La propagande bolchevik », *Le Matin* n° 12.778, 21 février 1919, p. 3. Voir aussi « Contre le Bolchevisme », *Le Figaro* n° 52, 21 février 1919, p. 1.
337 *Le Petit journal* n° 20.510, 21 février 1919, p. 2.
338 *Le Petit parisien* n° 15.354, 21 février 1919, p. 2.
339 Paul Faure, « Le coup du complot », *Le Populaire* n° 313, 22 février 1919, p. 1.
340 L.-O. Frossard, « Le coup du "Complot" », *L'Humanité* n° 5862, 11 mai 1920, p. 1.
341 Jean Longuet évoque « *la haine atroce du Socialisme* » (« La provocation », *Le Populaire* n° 350, 31 mars 1919, p. 1).
342 « La protestation socialiste », *L'Humanité* n° 5461, 31 mars 1919, p. 1.
343 « Contre le verdict de classe. Les protestations », *Le Populaire* n° 355, 5 avril 1919, p. 1.
344 Le quotidien *La Vérité* annonce 500.000 manifestants (n° 482, 7 avril 1919, p. 1). Voir

* * *

Début mars, les bolcheviks décident la création d'une « Internationale communiste » (IC, ou Troisième Internationale) par un congrès fondateur à Moscou. C'est en pratique une initiative du seul Parti bolchevik ; d'ailleurs le délégué du Parti communiste d'Allemagne (Hugo Eberlein), mandaté pour voter contre, s'abstient sur la fondation de l'IC – alors qu'il était le seul véritable représentant au congrès d'une organisation importante en dehors des bolcheviks. Cependant, nombre d'organisations et de militants socialistes considèrent la Deuxième Internationale irrémédiablement discréditée, tout en jugeant une structure internationale indispensable. Progressivement, l'IC va donc être rejointe par divers courants socialistes révolutionnaires d'Europe – sans que ces communistes s'alignent nécessairement sur les conceptions des bolcheviks[345], ce qui se traduira au cours des années suivantes par des scissions et exclusions.

Dans l'appel à participer au congrès à Moscou, les organisateurs invitaient pour la France « *les groupes et les organisations du mouvement socialiste et syndicaliste de France, solidaires dans les questions fondamentales avec Loriot.* »[346] Preuve de l'importance qui est accordée à son courant, cette « *gauche zimmerwaldienne française* » se voit accordée le nombre maximal de voix au congrès, seules trois autres délégations disposant également de cinq voix : le parti bolchevik, le Parti communiste d'Allemagne et le *Socialist Labor Party* des Etats-Unis[347]. Ces cinq mandats vont à Henri Guilbeaux, puisqu'il est considéré par le congrès comme « *le représentant de la tendance Loriot.* »[348]

* * *

Au sein de la SFIO, un projet de programme est porté en commun par tous les courants du parti sauf le CRRI : ses signataires vont d'Albert Thomas et Renaudel à Longuet et Dunois, en passant par Blum, Bracke ou Frossard. Tout en proclamant que son but « *est la Révolution sociale* », et en se revendiquant de « *la dictature impersonnelle du prolétariat* », ce texte

---

aussi « L'hommage grandiose de Paris à Jean Jaurès », *L'Humanité* n° 5468, 7 avril 1919, pp. 1-2, *Le Populaire* n° 358, 8 avril 1919, p. 1, et *Le Libertaire* n° 12, 13 avril 1919, p. 1.
345 Lazzari déclare de façon significative que si le PSI a adhéré à la Troisième Internationale, « *ce n'est pas qu'il soit d'accord avec elle sur tous les points, mais bien que cette attitude lui a semblé la plus conforme à l'esprit révolutionnaire* » (« Une Conférence à la section socialiste italienne », *L'Humanité* n° 5537, 16 juin 1919, p. 2).
346 « La Troisième Internationale aux Communistes du monde entier », *L'Humanité* n° 5466, 5 avril 1919, p. 3. Les deux premiers signataires de cet appel sont Lénine et Trotski.
347 *Manifestes, thèses et résolutions des quatre premiers congrès mondiaux de l'Internationale communiste*, Librairie du travail, 1934, p. 5.
348 *Premier congrès de l'Internationale communiste*, op. cit., p. 205.

propose une importante série de réformes concernant tant les institutions politiques et l'organisation économique, que les relations internationales[349].
Loriot et Saumoneau, au nom du CRRI, proposent un programme alternatif. Leur texte se revendique des résolutions contre la guerre de l'Internationale socialiste d'avant 1914, et pointe comme cause du conflit « *la responsabilité du régime de spoliations et de violences qu'est le régime capitaliste* ». Pour l'avenir, « *le Prolétariat mondial est placé dans l'alternative, soit de faire la Révolution, soit de renforcer la bourgeoisie capitaliste et de subir sa dictature. Seule, la possession intégrale du pouvoir par la classe ouvrière pourra solutionner les problèmes d'organisation sociale.* » Ce projet de programme en appelle donc à la Révolution, qui seule « *peut délivrer l'Humanité du cauchemar de la guerre* », qui « *permettra à la femme de prendre dans la société la place à laquelle elle a droit et établira automatiquement, l'exemple des Révolutions en cours en apporte la preuve, l'égalité complète des sexes.* » Enfin, « *c'est la Révolution triomphante qui créera véritablement le régime scolaire, laïque, obligatoire et gratuit à tous les degrés* ». En conclusion, le texte appelle en particulier à la « *prise totale du pouvoir par le Prolétariat* », à la « *socialisation des moyens de production et d'échanges [...] sous la gestion directe des paysans, ouvriers, mineurs, cheminots, marins...* », et au « *désarmement universel, par suite de l'union de toutes les républiques prolétariennes dans l'Internationale socialiste.* »[350]

Un Congrès extraordinaire de la SFIO doit avoir lieu fin avril. Le 14 avril se tient donc le congrès de la Fédération de la Seine : sur les questions de politique générale, la motion Loriot – qui se prononce pour « *le triomphe de la République prolétarienne* » – arrive deuxième (2563 voix, 33,2 %), derrière la motion de la majorité défendue par Frossard (3851 voix, 49,9 %) et devant la motion Blum (1298 voix, 16,8 %). Pour la première fois, les « loriotistes » obtiennent un résultat supérieur à l'ancienne majorité de guerre ; la tendance ne s'inversera plus.
L'adhésion à la Troisième Internationale, défendue par Loriot, obtient 29,4 % des suffrages[351]. Enfin, sur le programme la proposition Loriot-Saumoneau obtient 27,9 %, le programme « officiel » recueille 39,6 % des voix, et un texte intermédiaire de Verfeuil 32,5 %. Parmi les délégués élus pour le congrès national au titre de la motion Loriot, on trouve non seulement

---

349 « Programme électoral du Parti Socialiste », *L'Humanité* des 11 et 12 avril 1919, n° 5472-5473, p. 4 (et rectificatif dans le numéro du 13 avril, p. 4).
350 « Un projet de programme », *Le Populaire* n° 349, 30 mars 1919, p. 3, également publié en tract par le CRRI, et dans *L'Internationale communiste* n° 2, 1er juin 1919, pp. 241-246. La conclusion de ce texte est manifestement inspirée par un texte des socialistes italiens, ce qui indique que les contacts entre le PSI et le CRRI se sont poursuivis (« Programma di azione immediata », *Avanti !* n° 345, 14 décembre 1918, p. 2).
351 Cette motion est signée – dans l'ordre – par Loriot, Saumoneau et Marthe Bigot, de même que la motion de politique générale (*La Vérité* n° 491 et 492, 16-17 avril 1919, p. 4).

Loriot, Saumoneau et Cartier, mais aussi – pour la première fois – Boris Souvarine, qui était jusqu'ici longuettiste et qui reste à cette date membre du Comité central du CDSI[352].

L'audience du CRRI s'accroît donc de façon importante, et le comité s'implante également en province. Le 17 avril, Loriot est à Nantes pour parler au nom du CRRI devant environ 140 membres de la section socialiste. Il défend l'adhésion à la Troisième Internationale, « *la seule qui soit révolutionnaire* ». Il appelle ensuite à la création d'une section nantaise du CRRI, ce qui est effectivement décidé à la fin de la réunion[353].

Le 27 avril, Loriot donne une conférence à « l'école socialiste marxiste », qui était animée par Rappoport, sur le thème : « *Comment les socialistes d'extrême-gauche envisagent en France la situation générale actuelle* »[354]. Il déclare qu'il existe « *une situation révolutionnaire de fait, dans tous les pays du globe arrivés à un stade assez avancé du régime capitaliste* [...] *dans ces pays, tel la France, la tactique du parti socialiste ne peut plus être la même à l'heure actuelle que dans les années qui précédèrent la guerre.* » Loriot explique que la révolution « *est aujourd'hui un fait accompli dans certains pays d'Europe* », et qu'elle est à l'ordre du jour également en France. Il appelle à l'entente entre « *socialistes sincères, syndicalistes et anarchistes-communistes, sur la base de la suppression de tout parlementarisme et la remise totale du pouvoir entre les mains des travailleurs.* »[355]

Manifestation concrète de cette entente entre révolutionnaires, *La Vie ouvrière* reparaît comme hebdomadaire à partir d'avril 1919, en affirmant sa ligne : « *Nous étions syndicalistes révolutionnaires avant la guerre. Nous le restons* ». Comme de 1909 à 1914, la revue est dirigée par Monatte, qui vient d'être démobilisé. Loriot est membre du « noyau » aux côtés de Rosmer, Martinet, Hasfeld, Saumoneau, Guillot, Colliard, Vergeat[356], etc. La rédaction syndicaliste révolutionnaire est donc étendue à d'autres militants du CRRI, dont *La Vie ouvrière* est alors quasiment le journal officieux.

Le congrès national de la SFIO est réuni du 20 au 22 avril à la Bellevilloise, à Paris. Loriot parle au congrès le 21, et critique de façon détaillée le projet de programme « officiel ». Il déclare que « *le prolétariat devra choisir entre la dictature de la bourgeoisie et celle du prolétariat. C'est pourquoi nous*

---

352 *Le Populaire* n° 365, 15 avril 1919, p. 1, *L'Humanité* n° 5475, 14 avril 1919, p. 3, et *Le Journal du peuple* n° 104, 14 avril 1919, p. 2.
353 Rapports de police du 18 avril 1919, Archives départementales de Loire-Atlantique, 1 M 137 (copies communiquées par François Ferrette).
354 *L'Humanité* n° 5488, 27 avril 1919, p. 4, et *Le Populaire* n° 377, 27 avril 1919, p. 4. Cf Raoul Verfeuil, « Une Œuvre à soutenir. L'école socialiste marxiste », *L'Humanité* n° 5577, 26 juillet 1919, p. 2, et Grabois, « Ecole socialiste marxiste », *Le Populaire* n° 466, 27 juillet 1919, p. 3.
355 Rapport de police du 27 avril 1919 (CAC 19940459/360).
356 *La Vie ouvrière reparaîtra !*, tract de 4 pages, mars 1919 (archives Kriegel).

l'appelons à la Révolution. » Léon Blum lui succède, pour défendre le dit programme : il souligne que « *Loriot et ses amis ne nient pas d'une façon générale et absolue la valeur socialiste ou même révolutionnaire de la réforme. Ils admettent cette valeur – d'ailleurs limitée par l'existence même du régime capitaliste – en période normale. Mais ils la nient en fonction de circonstances données, de circonstances comme celles en face desquelles nous nous trouvons aujourd'hui.* »[357] C'est la divergence quant à l'imminence ou non de la révolution qui est la base exprimée du désaccord. Blum n'écarte pas la possibilité d'une révolution très proche, mais il y met sans nul doute un contenu différent que Loriot. Blum est très applaudi, et le congrès décide de publier son discours. A l'évidence, il était un meilleur orateur que Loriot ; ce dernier était « *un pédagogue de la Révolution, plutôt qu'un tribun* »[358].

Loriot intervient de nouveau, et déclare que « *la révolution sera faite par les masses du peuple, organisées ou non* ». Il réaffirme que la situation est révolutionnaire, et que seule la Révolution permettrait « *d'apporter aux problèmes actuels une solution.* » Le programme Loriot obtient 12,7 % des mandats, celui de Verfeuil 15,3 % et le texte officiel est largement adopté avec 72 % des suffrages.

Loriot propose que la SFIO quitte la Deuxième Internationale, et adhère à la Troisième Internationale « *qui, elle, a une politique socialiste.* » Sa motion recueille 14,1 % des suffrages exprimés, la motion de maintien dans la Deuxième Internationale telle quelle 39,4 %, et la motion Longuet de maintien provisoire dans une Deuxième Internationale qui doit s'orienter à gauche l'emporte avec 46,5 %. La motion adoptée appelle les partis absents de la Conférence de Berne – dont les bolcheviks – à réintégrer la Deuxième Internationale, laquelle doit « *procéder (à la direction de l'Internationale et dans les sections affiliées) aux épurations nécessaires* ». Un délégué du Rhône écrira d'ailleurs que cette motion était supérieure à la motion Loriot puisque cette dernière n'évoquait pas d'épuration à mener dans le parti[359].

Le congrès, qui s'achève tard dans la nuit, est souvent houleux : un vif incident oppose d'abord Longuet et Renaudel ; plus tard, après que ce dernier ait lancé un appel à l'unité, Alexandre Blanc déclare que Renaudel « *ne fait appel à l'unité que depuis qu'il est dans la minorité* », ajoutant que depuis trois ans « *les kienthaliens étaient tenus à l'écart du Parti, en dehors de l'*Humanité. *La politique des anciens majoritaires a servi les partis bourgeois dans leur lutte contre nous. Renaudel n'est donc pas qualifié pour*

---

357 Léon Blum, *Commentaires sur le programme d'action du parti socialiste*, Librairies du Parti socialiste et de l'Humanité, 1919, p. 3. Ce discours est publié à l'époque d'après le relevé sténographique inédit des débats, qui a depuis disparu.
358 Robert Wohl, *French Communism in the Making, 1914-1924*, Stanford University Press, 1966, p. 213.
359 Shaul Ginsburg, *Raymond Lefebvre et les origines du communisme français*, Tête de feuilles, 1975, p. 75.

faire appel aujourd'hui à l'unité qui ne se fera jamais avec lui. »[360] La tension reste donc très vive dans la SFIO en 1919.

Le 25 avril, Loriot écrit à David Wijnkoop du Parti communiste de Hollande : « *La motion d'adhésion de la Section française à la 3eme Internationale que j'ai défendue n'a pas obtenu la majorité aux récents Congrès. Ce résultat était, d'ailleurs, prévu par nous, car nous savions que les dirigeants majoritaires et minoritaires étaient également hostiles à cette adhésion. Je garde l'assurance que, dans un avenir prochain, la pression des évènements et celle des militants modifieront leurs opinions.* »[361]

La SFIO refuse pour le moment d'adhérer, mais dès le 17 avril le CRRI décide de donner lui-même son adhésion à la Troisième Internationale[362]. Puis, le 8 mai le comité vote sa transformation en Comité de la 3ᵉ Internationale (C3I[363]). Le Comité se revendique dans ses nouveaux statuts, qu'il diffuse en tract, du « *socialisme révolutionnaire* », de « *la démocratie prolétarienne* » et du « *self-gouvernement des masses* »[364]. Cet anglicisme, en usage à l'époque, désigne l'idée d'un « auto-gouvernement » – il faut rappeler que le mot « autogestion » n'existait pas encore. L'expression « *self-gouvernement des masses* » figurait dans l'appel pour la création de l'IC[365] ; de plus Marx l'avait auparavant employé en parlant de la Commune de Paris de 1871 : « *self-government of the producers* » (ce qui a été généralement traduit en français par « *gouvernement des producteurs par eux-mêmes* »[366]). Le bureau du CRRI est reconduit comme bureau du C3I : Loriot secrétaire, Saumoneau secrétaire-adjointe, et Hasfeld trésorier[367]. Dans la Commission

---

360 *L'Humanité, Le Populaire, Le Journal du peuple* et *La Vérité* des 21-24 avril 1919, ainsi que *Le Temps* n° 21.109, 23 avril 1919, p. 1, et F. Loriot, « Le Congrès national socialiste », *La Vie ouvrière* n° 1 et 3, 30 avril et 14 mai 1919, p. 2.

361 Lettre manuscrite sur papier à en-tête de la SFIO. Archives Wijnkoop, Institut international d'Histoire sociale (Amsterdam), Rol 16 Fonds 581/61.

362 *Le Journal du peuple* n° 111, 21 avril 1919, p. 4, *La Vérité* n° 497, 22 avril 1919, p. 4, et *La Femme socialiste* n° 2, avril 1919.

363 Pendant toute son existence le Comité utilisera toujours ce nom précis, et seulement celui-là, avec trois variantes orthographiques : « Comité de la Troisième Internationale », « Comité de la 3ᵉ Internationale », et « Comité de la IIIᵉ Internationale » (toute autre appellation est erronée). Par commodité nous utilisons le sigle « C3I », tout en précisant qu'il ne fut que très peu usité à l'époque. Loriot insistait, lors de cette réunion du 8 mai, sur le fait que le Comité n'était pas « pour », mais bien « de » la 3ᵉ Internationale (rapport de police daté du 8 mai 1919, CAC 19940437/199).

364 Tract de 4 pages, fac-similé dans François Ferrette, « Retour sur les origines révolutionnaires du Parti communiste français », *Gavroche* n° 164, octobre-décembre 2010, p. 8.

365 « *Le type de l'Etat prolétarien doit être [...] la démocratie prolétarienne qui permettrait de réaliser la liberté pour les masses travailleuses, non pas le parlementarisme, mais le self-gouvernement des masses par l'intermédiaire de leurs organes électifs* » (« La Troisième Internationale aux Communistes du monde entier », *L'Humanité* n° 5466, 5 avril 1919, p. 3).

366 Karl Marx, *La Guerre civile en France*, partie II.

367 *Le Populaire* n° 404, 26 mai 1919, p. 2, et *La Femme socialiste* n° 3, 10 juin 1919.

exécutive du C3I, on retrouve également Cartier, César Hattenberger, Kauffmann, Martinet, Monatte, Péricat, Rosmer, etc[368]. L'audience du Comité continue à s'accroître, de nouvelles sections se créent en province ainsi que dans divers arrondissements de Paris. Les réunions ont parfois directement lieu dans les locaux des sections de la SFIO, ce qui en soi montre un changement du rapport de force interne au parti. *La Vie ouvrière* publie régulièrement des votes de sections et fédérations socialistes en faveur de la Troisième Internationale. Mais l'action et le développement du C3I sont entravés par de nombreuses interdictions de ses réunions[369].

* * *

Le renforcement du mouvement ouvrier se traduit par l'obtention d'une revendication déjà ancienne, dont la CGT avait de nouveau fait sa priorité : la réduction de la journée de travail à 8 heures maximum sans diminution de salaire. Cette mesure est adoptée peu avant le 1er mai 1919, le gouvernement espérant désamorcer la mobilisation qui s'annonce très importante.
En effet, le 1er mai la grève et les manifestations sont d'une ampleur sans précédent en province[370]. A Paris, la Fédération socialiste appelle à manifester « *contre la Censure et la dictature capitaliste* » et « *pour la Révolution sociale* »[371] : dans un contexte de fortes grèves, la manifestation est interdite, mais se tient malgré tout. Les très nombreux manifestants sont violemment réprimés, les témoins rapportent des scènes de quasi-guerre civile. Un jeune ouvrier syndicaliste, Charles Lorne, est tué par un tir des forces de l'ordre, et une autre victime, Alexandre Auger, décédera des suites de ses blessures[372]. Le député socialiste Paul Poncet, lui-même blessé par des policiers, dénoncera le 6 mai à la Chambre des députés les violences des agents de police dont il a été témoin : des coups de sabres et de matraques, des femmes frappées, des agents en civil munis d'armes à feu. Il en conclut

---

368 A l'été 1919, Péricat démissionne de la commission et se trouve remplacé par Vergeat, tandis que Saumoneau démissionne de son poste de secrétaire-adjointe, son remplaçant étant Monatte (*La Vie ouvrière* n° 16, 13 août 1919, p. 4).
369 « Deux réunions interdites », *La Vie ouvrière* n° 11, 9 juillet 1919, p. 1, « Encore une réunion interdite ! », *Le Populaire* n° 448, 9 juillet 1919, p. 1, « Interdictions sur interdictions », *La Vie ouvrière* n° 16, 13 août 1919, p. 4, « Il pleut des interdictions », *La Vie ouvrière* n° 18, 27 août 1919, « Réunion plénière interdite », *La Vie ouvrière* n° 24, 8 octobre 1919, p. 4, etc.
370 Maurice Dommanget, *Histoire du Premier Mai*, Le Mot et le reste, 2006, pp. 343-344, CGT, *XIVᵉ Congrès confédéral, les rapports confédéraux*, op. cit., pp. 68 et 71, et *La Voix du peuple* n° 5, mai 1919, pp. 289-306 (ce numéro de *La Voix du peuple* fut saisi, cf lettre du préfet de police du 7 mai 1919, AN F 7/13576).
371 *Le Populaire* n° 381, daté du 1er mai 1919 [en fait publié la veille], p. 4.
372 R.-G. Réau, « L'assassinat d'Auger. C'est un gardien de la paix en tenue qui l'a tué », *L'Humanité* n° 5503, 13 mai 1919, p. 2.

que le pouvoir « *a voulu, à Paris, un premier mai sanglant.* »[373] Loriot est l'un des auteurs d'un texte unanime de la CAP de la SFIO qui dénonce les « *évènements tragiques, dont la responsabilité appartient tout entière au gouvernement de M. Clemenceau* », constate que « *fidèle aux traditions révolutionnaires du prolétariat, Paris a montré hier qu'il ne subirait pas silencieusement un tel régime* », et appelle de nouveau au « *rétablissement des libertés publiques.* »[374] Le 8 mai, Loriot participe à l'importante manifestation qui accompagne l'enterrement de Lorne[375].

L'interdiction puis la sanglante répression de la puissante manifestation parisienne marque une nouvelle gradation de la tension sociale dans le pays[376]. Déjà début mars, *L'Humanité* déplorait que « *depuis quatre mois bientôt l'armistice a été signé et la dictature militaire, l'état de siège, la censure, ces conséquences odieuses de la guerre pèsent toujours sur notre pays.* »[377] Et voilà que de surcroît l'assassin de Jaurès est acquitté, que des manifestants sont tués, etc. Mais à la violence du pouvoir répond l'accroissement rapide des organisations du mouvement ouvrier, et la perspective d'une révolution imminente devient de plus en plus crédible : « *elle est dans l'air* », comme l'écrit Alexandre Blanc dans un éditorial de *L'Humanité*[378]. Un rapport de police note le 5 mai qu'un « *sérieux mouvement antisocialiste se dessine. Le bourgeois français est bien décidé à se défendre énergiquement contre la vague de bolchévisme qu'il voit venir derrière les manifestations de la CGT.* »[379] Deux forces sociales se font face : d'un côté une bourgeoisie antisocialiste unie qui a le pouvoir en main, de l'autre un mouvement ouvrier qui se renforce et se radicalise – mais qui reste divisé. Les révolutionnaires se trouvent confrontés à la stabilité pérenne de la Troisième République ; Loriot, né quelques semaines après elle, ne connaîtra toute sa vie que ce seul régime.

---

373 *Journal officiel*, 7 mai 1919, pp. 2200-2201. Bref résumé de ce témoignage saisissant dans *L'Humanité* n° 5497, 7 mai 1919, p. 1. Cf également « Le député socialiste assommé par la police de Clemenceau », *La Vague* n° 71, 8 mai 1919, p. 1.
374 « Après le Premier Mai sanglant, la réprobation populaire », *L'Humanité* n° 5493, 3 mai 1919, pp. 1-2. Le texte a été écrit par Frossard, Loriot et Renaudel (*L'Humanité* n° 5500, 10 mai 1919, p. 4).
375 « Le Prolétariat Parisien a fait à Charles Lorne des funérailles d'une émouvante simplicité. Plus de 100.000 assistants ont défilé dans le calme et la dignité », *L'Humanité* n° 5499, 9 mai 1919, p. 1.
376 Maurice Dommanget, *Histoire du Premier Mai*, op. cit., pp. 340-343, « Un Premier Mai grandiose. A Paris, le Gouvernement provoque des troubles », *L'Humanité* n° 5492, 2 mai 1919, pp. 1-2, « La démonstration ouvrière fut grandiose. Mais le sang du peuple a coulé », *Le Journal du peuple* n° 121, 2 mai 1919, p. 1, « Contre la provocation gouvernementale, les preuves s'accumulent », *L'Humanité* n° 5496, 6 mai 1919, pp. 1-2, et *Le Populaire* n° 382-387, 3 à 8 mai 1919.
377 « Contre la censure », *L'Humanité* n° 5434, 4 mars 1919, p. 1.
378 *L'Humanité* n° 5480, 19 avril 1919, p. 1.
379 AN F 7/12951.

Dans l'immédiat, Fernand Loriot s'investit dans cette action effervescente. Le 11 mai, il est un des quatre orateurs d'un meeting de la SFIO sur « *les conditions de la paix et la politique impérialiste et contrerévolutionnaire* ». Devant les 2.000 participants (selon la police), Loriot affirme que « *seul le socialisme peut réaliser l'union des nations par delà les frontières.* » Il conclut en disant que « *le mot d'ordre doit venir désormais non d'en haut, mais d'en bas. Le traité de paix n'est qu'un traité de guerre. Et entre la guerre et la Révolution, c'est la seconde qui nous coûtera le moins de larmes et de sang.* »[380]

Le 16 mai, il donne une conférence devant la 14e section de la SFIO. Il y déclare que le régime capitaliste « *touche à sa fin* », ajoutant : « *nous nous trouvons à un tournant de l'Histoire où chacun d'entre nous doit prendre nettement ses responsabilités. La dictature du prolétariat doit s'imposer et c'est à cela que nous devons travailler de toutes nos forces, avec toute notre énergie.* » Son intervention est très applaudie[381]. Le 25 mai, Loriot participe à la manifestation organisée par la SFIO et la CGT en hommage à la Commune de 1871. C'est une nouvelle démonstration de force du mouvement ouvrier, qui selon *Le Populaire* représente « *la glorification de la Révolution d'hier qui est en même temps un appel à la Révolution de demain.* »[382]

Le 27 mai, la CGT demande « *le rétablissement des libertés constitutionnelles* », la démobilisation, l'amnistie, et la fin de toute intervention militaire[383]. L'effort de guerre avait aggravé la condition des travailleurs, en particulier des travailleuses. On observe une nette baisse de la moyenne des salaires réels entre 1914 et 1918[384]. En conséquence, des mobilisations se développent, on assiste à un fort accroissement des luttes sociales, et la CGT connaît un afflux très important d'adhésions. Le nombre de grèves en France pour l'année 1919 est sans précédent. Des grèves massives se déclenchent dans plusieurs professions, en particulier en juin dans la métallurgie et les transports urbains[385]. Loriot parle d'un « *caractère politique des grèves actuelles* », et plaide pour une intervention active de la SFIO afin de « *faire entrer dans les esprits la révolution qui existe au plus*

---

380 *L'Humanité* n° 5502, 12 mai 1919, p. 2, et CAC 19940459/360.
381 Rapport de police du 17 mai 1919 (CAC 19940459/360).
382 Sont également présents Frossard, Monatte, Groussier, Longuet, Saumoneau, Paul Louis, Blum, Renoult, etc. (« La splendide manifestation d'hier », *Le Populaire* n° 405, 27 mai 1919, p. 1, « Le Prolétariat magnifie la Commune et acclame la Révolution Russe », *L'Humanité* n° 5516, 26 mai 1919, pp. 1-2, et *La Vérité* n° 530, 26 mai 1919, p. 1).
383 Edouard Dolléans, *Histoire du mouvement ouvrier*, tome 2, op. cit., p. 310.
384 Paul Louis, *Le Syndicalisme français d'Amiens à Saint-Etienne (1906-1922)*, Alcan, 1924, pp. 118-123.
385 Cf entre autres « Plus de 300.000 grévistes à Paris », *Le Populaire* n° 412, 3 juin 1919, p. 1, « La grève s'étend à Paris et en province », *Le Populaire* n° 414, 5 juin 1919, pp. 1-2, « Les grèves demeurent aussi fortes », *Le Populaire* n° 420, 11 juin 1919, pp. 1-2, etc.

haut degré dans les choses ». Mais cela ne se produira pas, la direction socialiste se bornant à proclamer son soutien aux travailleurs mobilisés et à la direction de la CGT[386].

* * *

Fernand Loriot est nommé membre d'une commission de la SFIO chargée d'examiner les conditions du Traité de paix de Versailles. Il le critique sévèrement début juillet dans un article de *La Vie ouvrière*, en écrivant que ce « *traité dit de paix* » n'est que « *la conclusion logique et prévue d'une tuerie entreprise par deux coalitions capitalistes rivales pour un nouveau partage du monde.* »[387]

Les 13 et 14 juillet, il participe au Conseil national de la SFIO qui est consacré à cette question. La veille, le Comité de la 3e Internationale se réunit dans la salle du CN avec ses délégués de province.

Lors du CN, Loriot intervient pour proposer de voter au parlement contre le Traité, notamment « *parce que le prolétariat en supportera, dans tous les pays, les lourdes charges.* » Il insiste sur le fait que les socialistes doivent expliquer publiquement les raisons de leur vote, « *pour éclairer les masses trop longtemps dupées.* »[388] Cette position étant partagée par la nouvelle majorité, en particulier par Longuet, le Conseil national décide à une large majorité de voter contre « *la Paix impérialiste* »[389]. Lors du vote à la Chambre des députés le 2 octobre, une importante partie des députés de la SFIO s'abstinrent cependant. Néanmoins, sur les 53 voix contre le traité, 49 étaient socialistes.

Lors du Conseil national 89,4 % des délégués sont partisans de voter contre le traité, 7,2 % sont pour l'abstention, et 3,4 % sont pour le vote du traité. Mais lors du vote à la Chambre, seuls 57,6 % des députés SFIO votent contre, 38,8 % s'abstiennent, et 3,5 % votent pour (ces derniers seront exclus du parti). Il y a donc cinq fois plus d'abstentions chez les députés SFIO que dans le parti : cet écart confirme une coupure entre une partie des députés SFIO et la base militante.

Les conditions du traité de Versailles contribuèrent à l'avènement d'une nouvelle guerre mondiale, à l'exact opposé de la volonté exprimée par Karl Liebknecht en décembre 1914 : « *une paix qui ne soit pas fondée sur la*

---

386 « Trois aspects des grèves » : F. Loriot, « Le Socialisme ne peut s'en désintéresser », *La Vie ouvrière* n° 7, 11 juin 1919, p. 4. S'agissant des rapports avec la CGT, il ajoute : « *Certes, nous devons agir de concert avec la C.G.T., mais la C.G.T. c'est la masse des militants groupés dans les syndicats et non pas seulement quelques leaders plus disposés à être des agents d'autorité que des agents d'exécution.* »
387 F. Loriot, « La Paix », *La Vie ouvrière* n° 10, 2 juillet 1919, p. 1.
388 *L'Humanité* n° 5566, 15 juillet 1919, p. 2. Voir l'important erratum : « Adjonction et rectifications », *L'Humanité* n° 5567, 16 juillet 1919, p. 3.
389 *Le Populaire* n° 455, 16 juillet 1919, p. 1.

haine, mais sur la fraternité, non sur la violence, mais sur la liberté, et qui porte en soi la certitude de durer. »[390] Les pacifistes n'ont donc pas obtenu la paix qu'ils souhaitaient. Pour empêcher une nouvelle guerre, il faut dès lors, selon les plus radicaux d'entre eux, une révolution mondiale pour renverser le capitalisme.

---

390 Karl Liebknecht, *Lettre à la rédaction du Labour Leader*, dans *Militarisme, guerre, révolution*, op. cit., p. 135.

III : Pour la révolution

« Sans la victoire prolétarienne, pas de transformation possible de la dictature capitaliste en démocratie véritable » (Fernand Loriot[391])

« Je salue Loriot, le militant irréprochable qui, l'un des premiers, a défini et tracé la route où nous nous engageons aujourd'hui en masse ; Loriot, zimmerwaldien de la première heure qui, lui du moins, n'a pas trahi Zimmerwald » (Amédée Dunois, 1920[392])

Le 21 juillet, *L'Humanité* annonce Loriot parmi ses *« nouveaux collaborateurs »*. Il est prévu qu'il écrive un article par quinzaine, ce qui met fin au boycott par le quotidien des socialistes du CRRI-C3I. Le 3 août, suite à un article publié dans *L'Humanité* par Renaudel, Fernand Loriot répond dans ce même journal *« puisque les colonnes de l'Humanité nous sont maintenant ouvertes »*[393]. Le 23 août il s'en prend aux conceptions de la direction de la CGT, qui se dit révolutionnaire mais est, selon Loriot, en réalité réformiste. Soulignant l'incohérence de ce double discours, il interroge : *« Comment, en forçant la bourgeoisie à faire toujours des concessions nouvelles, le prolétariat changera le régime capitaliste en un régime duquel les classes sociales et l'Etat auront disparu ? »*[394]

Pour Loriot, la révolution sociale est alors une perspective proche. Naturellement, nous savons aujourd'hui qu'il n'y a pas eu de révolution en France dans ces années-là, mais cette perspective était crédible lorsque l'on était plongé dans la vie politique et sociale de cette période. Les années 1917-1920 ont été marquées par les plus intenses luttes sociales qu'aient connues la France entre 1871 et 1936 ; pendant ces 65 années d'intervalle, jamais le pays n'avait été plus proche d'une révolution. On comprend donc que de nombreux militants aient pu croire que la révolution était à portée de main, et ce d'autant plus que le contexte international était dominé par les révolutions en Europe.

En 1919, Loriot et le C3I jugent en effet que la situation de l'Europe est révolutionnaire, ce qui est d'ailleurs partiellement vrai. Dans de nombreux pays européens on assiste à la montée du mouvement ouvrier, à l'émergence d'actions radicales venant de la base. Des tentatives révolutionnaires ont

---

391 « Communistes, oui ! », *L'Humanité* n° 5922, 10 juillet 1920, p. 1.
392 « A Moscou ! », *La Vie ouvrière* n° 78, 29 octobre 1920, p. 3.
393 F. Loriot, « "Notre crise" », *L'Humanité* n° 5585, p. 1 (également republié dans *L'Internationale communiste* n° 5, septembre 1919, pp. 681-684). Dans l'article paru le 22 juillet, « Notre crise », Renaudel écrit qu'il *« n'est pas un socialiste qui ne reconnaisse la certitude d'une situation révolutionnaire. »* Etait-ce là réellement son opinion ? Qu'il se soit senti obligé de l'écrire est en tout cas révélateur.
394 F. Loriot, « Révolution ou évolution », *L'Humanité* n° 5605, 23 août 1919, p. 1 (également republié dans *L'Internationale communiste* n° 6, octobre 1919, pp. 929-932).

même lieu dans certains pays, mais qui seront rapidement réprimées et balayées. De plus, une Europe meurtrie et appauvrie par la guerre n'est certainement pas un contexte idéal pour entamer une construction du socialisme. Quoi qu'il en soit, cette opinion selon laquelle la révolution est proche est partagée par de nombreux militants de la SFIO et de la CGT, et même bien au-delà. Pour beaucoup de militants, l'objectif révolutionnaire qui guide leur action depuis des années, voire des décennies, leur semble désormais accessible. Une partie du patronat pense aussi une révolution sociale probable en France, ce qui l'amène à ne pas ménager ses efforts (et son argent) pour lutter contre ce spectre, par exemple par l'édition massive de la fameuse affiche anticommuniste de « l'homme au couteau entre les dents », qui date justement de 1919[395].

* * *

Du 7 au 10 août le congrès de la FNSI réunit à Tours environ 250 délégués, en présence d'Anatole France qui s'adresse aux congressistes en « *vieil ami* ». Cela fait alors cinq ans que les libertés publiques sont « suspendues », la censure étant toujours en vigueur. Loriot intervient dans les débats, et défend l'objectif de révolution « *en l'opposant à l'insurrection qui est irraisonnée.* » Il se retire de la direction nationale, et c'est Louis Bouët qui est élu secrétaire national. Le congrès décide de changer le nom de l'organisation, la FNSI devenant la Fédération des Syndicats des membres de l'Enseignement laïque (FSMEL, ou plus couramment FMEL)[396].

Un Congrès extraordinaire de la SFIO, consacré aux élections à venir, se tient du 11 au 14 septembre. Loriot fait le point de trésorerie, puis intervient dans le débat pour réaffirmer que la situation est révolutionnaire et qu'il faut rejoindre l'Internationale communiste.
Il est décidé de prolonger le congrès pour une journée supplémentaire, le 14 ; Loriot ne peut assister à cette séance. C'est Saumoneau qui y propose la motion du CRRI, qui obtient le quart des suffrages face à un texte « d'unanimité » : 490 mandats (25,6 %) contre 1427 (74,4 %)[397].
Au Congrès de Lyon de la CGT, du 15 au 21 septembre, Loriot – qui enchaîne décidément les congrès – est un des intervenants de la minorité, de même que Monatte, Bouët, Péricat, Lepetit, Victor Méric, Gaston Monmousseau, Henri Sirolle, Joseph Tommasi, etc. Ces minoritaires se

---

395 Par dérision contre cette affiche de propagande, la section socialiste des Lilas posera pour une photo avec des couteaux entre les dents (*L'Humanité* n° 5814, 23 mars 1920, p. 1).
396 Louis Bouët, *Le Syndicalisme dans l'enseignement*, op. cit., tome II, pp. 114-124, *L'Ecole de la Fédération* n° 48, 30 août 1919, *L'Humanité* n° 5591, 9 août 1919, pp. 1-2, *La Bataille* n ° 1365, 10 août 1919, p. 1, et *Le Populaire* n° 484, 14 août 1919, p. 2.
397 *L'Humanité* n° 5625-5628, *Le Populaire* n° 513-516, et *Le Journal du peuple* n° 254-257, 12 au 15 septembre 1919.

réunissent la veille du congrès pour se coordonner, mais leur courant a été affaibli par le ralliement de Merrheim[398], Bourderon et Dumoulin à la majorité. Ce dernier, critiqué pour ce revirement, avait répondu lors du Congrès de Tours de la FNSI avoir fait le « *sacrifice de ses idées personnelles au profit du mouvement ouvrier et de son unité* »[399].

Dans son discours le 17 septembre, Loriot reproche à la direction de la CGT de pratiquer la collaboration de classes, alors que selon lui le syndicalisme ne peut exister qu'en pratiquant « *l'action quotidienne de la classe ouvrière* » dans le sens de la lutte de classe. Il défend une orientation clairement syndicaliste révolutionnaire. Il interroge Merrheim qui, fondateur du CRRI, l'a par la suite quitté sans en expliquer les raisons de fond, ce que critique Loriot :

« *un homme a toujours le droit de modifier ses opinions, mais il ne peut le faire qu'en employant certains moyens. Si j'avais été à la tête du Comité pour la reprise des relations internationales, qui groupait à cette époque les éléments révolutionnaires d'opposition, que je me sois aperçu à un certain moment que la politique suivie par ce Comité était une politique d'erreur, je l'aurais dit ouvertement à mes camarades avant d'aller dans le camp de l'adversaire. J'aurais dit à mes amis : "Il me semble que la politique que nous suivons est mauvaise ! Il me semble que nous nous sommes orientés dans une voie qui nous mène à notre perte, nous et les idées que nous défendons." Nous aurions alors discuté en toute loyauté et en toute bonne foi l'attitude à prendre. Cela, je vous le demande, Merrheim, l'avez-vous fait ?*

Merrheim : *Oui !*

Péricat : *Non, ce n'est pas vrai !*

Merrheim : *Je répondrai !*

Loriot : *Camarades, vous sentez bien que les critiques que j'adresse à Merrheim, avec lequel, pendant plusieurs années, j'ai été en si étroite communion d'idées, ne sont pas des attaques personnelles. Vous sentez bien qu'il y a là, de ma part, opposition d'idées à idées, de conscience à conscience et – ce sera tout le fond de mon intervention – à aucun moment je ne ferai de question de personne ; c'est bien notre politique que j'entends opposer ici à la politique officielle du Comité confédéral.* » Mais Merrheim, dans son long discours le jour suivant, ne répondra pas sur ce point[400].

Dans son discours, Monatte déclare que le devoir de l'heure des syndicalistes est « *le développement, la réussite de la Révolution mondiale qui a commencé, qui embrase aujourd'hui un grand pays et qui demain doit*

---

398 Selon son biographe Nicholas Papayanis, Merrheim craignait fortement l'emprisonnement à partir de fin 1917, et en 1919 « *avait cessé d'être révolutionnaire* » (*Le Mouvement social* n° 93, octobre 1975, pp. 62 et 70).
399 Louis Bouët, *Le Syndicalisme dans l'enseignement*, op. cit., tome II, p. 121.
400 Confédération Générale du Travail, *XIVe Congrès confédéral, tenu à Lyon du 15 au 21 septembre 1919, Compte rendu sténographique*, s.d., intervention de Loriot : pp. 121-128 ; intervention de Merrheim : pp. 169-189.

embraser toute l'Europe. »⁴⁰¹ La motion minoritaire appelle à « *la Révolution ouvrière mondiale* », et à créer « *la République internationale des Soviets* ». Il est à noter que les deux textes, minoritaire comme majoritaire, se revendiquent de la Charte d'Amiens de 1906, de la lutte de classe, de l'abolition du salariat, de la lutte révolutionnaire, et se solidarisent avec la Révolution russe⁴⁰². Mais un intervenant de la majorité a beau déclarer que « *ici nous sommes tous révolutionnaires* »⁴⁰³, en réalité la ligne de fracture qui divise la CGT est bien là. Et quand Loriot déclare : « *Tous, majoritaires comme minoritaires, nous sommes d'accord pour proclamer que la situation actuelle est sans précédent dans l'histoire ; nous sommes d'accord pour proclamer qu'elle est révolutionnaire* », on peut se demander si cet accord existait réellement.

Le rapport deux tiers / un tiers se retrouve une fois de plus lors du vote, puisque le Rapport moral de la direction est adopté par 1393 voix (68,9 %) contre 588 (29 %), et 42 abstentions (2,1 %).

Au cours de son discours au Congrès, Dumoulin remarque que Loriot « *appartient, lui, à trois Internationales.* »⁴⁰⁴ Effectivement, en tant que militant de la CGT il est membre de l'Internationale syndicale (dite « d'Amsterdam »), en tant que trésorier de la SFIO il est à la Deuxième Internationale, et en tant que secrétaire du C3I il adhère à la Troisième Internationale. Conscient de cet apparent paradoxe, Loriot considérait le fait d'appartenir à deux internationales politiques comme une situation équivoque transitoire.

Le C3I continue à se développer en province, où Loriot anime des réunions à la faveur des vacances scolaires. Par exemple, en juillet 1919 il parle devant 400 personnes lors d'une réunion dans le Gard. Le C3I se constitue alors dans le département, où il revient fin août. Il se déplace également « *dans d'autres villes : Le Havre, Rouen, Lyon, Montbéliard, Saint-Denis...* »⁴⁰⁵ A partir d'octobre 1919, une fois le verrou de la censure levé, les idées du C3I peuvent enfin être diffusées normalement.

Issu de l'aile gauche du Comité pour la défense du socialisme international (longuettiste), Boris Souvarine rejoint le C3I à la fin 1919. Quelques mois plus tard, Saumoneau effectuera le parcours inverse. Le « Comité de la 3ᵉ » a

---

401 *Compte rendu sténographique*, op. cit., p. 114.
402 Résolution de la minorité : *Compte rendu sténographique*, op. cit., pp. 260-262 ; celle de la majorité, pp. 253-257.
403 Idem, p. 117. Il s'agit d'Eugène Marty-Rollan.
404 *Compte rendu sténographique*, op. cit., p. 210.
405 François Ferrette, *Le Comité de la 3ème Internationale et les débuts du PC français (1919-1936)*, mémoire de maîtrise, Université Paris I, 2004-2005, p. 77, François Ferrette, *La Véritable histoire du Parti communiste français*, Demopolis, 2011, p. 23, L'Humanité n° 5618, 5 septembre 1919, p. 4, et lettre de Loriot à Louis Bouët, 6 septembre 1919 (IFHS 14 AS/437).

bientôt à sa tête un secrétariat de trois membres : Loriot est « secrétaire », Monatte est « secrétaire adjoint », et Souvarine est « secrétaire aux relations extérieures ». Mais Monatte n'est pas encore adhérent du Parti ; se met alors en place un binôme Loriot-Souvarine qui va être absolument déterminant dans la création du Parti communiste. A cette époque, « *entraînant leurs proches camarades, Souvarine et Loriot sont les seuls à avoir des idées suffisamment nettes sur l'avenir et sur les transformations nécessaires du Parti.* »[406] Si Souvarine est la plume du binôme, Loriot – plus expérimenté et à l'époque nettement plus connu – est l'orateur, le porte-parole du Comité. Souvarine écrira plus tard qu'il était le « *second violon* » derrière Loriot[407] (référence à une formule célèbre de Friedrich Engels disant qu'il était le second violon de Karl Marx). L'entente politique entre Loriot et Souvarine n'est pas entravée par les différences de parcours et de génération – le premier a 49 ans, le second 24. Ils partagent alors essentiellement les mêmes orientations politiques, et même si Loriot est un syndicaliste expérimenté, contrairement à Souvarine, cette différence ne s'exprimera que plus tard. Souvarine écrira à Loriot fin 1921 : « *nous nous sommes très vite compris et surtout nous nous sommes très bien complétés l'un l'autre. Tu as eu le mérite de voir clair le premier et d'avoir constitué le point d'appui inébranlable autour duquel toutes les forces révolutionnaires du Parti se sont peu à peu groupées.* »[408]

Les secrétaires du C3I forment alors avec quelques autres militants (dont Hasfeld, Rosmer, Hattenberger...) un groupe de pairs[409]. Certains ont un parcours semblable à celui de Loriot, le cas de Louis Bouët étant le plus net : instituteur socialiste et syndicaliste, au CRRI pendant la guerre, puis au C3I[410]. Tous ont connu l'épreuve de la lutte contre la guerre, militantisme à contre-courant éminemment formateur.

Au niveau personnel, la situation professionnelle de Loriot va changer au cours de cette période. Dès janvier 1919, il avait demandé à être nommé instituteur à Paris, plus près de son domicile, mais cela lui fut refusé. De plus son épouse, atteinte de la tuberculose, est décédée le 18 mai 1919.

---

406 Philippe Robrieux, *Histoire intérieure du Parti communiste*, tome 1, Fayard, 1980, p. 59.
407 Boris Souvarine, souvenirs inédits (*Feu le Comintern*), copie du manuscrit à l'IHS Nanterre.
408 Lettre de Souvarine à Loriot, 18 décembre 1921 (archives Souvarine, IHS Nanterre. Quelques extraits en sont publiés dans *Est & Ouest* n° 15, février 1985, pp. 33-34, précédés d'un chapeau inexact).
409 Terme appliqué à une équipe militante par J.P. Nettl pour décrire la direction du SDKPiL, parti socialiste de Pologne, dans son ouvrage sur Rosa Luxemburg (traduction en français : *La Vie et l'œuvre de Rosa Luxemburg*, Maspero, 1972), et repris par Hannah Arendt dans sa recension de cette biographie (traduction en français dans *Vies politiques*, Gallimard, 1986).
410 Signataire de la motion Loriot-Souvarine de novembre 1920, il sera par la suite militant au PC puis, comme Loriot, dans l'opposition interne, et militant communiste anti-stalinien (au sein du Cercle communiste démocratique).

Désormais trésorier de la SFIO, Loriot prend alors un congé volontaire d'un an à partir du 30 septembre 1919 – un « congé de disponibilité sans traitement », selon le terme officiel.

* * *

Le 28 octobre 1919, Lénine écrit « *au camarade Loriot et à tous les amis français qui ont adhéré à la IIIe Internationale* ». Lénine répond en fait à une lettre de Loriot, comme l'indique le début de son courrier : « *Cher ami, Je vous remercie du fond du cœur de votre lettre, qui nous est d'autant plus précieuse que nous avons fort rarement de vos nouvelles.* »[411] A la même période, une lettre de Trotski est adressée à quatre militants français dont le premier est Loriot[412]. A l'occasion des cinq ans de l'assassinat de Jaurès, Zinoviev avait écrit à Loriot le 31 juillet 1919 pour rendre hommage au disparu et, espérant que le prolétariat français reste «*fidèle aux meilleures traditions de Jaurès* », pour souhaiter que les travailleurs français participeront à « *la révolution prolétarienne mondiale* »[413].
Cela confirme qu'aux yeux des bolcheviks Loriot apparaît comme le principal leader communiste en France[414]. De même, lorsque Paul Levi – dirigeant du Parti communiste d'Allemagne – doit donner aux communistes de France des informations sur la situation en Allemagne, c'est à Loriot qu'il écrit[415]. Ce dernier reçoit également des courriers des communistes hongrois[416], etc.
Dans sa lettre, Lénine lui demande de « *persévérer encore et toujours dans la lutte, tout particulièrement contre les opportunistes très raffinés comme Longuet.* » A l'été 1919, la revue officielle de l'IC déclare « *indispensable*

---

411 *La Vie ouvrière* n° 36, 9 janvier 1920, p. 1, et Lénine, *Œuvres*, tome 30, éditions sociales, 1964, pp. 80-81. Nous n'avons pas trouvé la lettre de Loriot à Lénine.
412 Lettre datée du 1er septembre 1919, dont les autres destinataires sont Rosmer, Monatte et Péricat (*L'Internationale communiste* [publiée à Petrograd] n° 5, septembre 1919, pp. 643-646, *La Vie ouvrière* n° 29, 21 novembre [octobre est indiqué par erreur] 1919, p. 1, *La Nouvelle Internationale* n° 106, 22 novembre 1919, p. 1 (ce « journal des ouvriers socialistes internationalistes » était publié en Suisse), et *L'Internationale communiste* [publiée à Paris par Péricat] n° 35, 1er décembre 1919, pp. 11-12).
413 *L'Internationale communiste* n° 4, 1er août 1919, pp. 561-564, *La Nouvelle Internationale* n° 104, 7 novembre 1919, pp. 3-4, et *Bulletin communiste* n° 1, daté du 1er mars 1920, pp. 9-10. Egalement reproduit dans Pierre Broué (dir.), *Du premier au deuxième congrès de l'Internationale communiste*, EDI, 1979, pp. 99-103.
414 On reconnaît là un travers caractéristique des bolcheviks : avant même qu'un Parti ne soit créé, ils veulent déjà lui désigner un dirigeant.
415 Paul Levi, *Brief an Loriot*, 23 novembre 1920, reproduit dans Paul Levi, *Zwischen Spartakus und Sozialdemokratie*, Europäische Verlagsanstalt, 1969, pp. 28-32.
416 Rapport de police du 12 janvier 1920 [daté par erreur 1919], CAC 20010216/40. Lettres publiées dans *La Vie ouvrière* n° 37, 16 janvier 1920, p. 1. Inversement, Loriot écrit à des communistes dans divers pays (cf par exemple *La Nouvelle Internationale* n° 131, 26 mai 1920, p. 1).

[...] *de former une organisation communiste autonome* » en France[417]. Il y a donc une nette incitation à la scission. Mais cette orientation n'est pas dans l'immédiat celle de Loriot, qui écrit : « *nous restons dans le Parti, non parce que nous mettons comme certains l'unité au-dessus du socialisme et de ses véritables intérêts, mais parce que la scission est subordonnée à des circonstances de temps et de lieu et que ce n'est pour le moment, en France, ni le temps ni le lieu de la faire.* »[418] Plutôt qu'un volontarisme minoritaire, mieux vaut selon lui continuer à renforcer le courant révolutionnaire dans la SFIO, jusqu'à ce que la situation soit mûre.

Cependant, en France des militants libertaires du CDS veulent créer un nouveau parti qui se revendiquerait de l'Internationale communiste. Loriot s'oppose dans l'immédiat à ce projet : selon lui les conditions ne sont pas réunies, trop peu de militants seraient prêts à rejoindre un tel parti, et « *l'échec serait un désastre* »[419]. Fin mai 1919, se crée bel et bien un petit « Parti communiste » autour de Péricat[420]. Mais cette tentative se soldera par un échec[421].

Si la révolution russe est populaire dans les milieux ouvriers, par contre dans la presse à grand tirage les bolcheviks sont souvent présentés comme des « agents du kaiser », travaillant directement pour l'empereur allemand. Les « informations » publiées à l'époque dans la presse sont souvent sans rapport avec la réalité : un jour Trotski a fait arrêter Lénine[422], un autre jour c'est Lénine qui a fait arrêter Trotski, Trotski ne cesse d'être exécuté (*Le Canard enchaîné* s'en amuse, et titre : « *Trotski assassiné encore une fois* »[423]), Lénine est tué en 1918 par « *des jeunes filles* »[424] (*Le Journal du peuple* écrit le lendemain que « *Lénine n'est plus mort* »[425]), etc. Cela contribue d'ailleurs

---

417 E. Blonika, « Les perspectives révolutionnaires en France », *L'Internationale communiste* n° 3, 1ᵉʳ juillet 1919, p. 354.
418 F. Loriot, « Avant Strasbourg », *Le Journal du peuple* n° 39, 8 février 1920, pp. 1-2. Il avait déjà argumenté contre la scission un an plus tôt, en considérant que le parti était sur la voie de l'adhésion à la 3ᵉ Internationale – pronostic qui se révèlera exact (F. Loriot, « Parti communiste », *La Vie ouvrière* n° 9, 25 juin 1919, pp. 1-2).
419 F. Loriot, « La scission », *L'Internationale* n° 8, 5 avril 1919, p. 1.
420 *L'Internationale* n° 16, 7 juin 1919, pp. 1-2, et Pierre Berthet, *Les Libertaires français face à la révolution bolchevik en 1919, autour de R. Péricat et du Parti communiste*, mémoire de maîtrise, Université Paris IV, 1991, en particulier pp. 47-50.
421 Ses sections prennent le nom de « soviets », signe de volontarisme et de confusion quant à la nature des conseils ouvriers. Ce PC se transforme en décembre 1919 en Fédération communiste des soviets, puis scissionne, les deux petites organisations issues de la scission disparaissant début 1921.
422 « Trotsky arrête Lénine », *L'Homme libre* n° 924, 9 janvier 1919, p. 1.
423 *Le Canard enchaîné* n° 186, 21 janvier 1920, p. 3.
424 « Lénine est mort. Ce sont des jeunes filles qui ont tiré sur le dictateur », *Le Petit parisien* n° 15.182, 2 septembre 1918, p. 1.
425 *Le Journal du peuple* n° 246, 3 septembre 1918, p. 1.

à discréditer aux yeux des militants cette presse qui avait déjà perdu de sa crédibilité en raison de son attitude pendant la guerre[426].
Clemenceau, président du Conseil, déclare le 23 décembre 1919 à la Chambre des députés : « *Non seulement nous ne ferons pas la paix, mais nous ne transigerons pas avec le gouvernement des soviets.* » Il définit son attitude concernant la Russie comme étant « *la politique de l'encerclement par le fil de fer barbelé.* »[427] Clemenceau prend également soin de dénoncer les révolutionnaires de France, en des termes aussi alarmistes qu'éloignés de la réalité : dans un discours du 4 novembre publié en brochure, il accuse ainsi les « *bolchevistes à visage découvert* » (il faut donc comprendre qu'il existe aussi des bolchevistes dissimulés) de vouloir installer « *la sanglante dictature de l'anarchie [...] par un système d'exécrables attentats où s'exalte le délire de férocité qui distingue si remarquablement les serfs mal émancipés de Russie.* » La conclusion de Clemenceau est sans ambiguïté : « *Entre eux et nous c'est une question de force* »[428]. Le président du Conseil s'est donc directement impliqué dans la violente campagne antisocialiste organisée à l'approche des élections.

Lors de ces élections législatives de novembre 1919, la SFIO est largement défavorisée par le mode de scrutin : par exemple, le parti recueille 41 % des suffrages dans la banlieue parisienne, mais n'obtient aucun des 14 sièges de la circonscription[429]. Ces élections furent pourtant, en pourcentage des suffrages exprimés (près d'un quart des voix), le meilleur résultat de la SFIO pour des législatives depuis sa création en 1905 jusqu'à la Libération en 1945 ; mais le net recul en nombre d'élus déçoit les socialistes. Selon Léon Blum, « *une représentation équitable aurait rendu manifeste notre victoire réelle.* »[430] Dans l'immédiat, la SFIO a moins de députés qu'aux précédentes élections de 1914, bien qu'ayant recueilli un nombre et un pourcentage de suffrages supérieurs. Parmi ses 68 députés – qui avec une proportionnelle intégrale auraient été plus de 130 – on compte plusieurs membres du C3I, mais pas Loriot puisqu'il n'a pas souhaité être candidat.
En revanche, les élections municipales de décembre sont un succès pour les socialistes qui conquièrent de nombreuses mairies, en particulier en banlieue

---

426 Voir par exemple le chapitre « Les "bobards" de la presse française » dans André Morizet, *Chez Lénine et Trotski, Moscou 1921*, La Renaissance du livre, 1922, pp. 49-59. Certaines des divagations diffusées à l'époque en France sont mentionnées dans Sophie Cœuré, *La Grande lueur à l'Est, les Français et l'Union soviétique, 1917-1939*, Seuil, 1999, partie « Complot allemand, complot juif, victoire des barbares », pp. 38-40.
427 *Journal officiel*, 24 décembre 1919, pp. 5336-5337.
428 *Discours prononcé par M. Georges Clemenceau à Strasbourg le 4 novembre 1919*, Paris, 1919, p. 25.
429 Georges Lachapelle, *Elections législatives du 16 novembre 1919, résultats officiels*, Roustan, 1920, pp. 200-204.
430 Léon Blum, « La Victoire », *L'Humanité* n° 5692, 22 novembre 1919, p. 1.

parisienne[431]. Une grande partie des futurs bastions du Parti communiste sont acquis à cette occasion : c'est le début de la « banlieue rouge ».

* * *

En janvier 1920, le CDSI « longuettiste » se transforme en Comité pour la reconstruction de l'Internationale, d'où l'appellation de « reconstructeurs » qui est désormais employée pour désigner ses partisans. Comme lors de la création du CDSI en 1916, il s'agit de ne pas se laisser distancer par « *le Comité de la Troisième Internationale, en fonction depuis mai 1919.* »[432]
En effet, le C3I intensifie son action. Le 23 janvier, Loriot est l'un des signataires d'un appel aux socialistes, signé de plusieurs autres militants du C3I, qui propose de nouveau l'adhésion de la SFIO à l'IC, « *pour intensifier l'action socialiste et révolutionnaire.* »[433] Le 25 janvier, il est l'un des orateurs d'un meeting organisé par la revue *Clarté* en faveur de la Troisième Internationale, aux côtés de Monatte, Séverine, Saumoneau, etc. Loriot déclare que « *notre adhésion à l'Internationale communiste est consciente et raisonnée : c'est parce qu'elle précise et concrétise le devoir socialiste, parce qu'elle préconise la dictature prolétarienne et le système des Conseils, parce qu'elle fait entrer le marxisme dans l'application pratique, que nous sommes avec l'Internationale Communiste.* »[434]
Au nom de la commission du C3I, Loriot écrit une lettre « Aux militants du Parti » pour défendre sa motion en vue du prochain congrès. Il y écrit que pendant le conflit l'idéologie des socialistes de guerre « *menaça de submerger particulièrement en France la grande pensée marxiste du matérialisme historique et de la lutte de classe* », mais que face à cela une minorité « *maintint haut et ferme les principes de l'Internationale* » ainsi que « *l'intégrité des postulats théoriques et politiques du socialisme communiste marxiste* »[435].

---

431 Dans la Seine, les 6 mairies déjà SFIO sont conservées et 18 nouvelles mairies sont conquises (cf par exemple André Morizet, « Nos victoires municipales », *L'Humanité* n° 5709, 9 décembre 1919, p. 1).
432 Gilles Candar, *Jean Longuet*, Presses universitaires de Rennes, 2007, p. 196.
433 *Le Journal du peuple* n° 23, 23 janvier 1920, p. 1, et *Bulletin communiste* n° 1, 1er mars 1920, p. 8.
434 Le compte-rendu ajoute que « *Loriot mérite incontestablement d'être considéré comme le porte-parole le plus autorisé de la fraction socialiste française adhérente à la Troisième Internationale.* » Meeting annoncé dans *Clarté* n° 8, 10 janvier 1920, p. 1, compte-rendu dans *Le Journal du peuple* n° 26, 26 janvier 1920, p. 1.
435 *La Vie ouvrière* n° 33, 19 décembre 1919, pp. 3-4 (et archives du PCF, 3 MI 6/1 séquence 3). Une version retraduite du suédois est publiée dans *L'Internationale communiste* n° 10, mai 1920, pp. 1657-1662 (la revue, « *organe du Comité exécutif de l'Internationale communiste* », était publiée à Petrograd et ne disposait pas du texte original en raison du blocus imposé à la Russie).

Cette activité rencontre un écho important auprès des militants socialistes, ce qui se traduit dans les résultats départementaux en vue du Congrès national de Strasbourg. Ainsi, le 10 février Loriot écrit à Louis Bouët : « *Je suis heureux d'apprendre que la fédération socialiste de Maine-et-Loire a donné tous ses mandats à notre motion. [...] Je ne crois pas toutefois que nous ayons la majorité à Strasbourg, mais l'heure approche où le Parti socialiste sera enfin rentré dans la bonne voie.* »[436]

Le 22 février, la motion Loriot qui prévoit l'adhésion à la Troisième Internationale obtient la majorité absolue dans la Fédération de la Seine, celle qui compte le plus d'adhérents dans la SFIO. Les résultats précis donnent 60,1 % pour la motion Loriot, 36,2 % pour la motion Paul Faure, et seulement 3,7 % pour la motion Renaudel[437] (les ex-« majoritaires de guerre » n'ont donc quasiment plus de base militante dans Paris et sa banlieue). Le succès du courant Loriot est massif, et de bon augure : lorsqu'une minorité de la SFIO devient majoritaire dans la Seine, cela précède en général de peu l'obtention de la majorité au niveau national.

Le quotidien catholique *La Croix* note avec inquiétude dans son éditorial que « *l'influence de Longuet fait place à celle de Loriot.* »[438] A l'inverse, l'hebdomadaire *Les Hommes du jour* salue cette victoire en consacrant sa couverture à Loriot : Guy Tourette rédige à cette occasion le premier article biographique consacré à Loriot[439]. *Le Canard enchaîné* écrit que « *le citoyen Loriot sort triomphant du Congrès de la Seine* », et lui fait dire qu'il ne faut « *pas mélanger les torchons avec les Soviets...* »[440]

Afin d'accroître encore son audience, le C3I se dote fin février d'une revue. Le premier numéro du *Bulletin communiste* est daté du 1er mars 1920, mais il paraît en fait dès le 24 février. Ce bulletin se présente comme « Organe du Comité de la Troisième Internationale » ; il est d'abord bimensuel, puis hebdomadaire dès le troisième numéro. La revue est dirigée par Souvarine, et le premier éditorial est également signé des deux autres secrétaires du Comité, Loriot et Monatte : il s'agit d'un « Salut à l'Internationale Communiste » pour le premier anniversaire de sa création, texte qui appelle à « *la Révolution sociale internationale* »[441].

---

436 Archives Kriegel.
437 « A une forte majorité, les délégués se prononcent en faveur de l'adhésion à la IIIe Internationale », *L'Humanité* n° 5785, 23 février 1920, p. 1. L'ordre politique des signataires de la motion Loriot est donné dans *L'Humanité* du 15 février (n° 5777, p. 1) : les cinq premiers signataires sont Loriot, Saumoneau, Cartier, Rappoport puis Kauffmann ; Souvarine est 8e.
438 « La journée », *La Croix* n° 11.325, 24 février 1920, p. 1.
439 Guy Tourette, « Loriot », *Les Hommes du jour* n° 597, 28 février 1920. Ce texte comporte plusieurs erreurs.
440 « Chez les socialistes », *Le Canard enchaîné* n° 191, 25 février 1920, p. 2.
441 *Bulletin communiste* n° 1, daté du 1er mars 1920, p. 1 (republié dans *L'Internationale communiste* n° 10, mai 1920, pp. 1655-1658).

Le Congrès socialiste de Strasbourg

Loriot est une fois de plus délégué au Congrès national de la SFIO, tenu à Strasbourg du 25 au 29 février 1920. Dans son discours au congrès, la déléguée des Pays-Bas Henriette Roland-Holst salue « *notre camarade Loriot pour qui nous avons tous dans notre Parti communiste, en Hollande, une vive sympathie à cause de son grand courage moral et révolutionnaire* »[442].

Loriot fait son rapport de trésorier, ce qui suscite ce commentaire amusé de la presse : « *Le chef des extrémistes est en même temps trésorier du parti socialiste, et c'est un spectacle assez curieux que celui du plus rouge des révolutionnaires, de l'homme qui prétend bouleverser de fond en comble la société, s'expliquant avec une minutie de parfait comptable sur le bilan du parti* »[443]. Il intervient par la suite pour défendre l'adhésion immédiate de la SFIO à la IIIe Internationale, et en explicite sa conception : « *la IIIe Internationale, en tant qu'organisation internationale n'exigera pas, comme condition préalable à l'adhésion, les têtes de X... ou de Y..., de tel ou tel Parti. [...] Si, aujourd'hui, le Congrès avait une majorité pour l'adhésion immédiate à la IIIe Internationale, celle-ci ne nous ferait pas antichambre sous le fallacieux prétexte que d'abord nous devons procéder à telles ou telles exclusions. Mais ce que la IIIe Internationale ne peut pas faire, c'est notre devoir à nous de le faire.* » Loriot vise les principaux responsables « socialistes de guerre », et se prononce pour « *l'unité dans le communisme* ». Il affirme par ailleurs que le Parti ne peut pas se substituer aux conseils ouvriers : « *Plus que jamais, au contraire, dans un pays industriel, la nécessité de ces conseils ouvriers se fait sentir.* » Il conclut en appelant à « *préparer enfin la révolution libératrice.* »[444]

Dans son discours, Renaudel cite des passages de textes de Lénine écrits pendant la guerre prônant le « défaitisme révolutionnaire ». Cherchant à mettre la gauche dans l'embarras, il demande alors « *que se lève ici le socialiste français* » qui approuverait ces propos pour la France. Loriot se dresse seul : « *Je me lève, moi.* » Après avoir reçu les applaudissements de la gauche du congrès, il poursuit : « *Je déclare, pour ma part, accepter intégralement cette thèse et si, au cours de la guerre, nous avons hésité à la*

---

442 Parti Socialiste (Section Française de l'Internationale Ouvrière), *17e Congrès national tenu à Strasbourg les 25, 26, 27, 28 et 29 février 1920, compte-rendu sténographique*, Paris, s.d. [1920], p. 136. Dans son compte-rendu du congrès dans le journal *De Tribune*, elle signalera « *les discours excellents de Loriot, de Rappoport et quelques autres* » (traduction en français : Henriette Roland-Holst, « Un Congrès de transition », *La Vie ouvrière* n° 47, 26 mars 1920, p. 3).
443 Paul Gordeaux, « Le congrès socialiste de Strasbourg », *L'Echo de Paris* n° 12.976, 26 février 1920, p. 1.
444 *17e Congrès national tenu à Strasbourg, compte-rendu sténographique*, op. cit., pp. 411, 469, 418 et 421.

faire nôtre, ce n'est pas parce que nous étions contre la défaite, c'était parce que la révolution prolétarienne qui en serait issue presque fatalement, nous semblait être achetée trop cher, par le sang de vingt millions de travailleurs ! » Cette courte déclaration est saluée par de nouveaux applaudissements. Mais la position de Loriot apparaît équivoque : de fait, la ligne du CRRI pendant la guerre était de militer pour la paix « sans vainqueurs ni vaincus ». Il semble qu'il ait, au moment de cette intervention, surtout à l'esprit de ne pas désavouer les bolcheviks devant la droite du parti. Plusieurs délégués tentent d'intervenir, Raffin-Dugens lance : « *Mais alors, il fallait la défaite des deux côtés !* », et dans une certaine confusion Renaudel ne parvient pas immédiatement à reprendre la parole. Longuet déclare qu'en fait la position de Lénine ne s'applique qu'à la Russie ; Mayéras dit de même : « *La Russie ne pouvait être libérée du tsarisme que par la défaite du tsarisme.* » La réponse de Loriot ayant été considérée comme « *obscure* », il intervient donc de nouveau et déclare que Lénine « *a écrit ces lignes sous sa responsabilité personnelle, et elles n'engagent que lui. [...] nous n'avons pas accepté, au cours de la guerre, cette doctrine de la défaite de la France [...] parce qu'il nous semblait que c'était appeler la révolution sur les cadavres de vingt millions de prolétaires. Ce n'est pas notre faute, à nous qui avons tout fait pour arrêter la guerre...* (bruits et interruptions) »[445]. Dans le brouhaha, Loriot ne peut finir d'exposer son idée.

Les courants du centre et de la gauche soutiennent le retrait de la SFIO de la Deuxième Internationale, qui est adopté par 4330 mandats (92,8 %) contre 337 (7,2 %).
Une fois cette désaffiliation votée, trois orientations sont en présence : celle de l'ancienne majorité (« droite »), celle de la nouvelle majorité (reconstructeurs, « centre »), et celle du Comité de la Troisième Internationale (« gauche »). La motion Loriot d'adhésion à la Troisième Internationale obtient 1621 mandats (34,9 %), la motion des reconstructeurs (motion Longuet) 2299 (49,4 %), et enfin 732 mandats (15,7 %) vont aux « amendements Blum » apportés au texte de Longuet[446]. Loriot est de nouveau élu à la CAP.
La motion Longuet adoptée par le congrès critique les membres de la IIe Internationale qui ont accepté « *de partager le pouvoir avec la bourgeoisie, par une méconnaissance évidente des principes qui avaient présidé à sa fondation.* » En conséquence, « *cette Internationale ne correspond plus à la situation révolutionnaire qui apparaît dans la plupart des Etats et qui réclame une Internationale nouvelle d'action.* » Le texte considère que « *aucune des déclarations fondamentales de l'Internationale de Moscou n'est en contradiction avec les principes essentiels du socialisme* », et

---

445 Idem, pp. 431-439.
446 Idem, p. 559.

prévoit donc de « *travailler à la reconstitution de l'unité mondiale du socialisme, par la fusion entre tous les éléments de la IIe Internationale restés fidèles au principe de la lutte de classes et les groupements constitutifs de la IIIe Internationale.* »[447] Avec le recul, cette orientation apparaît comme une volonté d'unité entre l'IC et la future Internationale « deux et demie ». Mais cette dernière ne sera formellement créée qu'en février 1921.

Non seulement la motion Loriot obtient plus du tiers des suffrages, mais le non-respect de certaines voix en a artificiellement diminué le poids, quelques délégués ayant reporté des mandats de la motion Loriot vers la motion Longuet[448]. La motion Loriot n'aurait pas été majoritaire, mais il reste que son poids réel a été nettement sous-évalué. C'est un progrès très important par rapport au congrès précédent. Après le congrès, Loriot note avec satisfaction que « *le Parti est entraîné à gauche* », et que le congrès marque « *la volonté des masses militantes du Parti de placer enfin celui-ci à la hauteur de la situation révolutionnaire mondiale* »[449].

Un décompte précis établit que ce sont 315 mandats qui ont été « déplacés » de la motion Loriot vers la motion Longuet, en particulier dans la Fédération du Pas-de-Calais – ce qui suscitera d'importants remous dans la SFIO de ce département[450]. On obtient donc comme résultats authentiques : motion Longuet 42,7 %, motion Loriot 41,6 %, et amendements Blum 15,7 %. Les protestations eurent surtout lieu dans les départements concernés. Il faut en effet se rappeler de l'importance du principe du congrès annuel souverain : si les militants du C3I ne font pas de scandale au niveau national alors que ce serait légitime étant donné l'ampleur de la fraude, c'est en partie parce qu'ils ont la certitude d'obtenir la majorité au prochain congrès.

Loriot écrira en 1928 que dès cette période, « *il est visible que l'idée représentée par le Comité va triompher. Aussi le nombre de ses adhérents augmente-t-il rapidement. Cette croissance rapide entraîne d'ailleurs avec elle les inconvénients qu'on observe toujours en pareil cas et qui prouvent que la quantité n'est pas toujours un facteur de force. La belle homogénéité des heures difficiles ne sera plus qu'un souvenir.* »[451] Cela semble indiquer que le C3I perd en cohérence interne ce qu'il gagne en surface ; tout du

---

447 Idem, pp. 562-567. L'esprit de ce texte s'inspire de la motion adoptée en décembre 1919 par le congrès de l'USPD (*L'Humanité* n° 5714 et 5723, 14 et 23 décembre 1919, p. 3).
448 *La Vie ouvrière* n° 44, 5 mars 1920, pp. 1-2, *Bulletin communiste* n° 4, 8 avril 1920, p. 3, et Boris Souvarine, *Autour du congrès de Tours*, Champ libre, 1981, p. 28.
449 F. Loriot, « Le Congrès de Strasbourg », *Bulletin communiste* n° 2, 18 mars 1920, p. 1.
450 François Ferrette, *Le Comité de la 3ème Internationale et les débuts du PC français*, op. cit., pp. 91-93 et 179-180, et François Ferrette, *La Véritable histoire du Parti communiste français*, op. cit., pp. 47-48.
451 Note autobiographique de Fernand Loriot, document cité.

moins, de nouveaux adhérents arrivent qui n'ont pas toujours été formés par la lutte au sein du mouvement ouvrier s'étant opposé à la guerre.

Le Congrès de Strasbourg marque à la fois un important développement de la sensibilité portée par Loriot au sein de la SFIO, ainsi qu'un important développement de la SFIO elle-même, qui atteint le plus fort nombre d'adhérents depuis sa création : 133.000 au moment du Congrès de Strasbourg[452]. Entre le CN de juillet 1918 et le congrès de février 1920, les « longuettistes » sont passés de 53,8 % à 42,7 %, les « loriotistes » de 5,3 % à 41,6 %, et les « socialistes de guerre » de 40,9 % à 15,7 %[453].
Selon les militants du C3I, le courant Longuet pouvait promettre tant qu'il était opposant mais déçoit dès lors qu'il tient la direction du parti ; en conséquence les critiques du C3I deviennent plus partagées[454]. De plus des militants qui avaient quitté la SFIO lorsqu'elle soutenait le gouvernement « d'union sacrée » reviennent au parti, ainsi que des sympathisants et de nouveaux socialistes qui rejettent majoritairement la politique menée pendant la guerre.
Le recul des longuettistes est significatif sans être massif ; le fait majeur est la progression spectaculaire des loriotistes en un an et demi, et l'effondrement de l'ancienne majorité. Mais la chute des longuettistes est par contre manifeste dans la Fédération de la Seine : entre juillet 1918 et février 1920, les longuettistes y passent de 59,5 % à 36,2 %, les loriotistes de 8,6 % à 60,1 %, et les « socialistes de guerre » de 31,9 % à 3,7 %. Par rapport au congrès d'octobre 1918, il y a eu un retournement d'alliance : les longuettistes restent – provisoirement – le pivot du parti, et conservent la direction, mais ils s'allient désormais à un courant sur leur droite qui est en chute libre, alors que leurs alliés d'hier sur leur gauche sont en forte progression.

Ces évolutions au sein de la SFIO s'expliquent par un contexte de luttes sociales intenses, avec de nombreuses grèves, par le rejet de l'intervention armée de la France aux côtés des armées blanches contre la Russie bolchevique, ainsi que par les tentatives révolutionnaires en Allemagne, en Hongrie, etc. Par-dessus tout, le terrible bilan humain des quatre années de conflit amène de nombreux travailleurs vers les courants qui ont combattu la guerre. Aux sympathisants ou adhérents d'avant la guerre qui l'avaient quitté pendant le conflit, s'ajoutent les socialistes « nés de la guerre », c'est-à-dire

---

452 *Congrès national de Strasbourg (février 1920), Rapport du secrétariat*, op. cit., p. 27. Il faut certes compter les milliers d'adhérents d'Alsace, qui n'étaient auparavant pas à la SFIO mais au SPD puisque le territoire était allemand.
453 Chiffres intégrant les corrections des mandats détournés.
454 Fernand Loriot écrit en 1928, dans sa note autobiographique, qu'à partir de début 1919 « *l'influence de notre Comité va dès lors grandir rapidement. Le Centre du Parti poussé par nous au pouvoir socialiste s'y discrédite, comme nous l'avions prévu, de jour en jour.* »

devenus militants socialistes par leur révolte contre la Première Guerre mondiale, qui veulent combattre le système qui a abouti à ce massacre. Cette pensée avait jusqu'ici été étouffée par la censure – qui n'est levée qu'en octobre 1919 ! –, par l'union sacrée, et même par la direction de la SFIO jusqu'en 1918. La célèbre formule de Jaurès « *le capitalisme porte en lui la guerre comme la nuée porte l'orage* », la barbarie de la guerre, les millions de morts, les destructions : tout cela fait que pour ces socialistes pacifistes, la guerre mondiale est un révélateur de la violence du système capitaliste. C'est contre cette barbarie et ses causes qu'ils militent pour la révolution sociale et le socialisme, considérant que si la société capitaliste se perpétuait elle ne pourrait que mener à de nouvelles catastrophes. De plus l'expérience prolongée de l'armée a pu agir comme un révélateur des rapports sociaux dans une société hiérarchique : le soldat qui redevient un travailleur peut faire le constat qu'il a aussi peu de pouvoir face au patron dans l'entreprise qu'il n'en avait au front face à l'officier.

L'afflux d'adhérents à la SFIO en 1918-1920, qui la rejoignent majoritairement sur des bases révolutionnaires, justifie le choix du CRRI-C3I de militer en son sein ; simultanément, la présence du CRRI-C3I dans la SFIO contribue à ces nouvelles adhésions, puisque le Comité lui apporte la légitimité du combat résolu contre la guerre. Au cours de cette période, le CRRI/C3I et *La Vie ouvrière* inspirent de nombreux syndicalistes et socialistes qui animent des équipes militantes locales. La FNSI est adhérente au CRRI en tant qu'organisation, et les analyses du Comité sont ainsi diffusées dans les différents départements par les instituteurs syndicalistes. A partir de l'automne 1919, après la démobilisation, l'état de guerre et la censure sont enfin levés : la diffusion des idées révolutionnaires est alors facilitée par le fait que les principaux militants de la FNSI sont souvent adhérents à la SFIO, les instituteurs syndiqués de province étant – par l'appartenance à la CGT et le dynamisme des bourses du travail – réellement unis au reste du mouvement ouvrier.

* * *

Après le Congrès de Strasbourg, Loriot et Souvarine se rendent brièvement à Berlin, mais ils manquent la conférence informelle de communistes d'Europe occidentale qui était le but de leur voyage[455]. Loriot connaissait déjà Paul Levi, devenu le principal dirigeant du KPD, mais ce dernier est alors emprisonné – il leur est donc impossible de le rencontrer. Ni Loriot ni Souvarine ne parlent allemand, mais ils rencontrent cependant des militants

---

455 Jacques Freymond (dir.), *Contributions à l'histoire du Comintern*, Droz, 1965, pp. 15 et 98-99 (et Boris Souvarine, *Le Contrat social* n° 5 volume X, septembre-octobre 1966, p. 268). Il semble qu'il y ait une confusion avec une conférence organisée à Francfort en décembre 1919 (cf compte-rendu de Sylvia Pankhurst dans *Du premier au deuxième congrès de l'Internationale communiste*, op. cit., pp. 281-282).

communistes du KPD ainsi que du groupe oppositionnel qui allait fonder le KAPD[456].

Peut-être le contact avec des émissaires de l'IC en Allemagne fut-il aussi l'occasion d'un transfert d'argent ? En effet, l'Internationale naissante avait décidé le 27 décembre 1919 de verser une subvention à sa section en France, le « *Groupe Loriot* » – autrement dit le C3I[457]. Mais il y a loin – surtout à l'époque – de Moscou à Paris, on peut donc se demander si cette somme est bien parvenue au C3I[458], et si oui à quel moment. Ce séjour à Berlin aurait pu être une occasion ; l'argent aurait-il alors été investi dans le *Bulletin communiste*, qui passe fin mars d'un numéro tous les quinze jours à un numéro par semaine ? La revue ne paraît cependant en rien disproportionnée à l'audience du courant qui l'édite (le C3I « pesant » plus d'un tiers de la SFIO). Il est probable qu'une partie de la subvention ait servi à la création de la « Bibliothèque communiste », édition dirigée par Souvarine qui publie de petites brochures. Parmi ces brochures « communistes », on ne compte pas un seul texte de Marx, Engels, Lafargue ou Luxemburg, mais quasi-exclusivement des textes des bolcheviks, à l'exception d'une brochure de la communiste allemande Clara Zetkin[459]. Les militants qui recevaient ces aides financières ne voyaient pas à l'époque ce qu'il y aurait là de répréhensible, la solidarité financière entre partis socialistes étant une tradition. Mais la particularité est que cette fois cela provenait d'un parti étant au pouvoir, et en fait de l'Etat lui-même. Cette différence fondamentale se manifestera de façon accrue après la création de l'URSS, en 1922. Pour l'heure, les subventions restaient relativement modestes (quand elles arrivaient à destination). Pour les militants du C3I, les bolcheviks avaient réussi une révolution ce qui les rendait d'autant plus légitimes, et ils ne faisaient qu'exercer la solidarité internationale. Monatte écrira que le principe d'une telle aide ne « *peut être contesté* » tant que « *cette aide n'entraîne aucune subordination, aucune domestication.* »[460] Sur ce point, la situation changera ultérieurement du tout au tout.

Loriot n'est de retour à Paris que le 13 mars[461]. Il a donc quitté l'Allemagne juste avant le putsch de Kapp, qui débute précisément le 13 mars. Il s'agissait d'une tentative de coup d'Etat d'extrême-droite, mené par le député monarchiste Wolfgang Kapp avec les Corps francs, qui fut mis en échec par

---

456 Souvarine rencontre également des dirigeants de l'USPD, qui l'interrogent sur le « *groupe Loriot* » (cf les récits de Souvarine dans *Le Journal du peuple* n° 87-90, 27 au 30 mars 1920, p. 1).

457 Victor Loupan et Pierre Lorrain, *L'Argent de Moscou*, Plon, 1994, p. 48.

458 Il paraît de toute façon avéré qu'une somme est parvenue au C3I au cours du premier semestre 1920, peut-être via Loriot puisqu'il en était le secrétaire, mais les détails sont flous. Des émissaires ont également pu apporter les fonds directement à Paris.

459 Les éditions « subventionnées », y compris par la suite, publièrent prioritairement des textes écrits par des bolcheviks, au détriment de tous les autres auteurs communistes.

460 Pierre Monatte, *Trois scissions syndicales*, op. cit., p. 94.

461 Lettre de Loriot à Louis Bouët du 13 mars 1920 (IFHS 14 AS/441).

la grève générale déclenchée par les syndicats avec le soutien des socialistes et des communistes. Ces évènements ont un impact important sur les militants à l'époque : ils montrent à la fois la réalité de la menace d'un coup de force réactionnaire, mais aussi le fait que le mouvement ouvrier, en s'unissant, est une force sociale capable de s'opposer à un tel coup de force et de défendre avec succès la démocratie. Enfin, la puissance de la riposte ouvrière a renforcé la croyance en la possibilité d'une prochaine révolution prolétarienne en Allemagne.

* * *

Rappoport lance en mars une revue mensuelle, *La Revue communiste*. Loriot écrit dans son premier numéro un article intitulé « Pour la Troisième Internationale ». Il revient d'abord sur « *la chute de la Deuxième Internationale* », qui « *est morte le 4 août 1914 du coup que lui a porté la guerre nationaliste et impérialiste ; mais il est évident qu'il faut rechercher à l'intérieur les causes de faiblesse qui l'ont empêchée de résister à ce coup.* » Selon Loriot, « *la Deuxième Internationale fut une Internationale de chefs, divisés eux-mêmes suivant les réactions qu'exerçait sur leur propre tempérament, la force du capitalisme.* » La Troisième Internationale se doit alors d'être toute différente : « *L'organisation internationale d'une vaste propagande, vraiment communiste et révolutionnaire, la direction morale et l'orientation communiste des mouvements économiques toujours plus fréquents, toujours plus étendus, leur extension sur le domaine politique, à l'effet d'affaiblir de plus en plus la résistance de l'état bourgeois, et de ses organismes de classe, jusqu'à l'effort révolutionnaire décisif qui aboutira à la prise du pouvoir, telles sont, je crois, les grandes lignes de l'action immédiate de l'Internationale nouvelle.* »[462]

Loriot effectue des déplacements en province en tant que dirigeant de la SFIO, par exemple fin mars et début avril dans le Vaucluse, pour des meetings contre la « vie chère ». A la même période, la surveillance à son encontre s'accentue. Un rapport de police note que « *la correspondance reçue journellement par Loriot est volumineuse. Elle comprend des lettres adressées en grande partie de Suisse ou d'Angleterre, ainsi que des journaux, bulletins et revues de même provenance.* » On ouvre son courrier, que l'on saisit à plusieurs reprises – ainsi le quotidien socialiste suisse *Le Droit du peuple*, ou encore le code civil russe lui sont confisqués en avril[463]. Cette surveillance policière n'est sans doute pas sans lien avec l'offensive contre Loriot qui est menée au parlement. C'est d'abord à la Chambre des

---

[462] F. Loriot, « Pour la Troisième Internationale », *La Revue communiste* n° 1, mars 1920, pp. 24-25.
[463] CAC 19940459/360.

députés le 27 mars, où l'échange Renaudel-Loriot du Congrès de Strasbourg est rapporté de façon approximative par le député Louis Rollin. Puis le 29 mars, cette fois à la tribune du Sénat, Henry Chéron cite des extraits de la motion Loriot pour le Congrès de Strasbourg puis, ayant probablement été alimenté en rapports de police en théorie confidentiels, il cite divers propos prononcés par Loriot au cours de réunions socialistes[464]. Selon *L'Humanité*, Chéron a prononcé « *un réquisitoire contre le bolchevisme, contre les syndicats de fonctionnaires, contre les excitations à la désobéissance aux lois, contre la Russie, contre Loriot... contre tout...* »[465]

Même s'il est en congé sans solde, l'Instruction publique va suite à cette publicité parlementaire lancer une procédure de révocation contre lui. C'est le ministre qui demande à l'inspecteur d'académie de s'occuper de l'affaire : ce dernier se prononce pour la révocation, mais elle lui paraît incertaine car il faut pour cela obtenir un vote du Conseil départemental – or l'inspecteur craint que « *certains conseillers, particulièrement les représentants du personnel enseignant* » défendent Loriot et soient « *tentés d'invoquer en sa faveur, le principe de la liberté entière de l'instituteur en dehors de son service ; ce principe est inadmissible, mais il peut jouer un assez grand rôle au cours de la discussion.* » L'inspecteur écrit également qu'« *il est déplorable de voir un fonctionnaire participer à la politique militante* »[466].

Conformément aux instructions du ministre, Loriot est convoqué le 9 avril par l'inspecteur d'académie et doit s'expliquer sur ses déclarations au sein des instances de son parti. Concernant la réponse à Renaudel, voilà comment est rapportée son explication : « *M. Loriot déclare n'avoir pas répondu : moi ! dans le sens d'une réponse affirmative à cette question, réponse qui aurait été en contradiction avec son attitude pendant la guerre, période au cours de laquelle il n'a prononcé ni écrit un seul mot pouvant faire penser qu'il souhaitait la défaite de la France. Depuis la fin de la guerre jusqu'à présent, il en a été de même. Dans son intervention, il a dit en substance que des socialistes, convaincus que la réalisation de leur idéal marque un progrès social, n'ont pas le droit de rejeter sans examen une thèse présentée comme pouvant favoriser l'avènement de cet idéal. Il affirme ne s'être pas prononcé sur le fond.* »

Il est difficile de savoir si Loriot explicite ici le sens profond de son intervention à Strasbourg (ce qui est possible au vu du compte-rendu sténographique), ou s'il est surtout préoccupé de présenter les faits de façon à éviter de perdre son emploi. Quoi qu'il en soit, son « procureur » balaie ses nuances : « *La distinction est assez subtile ; elle est bien du dialecticien qu'est M. Loriot. [...] La trempe du patriotisme français de M. Loriot n'est*

---

464 *Journal officiel*, 28 mars 1920, p. 772, et 30 mars 1920, pp. 406-408.
465 G. R. [Gustave Rouanet], « La grrrande [sic] colère du père... Chéron », *L'Humanité* n° 5821, 30 mars 1920, p. 1.
466 Rapport de l'inspecteur d'académie au ministre de l'Instruction publique, 4 pages, 2 avril 1920 (AD75 D1T1460).

guère plus résistante que la trempe du patriotisme russe de Lénine. » Enfin, il résume ainsi la défense de l'accusé : « *1° M. Loriot considère que les demandes d'explications et de justifications qui lui sont adressées sont une inadmissible "inquisition sur sa pensée." 2° Son enseignement a toujours été inattaquable. 3° Hors de l'école, il se croit le droit de tout dire ; il n'admet pas d'être un "citoyen diminué."* » Mais en conclusion, c'est la révocation pure et simple qui est proposée[467].

En attendant le verdict, Loriot ne cesse pas son action. A l'occasion du 1er mai, le Comité de la 3e Internationale lance un appel « Pour la Solidarité Prolétarienne », signé des trois secrétaires (Loriot, Monatte, Souvarine) : « *Travailleurs ! [...] La solidarité mondiale du prolétariat est la condition essentielle de votre libération du servage moderne : le salariat. La lutte émancipatrice des salariés est internationale comme leur exploitation par le capital.* » L'appel s'élève contre « *le traité de Versailles, conclusion impérialiste d'une guerre impérialiste, cynique affirmation du droit de la force capitaliste victorieuse à subjuguer les peuples désarmés. [...] comme la révolution allemande a déchiré le traité de Brest-Litowsk, la révolution européenne détruira le traité de Versailles.* »[468]

Fin avril, Loriot se rend en Italie comme représentant du C3I pour assister au Conseil national du Parti socialiste italien à Milan. Le PSI, électoralement premier parti d'Italie avec le tiers des suffrages, avait d'ores et déjà voté son adhésion à l'Internationale communiste. Loriot franchit clandestinement la frontière avec difficulté, et sera d'ailleurs brièvement arrêté par la police italienne au retour. En marge du CN, il participe chez Serrati à une réunion informelle entre différents délégués étrangers partisans du communisme et quelques italiens, avec également Rosmer arrivé de France après lui[469].

Certaines régions de l'Italie étaient alors en pleine grève générale. Alors que Loriot circule en voiture avec un socialiste italien, ils sont arrêtés dans une petite ville en grève. Après avoir expliqué qu'ils sont socialistes, on leur demande de faire un discours : son compagnon de route écrira que la place « *était remplie de travailleurs. [...] les applaudissements éclatèrent, suivis du chant de l'Internationale. Loriot, profondément ému, essuyait les larmes qui coulaient sur ses joues.* » Très impressionné par la combativité sociale, Loriot repart d'autant plus persuadé du caractère révolutionnaire de la situation[470].

---

467 Rapport d'instruction de « l'affaire Loriot », 13 pages, 7 mai 1920 (AD75 D1T1460).
468 *Bulletin communiste* n° 7, 29 avril 1920, p. 2, *Le Journal du peuple* n° 121, 30 avril 1920, p. 3, et *La Vie ouvrière* n° 52, 30 avril 1920, p. 2.
469 Alfred Rosmer, *Moscou sous Lénine*, Maspero, 1970, tome I, p. 23 (Rosmer présente Loriot comme « *le leader socialiste des zimmerwaldiens français* »), et *Du premier au deuxième congrès de l'Internationale communiste*, op. cit., p. 46.
470 Giovanni Germanetto, *Souvenirs d'un perruquier, 25 années de lutte d'un révolutionnaire italien*, Bureau d'éditions, 1931, pp. 165-168.

Par des rencontres comme celle à laquelle Loriot participe chez Serrati, ainsi que des échanges d'informations épistolaires, les communistes d'Europe de l'ouest recréent spontanément une sorte d'Internationale « par en bas », au fonctionnement horizontal. Mais ils rencontrent de nombreux obstacles : la difficulté des communications et de la circulation entre les différents pays, les arrestations et emprisonnements de militants, et parfois les barrières de la langue. Lors d'une conférence communiste tenue à Amsterdam début février 1920, lecture est faite d'une lettre de Loriot disant qu'il est « *dans l'impossibilité d'être présent et souhaitant le succès de la conférence.* »[471]
De surcroît les bolcheviks reprennent les choses en main à partir de 1920 : le C3I entretenait des rapports avec le bureau d'Amsterdam de l'IC mis en place par des militants du Parti communiste de Hollande, mais cette instance est supprimée par Moscou le 4 mai 1920 en raison d'orientations politiques divergentes de celles des dirigeants bolcheviks[472]. Souvarine déplore cette décision, dont les motifs lui « *semblent erronés [...] quant au procédé, consistant à prendre une telle décision en prenant l'Univers à témoin, comme s'il s'agissait d'exécuter des traîtres, je ne saurais trop le blâmer. [...] Cette aventure est déplorable.* »[473] Cette suppression par les bolcheviks est un frein significatif opposé au développement informel de cette « Troisième Internationale par en bas »[474].

* * *

Dans un contexte de fortes mobilisations sociales, auxquelles le pouvoir politique et le patronat répondent par la répression (des milliers de cheminots grévistes sont révoqués), Fernand Loriot tout juste revenu en France est arrêté le 6 mai pour un « complot » imaginaire, opération de répression politique décidée par le gouvernement face aux grèves massives. Il est arrêté à six heures du matin à son domicile, qui est fouillé, et sa mère est également perquisitionnée au cas où il aurait caché des documents chez elle.
Loriot rejoint Monatte en prison, et y précède de quelques jours Souvarine. Le *Bulletin communiste* annonce chaque semaine une nouvelle arrestation d'un de ses rédacteurs : dans le numéro du 6 mai paraît un article intitulé « l'arrestation de Monatte », le numéro du 13 mai contient un article de Souvarine intitulé « l'arrestation de Loriot », et le 20 mai c'est un article de

---
471 *Du premier au deuxième congrès de l'Internationale communiste*, op. cit., p. 390.
472 Philippe Bourrinet, *La Gauche communiste germano-hollandaise des origines à 1968*, La Haye, 1998, chapitre 4, et *L'Humanité* n° 5859, 8 mai 1920, p. 3.
473 Lettre au bureau communiste d'Amsterdam, 8 mai 1920 (3 MI 6/1 séquence 5).
474 L'IC, organisation d'un type nouveau, adossée à un Etat, même si elle conserve certaines apparences similaires aux Internationales ouvrières, ne peut avoir qu'un seul centre – en l'occurrence la direction bolchevique à Moscou. Le bureau d'Amsterdam, bien que diffusant des orientations communistes, ne peut donc avoir sa place à l'IC.

René Reynaud titré « l'arrestation de Souvarine » (on suppose que Reynaud s'est couché quelque peu inquiet la semaine suivante).
Tout en soulignant l'absurdité de l'accusation, Souvarine ajoute : « *Tous les socialistes, tous les syndicalistes, dont l'action s'inspire du communisme, sont en permanente insurrection contre l'Etat bourgeois, c'est-à-dire contre l'ensemble des institutions qui consacrent et imposent l'exploitation des masses par une caste oligarchique* »[475]. Pour Souvarine, le communisme révolutionnaire exclut tout recours à un « complot » : « *Les communistes savent que les travailleurs doivent se sauver eux-même et loin de leur esprit est le souci de provoquer une agitation factice, qui ne surgirait pas des aspirations mêmes des prolétaires.* »[476]
Les emprisonnés sont officiellement accusés de « *menées anarchistes* » et de « *complot contre la sûreté intérieure de l'Etat* ». Une partie de la presse relaie la version du gouvernement, comme le quotidien à grand tirage *Le Matin* qui titre le 21 mai : « *Les militants arrêtés complotaient d'instaurer en France le régime des soviets. Loriot eût été notre Lénine national.* »[477] Le 27 mai, *La Croix* exprime également sa crainte d'une prise du pouvoir par Loriot, en écrivant que « *si Loriot "régnait" en France, la France serait ce qu'est la Russie, Lénine et Trotsky y étant chefs.* »[478] *Le Gaulois* se réjouissait le 7 mai de l'arrestation « *du trop célèbre instituteur Loriot, leader surextrémiste* [sic] *du parti socialiste unifié* »[479].
A l'inverse, le quotidien socialiste italien *Avanti !* déplore l'arrestation de « *notre camarade Loriot, chef de la faction communiste* »[480]. *Le Populaire* dénonce « *la dictature policière* », et une opération « *ridicule* » du gouvernement de droite[481]. Dans *L'Humanité*, Frossard dénonce au nom de la SFIO « *les machinations* » du pouvoir[482]. Selon Daniel Renoult, toute l'affaire n'est « *qu'une opération politique dont le gouvernement s'est servi pour arrêter par la violence un mouvement ouvrier.* »[483] Malgré tout, les trois secrétaires du Comité et quelques autres co-accusés vont rester plus de dix mois en prison sans le moindre motif valable. Il s'agit de répression politique pure et simple, le gouvernement ayant recours à la théorie du complot pour

---

475 Boris Souvarine, « L'arrestation de Loriot », *Bulletin communiste* n° 9, 13 mai 1920, p. 2.
476 Boris Souvarine, « Le complot », article écrit peu avant son arrestation, publié dans le *Bulletin communiste* n° 12, 3 juin 1920, p. 3.
477 *Le Matin* n° 13.211, p. 1. Laissant libre cours à son imagination, le rédacteur écrit que « *les rôles directeurs étaient d'avance prévus dans le futur régime soviétiste qu'il s'agissait d'établir en France, régime dont le citoyen Monatte devait être le grand dictateur, et le citoyen Fernand Loriot, instituteur de la ville de Paris, le grand commissaire.* »
478 « Si Loriot "régnait" en France », *La Croix* n° 11.403, p. 2.
479 *Le Gaulois* n° 45.553, 7 mai 1920, p. 2.
480 « L'arresto di Loriot », *Avanti !* n° 111, 9 mai 1920, p. 1.
481 *Le Populaire* n° 742-743, 7 et 8 mai 1920, p. 1.
482 « Contre les coups de force gouvernementaux », *L'Humanité* n° 5858, 7 mai 1920, p. 1.
483 Daniel Renoult, « Action immédiate », *L'Humanité* n° 6090, 25 novembre 1920, p. 1.

camoufler le fait[484]. Non seulement tous les accusés étaient innocents, mais le cas de Loriot était encore plus flagrant puisqu'il était en Italie au moment des préparatifs de la grève des cheminots.

Le 1er juin, Loriot est enfin interrogé par le juge d'instruction Jousselin. Seule son action politique publique lui est reprochée, ainsi que d'avoir reçu une lettre de Lénine – qui fut d'ailleurs publiée. L'ensemble de son activité de militant socialiste est décortiquée, et il doit s'expliquer sur les motions qu'il a présentées. Le chroniqueur judiciaire de *L'Humanité* ironise : « *Les motions de Loriot à Strasbourg – voilà qui est vraiment regrettable – n'ont pas eu le don de plaire à M. Jousselin.* » Puis, il conclut en disant que « *Loriot a revendiqué hautement toute son action politique faite au grand jour, et dans laquelle on cherchera en vain les éléments constitutifs du crime qu'on lui impute.* »[485]

Le Comité de la 3e Internationale lance à partir de juin une campagne de meetings contre la répression et pour la libération de ses secrétaires[486]. Le Syndicat de l'enseignement de la Seine demande la mise en liberté de Loriot, rappelant « *la lutte courageuse qu'il a menée contre la guerre et en faveur de l'émancipation des travailleurs.* »[487] Une manifestation est organisée le 1er août par la CGT au Pré-Saint-Gervais : la Fédération socialiste de la Seine appelle à y participer notamment « *pour exiger la libération immédiate des militants syndicalistes ou socialistes qui sont encore dans les prisons de la Troisième République française, cette monarchie honteuse.* »[488] Des dizaines de milliers de manifestants s'y regroupent et écoutent des orateurs syndicalistes, socialistes et anarchistes ; on entend dans la foule des slogans en l'honneur de Jaurès, et pour les soviets[489].

Par contre, si Cartier propose à la CAP de la SFIO de protester « *contre les violences gouvernementales en apposant des affiches dans toute la France*

---

484 Il n'y avait là rien de nouveau : l'historien Georges Haupt souligne qu'en 1871 les adversaires de la Commune de Paris « *ranimaient la vieille thèse commode du complot, faisant de la Commune une preuve exemplaire des menées occultes de cette société diabolique, l'Internationale.* » (Georges Haupt, *L'Historien et le mouvement social*, Maspero, 1980, p. 45).
485 R.-G. R. [Réau], « Le grand complot. Loriot a été entendu hier », *L'Humanité* n° 5884, 2 juin 1920, p. 2. Cf également « M. Jousselin commence l'instruction du complot par l'interrogatoire de M. Loriot », *Le Petit parisien* n° 15.800, 2 juin 1920, p. 2, « Le complot », *Le Journal du peuple* n° 153, 2 juin 1920, pp. 1-2, et « Autour du complot », *La Bataille syndicaliste* n° 1662, 3 juin 1920, p. 1. Par ailleurs, suite à son arrestation l'écrivain allemand Arno Nadel publie début juin un poème en son honneur, qui est rapidement traduit en français (Arno Nadel, « Loriot », *L'Emancipation* n° 120-123, 26 juin-17 juillet 1920, p. 6).
486 « Des meetings pour nos prisonniers », *L'Humanité* n° 5903, 21 juin 1920, p. 1. Concernant le meeting tenu à Paris le 10 juin devant 6.000 participants (selon le C3I), cf : « Contre la répression », *L'Humanité* n° 5894, 12 juin 1920, p. 2.
487 « Chez les instituteurs. Pour Loriot », *L'Humanité* n° 5897, 15 juin 1920, p. 4.
488 « Appel à tous les Camarades », *L'Humanité* n° 5973, 31 juillet 1920, p. 2.
489 *L'Humanité* n° 5975, 2 août 1920, pp. 1-2.

et en répandant de nombreux tracts », sa proposition n'est pas retenue en raison d'un coût trop élevé[490].

* * *

En raison de leur arrestation Loriot et Souvarine ne peuvent être présents au IIe congrès de l'IC, où ils devaient représenter le Comité de la 3e Internationale (qui est désigné dans la convocation officielle de Moscou comme le « *Groupe Loriot* »). Mais le C3I parvient cependant à envoyer des représentants à Moscou : Rosmer qui est intégré au Comité exécutif de l'IC, et Raymond Lefebvre qui fait le rapport concernant la France lors du congrès[491].

Lors de ce congrès, les bolcheviks édictent 21 conditions pour adhérer à l'IC, qui sont extrêmement strictes et centralisatrices, et prévues pour une situation d'urgence – ses auteurs croyant imminente une révolution européenne. Souvarine écrira plus tard : « *Si Loriot et moi avions pu être présents au congrès de Moscou, nous aurions fait obstacle aux 21 conditions et elles eussent été réduites au minimum* »[492]. Il y eut malgré tout au congrès des opposants aux 21 conditions, mais ils n'eurent pas gain de cause[493].

Dès 1920, un malentendu est en place. En France, les militants du C3I louent les bolcheviks pour cette démocratie à la base que représentent les soviets ; mais en réalité les soviets n'ont pas été créés par les bolcheviks, qui les ont au contraire mis au pas[494]. Certains bolcheviks, dont le courant de l'Opposition ouvrière, critiquent justement la direction de leur parti pour ces reniements dont les militants en France n'ont pas encore connaissance. Rosa Luxemburg écrivit que la direction du parti bolchevik s'était prononcée en pratique « *pour la dictature d'une poignée de personnes, c'est-à-dire pour la*

---

490 *L'Humanité* n° 5893 et 5900, 11 et 18 juin 1920, p. 4. La SFIO avait un budget fort modeste, et les dépenses avaient déjà dépassé les prévisions pour l'année (rapport de Grandvallet au CN du 4 juillet, *L'Humanité* n° 5917, 5 juillet 1920, p. 1) ; néanmoins l'afflux de nouveaux adhérents apportant de nouvelles ressources, on peut se demander si c'était effectivement la seule raison du refus.
491 Rentrant du congrès en bateau, Lefebvre et les syndicalistes Lepetit et Vergeat (tous deux co-fondateurs du CRRI ; de plus Vergeat était membre de la commission du C3I) mourront dans le naufrage de leur embarcation (cf *L'Humanité* n° 6096-6101, 1 au 6 décembre 1920, pp. 1-2, Jean Longuet, « Dans l'Océan Glacial ! », *Le Populaire* n° 951, 2 décembre 1920, p. 1, *La Vie ouvrière* n° 83, 3 décembre 1920, etc.). Leur mort a suscité des controverses, les bolcheviks étant accusés de les avoir exécutés : on se reportera entre autres aux conclusions de Marcel Ollivier dans ses Mémoires (ce passage ne figure malheureusement pas dans les extraits publiés dans *Communisme* n° 55-56, 1998). Loriot a pris position à l'époque de façon très nette : Flory, « Plus bas dans l'abjection », *L'Humanité* n° 6114, 19 décembre 1920, p. 1.
492 Boris Souvarine, *Autour du congrès de Tours*, op. cit., p. 41.
493 Cf par exemple Angelica Balabanoff, *Ma vie de rebelle*, Balland, 1981, p. 268.
494 Oskar Anweiler, *Les Soviets en Russie*, Gallimard, 1972, notamment pp. 137, 139, 188, 201, 219, 242-243, 275, 286, etc.

dictature selon le modèle bourgeois. »[495] Mais les contradictions entre le discours des bolcheviks et leurs pratiques réelles n'ont pas été perçues à l'époque par les militants socialistes révolutionnaires en France. Quant aux divergences existant même entre le discours des bolcheviks et la théorie marxiste, elles ne sont en partie pas davantage perçues, et pour le reste mises sur le compte de leur supposée expérience de « parti qui a fait la révolution ».

A cette erreur de jugement s'ajoute un malentendu concernant la nature de l'Internationale communiste. Loriot écrit ainsi en juillet 1920 que « *la troisième internationale n'est pas une internationale politique* […] *; ce n'est d'ailleurs pas davantage une internationale syndicale, mais une internationale communiste.* »[496] Pour lui, il s'agit d'une synthèse du socialisme d'avant 1914 dans ses aspects les plus radicaux, et du syndicalisme révolutionnaire. En somme, un parti mondial de lutte de classe et de révolution basant son activité sur l'action directe des travailleurs. La réalité se révèlera fondamentalement différente.

* * *

Pendant l'emprisonnement, de même que Souvarine signe ses articles sous le pseudonyme transparent « Varine », Loriot écrit à partir de juin 1920 sous le pseudonyme « Flory » (pour « F. Loriot »)[497]. Sous ce nom, il publie quelques articles dans le *Bulletin communiste* et dans *L'Humanité*. En juin, il y dénonce une unité illusoire entre des militants aux orientations politiques contradictoires, qui se révèlent clairement à l'heure « *des réalisations pratiques* » : « *Les communistes allemands mitraillés par M. Noske en ont fait la douloureuse expérience. Il y a des Noske dans tous les pays du monde.* » Il s'agit donc de faire cesser une cohabitation contre-productive « *entre réformistes et révolutionnaires* »[498]. En août, il écrit dans le *Bulletin communiste* que « *la situation mondiale est essentiellement révolutionnaire.* […] *là où la révolution éclate, le prolétariat doit immédiatement s'emparer du pouvoir politique sous peine de voir échouer le mouvement.* »[499] Le mois suivant, il affirme que « *le Parti socialiste manifeste sa volonté de devenir vraiment socialiste* », et critique la direction « *réformiste* » de la CGT :

---

495 Rosa Luxemburg, *La Révolution russe*, septembre 1918, dans Rosa Luxemburg, *Réforme sociale ou révolution ?, et autres textes politiques*, Spartacus, 1997, p. 181.
496 Lettre de Loriot à André Vaudeschamps, 28 juillet 1920 (archives Kriegel). Souligné dans l'original.
497 Dans le *Bulletin communiste*, Souvarine attribue le même texte d'abord le 4 novembre 1920 à « Flory » (n° 40, p. 16), puis le 25 novembre à Loriot (n° 44-45, p. 7) ; la « table des matières 1920 » est explicite sur le fait que Flory est Loriot (n° 52-53, 30 décembre 1920, p. 28). Un rapport de police l'indiquait dès le 5 septembre 1920 (CAC 19940459/360).
498 Flory [Fernand Loriot], « Quelle unité ? », *L'Humanité* n° 5908, 26 juin 1920, p. 1.
499 Flory [Fernand Loriot], « Fausse exégèse », *Bulletin communiste* n° 22, 5 août 1920, p. 2.

« *Vouloir transformer la société en isolant la politique de l'économie, c'est pure aberration [...] En régime capitaliste, on se s'attaque pas au patronat sans s'attaquer à l'Etat bourgeois et sans que celui-ci intervienne. La classe ouvrière se ménagerait de cruelles désillusions si elle méconnaissait que c'est au régime tout entier que ses forces révolutionnaires coordonnées doivent livrer l'assaut et non à certaines expressions de ce régime* »[500].

Dans une lettre de prison à Louis Bouët, Loriot écrit le 24 juillet 1920 : « *Ici, cela va à peu près, quand à la santé physique et morale ; la privation de liberté est cependant pour nous une chose extrêmement pénible.* » Ses demandes de remise en liberté sont refusées[501], et le 18 décembre, dans une lettre au même destinataire, sa lassitude est clairement perceptible : « *ici, c'est toujours la même existence. Nous attendons l'issue.* »[502]

La solidarité s'organise pour les emprisonnés. En août, la FMEL (ex-FNSI), qui compte désormais 12.000 adhérents, désigne Loriot comme président d'honneur de son congrès. La CAP de la SFIO adopte le 10 août un manifeste qui proteste « *contre les poursuites au sujet d'un prétendu complot.* »[503] En septembre, un Comité d'action est créé pour leur libération : présidé par Anatole France et dirigé en pratique par Georges Pioch, le Comité appelle à l'adhésion de ceux qui veulent défendre « *le droit d'exprimer et de répandre librement sa pensée* », et fait référence à l'affaire Dreyfus pour dénoncer un nouveau combat contre un « *déni de justice* »[504]. De nombreuses personnalités rejoignent le Comité, dont Romain Rolland, Ferdinand Buisson et Joseph Caillaux, ainsi que des organisations (Association républicaine des anciens combattants, syndicats, etc.). Des meetings sont organisés en octobre, en province et à Paris où environ 6.000 personnes se retrouvent à la salle Wagram le 11 octobre[505]. Le 25 septembre

---

500 Flory [Fernand Loriot], « Où sont vos arguments ? », *Bulletin communiste* n° 30-31, 16 septembre 1920, p. 1.
501 Cf entre autres : « La mise en liberté de Loriot refusée », *L'Humanité* n° 5971, 29 juillet 1920, p. 2, « Nouvel outrage à la justice : Monmousseau, Souvarine, Loriot devront rester emprisonnés », *Le Journal du peuple* n° 264, 21 septembre 1920, p. 1, etc.
502 Archives Bouët, IFHS 14 AS/441.
503 « Appel aux travailleurs », *L'Humanité* n° 5984-5985, 11 et 12 août 1920, p. 1. Ce même texte stipule que « *la défense de la Révolution russe est la phase préliminaire de la révolution mondiale* » ; même Renaudel et Sembat en sont signataires.
504 « Pour les militants en prison » et « Un Comité d'action », *L'Humanité* n° 6026-6027, 22-23 septembre 1920, p. 1.
505 « Pour les militants emprisonnés. Un Comité d'Action », *L'Humanité* n° 6031-6032, 27-28 septembre 1920, p. 1, « Le Comité d'action pour les militants emprisonnés. Les adhésions affluent... », *L'Humanité* n° 6034, 30 septembre 1920, p. 1, *L'Humanité* n° 6038, 4 octobre 1920, p. 1, etc. (de nouvelles adhésions sont annoncées quasiment tous les jours, et continuent d'arriver les semaines suivantes). « Au meeting de la Salle Wagram huit mille citoyens ont réclamé la mise en liberté des militants arrêtés », *L'Humanité* n° 6046, 12 octobre 1920, p. 1, et « Meeting révolutionnaire », *Le Petit journal* n° 21.089, 12 octobre 1920, p. 3 ; la police indique pour sa part « *4.000 assistants environ* » (rapport du 12 octobre 1920, APP B^A 2030).

à la Chambre des députés, le socialiste André Berthon interpelle le gouvernement pour la libération des militants – il cite « *Loriot, Monatte, Souvarine et Monmousseau* » – qui sont emprisonnés « *sous la prévention d'un de ces complots imaginaires, comme les gouvernements savent toujours en forger contre leurs adversaires, quand il s'agit de les briser.* »[506]

Une lettre de Loriot au juge d'instruction, datée du 29 août, est publiée dans *L'Humanité* : « *Membre du Parti socialiste depuis dix-neuf ans, du Syndicat des Instituteurs publics de la Seine depuis 1906, et du Comité pour la Reprise des relations internationales (devenu le 8 mai 1919 Comité de la 3ᵉ Internationale) depuis sa création c'est-à-dire depuis 1915, mon action dans ces organisations a toujours été publique, uniforme, et rien ne pouvait, le 6 mai 1920, légitimer une arrestation, qui n'aurait pu la légitimer depuis de longues années.* » Considérant que « *c'est illégalement et arbitrairement* » qu'il est détenu, il demande de nouveau sa mise en liberté[507]. L'argumentaire de son avocat Oscar Bloch (lui-même militant du C3I) accompagnant une nouvelle demande de remise en liberté, est également publié dans *Le Journal du peuple* et *L'Humanité*. Bloch dénonce un « *procès de tendance* », qui a pour but de combattre une idée, et ajoute : « *Loriot et ses amis annoncent la fin du salariat comme les plus nobles philosophes de l'antiquité annonçaient et appelaient la fin de l'esclavage. Les a-t-on poursuivis pour cela ? Et si, par aventure, quelques-uns ont été condamnés à boire la cigüe, la postérité n'a-t-elle pas réhabilité les condamnés en condamnant les juges ?* »[508]

Devant le juge d'instruction Loriot justifie son action, déclare que les statuts du Comité de la 3ᵉ Internationale « *sont en conformité avec la doctrine de Karl Marx qui est la doctrine même du socialisme* », et évoque « *la dizaine de milliers de membres que compte le Comité.* »[509] (après l'été 1920, ce chiffre ne paraît en effet pas exagéré[510]). Autrement dit : pourquoi l'arrêter simplement parce qu'il est membre d'une organisation socialiste révolutionnaire, qui rassemble de surcroît des milliers d'autres militants ?

L'esprit de la motion « centriste », majoritaire au Congrès de Strasbourg, est rendu caduque par les décisions du IIᵉ congrès de l'Internationale communiste. Loriot écrit que cette thèse « *est frappée à mort* »[511]. Frossard et

---

506 *Journal officiel*, 26 septembre 1920, p. 3151.
507 *L'Humanité* n° 6008, 4 septembre 1920, pp. 1-2. En fait, son action au sein du CRRI n'a pas toujours été strictement publique, du fait de l'état de siège.
508 « Le complot qui se dégonfle. Pour la mise en liberté de Loriot », *Le Journal du peuple* n° 252, 9 septembre 1920, pp. 1-2, et *L'Humanité* n° 6014, 10 septembre 1920, p. 2.
509 Henry Torrès, *Histoire d'un complot*, Clarté, 1921, p. 25.
510 Début octobre, un rapport de police parle de 7.000 adhérents au C3I (François Ferrette, *La Véritable histoire du Parti communiste français*, op. cit., p. 216). Dans son mémoire de maîtrise consacré au C3I, François Ferrette confirme qu'il « *a pu atteindre environ 10 000 adhérents.* » (p. 113).
511 Flory [Fernand Loriot], « Evolution décisive », *Bulletin communiste* n° 26-27, 26 août

Cachin, envoyés par la SFIO pour négocier avec les bolcheviks, se sont en fait ralliés à eux lors de leur séjour en Russie. Le groupe centriste de la SFIO (les « reconstructeurs » qui détiennent la majorité) se scinde dès lors en deux groupes : d'un côté ceux qui se rallient à l'adhésion à l'IC, et démissionnent fin septembre du Comité pour la reconstruction – sans cependant adhérer au C3I comme Loriot et Souvarine le leur proposent[512] ; de l'autre ceux, derrière Longuet, qui gardent le projet de la motion de Strasbourg. Les militants du C3I étaient déjà persuadés d'être majoritaires lors du prochain congrès ; avec ce ralliement, la majorité s'annonce de surcroît très nette. Loriot annonce que « *le prochain Congrès n'aura pas à voter sur des conditions, mais sur des motions par lesquelles le Parti donnera ou rejettera l'adhésion à la IIIe Internationale* » – cette dernière décidant alors d'accepter ou non le parti français en son sein[513]. Et en effet, c'est de cette façon que l'adhésion va se produire. Le 21 octobre, lors d'un meeting du C3I à Paris en faveur de l'adhésion à l'IC, Jean Ribaut – un des secrétaires par intérim du Comité – déclare à son tour que ce qui importe est l'adhésion et non les conditions[514]. A la même période, Zinoviev déclare que le Comité exécutif de l'IC « *fera preuve de la plus grande tolérance lorsqu'il ne s'agira pas de principes essentiels. Il ne demande qu'une propagande et la préparation méthodique d'une révolution mondiale.* » Il déclare également que Moscou « *ne tient pas essentiellement à rester le siège de la Troisième Internationale. Ce siège pourrait être transféré dans d'autres pays, en Allemagne par exemple.* »[515] Ces déclarations sont accueillies avec approbation par les partisans de l'IC en France[516], mais elles seront amplement démenties par la suite.

La transformation de la SFIO en SFIC

Les 31 octobre et 1er novembre, les Jeunesses socialistes votent à 70,2 % leur ralliement à l'Internationale communiste des jeunes, leur transformation en

---

1920, p. 3. Dans le même article, il critique sévèrement ceux qui voudraient « *maintenir le monstrueux assemblage d'un catéchisme orthodoxe et d'une pratique de reniement et de trahison tel qu'est apparu le guesdisme pendant la guerre.* »

512 Lettre de Loriot et Souvarine à Cachin, Frossard, Renoult, Dunois, Tommasi, Paul Louis et Leiciague, non datée [fin septembre ou début octobre 1920], reproduite dans Jacques Girault, « A propos de la motion d'adhésion à la IIIe Internationale (octobre-novembre 1920) », *Cahiers d'histoire de l'Institut de recherches marxistes* n° 3, 4e trimestre 1980, pp. 32-33.

513 Flory [Fernand Loriot], « Clarté », *L'Humanité* n° 6023, 19 septembre 1920, p. 1.

514 Le meeting, qui regroupe environ 2.000 auditeurs, est placé sous la présidence d'honneur de Loriot, Monatte et Souvarine (« Le meeting du Comité de la IIIe Internationale », *L'Humanité* n° 6056, 22 octobre 1920, p. 2).

515 Déclaration au Congrès de l'USPD, dans *L'Humanité* n° 6050, 16 octobre 1920, p. 3.

516 Cf par exemple Amédée Dunois, « La lettre et l'esprit », *L'Humanité* n° 6052, 18 octobre 1920, p. 1.

« Fédération nationale des Jeunesses socialistes communistes », et leur autonomie par rapport à la SFIO[517]. C'est une nouvelle victoire pour le courant de Loriot, qui a des liens proches avec la nouvelle majorité des Jeunesses.

Le 3 novembre, *L'Humanité* publie la motion proposée par le Comité de la 3ᵉ Internationale pour le congrès de la SFIO de fin décembre. Cette motion prévoit l'adhésion à la Troisième Internationale mais ne contient pas les « 21 conditions ». Le texte rappelle que « *des dizaines de millions d'hommes sont morts pour la satisfaction des intérêts bourgeois* », et se prononce pour « *la République des Conseils de travailleurs* ». Loriot est le premier signataire de cette motion, suivi de Souvarine qui en est le principal rédacteur[518]. Le courant « Frossard-Cachin » s'associe à cette motion. Le texte du C3I est donc soutenu par le secrétaire général de la SFIO et par le directeur de *L'Humanité*.

La motion a été élaborée à la prison de la Santé, principalement par Souvarine, avec les deux autre secrétaires du C3I – Loriot et Monatte –, ainsi qu'avec Dunois, Renoult, Leiciague et Paul Louis, et après consultation des émissaires de l'IC. Renoult écrira que la motion « *fut rédigée – laborieusement – par une sorte de commission qui comprenait notamment Loriot, Souvarine et les autres membres du "Comité de la Troisième", alors détenus à la Santé pour le premier "complot communiste", Amédée Dunois, Lucie Leiciague et moi-même.* »[519] Ces fastidieuses négociations semblent exaspérer Loriot, qui selon Souvarine en a « *assez de voir remettre en question des idées acceptées la veille* »[520] ; il trouve par ailleurs la motion « *trop longue* »[521].

Ce sont au total 100 signatures qui suivent la motion, d'abord 67 de militants du Comité de la 3ᵉ Internationale, puis 33 signatures de « *démissionnaires du Comité pour la Reconstruction de l'Internationale* ». On voit que cette liste

---

517 Contre 25,3 % de votes contraires, et 4,5 % d'abstentions (*L'Humanité* n° 6067, 2 novembre 1920, p. 1).
518 Cet ordre des premiers signataires, Loriot en première position et Souvarine en deuxième, est l'ordre politique, d'une importance fondamentale. Cf *L'Humanité* n° 6068, 3 novembre 1920, p. 4. Même ordre dans le *Bulletin communiste* n° 40, 4 novembre 1920, p. 13. Même ordre dans *Le Journal du peuple* n° 311, 7 novembre 1920, p. 4. Même ordre dans *Le Phare* n° 14, novembre 1920, p. 120. Même ordre dans *L'Internationale communiste* n° 15, janvier 1921, pp. 3281-3290 (« Motion du Comité de la Troisième Internationale de Paris »). Même ordre dans la motion diffusée en tract, p. 7. Même ordre dans le compte-rendu officiel du Congrès de Tours : Parti socialiste (Section Française de l'Internationale Ouvrière), *18ᵉ Congrès national tenu à Tours les 25, 26, 27, 28, 29 et 30 décembre 1920, compte-rendu sténographique*, Paris, 1921, p. 577. Il est donc très regrettable que cet ordre ne soit pas respecté dans *Le Congrès de Tours, édition critique*, éditions sociales, 1980.
519 *L'Humanité* n° 11.707, 2 janvier 1931, p. 2.
520 Lettre de Souvarine à Renoult, non datée [octobre 1920], reproduite dans Jacques Girault, « A propos de la motion d'adhésion à la IIIᵉ Internationale (octobre-novembre 1920) », art. cit., p. 35.
521 Lettre de Loriot à Louis Bouët, 15 novembre 1920 (archives Kriegel).

des premiers signataires n'a pas été laissée au hasard, tant leur ordre que leur nombre, ainsi que la proportion de deux tiers / un tiers en faveur du C3I.
On retrouve parmi ces 67 premiers signataires des militants qui sont proches de Loriot depuis des années, dans le CRRI et/ou dans la FNSI, dont certains étaient déjà parmi les signataires du Manifeste des instituteurs de 1912. Fernand Loriot est donc premier signataire, César Hattenberger est 6e, Joseph Cartier 7e, Maurice Fromentin 8e, Léonie Kauffmann 10e, Charles Rappoport 13e, Alexandre Blanc 16e, Marthe Bigot 19e, Lucie Colliard 41e, Louis Bouët 48e, etc. Parmi les autres signataires du C3I figurent notamment Boris Souvarine (2e), Jean Ribaut (3e), René Reynaud (4e), Albert Treint (14e), Paul Vaillant-Couturier (18e), Bernard Lecache (24e), Victor Méric (26e), Maurice Paz (28e), etc. Enfin, on trouve parmi les signataires « ex-reconstructeurs » Frossard, Cachin, Dunois, Leiciague, Paul Louis, Renoult, Louis Sellier, Joseph Tommasi, l'historien Ernest Labrousse, etc.

Avant même l'ouverture du congrès, les votes dans les fédérations départementales ne laissent aucune incertitude : la motion Loriot-Souvarine[522] obtient les suffrages d'une large majorité des adhérents socialistes. Dans la Fédération de la Seine, leur motion obtient une majorité écrasante de 80 %, loin devant les longuettistes qui se prononcent pour l'adhésion à l'IC mais avec des réserves fondamentales, et la droite du parti qui avec la motion Blum-Paoli s'affiche farouchement opposée à l'adhésion. Les résultats précis donnent 79,8 % des suffrages exprimés pour la motion Loriot-Souvarine (81,2 % en intégrant les votes pour l'amendement Heine[523]), 12,5 % pour la motion Longuet-Faure, et 6,3 % pour la motion Blum-Paoli[524].

Le congrès national de la SFIO s'ouvre le 25 décembre à Tours. Après le IIe congrès de l'IC, Loriot et Souvarine ont cette fois été empêchés de participer au Congrès de Tours du fait de leur emprisonnement ; ils y auraient pourtant tenu un rôle de premier plan. Ils sont néanmoins nommés présidents d'honneur de ce congrès qui est passé à la postérité. Même absent, Loriot est plusieurs fois mentionné dans des interventions de délégués, y compris par

---

522 L'absence de ses auteurs, la volonté des leaders « centristes » d'exagérer leur rôle dans la création de la SFIC, puis plus tard la réécriture stalinienne de l'histoire (qui voulait minimiser voire nier le rôle de Loriot et de Souvarine), font que cette motion a souvent été appelée « motion Cachin-Frossard », de façon totalement indue : 68e et 69e signataires du texte, ils n'en avaient de surcroît pas écrit une ligne.
523 Cet amendement soutenait la résolution « *présentée par le Comité de la IIIe Internationale* », mais en adoptant intégralement les 21 conditions (*18e Congrès national tenu à Tours, compte-rendu sténographique*, op. cit., pp. 578-580).
524 « La Fédération de la Seine décide l'adhésion. Par 13.488 voix sur 17.146 le Congrès se prononce en faveur de la motion du Comité de la IIIe Internationale », *L'Humanité* n° 6094, 29 novembre 1920, pp. 1-2. Dans le compte-rendu du *Journal du peuple*, le texte est appelé « *motion Loriot-Frossard* » (n° 333, 29 novembre 1920, pp. 1-2).

Léon Blum qui cite des propos de Loriot dans son célèbre discours sur la « vieille maison » le 27 décembre[525]. Ne pouvant s'exprimer de vive voix, Loriot et Souvarine écrivent aux congressistes : le 28 leur lettre est lue en séance, et le congrès demande qu'elle soit publiée en première page de *L'Humanité* du lendemain[526].

La motion Loriot-Souvarine obtient au congrès une nette majorité ; c'est cette majorité qui transforme la SFIO en Section Française de l'Internationale Communiste (SFIC). Les résultats précis sont les suivants : motion Loriot-Souvarine : 67,8 % ; amendement Heine-Leroy : 0,9 % ; motion Longuet-Faure : 21,6 % ; motion Pressemane[527] : 1,3 % ; abstentions : 8,4 % (« *parmi lesquelles sont comptées les voix des partisans de la motion Blum-Paoli, retirée par ses auteurs* », selon les mots de *L'Humanité* du 30 décembre). Bien qu'emprisonnés, Loriot et Souvarine sont élus au premier Comité directeur de la SFIC, composé de 24 membres, dont un peu plus de la moitié sont du C3I. Le Comité directeur sera appelé plus tard « Comité central » ; il prend de toute évidence, dans ses attributions et le nombre de ses membres, la suite de ce qu'était la CAP à la SFIO. Loriot fait partie des sept membres du CD de la SFIC qui étaient déjà à la CAP lors du Congrès de Strasbourg de la SFIO[528].

Loriot est également élu au Conseil d'administration de *L'Humanité*. Le 4 janvier 1921, il est élu parmi les quatre membres du Bureau du Parti, comme secrétaire international[529]. Il devient ainsi « numéro deux » du Parti, derrière Frossard qui reste secrétaire général. Précisons cependant que cette expression est anachronique, puisqu'un fonctionnement hiérarchisé n'avait pas encore été mis en place. D'ailleurs, même Blum déclarait pendant le congrès sans être contredit : « *Il n'y avait pas de chefs, il n'y en a pas dans le Parti socialiste.* »[530]

Une scission était d'une façon ou d'une autre inévitable : dans une situation perçue comme révolutionnaire, les divergences fondamentales qui traversaient la SFIO, le passif de la guerre et la question de l'Internationale aboutissent logiquement à cette séparation[531].

---

525 *18ᵉ Congrès national tenu à Tours, compte-rendu sténographique*, op. cit., p. 262.
526 Idem, pp. 308-311. « Une lettre de Loriot et Souvarine », *L'Humanité* n° 6124, 29 décembre 1920, p. 1. Egalement dans *Bulletin communiste* n° 1 deuxième année, 6 janvier 1921, p. 3. Le « reconstructeur » Bernard Manier qualifiera cette lettre d'« *étonnamment modérée* » (B. Manier, *Tours et alentours, la genèse d'une scission*, Paris, 1921, p. 24).
527 Cette motion se prononçait pour « *la création d'une Internationale unique fondée sur les principes de la lutte de classes.* » Elle se situait donc dans l'esprit de la motion adoptée à Strasbourg.
528 *L'Humanité* n° 6126, 31 décembre 1920, p. 2, et *17ᵉ Congrès national tenu à Strasbourg les 25, 26, 27, 28 et 29 février 1920*, op. cit., p. 560.
529 « Le nouveau Bureau du Parti », *L'Humanité* n° 6131, 5 janvier 1921, p. 1.
530 *18ᵉ Congrès national tenu à Tours, compte-rendu sténographique*, op. cit., p. 248.
531 Pour une mise en perspective de cette scission, voir l'annexe 3.

Commentant le Congrès de Tours, le communiste italien Antonio Gramsci écrit : « *Le Comité de la IIIe Internationale dont les deux secrétaires, Loriot et Souvarine, sont en prison depuis le mois de mai sous l'inculpation de complot contre la sûreté de l'Etat, a vu la très grande majorité des mandats se porter en faveur de sa motion.* » Selon Gramsci, le Comité de la IIIe Internationale « *représente le solide noyau fondamental du nouveau Parti communiste* », et « *la victoire de Tours est la victoire du Comité de la IIIe Internationale* »[532].

Fernand Loriot peut en effet mesurer le chemin parcouru : cinq ans auparavant, il s'exprimait à contre-courant au sein du congrès de la SFIO, et la motion qu'il soutenait ne recueillait pas 3 % des votes des militants. Exactement cinq ans plus tard, la motion dont il est le premier signataire obtient 74 % des suffrages exprimés, et les deux ex-ministres qu'il critiquait cinq ans plus tôt, Guesde et Sembat, sont désormais du côté des minoritaires. Pendant la guerre, la tendance socialiste pacifiste révolutionnaire menée par Loriot défendait des positions complètement à contre-courant du discours dominant. L'expression de ces militants était rendue très difficile par la censure qui interdisait fréquemment la publication de leurs résolutions, de leurs articles, voire des comptes-rendus de leurs interventions de congrès. De plus, les colonnes de *L'Humanité* leur furent longtemps fermées. Néanmoins, par sa défense ferme de ses principes, et son courage – la défense de ses convictions amène Loriot à être privé de sa liberté pendant presque un an, puis privé de son emploi –, ce courant gagne le respect des militants et, avec l'évolution des évènements et des consciences, ainsi que l'afflux de nouveaux militants, leur audience d'abord faible s'accroît progressivement jusqu'à ce qu'ils deviennent majoritaires.

Sans doute l'obtention de cette majorité valide son engagement, en reconnaissant la justesse des positions qu'il a défendues. De plus, ce vote paraît marquer le succès de la stratégie qu'il avait défendue (en particulier à l'encontre des « conseils » des bolcheviks), à savoir ne pas quitter la SFIO mais y défendre ouvertement une orientation pacifiste révolutionnaire auprès des militants, et ainsi y conquérir la majorité. Mais Loriot ne peut évidemment oublier que dans l'immédiat son engagement l'a amené à une situation personnelle peu enviable : en prison.

Quoi qu'il en soit, à ses yeux les résultats de ce congrès sont loin d'être une fin en soi, un parti n'étant qu'un outil devant servir au but réel : contribuer à l'auto-émancipation des travailleurs par la révolution sociale. Pour Loriot, le Congrès de Tours n'est donc qu'une étape.

Toujours en prison, Loriot et Souvarine sont présentés par la SFIC comme candidats à une élection législative partielle du 27 février 1921 : « *Le Comité*

---

532 Antonio Gramsci, « Le Congrès de Tours », *L'Ordine Nuovo*, 4 janvier 1921, dans Antonio Gramsci, *Ecrits politiques, II : 1921-1922*, Gallimard, 1975, pp. 62-63.

directeur du Parti décide de présenter ses deux membres impliqués dans l'imaginaire "complot", F. Loriot et B. Souvarine, aux élections législatives [...] Le peuple de Paris se souviendra de Blanqui, de Rochefort, de Paul Lafargue, de tous les hommes de l'opposition jetés en prison par le pouvoir et délivrés par le suffrage universel. Par une démonstration imposante, le 27 février, il fera retentir la voix libératrice que les gouvernants ne pourront pas ne pas entendre. »[533] Loriot, réticent, n'accepte d'être candidat que dans ce contexte de dénonciation de leur incarcération arbitraire[534].

Dans un appel aux travailleurs parisiens, les deux candidats écrivent : « *Les travailleurs se sont entr'égorgés pendant quatre ans sur un mot d'ordre menteur de défense nationale que tous les gouvernements ont donné à tous les peuples.* » Ils stigmatisent « *l'inapplicable et monstrueux traité de Versailles* », paraphrasent Karl Liebknecht (« *vos ennemis sont dans votre propre pays* »), et appellent à la révolution sociale, déclarant que « *la démocratie, la civilisation, la paix, c'est le socialisme réalisé, c'est le communisme.* »[535]

L'Humanité du jour du scrutin titre : « *Voter pour Loriot et Souvarine c'est voter pour le communisme, l'amnistie et la paix !* » Bien que n'ayant évidemment pas pu faire campagne eux-mêmes, ils arrivent en deuxième place du scrutin avec 29,2 % des suffrages exprimés, devançant largement la SFIO. Lors du second tour du 13 mars, alors qu'ils sont en plein procès, ils obtiennent 45,1 % des suffrages exprimés et sont battus par le candidat de droite Jean-Maurice Le Corbeiller (du Bloc national)[536]. Ils sont néanmoins en tête dans le XXe arrondissement, avec 60 % des suffrages. La SFIO maintenue a appelé à voter au second tour pour Loriot et Souvarine, « *candidats de la paix* »[537]. De son côté, la droite a reçu le soutien appuyé de l'extrême-droite, pour qui Loriot et Souvarine sont tout simplement des candidats « *proboches* »[538] – insulte suprême à leurs yeux ! La droite a également bénéficié du soutien de l'Union des intérêts économiques, lobby patronal disposant de fonds importants[539].

---

[533] *L'Humanité* n° 6160, 3 février 1921, p. 2. Egalement dans Parti Communiste (Section française de l'Internationale communiste), *Un an d'action communiste*, congrès national de Marseille, décembre 1921, p. 23.

[534] « *Il n'avait joué les premiers rôles qu'à son corps défendant et, par exemple, n'avait consenti qu'à grand' peine, tandis qu'il était en prison, à se laisser présenter aux élections partielles du deuxième secteur de Paris.* » (Amédée Dunois, « Mort d'un militant. Fernand Loriot », *Monde* n° 229, 22 octobre 1932, p. 13).

[535] F. Loriot et B. Souvarine, « Voix de prison », *Bulletin communiste* n° 8 deuxième année, 24 février 1921, p. 116.

[536] *Le Petit parisien* n° 16.071 et 16.085, 28 février et 14 mars 1921, p. 1.

[537] *Le Populaire* des 10 au 13 mars 1921, n° 1049-1052.

[538] Léon Daudet, « Aux électeurs patriotes du deuxième secteur. Moscou et Berlin contre Paris », *L'Action française* n° 72, 18 mars 1921, p. 1.

[539] *Le Matin* n° 13505-13506, 11 et 12 mars 1921, p. 2.

Etant donné le contexte, ces résultats électoraux sont encourageants : le *Bulletin communiste* salue « *un magnifique résultat.* »[540]

Loriot, Souvarine, Monatte et leurs co-accusés passent finalement en procès, qui s'ouvre le 28 février 1921. Loriot écrivait à Bouët début février que « *l'attitude du gouvernement ne nous donne pas l'espoir d'une libération prochaine.* »[541] Dans un contexte où la justice vient de prononcer la dissolution de la CGT (même si suite à un appel elle ne sera pas appliquée[542]), Loriot et Souvarine craignent donc d'être condamnés à une lourde peine – ils encourent la détention à perpétuité –, et ils commencent déjà à préparer leur évasion[543]. De son côté, l'Union des syndicats CGT de la Seine prévoit une grève de protestation de 24 heures au cas où les accusés seraient condamnés[544].

Lors de l'ouverture du procès, la presse de droite et d'extrême-droite relaie la théorie du complot initiée par le pouvoir, comme *Le Figaro* qui exprime sa haine des accusés, en ne manquant pas de stigmatiser « *Souvarine, avec son inquiétant visage d'Oriental du type sémite* » à la « *figure énigmatique et cruelle de Tartare.* »[545]

Mais ce n'est qu'un procès politique, et l'accusation « *s'effondre au seuil même du procès.* »[546] A l'audience, Loriot conteste une nouvelle fois l'accusation, et déclare qu'il a « *toujours défendu au sein du parti socialiste les conceptions communistes marxistes qui sont opposées au coup de force insurrectionnel d'une minorité* », comptant sur « *l'action du prolétariat tout entier* »[547]. Tous les accusés sont finalement acquittés le 17 mars 1921, et libérés le jour même. L'acquittement est triomphal pour les accusés, les jurés ayant de surcroît protesté contre leur détention préventive[548]. C'est, après Tours, un nouveau succès.

---

540 René Reynaud, « Après le scrutin », *Bulletin communiste* n° 11, 17 mars 1921, p. 181.
541 Lettre du 4 février 1921, archives Bouët IFHS 14 AS/445.
542 Paul Louis, *Le Syndicalisme français d'Amiens à Saint-Etienne (1906-1922)*, op. cit., pp. 177-178, *Le Peuple* n° 11, 14 janvier 1921, etc.
543 Robert Wohl, *French Communism in the Making*, op. cit., p. 220.
544 Rapport de police du 2 mars 1921, APP B^A 2030.
545 « Le complot communiste », *Le Figaro* n° 61, 2 mars 1921, p. 3.
546 R.-G. Réau, « Dans le procès du Complot il est question de tout sauf du Complot », *Le Populaire* n° 1042, 3 mars 1921, p. 1.
547 Il ajoute ultérieurement que « *le phénomène révolutionnaire en lui-même est indépendant de la propagande.* » *La Vie ouvrière* n° 96-99, 4 au 25 mars 1921 (il s'agit du compte-rendu le plus détaillé et le plus fiable ; les quotidiens donnent des extraits généralement brefs, qui ne coïncident pas toujours).
548 R.-G. Réau, « Douze jurés ont condamné hier Millerand, sa politique, ses magistrats », *Le Populaire* n° 1058, 19 mars 1921, p. 1, « Les "Dix" acquittés, leurs accusateurs giflés », *La Vie ouvrière* n° 98, 18 mars 1921, *L'Humanité* n° 6203, 18 mars 1921, pp. 1-2, *Le Journal du peuple* n° 77, 18 mars 1921, et *L'Ecole émancipée* n° 26, 26 mars 1921, p. 101.

Cet acquittement n'entraîne cependant pas la fin des ennuis pour Loriot. Fin mai, il fait partie des dizaines de militants perquisitionnés pour « antimilitarisme », qu'ils soient communistes, libertaires ou syndicalistes[549]. D'autre part, le ministère de l'Instruction publique relance la procédure de révocation contre Loriot qui avait été suspendue pendant son emprisonnement et son procès[550]. Cependant la loi d'amnistie du 29 avril entraîne la fin de cette procédure. Qu'à cela ne tienne, on prend prétexte d'une déclaration du Comité directeur de la SFIC publiée le 4 mai, signée de tous ses membres, pour relancer la procédure[551]. Les trois instituteurs membres du CD – Loriot, Bigot et Treint – sont alors visés par une nouvelle procédure de révocation. Etant en Russie à ce moment, le cas de Loriot est disjoint ; Treint est révoqué en juillet, et Marthe Bigot l'est à son tour en septembre[552]. La situation ambiguë de Loriot, qui n'est ni révoqué ni en poste (et ne touche donc aucune rémunération de l'Instruction publique), va perdurer jusqu'en 1926.

* * *

L'ancien Parti socialiste unifié est donc désormais divisé en deux : Section Française de l'Internationale Ouvrière et Section Française de l'Internationale Communiste. La majorité des militants de l'ancienne SFIO sont à la SFIC : il y a en 1921 environ 110.000 adhérents à la SFIC (« *plus de 123.000* » selon un rapport de police d'avril 1921[553]), contre environ 40.000 à la nouvelle SFIO. De fait, les deux partis sont des continuations de l'ancienne SFIO : pendant les premiers mois de 1921, les deux organisations s'appellent d'ailleurs « Parti socialiste ». Plutôt que de création d'un nouveau parti, dans l'esprit de l'époque la SFIO s'est simplement transformée en SFIC, et les membres de la nouvelle SFIO – qui ont quitté le Congrès à Tours – sont des « dissidents ». La SFIC garde le local de l'ancienne SFIO situé rue Sainte-Croix de la Bretonnerie à Paris. Le secrétaire général Frossard avait le même poste à la SFIO depuis 1918. Dans le fonctionnement et au travers de nombreuses orientations, la SFIC est à ses débuts dans la continuité de la SFIO. En janvier 1922, on peut ainsi signaler en assemblée de la SFIC de la région parisienne que « *l'activité municipale des élus communistes est*

---

549 « Un coup de police de M. Briand », *L'Internationale* n° 52, 30 mai 1921, p. 1, et « Le communisme, voilà l'ennemi... Plus de cinquante perquisitions ont été opérées hier matin », *L'Humanité* n° 6276, 31 mai 1921, p. 1.
550 Lettre du 6 avril 1921 (AD75 D1T1460).
551 Ce texte s'oppose à la mobilisation, et précise que « *Ensemble, communistes français et communistes allemands poursuivront la lutte contre l'oligarchie capitaliste dans les deux pays.* » (« Déclaration du Comité Directeur », *L'Humanité* n° 6249, 4 mai 1921, p. 1).
552 *L'Humanité* n° 6290, 6309 et 6396, 14 juin, 3 juillet et 28 septembre 1921, et *L'Ecole émancipée* n° 46 et 3, 16 juillet et 15 octobre 1921.
553 AN F 7/13973.

toujours dirigée selon le programme de 1919 »⁵⁵⁴. Pendant les premières années, la SFIC conserve le système du congrès annuel (qui était déjà la règle à la SFIO), avec élection des délégués « *à la proportionnelle des tendances* »⁵⁵⁵ : le congrès peut ainsi être une instance démocratique de direction du parti par les adhérents eux-mêmes.

L'Humanité, qui porte en sous-titre « journal socialiste » depuis sa création en 1904, ne devient « journal communiste » que le 8 avril 1921⁵⁵⁶. Mais ce numéro annonce encore une « *souscription pour le développement du Parti socialiste (S.F.I.C.)* » : de fait, le Parti ne décide de changer de nom usuel qu'en mai 1921, pour devenir progressivement le « Parti communiste (S.F.I.C.) ». Les deux noms, « Parti socialiste » et « Parti communiste », sont encore utilisés simultanément par la SFIC pendant quelques mois, et c'est le 26 octobre 1921 que la rubrique « convocations » de *L'Humanité* passe de « Parti socialiste » à « Parti communiste »⁵⁵⁷.

Même après la création de la SFIC, le Comité de la 3ᵉ Internationale continue à se réunir, et le *Bulletin communiste* reste son hebdomadaire. Quelques jours après sa libération, Loriot est un des orateurs d'un meeting du C3I⁵⁵⁸. Lors de la réunion du 13 mai du Comité, il est réélu à sa commission exécutive de 20 membres, aux côtés de Souvarine, Monatte, Hasfeld, Rappoport, Kauffmann, Fromentin, Reynaud, Hattenberger, etc. Le 24 mai les trois secrétaires du C3I – Loriot, Souvarine et Monatte – sont reconduits dans leurs fonctions, et Maurice Fromentin – comptable de profession – est désormais trésorier du C3I à la place de Hasfeld⁵⁵⁹.

Du 22 juin au 12 juillet, Loriot est délégué au IIIᵉ congrès de l'Internationale communiste ; il y mène avec Souvarine la délégation de la SFIC⁵⁶⁰. Au sein de cette dernière, le jeune René Naegelen, disciple de Frossard, décrit Loriot comme un « *marxiste pontifiant* » – signe de différences de génération et d'orientation⁵⁶¹. Le voyage est très long : partis dès le mois de mai, les

---

554 *L'Humanité* n° 6520, 30 janvier 1922, p. 2.
555 Philippe Robrieux, *Histoire intérieure du Parti communiste*, tome 1, op. cit., p. 65.
556 Puis « Organe Central du Parti Communiste (S.F.I.C.) » à partir du 8 février 1923, et « Organe Central du Parti Communiste Français (S.F.I.C.) » à partir du 23 octobre 1937.
557 Le parti fut dès lors parfois désigné comme « Parti communiste de France » ou « Parti communiste français », mais le nom réel de l'organisation (que nous emploierons) est à l'époque : « Parti communiste – Section Française de l'Internationale Communiste », en abrégé le PC ou la SFIC.
558 *L'Humanité* n° 6207-6208, 22 et 23 mars 1921, p. 2.
559 *Bulletin communiste* n° 20, 19 mai 1921, p. 330, et n° 23, 2 juin 1921, p. 382.
560 « *A la tête de la délégation française se trouvaient Fernand Loriot et Boris Souvarine* » (Alfred Rosmer, *Moscou sous Lénine*, op. cit., tome II, p. 21).
561 René Naegelen, *Cette vie que j'aime*, tome II, Hachette, 1965, p. 14. Avec un sens assumé de la formule, Naegelen écrit par ailleurs que Frossard « *espérait peser sur les évènements alors que les évènements pesaient sur lui.* » (p. 83)

délégués ne reviendront que début août. Avant même l'ouverture du congrès, Lénine demande à s'entretenir avec Loriot et Souvarine[562]. Pendant le congrès Loriot s'exprime pour la section française, et préside plusieurs séances du congrès[563]. A l'occasion d'un repas, il déjeune seul avec Lénine, qui pratiquait sans difficulté la langue française.

Un militant de la SFIC doit rester à Moscou pour participer à plein temps à l'exécutif de l'Internationale : après le refus de Loriot, qui « *ne se plait pas à Moscou* »[564], c'est finalement Souvarine qui intègre le Comité exécutif de l'IC.

Tommasi, rentré plus tôt de Moscou, se voit demander des nouvelles des autres délégués de la SFIC : il répond qu'ils sont « *tous en bonne santé, physique et morale, à part Loriot peut-être, légèrement fatigué.* »[565] Il semble en fait que Loriot soit à la fois en mauvaise santé, et déçu par ce qu'il voit de la Russie. Souvarine lui écrira quelques mois plus tard : « *Quand tu as quitté Moscou, je croyais bien que tu étais perdu pour l'Internationale. [...] Tu me semblais absolument désorienté.* »[566]

De retour en France sans Souvarine, Loriot est donc d'autant plus le principal militant de la gauche du Parti. C'est la fin du binôme Loriot-Souvarine, qui avait jusque-là efficacement fonctionné. Leur détention, leur long séjour en Russie, l'absence maintenant de Souvarine, sont autant de handicaps pour la gauche de la SFIC, alors que Frossard et son courant tiennent toujours la direction.

En septembre et début octobre 1921, en l'absence de Frossard c'est Loriot qui mène les débats du Comité directeur et en assure les comptes-rendus dans *L'Humanité*, signant : « *Le secrétaire intérimaire : F. Loriot.* » Au Conseil National du 2 octobre à Puteaux, il rapporte un débat de la III* Internationale sur la SFIC, où lui-même a déclaré « *qu'un parti communiste ne vaut pas par ses chefs mais par les masses qui le forment.* »[567]

---

562 Souvarine a fait, plus d'un demi-siècle plus tard, un récit de cette rencontre dans ses souvenirs inédits : des extraits sont cités dans Jean-Louis Panné, *Boris Souvarine*, op. cit., pp. 100-101.
563 S'agissant des interventions de Loriot au congrès, cf *Protokoll des III Kongresses der Kommunistichen Internationale*, Hambourg, 1921, notamment pp. 398-402, 411-412 et 744-746, ainsi que Branko Lazitch, *La délégation française au troisième congrès du Komintern (1921)*, dans *Rigueur et passion, mélanges offerts en hommage à Annie Kriegel*, Cerf, 1994, en particulier pp. 198-199.
564 Boris Souvarine, *Feu le Comintern*, document cité.
565 « Tommasi, délégué à Moscou est arrivé à Paris cette nuit », *L'Humanité* n° 6323, 17 juillet 1921, p. 1.
566 Lettre de Souvarine à Loriot, 18 décembre 1921, document cité. Souvarine avait eu une impression bien plus favorable de Moscou, que l'on peut ressentir encore en 1982 dans son article « Pierre Pascal et le Sphinx » (repris dans Boris Souvarine, *Souvenirs*, Gérard Lebovici, 1985, cf pp. 105-106).
567 « Rapport de Loriot », *L'Humanité* n° 6401, 3 octobre 1921, p. 2.

Il est actif au sein du Comité directeur, dans des commissions, et il participe aux réunions de sa section. Mais en octobre, Loriot et Frossard écrivent au Comité exécutif de l'Internationale que le « *recrutement du Parti [...] est à peu près arrêté depuis plusieurs semaines, en raison de l'ensemble des conditions générales du mouvement ouvrier français.* »[568] L'heure révolutionnaire est en effet passée ; Paul Louis écrit en novembre qu'il « *est manifeste qu'à l'heure actuelle, en France comme dans la plupart des pays, la classe ouvrière se trouve sur la défensive.* »[569] Le parti écrit cependant pouvoir « *compter sur 120.000 cotisants réguliers.* »[570] Outre ce vif problème de recrutement, Loriot voit des insuffisances dans la nature du parti. Il écrit en septembre que « *pour réaliser sur le terrain communiste et ouvrier un maximum d'union, il faut d'abord que notre Parti soit communiste, ce qui est loin d'être.* »[571]

Loriot publie une série d'articles dans *L'Humanité* des 4, 9 et 20 septembre 1921, où il essaie d'expliquer la NEP et les changements économiques décidés par les dirigeants bolcheviks. Probablement convaincu par des témoignages directs de l'amélioration (toute relative) apportée par la NEP, Loriot veut en défendre l'opportunité. Il reprend alors les explications données par Lénine sur la NEP et sur ce que ce dernier considère être une nécessaire instauration du capitalisme d'Etat en Russie, en écrivant que « *le capitalisme d'Etat* » constitue « *un progrès sur l'état de choses actuel.* » Lénine essaie de justifier l'ensemble du fondement économique de la Russie depuis 1918 – le capitalisme d'Etat –, et Loriot se rallie alors à cette théorie de Lénine. Loriot ajoute que « *d'autre part, la guerre civile a, de 1918 à 1920, porté à un point extrême la ruine du pays, retardé la restauration des forces productrices et affaibli le prolétariat.* » Dans un pays ruiné qui connaît « *la misère et la désorganisation* », avec un prolétariat affaibli, et en l'absence de révolutions victorieuses dans les autres pays européens, le socialisme est en réalité impossible. Mais Loriot se contente d'écrire, reprenant de façon acritique les arguments de Lénine, qu'il s'agit de « *trouver le moyen d'aiguiller le développement du capitalisme – développement que la situation ne permet pas d'éviter – dans le sens du capitalisme d'Etat et de préparer pour un avenir prochain la transformation de ce capitalisme d'Etat en socialisme.* »[572] On voit, cependant, qu'on est loin

---

568 3 MI 6/1 séquence 10, lettre du 5 octobre 1921 signée : « *les secrétaires du Parti* ».
569 *La Correspondance internationale* n° 14, 26 novembre 1921, p. 115.
570 3 MI 6/1 séquence 10, lettre à Zinoviev du 15 novembre 1921. Ne s'agissant pas d'un texte public, il reflète donc sans doute ce qu'ils pensent être exact. Le même chiffre sera donné par Frossard à la tribune du Congrès de Marseille le 26 décembre.
571 F. Loriot, « Plus de confusion », *Bulletin communiste* n° 39, 15 septembre 1921, pp. 641-642.
572 F. Loriot, « Les derniers décrets du gouvernement des Soviets », *L'Humanité* n° 6372, 4 septembre 1921, p. 1 (cet article reprend textuellement certaines formulations de Lénine : en traduction française dans *La Revue communiste* n° 16, juin 1921, pp. 247-257, et *L'Internationale communiste* n° 17, juin 1921, pp. 3987-4018), « Les nouveaux décrets du

de la glorification de « la patrie socialiste », puisqu'il est clairement reconnu qu'il n'y a pas de socialisme en Russie.

Dans un autre article, Loriot donne son opinion sur les rapports entre le parti et le syndicalisme. A un syndicaliste, également adhérent du PC, qui entend *« placer le syndicalisme français »* au-dessus du parti, Loriot répond que *« dans notre société divisée en classes, le Parti communiste est un parti de classe. Il se propose d'orienter la lutte de la classe prolétarienne contre la classe bourgeoise ; d'amener la première à s'emparer du pouvoir politique, à exercer sa dictature pour la suppression des classes elles-mêmes et l'établissement de la société communiste. »*[573] Loriot affirme ainsi sa vision du rôle du PC dans la lutte des classes ; à cette période de sa vie militante, le syndicalisme ne lui paraît pas suffire en soi pour résoudre les problèmes des travailleurs. Cela ne signifie pas pour autant qu'il se place dans une position de type « tout ou rien » : ainsi écrit-il que *« les communistes à l'usine, à l'atelier, aux champs, sont avec les salariés qui luttent pour obtenir des avantages matériels et moraux immédiats et ils se réjouissent avec eux lorsque ces avantages sont arrachés au patronat. »*[574]

Le 20 octobre au soir Loriot donne une conférence publique sur la Russie, rue Cambronne (15ᵉ arrondissement). Entre 250 et 300 personnes y assistent. Il commence par prévenir qu'il ne peut pas donner « *des détails précis sur toutes les questions* », ayant été accaparé par les travaux du congrès et n'ayant donc pas eu le temps d'investiguer dans le pays. Il décrit ensuite la misère qui règne en Russie, puis déplore *« l'inertie »* des prolétariats d'Europe de l'ouest, qui a condamné les russes à l'isolement. Le thème annoncé de la conférence était : « *Ce que nous avons vu en Russie* » (initialement, Tommasi devait également s'exprimer) : de fait, Loriot rapporte essentiellement ce qu'il a vu. Par contre, il n'a pas encore pris la mesure de la répression ni de la suppression de toute démocratie par le pouvoir bolchevik[575].

En novembre 1921, le Comité de la Troisième Internationale s'auto-dissout. Lors d'une réunion de l'Exécutif de l'IC mi-juin 1921, August Thalheimer du Parti communiste d'Allemagne avait demandé « *la suppression du Comité de la Troisième Internationale, qui a rempli son but.* » Loriot lui avait alors répondu que *« cette question a déjà été solutionnée entre nous ; nous*

---

gouvernement de Moscou, II », *L'Humanité* n° 6377, 9 septembre 1921, p. 1, et « Les nouveaux décrets du gouvernement de Moscou, III », *L'Humanité* n° 6388, 20 septembre 1921, p. 1.
573 F. Loriot, « Discipline nécessaire », *L'Humanité* n° 6411, 13 octobre 1921, p. 1.
574 F. Loriot, « Réforme et réformisme », *Bulletin communiste* n° 52, 24 novembre 1921, p. 863.
575 Scaramouche, « ...Ainsi parla le camarade Loriot », *L'Europe nouvelle* n° 44, 29 octobre 1921, p. 1399 (Loriot y est décrit comme « *le grand chef du communisme français* »), *L'Humanité* n° 6418, 20 octobre 1921, p. 4, et rapport de police du 21 octobre 1921 (CAC 19940459/360).

sommes tous d'accord pour considérer en effet que le Comité de la Troisième Internationale a rempli sa mission et qu'il doit disparaître. Mais nous sommes également d'accord pour convenir que sa dissolution ne peut se faire que sous certaines conditions et suivant certaines modalités. »[576] Quelques mois plus tard, cette décision devient donc effective. En conséquence, le *Bulletin communiste* qui était resté « Organe du Comité de la Troisième Internationale » jusqu'au 3 novembre 1921 inclus, devient le 10 novembre « Organe du Parti Communiste (S.F.I.C.) ». Souvarine en reste le directeur, assisté de Loriot, Dunois, Ker et Reynaud.

Le 11 décembre, intervenant au congrès de la Fédération de la Seine à Boulogne, Loriot évoque les insuffisances du Comité directeur, et déclare : « *J'aimerais qu'il existât une sténographie des débats du C.D. et que l'on en publiât toutes les délibérations.* »[577] Ce souhait de transparence ne sera pas exaucé. Il y aura bien quelques années plus tard des sténographies des séances du CD, mais ses comptes-rendus ne seront jamais diffusés aux militants. Trois propositions de réorganisation du Comité directeur sont en présence : projet Loriot, projet Ker, projet Frossard. Loriot a en fait pour but de faire en sorte que les décisions quotidiennes prises par le secrétaire (c'est-à-dire Frossard), le soient désormais collectivement par cinq militants du Comité directeur[578]. Après le Congrès de Marseille, il y aura effectivement un bureau exécutif de cinq membres.

Le Congrès communiste de Marseille

Le premier congrès de la SFIC se tient à Marseille du 25 au 29 décembre 1921. Souvarine, délégué permanent à Moscou, fait l'erreur de ne pas rentrer en France pour le Congrès (il participe aux mêmes dates au Comité exécutif de l'IC ; de plus le voyage Russie-France est à l'époque très long). Il est directement visé par plusieurs intervenants, par exemple Emile Auclair qui déclare que les décisions doivent être prises « *souverainement par le congrès, et non pas "souvarinement".* »[579]
Les potentialités révolutionnaires se sont éloignées, même si la participation à une révolution mondiale reste pour le moment l'objectif du parti. La

---

576 Parti Communiste (Section Française de l'Internationale Communiste), *Rapport du Secrétariat international*, Paris, s.d. [fin 1921], pp. 4 et 6. Cf également *L'Internationale communiste et sa section française*, Librairie de l'Humanité, 1922, pp. 5-6.
577 *L'Humanité* n° 6471, 12 décembre 1921, pp. 1-2.
578 F. Loriot, A. Treint, J. Boyet, Mercier, « Avant le Congrès de Marseille », *L'Humanité* n° 6483, 24 décembre 1921, p. 2. Voir aussi Fernand Loriot, « Précisions », *L'Humanité* n° 6476, 17 décembre 1921, p. 1.
579 Compte-rendu sténographique inédit du Congrès de Marseille, 3 MI 6/1 séquence 13, p. 78.

combativité sociale en nette baisse, ajoutée au manque de fondements théoriques pouvant rassembler les militants sur des bases claires, contribue à la place que prennent dès lors les conflits personnels.

Le CRRI n'assurait pas de formation théorique de ses adhérents : initialement ce n'était pas nécessaire, puisque tous étaient déjà militants syndicalistes, socialistes ou anarchistes avant la guerre. Mais au sortir de la guerre la situation est différente puisque ce sont en grande partie des jeunes qui adhèrent au CRRI puis au C3I, qui n'ont parfois pas de culture théorique. Et ce ne sont pas les brochures écrites par des dirigeants bolcheviks préoccupés par leur propre maintien au pouvoir qui peuvent pallier ces manques. La SFIO d'avant-guerre n'était pas dans une situation théorique bien meilleure, mais bénéficiait au moins d'une expansion permanente de 1905 à 1914, tant en terme d'adhérents que d'électeurs. Tout au contraire de cette conjoncture favorable, le PC se trouve confronté dès sa formation à un très net recul des luttes de sa base sociale. Louis Brodel, de la Fédération du Nord, s'en rend bien compte et déclare à la tribune du congrès qu'il est « *plus facile d'écrire un long article et de prononcer quelques discours pleins de démagogie, qui n'apportent rien à nos camarades, que de convaincre les masses qu'on n'a pas encore pu amener à nous.* »[580] C'est là le problème récurrent des organisations révolutionnaires en période de reflux.

Le 26 décembre, Loriot prend la parole à la tribune du congrès : « *C'est pour la première fois depuis deux ans que l'occasion m'est offerte de reprendre contact avec le parti tout entier. Nous souffrons, comme les différents orateurs l'ont constaté ici, d'une crise politique dans le parti. J'espère qu'elle se résoudra dans l'unité communiste.* […] *J'ai trouvé à mon retour de Russie, non, je puis le dire sans prétention, un peu de mon enfant, un peu de ce parti communiste que, dans mon enthousiasme, j'avais élevé,* [mais] *j'ai trouvé un parti flottant, indécis, qui se cherchait dans les sections et dans les fédérations ; la pensée communiste était incertaine* […] *les militants même semblaient fatigués.* » Concernant les questions d'organisation, il précise que « *ce que nous voudrions arriver à faire, c'est un Comité directeur siégeant en permanence, tous les jours* », mais c'est impossible matériellement, avec de plus la difficulté des militants de province d'être régulièrement à Paris : « *la province ne peut pas envoyer des représentants tous les jours* ». En conclusion, Loriot rappelle l'idée selon laquelle « *il n'y a qu'un parti communiste mondial dont l'Internationale est le centre* », son rôle étant d'amener les prolétaires à faire « *la révolution mondiale* »[581].

Lors de la discussion sur la motion de politique générale, Loriot propose l'insertion d'une phrase supplémentaire : « *Le Congrès constate qu'il n'y a pas eu de désaccord politique entre le C.D. et son représentant* », c'est-à-dire

---

580 Idem, p. 334.
581 Idem, pp. 338-368.

Souvarine. Avec cet ajout, le texte est adopté à la quasi-unanimité. On peut donc penser que le cas Souvarine est clos, après cette approbation politique de son activité. Mais en réalité le problème n'est pas résolu. Lors du vote sur la composition du Comité directeur, Loriot est réélu largement mais Souvarine, lui, n'obtient pas assez de votes en sa faveur. Selon l'historien Christian Gras, « *la non-réélection de Souvarine à Marseille est donc, à l'évidence, une manœuvre de la droite contre la gauche.* »[582]

Au milieu de la stupeur du congrès, Loriot monte à la tribune :

« *Camarades, je remercie le congrès de l'honneur qu'il vient de me faire en me désignant pour faire partie du nouveau Comité directeur.*
Cependant, la non-réélection à ce comité de notre camarade Souvarine, pose pour moi un problème de conscience que j'ai le devoir de résoudre immédiatement. (applaudissements)
Je ne veux pas un instant faire à la majorité qui a écarté Souvarine, l'injure de croire qu'elle a obéi, dans ses décisions, à des préoccupations d'ordre subalterne et qu'elle a surtout tenu rigueur à Souvarine des expressions employées par celui-ci dans certaines de ses communications. Il ne peut évidemment s'agir que de la manifestation d'un désaccord entre la politique suivie jusqu'ici par Souvarine et celle qu'entend suivre la majorité du Parti.
Etroitement solidaire de la politique de Souvarine qui est la politique de l'Internationale communiste et d'autre part, respectueux de l'article 18 des statuts qui précise que la majorité du Parti dirige le Parti, je considère que ma présence au Comité directeur est impossible.
En conséquence, j'ai l'honneur de donner au Congrès ma démission. »[583]

La gauche du congrès l'applaudit. Le journal de la SFIO commente ainsi cette intervention : « *Loriot monta à la tribune. L'ex-instituteur de Puteaux était pâle ; entre ses mains, la feuille de papier sur laquelle il avait écrit sa déclaration tremblait. On sentait que cet homme-là ne jouait pas la comédie.* […] *La décision de Loriot a été inspirée à la fois par un sentiment d'amitié et de loyauté politique. Cela n'est pas douteux.* […] *il est parti, non sans dignité.* »[584]

Il convient cependant de nuancer : depuis que Souvarine est resté à Moscou, le lien personnel d'amitié avec Loriot s'est distendu, de façon définitive. Loriot agit par principe et par solidarité politique, non par simple attachement personnel. Du reste, sans la non-réélection de Souvarine, le conflit larvé au sein du PC se serait de toute façon manifesté sous une autre forme ; la question de personne est davantage un symptôme que la cause des tensions.

---

582 Christian Gras, *Alfred Rosmer et le mouvement révolutionnaire international*, Maspero, 1971, p. 264.
583 Compte-rendu sténographique inédit du Congrès de Marseille, 3 MI 6/2 séquence 14, pp. 1341-1342.
584 R.-G. Réau, « Impressions sur la dernière séance du Congrès », *Le Populaire* n° 268, 1er janvier 1922, p. 1.

Trois autres élus de la gauche du Parti au Comité directeur s'associent ensuite à la déclaration de Loriot : Vaillant-Couturier, Treint et Dunois. Henri Barré déclare qu'il se « *solidarise entièrement avec les déclarations de Loriot* », et se déclare prêt à démissionner de son poste de secrétaire départemental de la Vienne[585]. Mais la gauche ne s'est pas concertée préalablement, et se trouve divisée puisque Ker, Tommasi et Cartier restent au Comité directeur – tout en demandant et obtenant que le parti réaffirme sa confiance à Souvarine comme représentant à Moscou. De plus Marthe Bigot est en accord avec les démissionnaires, mais déclare ne pouvoir quitter son poste sans mettre en péril l'action féministe du parti dont elle a la charge au sein du CD.

Plusieurs interventions suivent, on appelle les démissionnaires à revenir sur leur décision. Loriot intervient de nouveau : « *il ne faut pas s'exagérer l'importance du geste que nous avons fait tout à l'heure. [...] Nous sommes des communistes, conscients et disciplinés. Demain, quand il faudra faire la propagande auprès des masses, nous serons avec Frossard, avec ceux qui nous ont condamnés.* » Il s'oppose à toute tractation ou manœuvre de « repêchage » de Souvarine. Pris à parti, il doit encore s'exprimer pour clarifier la position des démissionnaires : « *considérant que nous ne sommes pas dans la majorité politique actuelle du parti, nous rentrons simplement dans le rang, sans amertume, sans passion, sans vouloir faire rien qui puisse déterminer le Congrès à penser que nous voulons exercer le moindre chantage pour créer une situation nouvelle. [...] Nous rentrons simplement dans le rang, comme militant.* » Mais Cachin, qui est président de séance, propose de suspendre le congrès pour « *essayer de trouver un terrain d'entente* ». Loriot s'y oppose : « *Je me suis arrêté à une solution ; elle est irrévocable. Mais l'unité du parti [...] n'est pas en cause* ». Comme l'écrit *Le Populaire* : « *Les "loriotistes" maintiennent leur décision.* »[586] Un peu plus tard, la séance est néanmoins suspendue. Des discussions ont lieu en coulisse, le représentant de l'Internationale demande aux démissionnaires de revenir sur leur décision, mais Loriot refuse et reste fidèle à sa ligne de conduite. A la reprise, Frossard s'adresse à la gauche du parti : « *Vous nous avez donné la direction du Parti, nous la prenons. [...] vous pensez qu'il y a entre nous et l'Internationale un désaccord politique. [...] j'affirme qu'il n'en est rien. [...] Une année nouvelle va s'ouvrir pour notre parti. Nous aurons l'occasion de faire la preuve de notre accord absolu de pensée avec l'Internationale et si c'est vous qui avez raison contre nous, au prochain congrès national, nous vous céderons la place à notre tour.* » Mais Longuet, en observateur avisé, avait noté que « *Frossard continue à pratiquer un*

---

[585] *L'Humanité* n° 6490, 31 décembre 1921, p. 1. Sur les articles de *L'Humanité* publiés à chaud, cf « Après le Congrès. Précisions et rectifications », *L'Humanité* n° 6492, 2 janvier 1922, p. 1.
[586] *Le Populaire* n° 267, 31 décembre 1921, p. 1.

"équilibrisme", avec lequel il finira par se rompre le cou, s'il lui vaut pour le moment de faciles succès de tribune. »[587]

Loriot a quitté le Comité directeur, et il quitte donc aussi le Bureau de la SFIC, ainsi que son poste de Secrétaire international. En abandonnant de son propre chef cette place de Secrétaire international du PC, il renonce donc aussi à sa seule source de revenus. Egalement réélu au conseil d'administration de *L'Humanité* (de 12 membres), Loriot en démissionne de la même façon, étant suivi cette fois par René Reynaud.

Dunois écrit après le congrès que « *la manœuvre dont le délégué français à l'Exécutif avait été victime appelait une riposte immédiate.* »[588] On est cependant loin d'une rupture : Souvarine reste le délégué de la SFIC à l'Internationale ainsi que le directeur du *Bulletin communiste*, Loriot étant confirmé à son comité de rédaction.

Les démissions sont désavouées le 9 janvier par la direction de l'IC, qui considère « *comme une faute la démission de Loriot et de ses camarades* », et « *prie Loriot et les autres camarades* » de retourner au Comité directeur[589]. Loriot et Dunois expriment alors leur désaccord en écrivant directement au Comité exécutif de l'IC : « *vous considérez notre démission comme une faute. Nous croyons au contraire que la situation intérieure du Parti Français, mise brusquement en lumière à Marseille, nécessitait une réaction immédiate susceptible d'éveiller sans délai l'attention des masses profondes du Parti.* »[590] Mais rien n'y fit, la direction de l'IC resta sur sa position et les démissionnaires furent sommés de revenir au sein du Comité directeur.

Loriot va s'expliquer sur les raisons de sa démission lors d'un discours prononcé le 5 février à la Fédération de la Seine, à l'occasion du compte-rendu du congrès : « *Loriot a tenu à rédiger son discours. Il en donne lecture d'une voix claire et martelée.* »[591] Il veut exposer « *la crise politique intérieure qui, latente avant Marseille, est apparue en pleine lumière lorsque fut proclamée la composition du nouveau Comité directeur* », et parle à ce sujet de son « *obligation morale de partir* » de la direction. Loriot lit des extraits des lettres de Souvarine au CD, dont une où ce dernier « *insiste sur la nécessité de ne pas laisser subsister entre nous la moindre équivoque* ». Loriot regrette qu'après le retour de Russie, la direction se disait toujours en accord avec les délégués de la SFIC au congrès et avec l'Internationale mais « *en réalité, croissait une opposition sourde, habile à ne pas se manifester*

---

587 Jean Longuet, « Bouillabaisse "communiste" », *Le Populaire* n° 264, 28 décembre 1921, p. 1.
588 Amédée Dunois, « Impressions de retour », *Bulletin communiste* n° 1, 3ᵉ année, 5 janvier 1922, p. 4.
589 *L'Internationale communiste et sa section française*, op. cit., pp. 33-35.
590 Lettre de Loriot et Dunois au CE de l'IC, 24 janvier 1922, 1 page (3 MI 6/3 séquence 32).
591 *L'Humanité* n° 6527, 6 février 1922, p. 1.

ouvertement. » Plus loin, il ajoute que « *pour combattre le confusionnisme et l'opportunisme de droite, comme pour appliquer les décisions de l'Internationale, nous retrouvons le même assemblage des assurances verbales et des résistances passives et sourdes.* »[592] Comme les désaccords émanant du « centre » ne sont pas défendus publiquement, dans des textes de congrès pouvant être débattus par les adhérents, le fonctionnement interne du PC n'est pas sain car insuffisamment démocratique. C'est d'autant plus particulier que cette attitude émane de la majorité, à commencer par Frossard qui est à la tête du parti. Comment discuter du fond quand la direction dissimule tout ou partie de ses opinions réelles ? Loriot ne veut la place de personne, mais de la transparence et des débats internes clairs, menés au grand jour.

Le texte de son intervention est rapidement édité en brochure, sous le titre *Un an après Tours*, grâce à une souscription de militants dont la liste est donnée en préambule au texte. On y lit une soixantaine de noms, dont Després, Fromentin, Kauffmann, Martinet, Paz, Reynaud, Rosmer, Vaillant-Couturier, etc. Le *Bulletin communiste* publie des encarts annonçant cette brochure en février, mars et mai 1922, *L'Humanité* signale sa parution en février, et *Le Journal du peuple* en reproduit le texte intégral, à titre de document[593].

Divisions sur le front unique

Fin 1921, prolongeant le mot d'ordre décidé par le IIIe Congrès mondial (« *aller aux masses* »), et généralisant une pratique du Parti communiste d'Allemagne, l'IC décide du mot d'ordre de « front unique prolétarien »[594]. Selon Loriot, le but du front unique est « *de réunir en des coalitions temporaires, pour des objectifs limités, toutes les forces du prolétariat.* »[595] Selon Rosmer, « *le front unique se donne ouvertement et franchement pour ce qu'il est : un moyen de rassembler la classe ouvrière en partant de ses revendications immédiates, mais sans dissimuler le but final qui est la révolution socialiste, vers lequel conduira la tactique par le développement*

---

592 Fernand Loriot, *Un an après Tours, discours prononcé le 5 février 1922 au Compte rendu du Congrès de Marseille à la Fédération de la Seine*, Cahiers communistes, 1922, pp. 1-16.
593 *Le Journal du peuple* n° 44, 13 février 1922, pp. 1-2.
594 Le front unique était déjà mentionné dans un texte issu du IIIe Congrès de l'IC (*L'Humanité* n° 6344, 7 août 1921, p. 3, et *Manifestes, thèses et résolutions des quatre premiers congrès mondiaux de l'Internationale communiste*, op. cit., pp. 140-141 – cf aussi p. 101), mais n'était pas préconisé de façon aussi précise. Dès février 1921, l'Internationale « deux et demie » appelait à « *la création d'un front uni prolétarien révolutionnaire* » (cité dans Maria Sokolova, *Les Congrès de l'Internationale socialiste...*, op. cit., p. 57).
595 Lettre de protestation au Comité central du PC, 26 mai 1925, *Cahiers du bolchevisme* n° 24, 1er août 1925, p. 1619. Souligné dans l'original.

normal du mouvement, ranimant dans la classe ouvrière la confiance en soi et la foi révolutionnaire. »[596] Mais il y a chez de nombreux militants du PC le sentiment d'être mis devant le fait accompli de cette nouvelle orientation, d'où une certaine hostilité – y compris de la part de la direction « centriste ». Le mode de prise de décision dans l'IC affaiblit donc d'emblée le front unique dans les pays où il n'était pas antérieurement pratiqué.

Le 22 janvier 1922 se tient une conférence des Secrétaires fédéraux de la SFIC, consacrée à un débat sur le front unique. Frossard s'interroge : « *Peut-on demander à des organisations naissantes de s'associer avec ceux qu'ils viennent de quitter ?* » Il ajoute : « *Dans l'action des masses, l'unité de front se réalisera d'elle-même lorsque la nécessité l'imposera* », mais il ne veut pas « *en faire une doctrine.* »
Les secrétaires fédéraux sont majoritairement opposés au front unique, mais certains se prononcent « *pour le front unique sans les chefs* », c'est-à-dire pour s'adresser aux militants de base de la SFIO mais pas aux instances de direction. Paul Bouthonnier, de la Dordogne, défend le front unique : « *Il ne s'agit que de s'unir avec d'autres partis prolétariens vers des objectifs sur lesquels nous sommes entièrement d'accord avec eux.* » La Fédération du Loiret « *est pour le bloc avec les anarchistes, mais pas avec les dissidents* [c'est-à-dire la SFIO]. » Face à une majorité hostile au front unique, Loriot intervient au contraire pour le défendre : « *Le front unique, certes, c'est avec les masses qu'il faut le réaliser : mais dans certains endroits les chefs dissidents* [c'est-à-dire la direction de la SFIO] *et majoritaires confédéraux* [c'est-à-dire la direction de la CGT] *ont encore quelque influence. Quels sont les moyens nouveaux que vous apportez pour obtenir ce front unique du prolétariat ?* » Il défend plus largement le caractère « *naturel* » de cette orientation unitaire, et prédit que « *si, aujourd'hui, nous refusons le front unique, nous serons obligés demain de le réaliser par suite des circonstances.* »
Cachin, opposé au front unique, affirme tout simplement qu'il « *n'y a pas d'autre parti prolétarien en France que le nôtre.* »[597] Cette sous-estimation de la base militante de la SFIO permet à Cachin d'éluder le problème, et conduit en pratique au sectarisme. Le front unique n'est donc pratiquement défendu que par la gauche du parti. Sur un autre point on retrouve le même constat : Renoult, pourtant plus à « droite », reproche à Souvarine de préconiser de voter au second tour pour d'éventuels candidats SFIO mieux placés[598]. Même après la scission, des accords réguliers entre la SFIO et la SFIC auraient pu exister. La « fierté » et le « patriotisme d'organisation » ont joué contre une unité dans l'action que la scission organisationnelle

---

596 Alfred Rosmer, *Moscou sous Lénine*, op. cit., tome II, p. 56.
597 *L'Humanité* n° 6513, 23 janvier 1922, pp. 1-2, et rapport de police du 23 janvier 1922 (AN F 7/16000¹).
598 *Bulletin communiste* n° 16-17, 22 avril 1922, p. 306.

n'empêchait pas – l'unité d'action aurait justement pu être d'autant plus logique entre ceux qui étaient un an et demi plus tôt dans la même organisation.

A la même période la CGT scissionne à son tour, ses courants révolutionnaires créant début 1922 la CGT-Unitaire (CGTU, voir annexe 5). Avec l'opposition de la majorité du PC au front unique, la division du mouvement ouvrier en France est dès lors profonde.

Le 7 février, Loriot revient sur la question du front unique dans un article de *L'Humanité*. Il estime que « *ni dans sa valeur de principe, ni dans ses modalités d'application, la formule "front unique" n'a été jusqu'ici sérieusement examinée par le Parti français.* » Evaluant manifestement la situation sociale comme étant moins favorable aux communistes, Loriot rappelle que « *le prolétariat lutte pour son émancipation dans des conditions variables, mobiles et que sa tactique de combat doit avoir la même mobilité.* »[599] Cet article a un caractère introductif et est conçu comme appelant une suite ; mais, pour une raison inconnue, Loriot ne l'écrira pas. Ce fut la dernière fois qu'il écrivait en première page de *L'Humanité*.

Début mars, il analyse dans un article du *Bulletin communiste* le contexte défavorable ainsi que les insuffisances du Parti communiste, qui se traduisent par le recul du nombre des adhérents. Il parle d'une « *sorte de crise morale* » qui a ses causes à l'intérieur du Parti ; pour qu'un travailleur « *vienne au Parti communiste et surtout pour qu'il y reste, il faut qu'il ait et garde l'assurance que c'est bien là SON Parti, le Parti des exploités comme lui, dans lequel il tiendra le langage qu'il tient au syndicat, qu'il fera profiter de l'expérience acquise par lui dans la rue, à l'usine, au foyer familial..., où il se familiarisera avec les multiples problèmes posés par sa volonté d'affranchissement total, où il sentira qu'il travaille bien et méthodiquement pour la Révolution sociale. Notre Parti est-il présentement en état de lui donner cette assurance ? Il serait téméraire de l'affirmer.* » On devine de la part de Loriot une prise de recul sur sa propre situation d'ex-permanent : « *On n'exige pas assez des uns, trop des autres. Il ne suffit pas d'être orateur pour être apte à cumuler, comme sont contraints de le faire chez nous ceux qui sont à la tête du Parti, les fonctions d'organisateur, d'administrateur, de propagandiste, de journaliste...* »[600]

Un autre problème fondamental des débuts du PC-SFIC est la baisse vertigineuse du nombre des grèves en 1921-1922 par rapport à 1919-1920. Cette diminution très nette des luttes sociales est pour le PC naissant un contexte très handicapant pour agir et se développer.

---

599 Fernand Loriot, « Front unique », *L'Humanité* n° 6528, 7 février 1922, p. 1.
600 Fernand Loriot, « Pour notre Parti », *Bulletin communiste* n° 10, 9 mars 1922, pp. 182-184.

Le 25 mars, Loriot prend la parole dans un meeting de campagne pour Marthe Bigot, qui est candidate du PC dans le 3ᵉ arrondissement de Paris pour protester contre l'absence de droit de vote et d'éligibilité des femmes[601]. Interdite de campagne officielle, étant comme toutes les femmes inéligible, elle obtient cependant 13 % des suffrages[602], mais ses voix ne sont pas comptabilisées et sont données comme votes « nuls »[603]. La participation à cette campagne est la dernière action militante publique de Loriot avant une prise de recul.

Repli provisoire

Le 28 mars, le Comité directeur se prononce par 18 voix contre 6 pour réintégrer en son sein les quatre démissionnaires du Congrès de Marseille[604], réintégration qui est confirmée par le Conseil National du 23 avril. Mais Loriot ne va cependant pas retourner au CD : il est certes mentionné parmi ses membres dans *L'Humanité* du 29 avril, mais en réalité il n'a participé à aucune de ses réunions. Il adresse une lettre au Comité directeur, qui est lue lors de la séance du 2 mai : « *Très souffrant depuis plusieurs mois [...] je dois aujourd'hui vous faire connaître que mon état de santé m'interdit absolument de participer à vos travaux et nécessite des soins qui ne s'accordent pas avec les obligations de la vie militante active qui, de plus en plus, doit être celle des membres du Comité directeur du Parti.* » Il démissionne donc du Comité directeur et de toutes ses autres fonctions, en particulier au *Bulletin communiste*[605]. Il ne quitte ni son parti ni son syndicat, mais cesse d'apparaître sur la « scène » publique.

Outre ses problèmes de santé (il avait plusieurs fois été absent de réunions pour cause de maladie), « *des raisons de vie privée* » ont été évoquées par Souvarine[606]. Selon l'historien Philippe Robrieux : « *L'effacement de Loriot se confirme depuis le Conseil national du printemps. Critiqué à l'intérieur de la gauche depuis quelque temps*[607]*, il a acquis une petite librairie et s'est retiré de l'action militante sur la pointe des pieds. Revenu de Moscou*

---

601 *L'Humanité* n° 6573-6574, 24 et 25 mars 1922, p. 1. Il s'agissait d'élections municipales partielles.
602 *Le Petit parisien* n° 16.463, 27 mars 1922, p. 1.
603 Pierre Dormoy, « Arbitraire », *L'Humanité* n° 6576, 27 mars 1922, p. 1. Ce numéro fait une erreur dans le nombre de suffrages obtenus par Marthe Bigot.
604 *L'Humanité* n° 6578, 29 mars 1922, p. 2.
605 *L'Humanité* n° 6616, 7 mai 1922, p. 6. Résumé de la façon suivante par Frossard dans son rapport au Congrès d'octobre 1922 : « *Le citoyen Loriot, pour des raisons de santé, déclina le mandat qui lui était confié.* » (Parti Communiste (Section française de l'Internationale Communiste), *L'Action communiste et la crise du parti, rapport du secrétariat général présenté au 20ᵉ Congrès national (2ᵉ Congrès du Parti communiste)*, 1922, p. 10).
606 Dans sa note nécrologique publiée dans *La Critique sociale*, texte complet en annexe 2.
607 Nous n'avons pas trouvé d'élément précis allant dans ce sens.

quelque peu mal à l'aise et vaguement déçu, il est bouleversé et accaparé par un grand amour pour une jeune militante de l'ancien Comité de la IIIe Internationale. »[608] Robrieux écrit plus tard que Loriot s'était mis en retrait « *pour diverses raisons d'ordre privé et aussi parce que sa santé déjà fort mauvaise le handicapait considérablement* »[609].

Son problème de santé était réel[610], mais il avait aussi la volonté de ne plus être permanent. Toujours sans affectation d'instituteur du fait de la répression politique[611], il choisit de devenir libraire pour gagner sa vie : en juin 1922, il achète à crédit une librairie-papeterie au 40 boulevard Saint-Germain à Paris, qu'il tient lui-même. Il emménage également sur place.

Loriot se remarie le 26 février 1924 avec Rebecca Berkowsky, âgée de 21 ans, et ils ont une fille qui naît le 4 avril 1924 à Paris. Née en 1902 en Russie, ses parents avaient par la suite fui les pogroms et s'étaient installés en France. Elle y avait passé son enfance, mais à son adolescence ses parents avaient souhaité retourner en Russie (peut-être suite à la Révolution de février 1917). En 1921 elle voulait revenir vivre en France, et ayant lu dans les journaux qu'un français, Fernand Loriot, était présent en Russie, elle l'a rencontré à l'occasion de son séjour à l'été 1921 pour le IIIe congrès de l'Internationale communiste, et lui a demandé de l'aider à rentrer en France, ce qu'il a fait[612]. Déjà peu enthousiasmé par ce qu'il a vu lors de son bref séjour en Russie, peut-être que le témoignage de première main de sa compagne a contribué à nuancer encore davantage sa vision de l'action des bolcheviks. De plus, le contexte a changé : les mouvements sociaux sont en berne et la révolution n'est plus à l'horizon. De 1915 à 1918, l'urgence était très nette : arrêter le massacre, arrêter la guerre. Par la suite, la situation paraissait révolutionnaire, d'où une nouvelle situation d'urgence. En 1922, Loriot peut « souffler » pour la première fois depuis sept ans (dont presque un an de détention).

Le communiste suisse Jules Humbert-Droz, émissaire de l'IC en France, écrit dans un rapport du 30 mai 1922 à propos de « la gauche » du PC : « *Cette fraction a été affaiblie par l'abandon de Loriot, retiré complètement de la*

---

608 Philippe Robrieux, *Histoire intérieure du Parti communiste*, tome 1, op. cit., p. 113. Robrieux se base ici sur des témoignages oraux recueillis auprès de militants de la période, dont Souvarine. Il est possible que la « *jeune militante* » en question soit Marcelle Brunet, institutrice militante de la FNSI depuis 1910, et membre du CRRI pendant la guerre.
609 Philippe Robrieux, *Histoire intérieure du Parti communiste*, tome 4, Fayard, 1984, p. 397.
610 Rosmer indique dans une lettre du 11 juin 1922 que « *Loriot est malade et pour ainsi dire retiré du mouvement.* » (lettre attribuée à Rosmer, archives Souvarine, IHS Nanterre).
611 Pendant « *la période du Bloc national de 1919 à 1924* », une discrimination anticommuniste est pratiquée au sein de l'Instruction publique (Jean-Jacques Becker et Serge Berstein, *Histoire de l'anticommunisme en France, 1917-1940*, Orban, 1987, p. 230).
612 Témoignages oraux de trois membres de la famille Loriot, recueillis par l'auteur en 2011.

scène politique »⁶¹³. En septembre, le Comité exécutif de l'IC envoie à ses émissaires en France 13 instructions concernant la SFIC. Le point n° 10 est consacré au cas Loriot : « *Le Comité exécutif de l'Internationale communiste considère comme désirable l'entrée dans le nouveau Comité directeur du vieux champion du communisme qu'est le camarade Loriot qui, nous le regrettons, n'a pas, durant l'année écoulée, participé activement au travail.* »⁶¹⁴

Humbert-Droz répond dans un rapport à Zinoviev et Trotski, le 5 octobre : « *Nous avons cherché, comme vous le demandiez, à ramener Loriot, qui a repris des forces physiques et dont les sages conseils seraient utiles à la gauche et au parti. Frossard pensait qu'il pourrait reprendre le secrétariat général.* » En effet, en septembre Frossard a annoncé qu'il ne souhaitait pas se représenter au poste de secrétaire général : dans son rapport au Congrès, parlant de lui à la troisième personne, Frossard écrit « *qu'il n'acceptera pas le renouvellement de son mandat* », par volonté de « *passer la main* » après quatre ans à ce poste⁶¹⁵. Loriot, volontairement retiré du Comité directeur, se voit donc proposer ni plus ni moins que de prendre la tête du PC. Sa réponse va être négative : « *Loriot cependant ne peut pas accepter. Il a acquis une petite boutique de librairie sur laquelle il doit 17 000 francs et qu'il veut faire prospérer pour avoir quelque gagne-pain dans sa vieillesse. Nous lui avons offert que l'Internationale lui payerait un employé pour qu'il puisse se vouer au travail du parti. Il craint qu'un employé ne fasse pas prospérer son affaire et qu'il n'ait plus la force plus tard de se remettre à l'œuvre. Bref il veut garder son affaire pour sa vieillesse et la faire prospérer dès maintenant. Il n'a confiance qu'en lui pour le faire ! Il refuse d'autre part d'être simple membre du Comité directeur.* »⁶¹⁶ Humbert-Droz ne semble pas comprendre que Loriot ne veut tout simplement pas dépendre financièrement de la politique. Fondamentalement, il ne veut pas revenir sur le devant de la « scène politique ». Remarquons donc que dans le PC de 1922, nul ne se bat pour être secrétaire général du parti : au contraire, les deux militants pressentis – Loriot et le sortant Frossard – ne veulent pas du poste. De même, Souvarine annonce à la même période qu'il ne veut aucun poste. Ces militants communistes de 1922 n'étaient de toute évidence pas dévorés par une ambition personnelle, et encore moins atteints par le carriérisme. Un contraste saisissant avec les permanents à vie qui dirigeront le PC par la suite. Malgré son refus, Loriot ne cesse pas pour autant d'être sollicité : dans

---

613 *Archives de Jules Humbert-Droz*, tome I, IISG, 1970, p. 183. Egalement dans Jules Humbert-Droz, *Mémoires tome II : De Lénine à Staline*, La Baconnière, 1971, p. 79, et *L'Oeil de Moscou à Paris*, Julliard, 1964, p. 68.
614 *Archives de Jules Humbert-Droz*, tome I, op. cit., p. 344, et *L'Oeil de Moscou à Paris*, op. cit., pp. 134-135.
615 Parti Communiste (SFIC), *L'Action communiste et la crise du parti*, op. cit., pp. 73-74.
616 *Archives de Jules Humbert-Droz*, tome I, op. cit., p. 363, et *L'Oeil de Moscou à Paris*, op. cit., pp. 146-147.

une lettre du 30 décembre 1922, Humbert-Droz signale qu'il vient de rencontrer Loriot. Mais le fait est juste mentionné, sans aucune précision, nous ne connaissons donc pas la teneur de la discussion[617].

* * *

Il nous faut suivre brièvement l'histoire de la SFIC pendant la quasi-absence de Loriot, qui est une parenthèse dans son activité au sein du Parti socialiste devenu communiste.
Un nouveau congrès de la SFIC doit se tenir à Paris fin octobre 1922. Le 6 octobre, Zinoviev demande au congrès d'adopter enfin les 21 conditions, en précisant : « *Il va de soi que si le Parti communiste français veut proposer au IVe Congrès* [de l'Internationale] *d'introduire telle ou telle modification aux 21 conditions, le Congrès de Paris a parfaitement le droit de le faire.* »[618]
Une motion de politique générale est écrite par Souvarine au nom de la « gauche » du parti, et le courant du « centre » s'y rallie[619]. Cette motion, désormais dénommée officiellement « Frossard-Souvarine », obtient une large majorité au congrès. Maurice Heine propose l'acceptation obligatoire et intégrale des 21 conditions, mais cela est rejeté par le congrès[620]. A l'issue d'un congrès à l'atmosphère très lourde, le vote sur la composition du Comité directeur donne 1698 mandats pour le « centre » (42 %), 1516 pour la « gauche » (38 %), et 814 abstentions (20 %)[621]. Le « centre » s'attribue alors l'intégralité des 24 places du Comité directeur ; bien que la motion de politique générale écrite par Souvarine ait obtenu 73 % des voix du Congrès[622], ni Souvarine ni aucun autre militant de la gauche n'est admis au Comité directeur. Cependant le congrès considère cette composition de la direction comme provisoire[623], et fait appel « *à l'arbitrage du quatrième congrès mondial* »[624] de l'Internationale communiste.

---

617 Jules Humbert-Droz, *Mémoires tome II*, op. cit., p. 131.
618 *L'Oeil de Moscou à Paris*, op. cit., p. 152, et *L'Internationale communiste et sa section française*, op. cit., pp. 102-103.
619 *L'Oeil de Moscou à Paris*, op. cit., p. 125.
620 *L'Humanité* n° 6782, 20 octobre 1922, p. 2.
621 *L'Humanité* n° 6784, 22 octobre 1922, p. 5, avec le détail du vote par fédération. Selon Souvarine, « le Congrès a été la victoire du scandale et de la boue. » (*Bulletin communiste international* n° 43 [sic], 26 octobre 1922, p. 795. La gauche du parti, n'ayant plus la direction du *Bulletin communiste*, a publié ce numéro unique du *Bulletin communiste international*, puis un hebdomadaire intitulé *Cahiers communistes*, dont sept numéros ont paru, du 9 novembre au 21 décembre. Loriot n'apparaît pas dans ses listes de souscription, signe qu'il était à cette époque totalement à l'écart des luttes internes).
622 Face à 6 autres motions (*L'Humanité* n° 6782, 20 octobre 1922, p. 2).
623 Louise Bodin, *Le Drame politique du congrès de Paris*, Paris, s.d. [décembre 1922 ou janvier 1923], p. 53.
624 L.-O. Frossard, *De Jaurès à Lénine, notes et souvenirs d'un militant*, Nouvelle revue

Suite à cette décision du courant Frossard qui élimine toute opposition d'un Comité directeur qui était jusque là pluraliste, l'Internationale, sollicitée, va réagir. Le Congrès mondial, auquel participent des militants des divers courants de la SFIC, propose une composition du Comité directeur et du Bureau politique proportionnelle aux suffrages du Congrès de Paris. Cette proposition semble susceptible de résoudre la crise.

Mais les leaders bolcheviks ont également l'idée absurde de demander aux dirigeants communistes qui en sont membres de quitter la Franc-maçonnerie et la Ligue des droits de l'Homme[625]. Comme l'écrit Philippe Robrieux, « *ce n'est qu'une manœuvre, et ce n'est déjà plus le style révolutionnaire.* »[626] La mesure ne sera pas appliquée de façon systématique, mais restera comme une initiative néfaste prise de façon autoritaire depuis Moscou. N'ayant pas été proposée par un militant de la SFIC, et moralement injustifiable, la décision affaiblit le parti (notons cependant qu'elle n'est pas une surprise complète : cette mesure avait failli être adoptée par le congrès de la SFIO en 1906, et avait de nouveau été proposée et repoussée en 1912[627]). Des militants refusent cette interdiction et choisissent de quitter le PC, dont certains de la gauche du parti comme Antonio Coen, ancien du Comité de la Troisième Internationale, 15ᵉ signataire de la motion Loriot-Souvarine du Congrès de Tours et secrétaire-adjoint du PC en 1921. Des exclusions sont également prononcées.

Le Comité directeur provisoire, uniquement composé de membres du « centre », approuve le 16 décembre les décisions de l'Internationale à une large majorité[628]. Mais Frossard, qui avait pourtant voté pour ces mesures, décide finalement de quitter le parti début janvier. Le Bureau politique du PC envoie plusieurs de ses membres pour persuader Frossard de surseoir à sa décision – en vain[629].

---

socialiste, 1930, p. 198. La Fédération de la Seine écrit que le congrès « *a été unanime pour en appeler au 4ᵉᵐᵉ Congrès Mondial* » (BNF FOL-LB57-19352).
625 « Résolution sur la question française », *Manifestes, thèses et résolutions des quatre premiers congrès mondiaux de l'Internationale communiste*, op. cit., pp. 195-199.
626 Philippe Robrieux, *Histoire intérieure du Parti communiste*, tome 1, op. cit., p. 126.
627 Au Congrès de Limoges de novembre 1906, la proposition d'interdiction d'appartenance à la franc-maçonnerie est rejetée par 150 voix contre 129 (SFIO, *3ᵉ Congrès national, compte rendu analytique*, Paris, p. 280) – rappelons que Loriot était lui-même concerné au moment de ce vote serré. Au Congrès de Lyon de février 1912, quatre motions sont en présence : c'est celle d'autorisation complète de double appartenance qui l'emporte (1505 mandats), celle d'interdiction est balayée (103 mandats), une motion intermédiaire n'interdisant rien mais appelant à se consacrer au parti obtient 927 mandats, enfin une motion de la Fédération du Gers obligeant les membres de la SFIO à adhérer à la franc-maçonnerie ne recueille que 5 mandats (SFIO, *9ᵉ Congrès national, compte rendu sténographique*, Paris, p. 575).
628 Philippe Robrieux, *Histoire intérieure du Parti communiste*, tome 1, op. cit., p. 127, Robert Wohl, *French Communism in the Making*, op. cit., p. 305, et *L'Humanité* n° 6840, 17 décembre 1922, p. 1. Ce vote important n'est malheureusement pas mentionné dans Stéphane Courtois et Marc Lazar, *Histoire du Parti communiste français*, PUF, 2000.
629 Lettre de Louis Sellier au CE de l'IC, 3 janvier 1923 (3 MI 6/4 séquence 43). Les deux

Le Conseil national du 21 janvier 1923 élit un nouveau Comité directeur où la gauche du Parti fait son retour avec 9 membres sur 24, la majorité relative restant au centre, conformément à ce que préconisait le congrès de l'IC. Souvarine et Rosmer sont élus au Bureau politique de 7 membres.

Début 1923, des syndicalistes révolutionnaires comme Monatte adhèrent finalement à la SFIC, et participent à la rédaction de *L'Humanité*[630]. Monatte adhère justement après la démission de Frossard : « *Les politiciens partaient, il fallait entrer. Je ne pensais pas qu'un tas d'autres politiciens, ou des nouveaux, politiciens de parti, politiciens de syndicats, restaient ou se formaient.* »[631]

Le 16 février 1923, Loriot participe semble-t-il à une réunion de la commission financière de la SFIC – du moins son nom figure-t-il dans la convocation publiée la veille[632]. Ce n'est de toute façon pas un retour à un engagement partisan au sein de la direction, mais une aide ponctuelle par l'apport de son expérience d'ancien trésorier de la SFIO. Quelques mois plus tard (début septembre), c'est son gendre Maurice Fromentin qui deviendra trésorier du parti. Loriot est également membre en mars d'une commission chargée de statuer sur les salaires des permanents du PC : sur ses six membres, il est le seul à ne pas être au Comité directeur[633]. Le CD fait donc appel à lui de façon très ponctuelle, comme à un « sage » éloigné des querelles quotidiennes, pour participer au traitement de certaines questions « techniques »[634].

En janvier 1923, l'armée française envahit et occupe la Ruhr, région industrielle de l'Allemagne, dans le but d'obtenir les indemnités de guerre très élevées prévues par le traité de Versailles. La SFIC mène une vigoureuse campagne contre cette occupation. C'est une campagne antimilitariste et internationaliste, de solidarité avec les travailleurs d'Allemagne, à contre-courant complet de la propagande du gouvernement. C'est en fait la position que les pacifistes révolutionnaires auraient voulu que la SFIO adopte en août 1914. Cet engagement est très impopulaire auprès d'une majorité de la

---

lettres de démission de Frossard sont publiées dans *L'Humanité* n° 6858, 4 janvier 1923, p. 1, suivies d'une réponse du Comité directeur provisoire. La seconde lettre est également publiée dans *Le Populaire* n° 835, 4 janvier 1923, p. 1. Précisons que contrairement à ce que l'on trouve parfois écrit par erreur, Frossard n'était pas franc-maçon à cette période.
630 Monatte avait intégré la rédaction de *L'Humanité* dès mars 1922.
631 Pierre Monatte, *Trois scissions syndicales*, op. cit., p. 245.
632 *L'Humanité* n° 6990, 15 février 1923, p. 4, et compte-rendu du Comité directeur du 29 janvier 1923 : Loriot fait partie, en tant que « *ex-trésorier du Parti* », des 7 membres désignés de la commission (3 MI 6/5 séquence 44).
633 Compte-rendu du Bureau politique du 3 mars 1923 (3 MI 6/5 séquence 45), compte-rendu du Comité directeur du 12 mars 1923 (3 MI 6/5 séquence 44), et *L'Humanité* n° 7030, 27 mars 1923, p. 4.
634 Il est également membre d'une autre commission en septembre/octobre 1923 (cf Bureau politique des 28 septembre et 30 octobre 1923, 3 MI 6/5 séquence 45).

population. La répression est dure, de nombreux militants communistes étant emprisonnés.

Du 20 au 23 janvier 1924, un nouveau congrès de la SFIC se tient à Lyon. Monatte intègre le Comité directeur, Rosmer et Souvarine sont réélus au CD et au Bureau politique. Le congrès adopte une résolution qui condamne le « *centralisme excessif* » et la « *discipline trop mécanique* », et qui prône « *le front unique prolétarien.* »[635] Robrieux commente ainsi le résultat de ce congrès : « *Aux côtés de Souvarine, qui représente le meilleur du talent et de la fougue révolutionnaire d'une nouvelle génération qui peuple maintenant le Parti, Monatte, Rosmer et Dunois incarnent, eux, tous les trésors de la richesse ouvrière et de l'expérience militante. Dès le début contre la guerre, pour la Révolution russe, la Révolution mondiale, l'Internationale de Lénine et de Trotski, ces hommes sont pour la base les premiers et les vrais communistes.* »[636]

Mais après la mort de Lénine le 21 janvier 1924, le pouvoir de Staline et Zinoviev en URSS s'affirme de plus en plus ouvertement. Ils mènent une lutte brutale contre leurs opposants au sein du parti russe – dont Trotski est le plus connu – qui demandent plus de démocratie interne[637]. Dans ce cadre, la direction bolchevique va mener une offensive autoritaire contre la gauche de la SFIC, qui fait preuve de trop d'esprit critique[638] ; ces militants entendent résister à la « bolchévisation » du PC, ainsi qu'à la mainmise de Zinoviev et Staline sur le parti russe et sur l'Internationale. Cette offensive de la direction du Parti unique russe va s'exercer via l'appareil de l'IC : le financement du PC par Moscou prend des dimensions inconnues jusqu'alors[639].

Début janvier déjà, quelques jours avant la mort de Lénine, Souvarine avait stigmatisé dans le *Bulletin communiste* « *la faute commise par Staline en donnant à la controverse une tournure personnelle* », ajoutant : « *celui-là se trompe qui s'imagine pouvoir, devant le prolétariat mondial, séparer les noms de Lénine et de Trotsky.* »[640]

---

635 « Les résolutions du Congrès de Lyon », *L'Humanité* n° 7334, 26 janvier 1924, p. 4.
636 Philippe Robrieux, *Histoire intérieure du Parti communiste*, tome 1, op. cit., p. 202.
637 Depuis octobre 1923, des bolcheviks – dont Trotski, Preobrajenski, Chliapnikov et Sapronov – demandent plus de démocratie dans le parti, et s'opposent au « bureaucratisme ».
638 En décembre 1923, Souvarine écrivait à propos du parti russe : « *Il faut mener une guerre impitoyable à l'esprit bureaucratique, à ce que Lénine appelait la "vanité communiste", à l'influence desséchante des camarades encroûtés dans leurs fonctions d'Etat.* » (*Bulletin communiste* n° 50, 13 décembre 1923, p. 900). Dans un autre numéro, Souvarine résume de façon favorable un article de Sapronov demandant la mise en place de « *la démocratie ouvrière* » (*Bulletin communiste* n° 52, 27 décembre 1923, p. 946) ; Sapronov avait déjà, quelques années plus tôt, dénoncé le « *centralisme bureaucratique* » de la direction bolchevique.
639 Boris Souvarine, *Lettre à l'Opposition russe (1927)*, dans *A contre-courant, écrits 1925-1939*, Denoël, 1985, en particulier pp 141-145 ; même texte dans CAC 19940459/279.
640 Boris Souvarine, « "Cours nouveau" du Parti bolchevik », *Bulletin communiste* n° 1

Selon Robrieux, face à « *une chasse à l'homme* », Souvarine se refuse « *avec fermeté à entériner les méthodes utilisées contre Trotski et ses amis. C'est ici, au fond, une réaction morale de qui ne peut accepter des actes en contradiction flagrante avec les valeurs auxquelles il a adhéré.* »[641]
Le Comité directeur du 12 février 1924 adopte sur proposition de Souvarine une résolution d'indépendance sur « la question russe », avec seulement deux voix contre (Treint et Girault). Selon Souvarine, l'Internationale aurait son mot à dire sur la situation au sein du parti russe comme de tout autre parti. Il est évident que cela est en contradiction totale avec la conception et les intérêts de la bureaucratie russe dirigée par Staline, Zinoviev et Kamenev. Souvarine « *a entraîné le Comité directeur dans la voie du rejet de l'antitrotskisme de combat. Avec Zinoviev et la Troïka, c'est donc l'épreuve de force.* »[642] La direction bolchevique combat dès lors Souvarine et ses amis : « *seront ainsi dits de "droite" tous ceux qui vont s'opposer à la campagne antitrotskiste – de Boris Souvarine à Alfred Rosmer, en passant par Pierre Monatte.* » Pour appuyer cette « *dénonciation d'une droite forgée de toutes pièces* », la direction de l'IC multiplie « *les pressions idéologique, sentimentale, politique et matérielle* »[643]. Le même type de processus s'impose dans toute l'IC à la même période. Le 18 mars, en l'absence de Souvarine, le CD est retourné. Seul Monatte tient bon en votant contre la nouvelle thèse[644]. Cela ne suffit encore pas, il faut empêcher l'hérétique de s'exprimer : Souvarine se voit retirer la direction du *Bulletin communiste*. Souvarine écrit à cette période que « *ceux qui ont peur de la critique communiste se disqualifient eux-mêmes.* »[645]
Signe de cette transformation interne, en avril 1924 « *pour la première fois depuis la fondation du PCF,* L'Humanité *ressemblait à la* Pravda. »[646] Fin mai, Monatte annonce sa démission de responsable de la rubrique « Vie sociale » de *L'Humanité*, ses camarades également venus du syndicalisme révolutionnaire démissionnant de même : Rosmer, Ferdinand Charbit, D. Antonini, Victor Godonnèche et Maurice Chambelland. Ils dénoncent les orientations de la nouvelle direction qui conduit selon eux « *à la faillite* » du PC[647]. Se plaignant du fait que le compte-rendu de son intervention au congrès de la Seine publié dans *L'Humanité* est fallacieux, Monatte écrit :

---
sixième année [sic, en fait 5ᵉ année], 4 janvier 1924, p. 5.
641 Philippe Robrieux, *Histoire intérieure du Parti communiste*, tome 1, op. cit., p. 203.
642 Idem, p. 205.
643 Idem, pp. 207-209. Concernant l'ensemble de cette manœuvre de retournement du premier semestre 1924, cf pp. 202 à 217, en particulier la sous-partie « Le rouleau compresseur du Komintern ».
644 *L'Humanité* n° 7395, 27 mars 1924, p. 4. Rosmer s'abstient, Souvarine et Dunois sont absents mais indiquent voter contre. Une contre-résolution proposée par Souvarine est publiée dans *L'Humanité* le 3 avril 1924.
645 *Bulletin communiste* n° 11, 14 mars 1924, p. 302.
646 Robert Wohl, *French Communism in the Making*, op. cit., p. 379.
647 *Bulletin communiste* n° 21, 23 mai 1924, pp. 509-510.

« Cela m'est égal d'être écrasé – c'est mon sort d'être dans la minorité – mais c'est le moins qu'on m'y mette avec les idées que j'ai exposées. »[648]

La direction russe s'appuie désormais en France sur Albert Treint et Suzanne Girault, profitant de désaccords antérieurs entre ces derniers et Souvarine. Au Congrès de l'IC, Souvarine organise une rencontre de la délégation de la SFIC avec Trotski ; Girault riposte en organisant une rencontre avec Staline[649]. Les choix sont donc nets. Après avoir dénoncé les attaques menées contre Trotski, et ce à la tribune même du congrès du parti russe, Souvarine est exclu par l'Internationale en juillet 1924. L'exclusion du leader de la gauche critique n'est qu'un des aspects du bouleversement imposé au PC. Lors du Conseil national du 1er juin, Louis Sellier déclare qu'il faut que *« nos partis communistes deviennent des partis bolcheviks »*[650]. Le fond du changement d'orientation est là : il ne s'agit plus de construire un parti qui soit communiste, mais *a contrario* de singer le parti unique russe. Devant la divergence irréconciliable entre ces deux projets, les principaux acteurs de la création du Parti communiste n'eurent comme choix que de continuer à défendre leurs idées – les menant à l'exclusion ou à la marginalisation –, ou de se renier pour rester dans l'appareil. Alors que le nombre d'adhérents se réduit, le financement par l'URSS s'accroît pour mettre en place un appareil de permanents, système qui facilite la docilité et le contrôle.

Les *Cahiers du bolchevisme*, créés en novembre 1924 en remplacement du *Bulletin communiste*, sont fortement imprégnés de pré-stalinisme. Signe de ce changement, le nom même de l'hebdomadaire du Parti ne fait plus référence au « communisme » mais au « bolchevisme ». On observe une transposition servile du discours tenu par la direction de l'URSS : Souvarine, Rosmer et Monatte y sont attaqués et diffamés ; on lit à propos d'un discours de Trotski : *« Staline en a fait une critique […] Staline a exactement exprimé notre point de vue. »*[651] L'expression *« droite internationale »* est utilisée pour qualifier Trotski et tous les communistes oppositionnels, suivant en cela l'usage de la direction Staline-Zinoviev à Moscou. Un paragraphe est intitulé *« La lutte acharnée contre l'opposition, condition de la lutte simultanée contre la bourgeoisie »*, où on voit une dénonciation des *« erreurs trotskystes et luxembourgistes »*[652]. On affirme de façon péremptoire que *« seules, la théorie, la tactique et la pratique données par Lénine et **appliquées par ses élèves**, sont vraiment justes […] toutes les autres méthodes et théories développées même par les meilleurs*

---

648 *L'Humanité* n° 7451, 23 mai 1924, p. 2.
649 Robert Wohl, *French Communism in the Making*, op. cit., pp. 391-392.
650 *L'Humanité* n° 7461, 2 juin 1924, p. 2.
651 *Cahiers du bolchevisme* n° 1, 21 novembre 1924, p. 6.
652 *Cahiers du bolchevisme* n° 2, 28 novembre 1924, pp. 94 et 100.

révolutionnaires (comme Trotsky et Rosa Luxemburg) sont fausses »[653]. Cette volonté de combattre les courants communistes au travers de leurs théoriciens, qu'il soit léniniste (Trotski) ou marxiste (Rosa Luxemburg, pourtant morte depuis plus de cinq ans), est l'un des aspects flagrants de cette rupture qu'est la « bolchevisation ». Il ne s'agit plus de vouloir se baser sur la théorie marxiste, mais sur le « léninisme ». Dunois, en se basant sur l'avis du marxiste et marxologue russe David Riazanov, dira en janvier 1925 qu'il pense « *avec le camarade Riazanov que nous courons le danger de connaître le léninisme depuis A jusqu'à Z et d'ignorer le marxisme.* »[654]

Monatte, Rosmer et Delagarde, membres du Comité directeur, écrivent le 5 octobre 1924 une lettre de protestation au Bureau politique : elle n'est ni publiée, ni discutée. Le 5 novembre, Rosmer redemande au Bureau politique la publication de cette lettre, et se plaint qu'on ne leur laisse aucune possibilité de s'expliquer dans les organes du parti[655]. Le 16 novembre, il écrit au secrétaire général Pierre Semard pour constater que la lettre du 5 octobre est toujours censurée. Monatte, Rosmer et Delagarde décident alors de publier ces documents eux-mêmes pour les faire connaître des militants, et ajoutent une lettre du 24 novembre où ils donnent avec une franchise cinglante leur avis sur l'évolution du PC : « *Une mentalité de chambrée se crée et les mœurs de sous-offs s'installent. Il n'est question que d'appareil à faire fonctionner, de permanents à instituer. Bientôt la bureaucratie du Parti fera la pige à celle de l'Etat français. On dit que le Parti doit être une cohorte de fer. En réalité, quiconque fait preuve de caractère doit être brisé. [...] Il faut s'incliner, non devant des idées ou des décisions prises par l'organisation, mais devant des hommes. Par ce moyen, ce ne sont pas des cadres solides que l'on prépare, ce n'est pas une cohorte de fer que l'on forme, mais un régiment de limaces.* »[656]

En conséquence, ils sont tous trois exclus du PC début décembre. C'est l'aboutissement d'une volonté de Moscou d'écarter ces gêneurs : dès mars 1924, il s'agissait pour l'envoyé des bolcheviks en France de « *tuer politiquement* » Rosmer[657]. En moins d'un an, sans qu'un nouveau congrès du PC n'ait eu lieu, l'organisation a déjà radicalement changé.

---

[653] Idem, p. 66. Souligné par nous.
[654] Intervention au Congrès de Clichy (BNF 4-LB57-18608 (4,1), p. 165).
[655] Pierre Monatte, Alfred Rosmer et Victor Delagarde, *Lettres aux membres du Parti Communiste. Avant le Congrès de Janvier. Quelques documents*, s.l.n.d. [fin novembre 1924], p. 24.
[656] *Lettres aux membres du Parti Communiste*, op. cit., pp. 11-12.
[657] Lettre de Gouralski au CE de l'IC (9 mars 1924), dans Mikhail Panteleiev, « Abraham Gouralski, itinéraire d'un Kominternien », *Communisme* n° 53-54, 1er semestre 1998, p. 80.

Ne se décourageant pas, les exclus Monatte et Rosmer font paraître en janvier une nouvelle revue : *La Révolution prolétarienne*, qui se définit comme « *syndicaliste communiste* »[658].

Avec la « bolchevisation », il s'agit pour Moscou de favoriser les individus les plus serviles, quelles qu'aient été leurs positions antérieures. De fait, les principales figures de la gauche du PC sont exclues ou poussées à la démission à partir de 1924. L'historien Robert Wohl décrira la bolchevisation comme un « *processus de corruption, d'auto-trahison et de soumission* »[659]. L'historienne Annie Kriegel aboutira à la conclusion qu'en fin de compte, « *la bolchevisation des PC devait se confondre avec leur stalinisation.* »[660] Souvarine écrivait dès mai 1925 : « *"Bolcheviser", cela signifie en Russie chasser les véritables artisans de la révolution d'Octobre, ailleurs exclure les fondateurs de nos partis, les internationalistes de 1914-15, les bolcheviks de 1917, les partisans de Zimmerwald et de Kienthal, les Spartakistes d'Allemagne et les membres du Comité de la 3ᵉ Internationale de France, les militants les plus expérimentés et les mieux éprouvés ; on les remplace aisément par des "léninistes de 1924", racolés on sait comment ; on "éduque" les recrues dans des "écoles" dites, elles aussi, "léninistes" (hélas, pauvre Lénine ! cher et grand Lénine !) ; on fabrique une bureaucratie de parasites et de budgétivores ; et l'on obtient des majorités de 100 % à chaque occasion.* »[661]

*   *   *

Fernand Loriot a vendu sa librairie à l'été 1924 : en effet, suite à la victoire du Cartel des gauches aux élections législatives de mai 1924[662], on s'attend à ce que le nouveau gouvernement réintègre les instituteurs victimes de répression politique. Mais la réintégration de Fernand Loriot dans l'enseignement tarde à venir, comme il le mentionne avec une lassitude ironique dans une lettre à Louis Bouët du 26 août 1924 : « *je viens de vendre mon "fonds lucratif"* […] *le 10 septembre prochain, j'aurai réintégré (voilà toujours une réintégration) mon ancien domicile 9 avenue du Pont de Flandre (19ᵉ).* »[663] Loriot écrit qu'il souhaite reprendre sa classe

---

658 Voir Colette Chambelland, « La naissance de la Révolution prolétarienne », *Communisme* n° 5, 1984, en particulier pp. 81-87. Sont également membres du « noyau » : Antonini, Chambelland, Charbit, Delagarde, Godonnèche, etc.
659 Robert Wohl, *French Communism in the Making*, op. cit., p. 356.
660 *La IIIᵉ Internationale*, dans Jacques Droz (dir.), *Histoire générale du socialisme*, tome 3, PUF, 1997, p. 87.
661 Un communiste [Boris Souvarine], « Après six mois de bolchevisation », *La Révolution prolétarienne* n° 5, mai 1925, p. 22.
662 Le Cartel des gauches était un accord électoral allant du centre-gauche à la SFIO, cette dernière refusant cependant d'intégrer le gouvernement.
663 Archives Bouët, IFHS 14 AS/470.

« *simplement, sans vain tapage, mais fièrement, sans rien renier de mes opinions communistes et de mon droit, hors de l'école, de descendre [...] dans l'arène politique.* »[664] Mais sa demande d'un poste pour la rentrée 1924 ne recevant pas de réponse favorable, il est contraint de reprendre, en attendant, un travail de comptable.

Le 23 octobre, Loriot et deux autres instituteurs de la Fédération de l'enseignement qui demandent leur réintégration, Lucie Colliard et Pierre Berthelin (tous deux également adhérents du PC), écrivent au Bureau fédéral de leur syndicat pour lui demander une action plus énergique en faveur des révoqués[665]. Ils sont entendus, et la FMEL multiplie les protestations pour la réintégration de ses militants, dont Loriot[666]. Sa situation est complexe : Loriot n'est pas révoqué, « *il a quitté son service en 1919, avec un congé régulier. Une procédure aux fins de révocation a bien été engagée contre lui en 1921 pour action communiste – ce qui prouve qu'à ce moment-là, l'administration le considérait comme étant dans les cadres – mais [...] son affaire fut disjointe.* »[667] Loriot renouvelle sa demande de réintégration, mais l'administration ne lui donne aucune réponse claire[668].

En novembre, interpellé à la Chambre des députés sur la situation des révoqués, le ministre de l'Instruction publique François Albert répond qu'il y a en effet « *quatre ou cinq candidats à la réintégration* » à qui il ne donne pas satisfaction, car ils sont selon lui coupables d'avoir propagé des idées qui « *peuvent paraître excessives.* »[669] Le 12 février 1925, recevant une délégation syndicale, le ministre est plus spécifique : Loriot ne peut pas être réintégré car « *il a trop fait parler de lui.* »[670] Berthelin écrit aux Bouët le 3 mars 1925 que si une réintégration en bloc ne pouvait pas être obtenue, il faudrait alors « *porter l'action sur ceux qui ont le plus besoin de leur réintégration comme Loriot [...] Avec son passé et fatigué comme il l'est, c'est une question de conscience révolutionnaire d'arracher à tout prix sa réintégration.* »[671] Mais la situation de Loriot ne se résoudra finalement qu'en janvier 1926.

---

664 *L'Ecole émancipée* n° 44, 20 juillet 1924, pp. 606-607.
665 IFHS 14 AS/470.
666 « Réintégrez nos révoqués », *L'Humanité* n° 7611, 30 octobre 1924, p. 2, « Réintégrez-les tous ! », *L'Ecole émancipée* n° 18, 25 janvier 1925, etc.
667 « Fédération des Syndicats de l'Enseignement. Une situation étrange », *L'Humanité* n° 7787, 9 mars 1925, p. 3.
668 Lettres recommandées de Fernand Loriot au directeur de l'Enseignement primaire de la Seine, 1er et 27 novembre 1924 (AD75 D1T1460), et Joseph Rollo, « Loriot doit être réintégré », *L'Ecole émancipée* n° 20, 8 février 1925, pp. 245-246.
669 Cité d'après le *Journal officiel* dans *L'Ecole émancipée* n° 10, 30 novembre 1924, p. 113.
670 J. Rollo, « Le Gouvernement contre le personnel enseignant », *L'Ecole émancipée* n° 23, 1er mars 1925, pp. 286-287.
671 IFHS 14 AS/472.

IV : Communiste oppositionnel

« *C'est de cette époque bolchevisatoire que le gel gagna tous les rouages du PCF* » (Charles Tillon[672])

« *Au-dessus de l'organisation, il y a la vérité !* » (Fernand Loriot[673])

L'atmosphère étouffante dans le Parti n'incite pas Loriot à revenir au militantisme quotidien, mais c'en est trop : les militants proches de ses idées, élus au Comité directeur et au Bureau politique par le dernier Congrès en date, sont exclus – et ce avant même le prochain Congrès, pourtant annuel. Les idées qu'il défendait à la création du PC lui semblent reniées. Ainsi écrira-t-il : « *Ce n'est pas par goût, mais par devoir que j'ai recommencé à agir dans le P.C. pour le soustraire à la bolchevisation.* »[674]

Au cours de l'année 1924, le PC est réorganisé sur le modèle du parti unique russe : les sections sont supprimées, on met en place des « cellules d'entreprise » basées sur des usines ou d'autres lieux de travail, auxquelles on rattache les autres militants, et à l'échelon supérieur on instaure des « rayons ». En 1924 Loriot est donc affecté à la « Cellule des abattoirs », constituée autour des travailleurs communistes des abattoirs de la Villette qui étaient proches de son domicile. Il participe régulièrement aux réunions de sa cellule, ainsi qu'à celles du 1ᵉʳ rayon dont elle dépend.

Opposition à l'intérieur du parti communiste

En décembre 1924, Fernand Loriot et Pierre Berthelin écrivent pour le congrès de la Fédération communiste de la Seine un « Schéma de résolution sur la situation internationale ». Ce texte va explicitement à l'encontre de celui proposé au nom de la direction par Treint, et se présente comme une alternative. Loriot et Berthelin décrivent la situation mondiale, écrivant que « *la guerre économique a succédé à la guerre des armes, mais avec le même but, le même caractère implacable.* » Ils s'attachent ensuite à critiquer la bolchevisation, dénonçant un fonctionnement interne où « *éducation et discussion sont impossibles* », et ajoutant : « *S'il est nécessaire qu'un accord règne dans le Parti sur les points essentiels de doctrine, ceci ne veut pas dire que, pour donner une idéologie unique il faille étouffer toute pensée et se prosterner devant quelques dogmes.* » Ils dénoncent, déjà, une forme d'organisation que l'on qualifiera plus tard de stalinienne : « *Le Parti dans*

---

672 Charles Tillon, *On chantait rouge*, Robert Laffont, 1977, p. 105.
673 Déclaration au Congrès de Lyon de la CGT le 19 septembre 1919 (*Compte rendu sténographique*, p. 243).
674 Note autobiographique de 1928, document cité, corrigé d'après le manuscrit.

lequel on exige une obéissance aveugle est un appareil de dictature mais de dictature uniquement, comme fin et comme moyen […] *Le Parti français actuel est issu, non de la situation politique et économique de notre époque, mais d'un conflit spécifiquement russe.* […] *Il ne faut pas qu'il se crée une solidarité d'intérêts matériels égoïstes entre fonctionnaires communistes* [c'est-à-dire entre permanents du parti] *et, pour cela, ils doivent être élus par la* masse *et non nommés par le centre.* »

Enfin, Loriot et Berthelin rejettent la vision « *simpliste* » que la direction donne du fascisme – Treint écrivant par exemple en décembre 1924 : « *La démocratie, y compris le socialisme, passent ouvertement dans le camp du fascisme.* »[675] A l'inverse, les deux oppositionnels écrivent : « *La violence antiprolétarienne peut revêtir différentes formes, le fascisme est une de ces formes. C'est la formation illégale de combat créée et entretenue par les grandes puissances d'argent lorsque leur expression politique, l'Etat, et leur légalité leur paraissent impuissants à conjurer le péril révolutionnaire.* […] *La démocratie est par essence antifasciste* […] *Le Parti communiste, sans altérer ses principes, sans aliéner son indépendance, sans restreindre sa propagande, a un intérêt évident à rechercher le front unique de lutte contre le fascisme.* »[676]

Loriot n'étant pas présent, c'est Berthelin qui s'exprime lors du congrès départemental. Mais le compte-rendu de *L'Humanité* ne donne aucun véritable élément de son discours, qui est présenté sous l'appellation délirante de « *diversion social-fasciste* »[677], et il est même exclu du parti[678] !

Ce congrès fédéral vote une résolution qui « *condamne absolument les opinions émises par Trotsky et reprises par différents éléments de la droite internationale* », ce qualificatif « droite » désignant en fait les communistes oppositionnels. La résolution ne manque pas de condamner ce qu'elle appelle « *les erreurs commises avant octobre 1917, par Trotsky et Rosa Luxembourg* », et indique également que la social-démocratie « *tend à présenter les mêmes caractères essentiels que le fascisme* »[679] ! Il s'agit d'un texte qui est déjà très éloigné de la réalité, et qui se situe dans la ligne du

---

[675] Albert Treint, « Lutter sans cesse pour la bolchevisation », *Cahiers du bolchevisme* n° 6, 26 décembre 1924, p. 369. La direction amalgame à cette époque fascisme, social-démocratie et anarchisme.

[676] Souligné dans l'original. *Cahiers du bolchevisme* n° 8, 9 janvier 1925, pp. 555-558. Une version dactylographiée de 5 pages figure dans les archives Monatte du Musée social, Paris (dossier 9-3).

[677] « L'assemblée de la Région parisienne. Congrès de bolchévisation », *L'Humanité* n° 7710, 22 décembre 1924, pp. 1-2.

[678] Son exclusion est prononcée sous le prétexte que pour être délégué au congrès il aurait prétendu dans son rayon être en accord avec la direction. Berthelin sera défendu dans la « lettre des 80 » de l'opposition en février 1925 (voir annexe 6). Il a lui-même écrit début 1925 une protestation contre son exclusion (tapuscrit de 2 pages, archives Monatte du Musée social, dossier 10-3).

[679] *L'Humanité* n° 7716, 28 décembre 1924, p. 4.

dogmatisme pré-stalinien. Il est, dans ce contexte, parfaitement logique que la proposition Loriot-Berthelin soit rejetée sans même un vote : tant l'analyse que les perspectives sont clairement antagonistes de celles de la direction.

Le quatrième congrès du PC s'ouvre à Clichy le 17 janvier 1925. « *C'est un Congrès préfabriqué* »[680], pour la première fois de son histoire. Cependant, quelques oppositionnels parviennent à y prendre la parole. Dunois rappelle le vote du congrès précédent contre « *le centralisme excessif* » et regrette qu'il n'en ait pas été tenu compte : au contraire, il accuse la nouvelle direction d'avoir « *gardé le centralisme et rejeté la démocratie.* » Il prend également la défense des exclus (Souvarine, Rosmer, Monatte et Delagarde), qui ont selon lui été victimes d'une « *injustice* » qui « *sera tôt ou tard réparée par le parti lui-même mieux informé, mieux éclairé et plus conscient.* »[681]

Loriot intervient à son tour : il se solidarise d'abord avec l'intervention de Dunois, et ajoute qu'il regrette que « *sous le nom de léninisme* » on crée « *de toutes pièces une doctrine nouvelle cristallisée* ». Il exprime plus largement son désaccord avec l'orientation de l'IC : « *Je ne suis pas d'accord avec les décisions du 5ème congrès mondial*[682], *avec les décisions prises par le parti devant ce 5ème congrès mondial. […] La bolchévisation des partis se traduit dans la pratique par la création d'un appareil formidable de dictature sur le parti […] On arrive ainsi, qu'on le veuille ou non, à créer une sorte de bureaucratisme terrible et étendu, le même bureaucratisme que dans le parti russe. […] A mon avis, tout le problème est lié à ce qu'on appelle la démocratisation des partis en général.* » Si l'on peut selon lui trouver des enseignements « *dans le passé révolutionnaire du parti bolchevik* », cependant « *ce n'est pas une chose que nous devons nous efforcer de copier servilement. Si nous faisons cela, c'est le dessèchement du parti.* »

Loriot expose la volonté de l'opposition communiste : « *Nous voulons que, dans le parti, la plus large discussion s'instaure sur toutes les questions. […] Il ne suffit pas de dire au parti : vous avez la possibilité de discuter librement ; si l'appareil que vous avez créé interdit en fait la liberté de cette discussion, cette liberté n'est plus qu'un vain mot. Or, c'est précisément ce qui se produit à l'heure actuelle.* » Selon lui, « *le parti n'existe plus en fait* » : la direction est tout puissante et décide seule[683]. Outre ce discours, Loriot tente à plusieurs autres reprises de s'exprimer en réagissant pendant les discours des dirigeants Treint, Jacques Doriot et Suzanne Girault.

---

680 Philippe Robrieux, *Histoire intérieure du Parti communiste*, tome 1, op. cit., p. 234.
681 Le compte-rendu sténographique de ce congrès, qui n'a jamais été publié par le PC, signale « *applaudissements* » à la fin de son intervention (BNF 4-LB57-18608 (4,1), et 3 MI 6/10 séquence 89).
682 Il s'agit du V congrès de l'Internationale, de l'été 1924.
683 3 MI 6/10 séquence 89, pp. 201-208 (pages manquantes dans les épreuves de la BNF). Version résumée et atténuée dans *L'Humanité* n° 7737, 18 janvier 1925, p. 2.

A l'issue du congrès, il n'y a plus aucun oppositionnel au sein du Comité directeur – qui est rebaptisé Comité central. Ce Congrès n'est en pratique que la chambre d'enregistrement des changements intervenus depuis le Congrès de Lyon de l'année précédente, modifications contraires aux votes de ce congrès et imposées de l'extérieur, qui n'ont en aucun cas été le résultat d'une délibération des militants.

Après le congrès, Loriot écrit dans une lettre à Louis et Gabrielle Bouët le 28 janvier 1925 : « *Je suis extrêmement surpris de constater que la situation actuelle du Parti communiste (elle est grave) n'a provoqué en province aucune réaction sensible. […] Une ère difficile, **très difficile**, s'ouvre, non seulement pour le Parti, mais pour la C.G.T.U. L'incroyable aveuglement de l'Internationale communiste au Ve Congrès, la stupidité de l'équipe qu'elle a poussée ici à la direction du mouvement ouvrier, déroulent leurs conséquences logiques – quand les yeux s'ouvriront, il sera déjà bien tard. Avez-vous quelque écho de la situation en Maine-et-Loire ? Y a-t-il des cellules ? Vivent-elles ?* »[684] On peut constater la lucidité de Loriot : il a bien vu que les changements ont été décidés à Moscou. Il s'agit en effet d'une nouvelle orientation décidée par la bureaucratie régnante de l'URSS, laquelle ne s'inquiète pas tant du recul des effectifs de la SFIC que de l'esprit critique exprimé par les communistes oppositionnels.

Le 8 février, Loriot est à l'Assemblée Fédérale du PC de la Seine. Dès l'ouverture des débats, il demande la parole, qui lui est refusée[685]. Selon un rapport de police, il « *voulait défendre Souvarine contre les attaques de Treint, mais il en fut empêché par un auditoire hostile.* »[686] Dunois écrit à Humbert-Droz : « *Hier, à l'Assemblée Fédérale de la région parisienne, ni Loriot ni moi n'avons pu parler. Il nous a fallu interrompre sans cesse, dans le brouhaha, pour dénoncer les assertions démesurément mensongères des orateurs du Centre* [la direction]*, ou pour répondre à leurs provocations directes.* »[687]

Mais Dunois et Loriot reçoivent ensuite une réponse de Zinoviev, datée du 7 février, qui est une fin de non-recevoir opposée à un courrier antérieur de Dunois. Il faut dire que Zinoviev a reçu un rapport interne d'un émissaire de l'IC sur le Congrès de Clichy, où Dunois et Loriot sont qualifiés de « *droite trotzkyste* »[688] [sic]. Zinoviev balaie donc d'un revers de main toutes les critiques des oppositionnels, s'en prend particulièrement à Souvarine, Monatte et Rosmer, et menace : « *si vous et les camarades qui partagent vos idées faites un seul pas dans la direction de* [Souvarine]*, nous cesserons de*

---

684 Souligné par Loriot dans l'original manuscrit. Archives Bouët, IFHS 14 AS/472.
685 *L'Humanité* n° 7759, 9 février 1925, p. 1.
686 Note de février 1925 sur Loriot, CAC 19940459/360.
687 Lettre du 9 février 1925 [datée par erreur de 1924], dans *Archives de Jules Humbert-Droz*, tome II, IISG, 1983, p. 362.
688 Rapport spécial du 3 février 1925, 3 MI 6/10 séquence 88.

vous considérer comme nos camarades. » Il tente de les amener dans la ligne, en ajoutant : « *Je ne peux croire un seul instant que le camarade Loriot soit capable de s'engager dans cette voie. Je voudrais croire que vous aussi, camarade Dunois, vous vous ressaisirez à la dernière minute.* » Enfin, à une demande de Dunois de convier des représentants de l'opposition du PC à Moscou, Zinoviev répond : « *Votre proposition de vous inviter comme partie adverse à la réunion du Comité exécutif élargi est naturellement inacceptable. Nous ne pouvons reconnaître aucune fraction en France. Le Comité central élu au Congrès de Clichy représente* tout *le Parti. Vous représentez uniquement vous-même.* »[689]

N'infléchissant pas ses critiques, l'opposition communiste élabore une lettre destinée à l'Internationale concernant l'état intérieur du PC. Achevée en février 1925, elle est signée de 80 militants communistes, d'où son appellation de « lettre des 80 ». Ses principaux initiateurs – Loriot, Dunois et Paz – ont fait appel aux réseaux militants issus de la lutte contre la guerre : parmi les signataires, on retrouve donc d'anciens du CRRI et du C3I comme Marthe Bigot, Joseph Boyet (5e signataire de la motion Loriot-Souvarine du Congrès de Tours), Hélène Brion, Roger Hagnauer, Marcel Hasfeld, César Hattenberger, etc[690].

Loriot envoie la lettre des 80 à Zinoviev le 14 février, et l'accompagne de précisions : il écrit que « *la moindre publicité donnée à notre geste, le moindre effort pour élargir le cercle étroit de notre action eût rapidement décuplé le nombre des signatures.* » Loriot revient également sur le fond de leur critique : « *Quand nous dénonçons le centralisme oligarchique appliqué dans le Parti, nous entendons lui substituer le centralisme démocratique prévu dans les statuts de l'Internationale communiste. [...] L'idéologie révolutionnaire n'est pas fondée sur le dogme ; et la discipline des partis ne saurait être un mode d'asservissement de la conscience.* » Il étend la contestation au fonctionnement du parti russe, et de l'IC : « *le Bureau politique est au-dessus de la discipline, comme il est au-dessus de tout contrôle. C'est là une situation anormale qui n'est d'ailleurs pas particulière à la France et qu'il importe au plus haut point de normaliser. […] L'Exécutif actuel prendrait une lourde responsabilité s'il affirmait que la bolchévisation des partis, la réorganisation de ceux-ci sur la base des cellules d'usine, leur constitution, la forme et le rôle de leur bureaucratie, leur activité propre dans le cadre du parti communiste mondial, sont des questions épuisées sur lesquelles il n'y a pas à revenir. Il faudra bien qu'on y revienne, comme il faudra bien qu'on dissipe les nuages épais qui entourent encore d'autres questions, notamment celles du léninisme et du trotskisme.* »[691] Cette mise en

---

689 Souligné dans l'original. Archives Souvarine, IHS Nanterre.
690 Le texte complet de cette lettre, avec la liste des 80 signataires, figure en annexe.
691 Archives Boris Souvarine (dépôt Lazitch), IHS Nanterre.

cause de sa politique doit curieusement résonner aux oreilles de Zinoviev. On comprend en tout cas qu'il n'y a aucune chance qu'il donne raison à cette opposition communiste en France, qui défend implicitement l'opposition communiste en Russie.

Marthe Bigot explique, dans une lettre du 18 février à Louis et Gabrielle Bouët, l'état d'esprit des oppositionnels en région parisienne : « *Il nous paraît qu'un parti révolutionnaire doit d'abord être un parti **qui pense**, un parti formé d'hommes **conscients** intellectuellement et moralement. […] Nous avons adressé quelques unes de ces observations dans une lettre à l'Internationale communiste. […] Nous avons tenu lundi* [le 16 février] *une petite réunion où nous nous sommes mis d'accord, sur la proposition de Loriot, sur les points suivants :
I) Réclamer le centralisme démocratique c'est-à-dire la nomination **par le Parti** et non par l'Internationale des militants responsables, l'Internationale ne doit intervenir qu'avec la plus grande discrétion dans ce fonctionnement du Parti ;
II) Obtenir dans le Parti la possibilité de votes après débats **contradictoires** »*[692]. L'opposition interne commence donc à s'organiser en ce début d'année 1925.

En mars, Loriot participe à la rédaction de thèses de l'opposition consacrées aux « problèmes de l'heure ». Le texte, daté du 23 mars, doit attendre plus d'un mois avant d'être publié par le parti, précédé d'une présentation de disqualification par la direction, et d'une brève contextualisation de Loriot. Les auteurs du texte condamnent une fois de plus les exclusions, et déplorent le fait que « *le Parti s'éloigne des masses au lieu de s'en rapprocher* » : pour eux, le Parti communiste doit être « *le porte-drapeau de tous les opprimés, de tous les exploités, de tous les déshérités* ». Comme en 1922, ses auteurs défendent toujours le front unique : « *Pour la défense des intérêts immédiats de la classe ouvrière, pour la lutte contre le fascisme, le front unique est nécessaire. Il apparaît comme la tactique de classe la mieux appropriée. S'il n'a pas donné dans le passé, tout ce qu'on pouvait en attendre, c'est qu'il n'a jamais été effectivement appliqué. Le Parti français, notamment, a trop souvent paru croire que le front unique n'était qu'un stratagème subalterne, une ruse de guerre, dont d'ailleurs on annulait l'effet en en révélant d'avance le secret. Le front unique n'est pas une feinte ni un piège. Si le Parti le propose, c'est honnêtement et loyalement.* »

Les oppositionnels affirment en outre qu'un « *parti communiste de masse ne peut être qu'une vivante démocratie prolétarienne* », et que le PC a besoin d'une direction de « *techniciens du mouvement révolutionnaire, en contact permanent avec la vie des masses, et non de bureaucrates au cerveau*

---

[692] IFHS 14 AS/472. Souligné dans l'original. Bigot précise aux Bouët qu'elle leur écrit car « *Loriot m'a engagée à vous mettre au courant de notre action* ».

desséché qui stérilisent tout ce qu'ils touchent. » C'est donc une condamnation de la bureaucratie et de ses méthodes de fonctionnement anti-démocratiques. Par ailleurs il semble, implicitement, que les oppositionnels se présentent comme une direction de rechange. Le texte critique également ce qu'est devenu le quotidien du parti, *L'Humanité*, et propose de le transformer pour qu'il s'attache « *à servir d'intermédiaire et de lien entre le communisme et les masses. Il devrait attirer et retenir celles-ci en les intéressant et en les instruisant, en élevant leur sens de classe et le niveau de leur culture.* »

Les oppositionnels mettent également sur la sellette le fonctionnement de l'Internationale, au moins depuis son V^e congrès. Ils écrivent que « *l'Exécutif ne doit pas disposer arbitrairement des sections nationales* », et dénoncent le fait que « *au nom de la bolchevisation, on prétend imposer au Parti français l'imitation mécanique et servile du Parti russe. On a banni toute liberté de pensée et d'expression, toute critique, toute initiative.* »[693] En effet, en même temps que le « socialisme dans un seul pays » remplace la révolution mondiale, l'IC achève de devenir un simple instrument de la bureaucratie de l'URSS pour la défense de ses propres intérêts.

Malgré toutes les entraves au débat, l'audience des oppositionnels est significative. Dans les *Cahiers du bolchevisme*, on dénonce la revue *La Révolution prolétarienne* qui aurait comme « *collaborateurs officiels, ou officieux, des membres du Parti, et des exclus, depuis Souvarine jusqu'à Loriot, en passant par Monatte. Grâce aux liaisons que possède chacun des groupes gravitant autour de ces trois personnalités, on peut toucher un grand nombre de camarades* ». Dès lors, la direction du PC s'interroge : « *Comment liquider l'opposition ?* »[694]

En mai, une nouvelle lettre de l'opposition communiste recueille cette fois 130 signataires. Cette « lettre des 130 » commence par rappeler à l'Internationale que la lettre précédente, envoyée en février, n'a pas encore reçu de réponse. Les oppositionnels dénoncent ensuite « *la mauvaise politique et les méthodes insensées* » de la direction du PC, et déplorent qu'en France « *la puissance d'attraction du communisme diminue* » (ils détaillent en particulier l'échec du PC lors des récentes élections municipales). La direction du PC ayant affirmé que « *bourgeois et*

---

[693] « Tribune de discussion », *Cahiers du bolchevisme* n° 18, 1er mai 1925, pp. 1176-1186. Seul le nom de Loriot est indiqué ; il y a en 1925 plusieurs textes coécrits par des oppositionnels qui ne portent que la signature de Loriot, en raison de son crédit auprès des militants. D'après Dunois, c'est Paz qui souhaitait qu'il en soit ainsi (cf lettre non-envoyée de Dunois à Paz, 29 décembre 1925, archives familiales – dans ce court texte Dunois écrit « *la tendance* » pour désigner leur courant oppositionnel).

[694] Désusclade, « Crise de croissance », *Cahiers du bolchevisme* n° 18, 1er mai 1925, pp. 1142 et 1145.

réformistes ont tenté d'altérer la physionomie » du communisme, les oppositionnels mettent eux directement en cause les dirigeants du parti : « *Nous estimons que bourgeois et réformistes ont été malheureusement précédés dans cette voie par ceux dont les gesticulations bruyantes, les mots d'ordre déclamatoires, le sectarisme inintelligent, ont plus fait que tous nos adversaires, pour dénaturer le communisme et éloigner de lui les masses.* »
L'opposition critique le manque de démocratie interne, « *le fait que notre Parti ne travaille pas, ne pense pas, ne discute pas, que le Centre* [la direction] *a tué dans nos cellules et nos rayons tout épanouissement d'esprit critique, d'initiative, d'activité politique...* »
Enfin, les oppositionnels explicitent le sens de leur démarche : « *Une fois de plus, nous nous tournons vers l'Exécutif, bien qu'il ait laissé notre première lettre sans réponse. Nous ne lui demandons pas son appui. Nous lui demandons de nous garantir le droit à la libre expression de nos idées dans le Parti. L'Internationale n'a pas cessé de se tromper (d'être trompée) sur ce qui se passe en France depuis un an.* [...] *Le Parti, après un an de "bolchévisation" mécanique et formelle, est sans vie intérieure* »[695].

Le 21 mai se tient une Assemblée fédérale du PC de la région parisienne : Loriot prend la parole, ainsi que Paz et A. Mahouy également oppositionnels. Rappelons qu'il s'agit de militants qui se rendent à une réunion de leur Parti, et y donnent leur avis : autrement dit, une des activités de base pour tout militant. Mais pour le stalinisme naissant, cela devient « *une manœuvre contre la direction du Parti.* »[696]
Le 26 mai, Loriot écrit une lettre de protestation au Comité central, en leur demandant de la publier – mais elle ne le sera que plus de deux mois plus tard, dans les *Cahiers du bolchevisme*. Loriot écrit : « *Il était de règle, jusqu'ici, au lendemain de chacune de nos interventions, de dénaturer simplement, dans l'*Humanité*, le sens de nos paroles. On a trouvé mieux. Dans le pseudo-compte rendu de la réunion du 21 mai, paru dans l'*Humanité *du 22, on ne trouve plus à notre adresse qu'une bordée d'injures grossières. De notre argumentation, pas un mot.* [...] *C'est à la fois odieux et grotesque. De telles mœurs dans le Parti ne discréditent heureusement que ceux qui les inspirent et les encouragent* ».
Dans le même numéro des *Cahiers du bolchevisme*, et venant avant dans la pagination, figure une réponse du Comité central intitulée « La lutte contre la

---

695 Lettre datée du 11 mai 1925, 7 pages, signée « *F. Loriot, Amédée Dunois, M. Paz* » suivi de la précision que « *la liste complète des signataires sera envoyée par le prochain courrier.* » (Archives russes d'histoire sociale et politique (RGASPI), Moscou, 517/1/294, copie communiquée par Aurélien Durr. Une version dactylographiée se trouve dans les archives Monatte du Musée social, dossier 10-3). Nous n'avons pas trouvé la liste complète des signataires.
696 *L'Humanité* n° 7860, 22 mai 1925, p. 2 ; ce compte-rendu est qualifié d'« *odieux* » par *La Révolution prolétarienne* (« On "informe" la Fédération de la Région parisienne », *La Révolution prolétarienne* n° 6, juin 1925, p. 31).

droite ». Cette « réfutation » ne s'embarrasse pas du souci d'exactitude, et un paragraphe est même intitulé : « *Le révisionnisme de Loriot pire que le bernsteinnisme* » ! Ce barbarisme fait référence aux positions réformistes développées par Eduard Bernstein[697], qui n'ont rien de commun avec les positions révolutionnaires développées par Loriot. Plus pertinente est cette réponse quand elle affirme qu'il y a « *concordance entre la politique de Loriot à l'intérieur du Parti et celle du groupe Souvarine-Monatte-Rosmer à l'extérieur.* »[698] Ce que le Comité central ne précise pas ici, c'est que si ces trois militants communistes sont à l'extérieur du PC, c'est qu'ils en ont été exclus précisément par cette nouvelle direction.

La répression subie à la même époque par des militants communistes contribue, par le réflexe de la « forteresse assiégée », à rassembler la base autour de la direction, ce qui rend les choses encore plus difficile pour les oppositionnels. Ces derniers bénéficient cependant d'une audience auprès de nombreux militants du rang. Humbert-Droz, qui ne leur est pourtant pas favorable, note que « *Monatte et Rosmer ont repris du travail à l'atelier comme correcteurs, devant le spectacle de l'arrivisme et de la lutte de places qui se déroule à la tête du parti. Le désintéressement et la propreté morale de Monatte et de Rosmer en imposent à la classe ouvrière.* »[699]

Le 11 août, le Comité central du PC décide de publier la dernière lettre de l'opposition dans les *Cahiers du bolchevisme*, avec une réponse de la direction. Mais malgré cette décision, cette lettre ne sera en fait pas publiée. Il est également décidé « *de convoquer une séance spéciale du Comité central pour une explication décisive avec les membres les plus influents de la droite* ». Treint explique la tactique à employer : « *Certains éléments de la droite sont pour nous des adversaires irréductibles, mais nous n'avons pas le droit de les laisser entraîner avec eux des ouvriers. Nous devons les discréditer* »[700]. Le Comité central écrit donc le 13 août à ceux qu'il considère comme les leaders de l'opposition : Loriot, Dunois, Hattenberger, Hasfeld, Mahouy et Paz (dans cet ordre). Il leur est reproché leur « *dernière lettre adressée au C.C. à fin d'insertion dans les* Cahiers du bolchevisme ». Le CC les informe en conséquence qu'il a décidé de les « *convoquer devant lui* »[701].

---

697 Emporté par sa réécriture des faits et de l'Histoire, le Comité central écrit que « *le révisionnisme dans la 2ᵉ Internationale* […] *finit par la contaminer tout entière, à l'exception de la fraction bolchevique de la social-démocratie russe.* » C'est évidemment faux, ce mensonge s'inscrivant dans la logique d'occultation de tous les courants marxistes révolutionnaires non-bolcheviks. De la même façon, on prétendra au mépris de l'évidence que seuls les bolcheviks ont lutté contre la guerre, etc.
698 *Cahiers du bolchevisme* n° 24, 1ᵉʳ août 1925, texte de Loriot : « Tribune de discussion. Au Comité Central du P. C. », pp. 1619-1620 ; réponse du CC : pp. 1568-1577.
699 Jules Humbert-Droz, *Mémoires tome II*, op. cit., p. 269.
700 PV de la séance du CC, 3 MI 6/10 séquence 93.
701 Archives Marcel Hasfeld, Centre d'histoire sociale du XXᵉ siècle (Paris).

Répondant à la convocation, le 18 août Loriot mène une délégation d'une dizaine d'oppositionnels – dont Paz, Hasfeld, Hagnauer et Henri Fulconis – qui se présentent devant la quarantaine de membres du Comité central. C'est Loriot qui s'exprime comme porte-parole de l'opposition communiste : il lit un texte écrit à l'avance, car « *une expérience déjà longue nous a montré que notre pensée était, en toutes occasions, systématiquement déformée devant le Parti par certains militants de la direction.* »
Voici l'essentiel de sa déclaration :
« *Il nous faut tout d'abord relever certains termes de votre lettre de convocation. Vous prétendez convoquer les "principaux signataires" des lettres que vous avez reçues. Qu'est-ce à dire ? Existe-t-il dans le Parti plusieurs qualités de communistes ? Ou bien prétendez-vous reprendre à votre compte la vieille théorie bourgeoise et répressive des "meneurs" ? Nous ne saurions, quant à nous, accepter ces distinctions […] En vérité, puisque c'est à l'opposition que vous voulez avoir affaire, il eut fallu convoquer, pour ne parler que de ceux qui se sont manifestés, les cent trente camarades de la région parisienne qui se sont adressés à l'Internationale ; tous ont adopté la même politique, tous refusent d'être des communistes diminués, et réclament leur part de responsabilité.* »
Loriot accuse par la suite la direction d'agir en « *fractionnistes* » alors qu'elle dénonce dans le même temps « *chez l'opposition, un fractionnisme imaginaire.* » Il affirme que la direction a repris en parole des thèses de l'opposition, « *mais nous ne pouvons même pas attendre de votre conversion un résultat pratique pour le Parti, car cette conversion se réduit, tout compte fait, à un changement de vocabulaire.* » Il balaie également les menaces d'exclusion : « *laissez de côté les soi-disant résolutions pressantes qui, parait-il, réclament nos têtes ; nous savons, par expérience, comment vous suscitez à la base des "résolutions spontanées".*
Nous avons accepté de venir devant le Comité central, mais sans espoir de voir sortir quelque chose de cette entrevue. La question de l'opposition communiste ne peut se résoudre ni par des objurgations ni par des menaces ; ce n'est pas en faisant pression sur des militants pour qu'ils renoncent à leurs "erreurs" qu'on peut améliorer le cours du Parti. Le cours du Parti dépend de sa politique, il dépend du fait que cette politique est appropriée ou non à la conjoncture historique. Ce n'est pas notre volonté, ce sont avant tout vos erreurs qui suscitent une opposition ; c'est donc de vous, responsables des destinées du Parti, qu'il dépend de voir son atmosphère assainie. Mais nous sommes venus devant le Comité central parce que le Parti, dans son ensemble, doit savoir que nous ne nous dérobons jamais à aucune explication.
On nous demande de préciser notre attitude devant les problèmes du Parti. Mais pourquoi à une réunion du Comité central ? Ce n'est pas ici seulement, mais dans les assemblées du Parti qu'il faut nous donner la parole. Or, la direction s'est toujours efforcée d'étouffer notre voix ; elle a mis en œuvre à

cet effet les moyens les plus bas ; elle s'accommode plus aisément sans doute d'une pensée exprimée confidentiellement. C'est là une anomalie que nous ne saurions accepter. Préciser notre attitude devant le Comité central, fort bien ! Mais que la direction ne cherche pas à nous bâillonner devant les assemblées du Parti. Un communiste ne saurait réserver son opinion pour les dirigeants de son Parti. »

Loriot soutient ensuite les communistes exclus : « *Et vous nous demandez – sans aucune arrière-pensée, n'est-ce pas ? – comment nous comptons nous comporter à l'égard des "ennemis du Parti" ?*

Les "ennemis du Parti" ? Si vous vouliez parler de nos ennemis de classe, il serait superflu pour nous de répondre. Notre attitude ne saurait varier : nous restons les ennemis irréductibles de la bourgeoisie et de ses alliés. Mais vous ne songez pas à cela, vous distribuez très libéralement l'épithète d'ennemi du parti et de la classe ouvrière, non seulement à ceux que vous avez exclu arbitrairement, mais à des camarades du parti coupables de ne pas approuver aveuglément votre politique.

Eh bien ! nous nous refusons énergiquement, pour notre part, à appliquer cette épithète à Monatte, Rosmer. Nous avons, en son temps, dénoncé le scandale de leur exclusion auprès de l'Internationale. Notre opinion n'a pas changé. Ils ont été chassés du Parti suite à une véritable machination. […] *En cherchant par tous les moyens à repousser des révolutionnaires honnêtes dans le camp de nos ennemis de classe, la direction du Parti dessert les intérêts de la classe ouvrière.* […] *Vous avez, par votre "action dissolvante", tué la légalité dans le Parti, supprimé ses assemblées régulières, et toute la pratique du centralisme démocratique ; vous avez entravé le fonctionnement de ses organismes réguliers pour imposer des volontés personnelles* […] *Mais la discipline lie seulement aux décisions du Parti, et non au bon plaisir d'une oligarchie.* »

Enfin, Loriot rappelle une fois de plus son refus des attaques contre les individus : « *Nous ne pensons pas à vos personnes, mais à votre politique, dont le bilan vous condamne.* »[702]

Une fois que Loriot a terminé, plusieurs membres du Comité central critiquent vivement sa déclaration, et demandent aux oppositionnels de désavouer *La Révolution prolétarienne* : Loriot s'y refuse, et la délégation de l'opposition quitte alors la séance.

Après leur départ, la réunion du Comité central se poursuit : pour Doriot, la question est de savoir « *par quel acide nous allons traiter ces gens-là* ». Monmousseau propose la publication de la déclaration de Loriot, tout en précisant qu'« *il faut absolument discréditer la droite* ». Semard s'inquiète : « *Si l'on ne prend pas de mesure contre ces gaillards, ce sont les syndicats qui seront gravement atteints.* » Certains sont pour leur exclusion immédiate,

---

[702] 3 MI 6/10 séquence 93. Souligné dans l'original.

d'autres pour des exclusions prononcées par les cellules. L'envoyé de l'IC, « François », déclare qu'il faudra l'accord de l'Internationale avant d'exclure, puis il donne ses instructions : « *1- Avant de publier* [les textes de l'opposition] *transmettre le matériel à l'Internationale ; 2- Organiser à la base une grosse campagne contre la droite.* »[703]
Trois jours plus tard, le Bureau politique décide d'envoyer Marrane à Moscou pour que l'IC tranche sur la question de « la droite ». Il est également décidé de faire paraître « *la deuxième lettre de la droite* » avec une réponse, et que « *la déclaration lue par LORIOT devant le C.C. ne sera publiée avec la réponse du Parti qu'après que l'I.C. aura donné son avis.* »[704]
Mais aucun de ces deux textes ne sera en fait publié.

La rupture de Loriot est nette avec la direction du PC, mais pas encore avec le parti[705]. De même, il y a rupture avec Moscou, mais pas avec le communisme. Les oppositionnels espèrent un retournement de situation, que le parti « redevienne lui-même », de la même façon que dix ans plus tôt lorsqu'ils luttaient contre les majoritaires de guerre dans la SFIO.
L'opposition communiste est alors « *groupée autour de Loriot* »[706]. Celui qui avait mené l'opposition au sein de la SFIO contre les socialistes de guerre, est bien le même qui mène désormais l'opposition au sein du PC contre les bolchevisateurs[707]. Au PC comme quelques années plus tôt à la SFIO, Loriot devient oppositionnel car il a la conviction que les pratiques de ces organisations ne correspondent plus à leurs principes et buts fondateurs. Il était, dans les deux cas, membre de ces partis depuis leur fondation, mais pour lui le coup est beaucoup plus dur dans le cas du PC, puisqu'il avait travaillé à sa création plus que tout autre. De plus, il y a un changement de nature fondamental : il ne s'agit plus d'une confrontation entre orientations politiques différentes, mais, du côté adverse, d'une lutte d'appareil pure et simple pour le pouvoir. Courant 1925, Loriot confie à Monatte que « *la lutte dans le Parti est pénible. Jamais, même aux plus mauvais jours de la guerre, je n'ai éprouvé pareil écœurement.* »[708]
Il y a clairement une volonté de la direction du PC de mettre à l'écart Loriot ; cependant l'exclusion de Souvarine est mal passée, et sa réintégration est

---

703 PV de la séance du CC, 3 MI 6/10 séquence 93.
704 PV de la séance du BP du 21 août 1925, 3 MI 6/11 séquence 95.
705 Par exemple, il est un des orateurs d'un meeting du PC à Levallois le 22 août, en juin il avait participé à une « *souscription pour l'Humanité et la presse communiste* », etc. (*L'Humanité* n° 9752 et 7898 [sic, il y a discontinuité dans la numérotation], 22 août et 29 juin 1925, p. 2).
706 Roger Hairius [pseudonyme d'Hagnauer], « La crise du communisme français », *La Révolution prolétarienne* n° 12, décembre 1925, p. 12.
707 Ce parallèle est explicitement évoqué à l'époque : « *Treint et Herclet insultent – sans probité ni pudeur – l'homme que Renaudel poursuivit de sa haine pendant toute la guerre. Et Loriot n'a pas le droit de répondre.* » (*Bulletin communiste* n° 10, 25 décembre 1925, p. 147).
708 P. Monatte, « "Ils n'ont rien appris" », *La Révolution prolétarienne* n° 8, août 1925, p. 1.

régulièrement demandée par des militants[709]. Exclure l'autre principal fondateur du Parti – même si la direction ne lui accorde évidemment pas publiquement ce mérite, ce serait à ses yeux renforcer un opposant – parait donc dans ce contexte risqué pour la direction. Il y a cependant au sein du Bureau politique des velléités d'exclure les oppositionnels, en particulier Loriot[710]. Mais il existe des divisions au sein de la direction, notamment du fait de l'échec de sa politique de réorganisation du parti. De plus, à partir de septembre 1925 Zinoviev et Kamenev critiquent publiquement Staline[711], et le parti français est quelque peu dans l'incertitude quant à l'évolution de la direction à Moscou.

L'opposition dénonce l'appareil qui se forme à la tête du PC, et c'est justement la force de cet appareil dirigée contre elle qui est une des causes de son échec. De plus, la minorité dans laquelle s'inscrit Loriot a contre elle les dirigeants de l'IC. Pendant la guerre chacun savait qu'elle finirait un jour, et les rangs du pacifisme augmentaient ; mais quand se finirait donc la dictature de la bureaucratie ? On le sait aujourd'hui, l'échéance était à plus d'un demi-siècle.

* * *

Poursuivant son militantisme à la base, Loriot prend la parole le 7 octobre lors de l'Assemblée de son rayon. Mais le « compte-rendu » publié par *L'Humanité* n'est qu'invectives contre Loriot, il est donc impossible de savoir d'après ce texte ce qu'il y a effectivement dit – outre qu'il s'est opposé à la politique officielle de la direction de l'IC et du PC[712]. Loriot écrit le jour même une lettre de protestation, qui est publiée une semaine plus tard dans *L'Humanité*. Il y déplore que l'on déforme ses conceptions et que la direction mente aux militants, et de nouveau demande la publication des documents de l'opposition communiste[713].

---

709 Encore début 1926, c'est le cas de la part de Victor Engler : cf *L'Humanité* n° 9999, 26 avril 1926, p. 5. Voir une autre demande plus large « Pour la réintégration des exclus » émanant des cellules 5, 56 et 75 de la Basse-Seine, dans le *Bulletin communiste* n° 9, 18 décembre 1925, p. 142. Dès le 17 août 1924, Maurice Chambelland avait protesté contre l'exclusion de Souvarine lors d'une Assemblée fédérale du PC, puis Edmond Guillou et Monatte avaient fait de même le 22 septembre 1924 lors d'une conférence des secrétaires fédéraux (*L'Humanité* n° 7574, 23 septembre 1924, p. 1), etc.
710 Aurélien Durr, *Albert Treint : itinéraire politique (1914-1939)*, thèse de doctorat, Université Paris XIII, 2006, tome I, pp. 347 et 367.
711 Ce dernier les fera tous deux fusiller en 1936, à l'issue d'un procès truqué.
712 « La vie du Parti. Loriot battu dans son rayon », *L'Humanité* n° 9801, 10 octobre 1925, p. 3.
713 « Une lettre de Loriot au Comité Central », *L'Humanité* n° 9808, 17 octobre 1925, p. 4. Cette protestation est suivie d'une réponse de Treint qui répète les habituelles attaques de la direction.

Un des nouveaux dirigeants du PC, Paul Marion, est membre de la même cellule que Loriot. Il cite dans un article des propos tenus par ce dernier en réunion de base, début 1925 : « *Le Parti russe est soumis à la dictature d'une demi-douzaine d'hommes. Nous ne devons pas copier mécaniquement l'organisation du Parti russe. [...] Nous avons accepté les principes politiques et tactiques du bolchevisme dans des conditions spéciales, à une époque où nous pouvions tabler sur la révolution mondiale, mais aujourd'hui tout cela doit être remis en question.* »[714] Loriot poursuit et approfondit donc, au sein de son organisation communiste de base, sa critique progressive du système bolchevik.

Lors du Comité central du 7 janvier 1926, Marion indique que Loriot est régulièrement présent en réunion de cellule et y poursuit seul son opposition. Marion ajoute qu'il a pour sa part cessé de se rendre à ces réunions en raison des critiques de Loriot[715] : curieux parti que celui où un permanent déserte sa cellule en raison de la présence d'un oppositionnel isolé.

Loriot et Roger Hagnauer parviennent à publier un texte où ils critiquent de nouveau la « bolchévisation », qui se traduit selon eux par « *la domination absolue et sans contrôle d'un appareil de fonctionnaires appointés. [...] Toute opposition, même timide, devint suspecte, ses représentants furent exclus ou écartés des postes responsables. Le centralisme absolu, militarisé, devint partout la règle. [...] Le militant est devenu un rouage sans initiative qui ne connaît que l'opinion d'en haut et dont le rôle se réduit à approuver, à obéir, à cotiser. Sur lui une bureaucratie de plus en plus compliquée achève d'assurer sa domination sans contrôle.* »[716]

Loriot participe ensuite à l'élaboration de la « lettre des 250 », adressée fin octobre 1925 à l'IC par 250 militants du PC. On retrouve notamment parmi les autres signataires Bigot, Colliard, Dunois, Hagnauer, Hasfeld, Hattenberger, Mahouy, Paz, etc. De plus, ont également signé de nombreux syndicalistes de la métallurgie, du bâtiment, des cheminots, ainsi que plusieurs députés du PC[717]. Ce manifeste de l'opposition dénonce « *une année de bolchevisation à outrance, une année pendant laquelle tous ceux qui ont osé émettre quelques critiques ont été impitoyablement exclus ou brimés pour servir d'exemple aux autres. [...] les effectifs du Parti ont*

---

714 Paul Marion, « La lutte contre la droite. Une nouvelle plate-forme politique », *Cahiers du bolchevisme* n° 17, 15 avril 1925, pp. 1061-1062. Loriot n'a pas à notre connaissance démenti ces propos, qui sont certainement authentiques en substance.

715 3 MI 6/20 séquence 141. Loriot avait déclaré au Congrès de Clichy : « *Je me suis attaché, pour ma part, depuis que je suis dans une cellule, à présenter mon opinion à chaque réunion de la cellule.* » Tout indique qu'il a continué en ce sens tout au long de l'année.

716 « La question d'organisation et la droite » [sic, pour désigner l'opposition communiste], *L'Humanité* n° 9809, 18 octobre 1925, p. 5.

717 Jean-Louis Panné, *La Lettre des 250*, dans Michel Dreyfus, Claude Pennetier et Nathalie Viet-Depaule (dir.), *La Part des militants*, éditions de l'Atelier, 1996, pp. 193-203.

fondu[718] *[…] La faillite des cellules d'usine est à peu près générale.* » Le texte passe ensuite à la critique de « *l'appareil du P.C. français* » : « *Un népotisme éhonté a présidé à sa formation entraînant un gaspillage d'argent formidable. […] Mais, malgré l'"Appareil", ou plutôt à cause de lui, il est hors de doute que la machine fonctionne mal et ne rend pas. On en conclut qu'il faut augmenter le personnel de catéchumènes existant et, par conséquent, engager de nouvelles dépenses aussi inutiles qu'insupportables. […] l'éducation des militants ne se fait pas. […] Pour sauver le Parti, il faut renoncer délibérément aux méthodes employées depuis un an. […] il faut revenir sans retard à la section territoriale comme base organique du Parti. Il faut assurer le jeu du véritable centralisme démocratique, rendre la parole au Parti et en finir avec la politique personnelle. Il faut simplifier l'appareil et le mettre au service et sous le contrôle du Parti.* »

Les 250 dénoncent « *l'incapacité politique de la direction actuelle du Parti. […] Au lieu de faire, en marxistes, la critique des opérations et de dresser le bilan des fautes commises, pour ne plus les recommencer, on persévère dans le bluff. Est-ce ainsi qu'on dirige un parti et qu'on acquiert la confiance des masses ?* »

Le texte propose en conséquence une solution : « *permettre à toutes les opinions communistes de s'exprimer, à toutes les initiatives de se faire jour, limiter l'omnipotence de l'appareil jusqu'ici irresponsable. Que celui qui a quelque chose à dire puisse le dire sans être aussitôt bafoué, intimidé, menacé d'exclusion, tenu à l'écart. Qu'à tous les échelons du Parti on puisse discuter librement toutes les questions politiques, celles d'organisation, celles de tactique.* »

Ce texte reste non publié par la direction pendant plus de 2 mois et demi, et ne l'est finalement que sous le titre « *Comment la droite manœuvre* » (!), et précédé d'une réfutation[719]. Encore a-t-il fallu que l'opposition fasse pression en publiant elle-même le texte sous forme de tract[720].

Fin octobre 1925, Souvarine fait reparaître le *Bulletin communiste* ; l'opposition communiste s'exprime donc à la fois de l'intérieur et de l'extérieur du PC. Souvarine dénonce le fait que l'opposition intérieure au PC est « *bafouée et diffamée par des fonctionnaires spécialement préposés à cet*

---

718 En 1924-1925, les effectifs de la SFIC deviennent pour la première fois moins importants que ceux de la nouvelle SFIO.
719 *Cahiers du bolchévisme* n° 35, 15 janvier 1926, pp. 143-150 ; reproduit dans le *Dictionnaire biographique du mouvement ouvrier français* (« Le Maitron »), volume 16, éditions ouvrières, 1981, pp. 474-481.
720 Tract de 4 pages format A3 publié en janvier 1926, archives Monatte du Musée social (dossier 10-3). Lors du Bureau politique du 17 décembre 1925, Semard lit une lettre de Loriot qui proteste contre la non-publication des textes de l'opposition ; des désaccords traversent la direction sur ce point, puisque lors du BP du 31 décembre Jean Cremet estime que la déclaration de Loriot d'août 1925 aurait du être publiée (3 MI 6/12).

effet »[721]. Selon lui, s'il n'est pas mis un terme « *aux déviations et aux dégénérescences* » du PC, alors « *il faudra des années pour remédier plus tard au déclin du communisme en France.* »[722]

Tentant toujours de se faire entendre à l'intérieur du PC, Loriot est confronté aux menées de la direction. Ainsi écrit-il que « *pour les besoins de leur cause qui n'a rien de commun avec le communisme, des membres du C.C. m'attribuent des opinions qui ne sont pas les miennes et des propos que je n'ai jamais tenus.* ». S'exprimant au nom des militants de l'opposition communiste, il cherche à rétablir leurs buts réels : « *Nous ne sommes pas un* groupe fractionnel, *car nos efforts tendent au contraire à substituer au régime fractionnel actuel, à l'arbitraire du C. C., à la dictature personnelle, au règne de l'ordre moral par l'artifice et la violence, une* légalité communiste *qui sera pour tous à la fois le frein et la garantie sans lesquelles il n'y a pas de Parti communiste.* »[723]

Début décembre la direction du PC publie une « Lettre ouverte à tous les membres du parti », qui appelle entre autres à « *combattre impitoyablement* » les oppositionnels[724]. Ces derniers ripostent par une « Réponse à la "Lettre ouverte" », signée de Loriot, Lucie Colliard, Amédée Dunois, Maurice Paz, etc. Ils y écrivent que « *depuis près de deux ans, la pression mécanique, l'intimidation, les exclusions administratives, la crainte des forces nouvelles ont exercé leurs effets destructifs dans le parti. Et c'est parce que sa politique intérieure était ainsi radicalement faussée, que le parti n'a pas su trouver accès auprès des masses. En effet, lorsqu'on emploie dans le parti des méthodes administratives automatiques, il est clair que ces mêmes méthodes finissent par être employées à l'égard des syndicats et des grandes masses sans parti, et qu'on coupe ainsi les ponts qui mèneraient à la conquête de nouveaux éléments ouvriers.* » L'opposition demande en conséquence « *la fin des méthodes bureaucratiques de pression, d'arbitraire et d'intimidation* », et précise que « *le contenu de l'opposition n'a rien d'opportuniste ; c'est elle, au contraire, qui combat pour le marxisme révolutionnaire, contre les déviations de la direction.* »[725]

Le dimanche 3 janvier 1926 se tient une Conférence d'information de la Région parisienne : après avoir été attaqué et diffamé[726], Loriot présente la

---

721 *Bulletin communiste* n° 1 sixième année, 23 octobre 1925, p. 15.
722 Boris Souvarine, « L'actualité politique et sociale », *Bulletin communiste* n° 4, 13 novembre 1925, p. 51.
723 « Tribune de discussion » (lettre au Comité Central du PC, 22 novembre 1925 – texte publié avec plus d'un mois de retard –, et « Qui trouble la conscience du parti ? »), *Cahiers du bolchévisme* n° 34, 1er janvier 1926, pp. 59-63. Souligné dans l'original.
724 *L'Humanité* n° 9858, 6 décembre 1925, p. 5.
725 Souligné dans l'original. *Cahiers du bolchévisme* n° 36, 21 janvier 1926, pp. 231-234 (ce texte est lui aussi publié avec retard ; il avait été précédemment publié par l'opposition en tract et dans le *Bulletin communiste* n° 11, 1er janvier 1926, pp. 162-164).
726 Treint déclare que « *le chemin de Loriot mène à la bourgeoisie* » (*L'Humanité* n° 9887, 4

lettre des 250, toujours pas publiée par le parti, dénonce « *une tentative pour tromper le parti sur la prétendue opposition de droite* », et reproche à la direction de n'avoir pas publié les textes de l'opposition. Il accuse les dirigeants d'avoir « *falsifié la pensée de l'opposition [...] si on nous situait sur nos véritables positions, le parti s'apercevrait que c'est la direction actuelle du parti qui constitue une droite.* » Selon *L'Humanité*, l'opposition rassemble au sein de la conférence une trentaine de militants « *groupés autour de Loriot et de Paz* » (chiffre qui n'est donc, vu la source, en aucun cas surestimé). Dans sa réponse, le secrétaire général Pierre Semard reconnaît que l'opposition a envoyé une dizaine d'articles que la direction n'a pas publié[727].

Le 20 janvier, l'opposition s'adresse « *à tous les Membres du Parti* » par un court texte de solidarité avec les militants qui viennent d'être exclus : Georges Aucouturier, Fulconis, Hagnauer, etc. Ce texte reprend d'abord un extrait de l'intervention de Loriot devant le Comité central en août 1925, puis condamne de nouveau les exclusions – récentes comme anciennes (Souvarine, Monatte, Rosmer, Delagarde et Lemire sont cités). L'opposition communiste demande également le rétablissement de « *la légalité* » dans le parti, qui devrait permettre « *enfin au Parti de remplir ses tâches communistes.* » Le texte est suivi d'une liste de plus de 160 signataires, parmi lesquels Loriot, Dunois, Paz, Bigot, Colliard, Engler, Hasfeld, Hattenberger, Pierre Kaan, Elie Péju, Souzy [Jean-Jacques Soudeille], etc[728].

* * *

La réintégration de Loriot comme instituteur semble enfin aboutir en octobre 1925 : le ministère lui affirme qu'il sera réintégré à partir de novembre, et il quitte donc son emploi. Mais ce n'est finalement qu'en janvier 1926 qu'on lui attribue un poste, et qu'il peut donc reprendre son travail d'enseignant[729]. On lui refuse cependant les écoles qu'il demandait, et on préfère le nommer à Saint-Denis où il n'est pas connu. Il a dès lors en charge le Cours Préparatoire de l'école du 241 avenue Wilson. Particulièrement surveillé, il subit plusieurs inspections à des dates très rapprochées – mais elles s'avèrent favorables. L'un des inspecteurs écrit que dans sa classe, « *la discipline est*

---

janvier 1926, p. 2). Loriot protestera ensuite contre ce compte-rendu, cf *L'Humanité* n° 9893, 10 janvier 1926, p. 3.
727 *L'Humanité* n° 9888, 5 janvier 1926, pp. 1-2. Rappelons que nous n'avons malheureusement à notre disposition que les comptes-rendus de *L'Humanité*, qui sont excessivement partiaux et présentés de façon très défavorable aux opposants.
728 « Tous solidaires des Exclus », *Bulletin communiste* n° 15, 29 janvier 1926, p. 233.
729 « Réintégrera-t-on Loriot ? », *L'Ecole émancipée* n° 12, 13 décembre 1925, p. 156, « Le Gouvernement contre le personnel enseignant », *L'Ecole émancipée* n° 15, 3 janvier 1926, p. 205, « Loriot doit être réintégré », *L'Ecole émancipée* n° 16, 10 janvier 1926, p. 221, « Il y a toujours des révoqués », *L'Humanité* n° 9896, 13 janvier 1926, p. 4, etc.

exempte de toute contrainte ; les enfants sont confiants, naturels et spontanés. »[730]

Par contre, sa situation ne s'améliore pas au sein du PC. Alors qu'à l'été 1924 L'Humanité saluait « *le grand mérite qui revient à Loriot d'avoir d'une façon systématique et conséquente défendu dans le Parti socialiste français, le zimmerwaldisme le plus intégral et ensuite le bolchévisme et le programme de la IIIe Internationale* »[731], un an et demi plus tard le propos officiel devient tout autre. Confrontée à l'opposition résolue de Loriot, la direction essaie – déjà – de réécrire l'Histoire en minorant le rôle qu'a eu Loriot pendant la guerre et juste après. Mais il se défend, et L'Humanité doit alors préciser qu'il s'agit pour la direction « *de démontrer surtout que depuis la période du Comité de la IIIe Internationale – et sous l'impulsion de l'Internationale communiste – le Parti français a évolué vers le léninisme. Loriot et ses amis sont restés, eux, sur leur position de 1920.* »[732] Pour une fois, c'est essentiellement exact.

Attaquer sur son rôle pendant la guerre celui qui en fut justement le principal opposant parmi les fondateurs du PC, n'était manifestement pas une très bonne idée : Roger Rieu dira au sein du Comité central que ces « *manœuvres* » ne grandissent pas la direction auprès « *de l'ensemble des camarades.* »[733] Même Doriot devra reconnaître devant le Bureau politique que cela a été du plus mauvais effet auprès des militants communistes de province : « *En province, on n'a pas très bien compris la pointe que nous avons tournée contre LORIOT. Nous devons atténuer cette impression* »[734]. Cette tentative de discréditer un opposant au détriment des faits se traduit donc par un échec pour la direction.

Lors de la séance achevant une Conférence de la Région parisienne, le 21 janvier, les opposants sont cinquante selon L'Humanité – mais il ne semble pas que Loriot soit présent. Il est cependant directement attaqué par Doriot : « *je ne sache pas que Loriot soit prêt d'abjurer ses erreurs, au contraire, et c'est pourquoi nous devons continuer à le combattre sans merci !* ». Dans la résolution de la direction, l'opposition est accusée de vouloir « *réviser les notions essentielles du léninisme* », de se lier « *avec le bulletin de Souvarine et la revue de Monatte et de Rosmer* », et de constituer « *l'organisation fractionnelle des survivances petites bourgeoises.* »[735] L'Humanité ne donne

---

730 Rapport d'inspection du 22 février 1927 (AD75 D1T1460).
731 Henri Guilbeaux, « Contre la guerre (anniversaire) », L'Humanité n° 7516, 27 juillet 1924, p. 3.
732 « Pour la discipline », L'Humanité n° 9900, 17 janvier 1926, p. 4.
733 3 MI 6/20 séquence 141.
734 BP du 30 janvier 1926 (3 MI 6/22 séquence 149).
735 « La dernière séance de l'assemblée d'information de la R.P. », L'Humanité n° 9907, 24 janvier 1926, p. 4.

pas le détail précis du vote. Ces débats ont en tout cas obligé la direction à publier les textes de l'opposition qu'elle retenait depuis des mois.

Mais l'offensive contre les oppositionnels se poursuit de façon toujours aussi rude : Treint écrit par exemple qu'il faut « *exterminer les idées opportunistes de la droite* »[736] (la « droite » étant, rappelons-le une dernière fois, les communistes oppositionnels). Mais au cours du Comité central du 31 janvier au 2 février 1926, Doriot est obligé de constater que l'opposition « *a augmenté son influence.* [...] *L'ensemble est formé par trois groupes : celui de la* Révolution Prolétarienne, *celui du* Bulletin communiste *(c'est le plus actif) et le groupe de l'intérieur Paz-Loriot.* » Il précise plus loin à propos de ces trois groupes, en personnalisant, qu'il s'agit principalement de Monatte, Souvarine, Loriot et Paz[737]. Autrement dit, ce qu'il ne précise pas, les trois secrétaires du Comité de la 3e Internationale à l'origine de la création du PC, ainsi que Paz qui figurait parmi les premiers signataires de la motion du Congrès de Tours ! En février, Alfred Costes s'exprimera au sein du Bureau politique avec clarté : « *Il faut manœuvrer avec assez d'habileté pour que ce soit les droitiers eux-mêmes qui se mettent en dehors du parti.* »[738] La tactique est donc de pousser les oppositionnels au dégoût.

Lors de l'exécutif élargi de l'IC, Zinoviev parle, à propos « *du danger que présente la droite du Parti communiste en France* », d'un « *groupe Loriot, qui poursuit un retour à la social-démocratie.* »[739] La campagne de diffamation pour discréditer les communistes oppositionnels est donc menée aussi par la direction de l'IC.

Pour ceux qui n'ont pas encore été exclus, c'est l'écœurement vis-à-vis de ce qu'est devenu le PC. A Vaillant-Couturier qui lui propose d'écrire dans *L'Humanité*, Martinet répond le 23 avril pour expliquer son refus : « *il n'y a pas honnêtement place pour moi dans ce que le parti et le journal sont devenus.* [...] *On ne travaille pas pour la Révolution dans le mensonge.* »[740]

Loriot proteste au sein de sa cellule contre les méthodes déloyales de la direction, et propose une courte résolution, qui est adoptée, de protestation contre « *les comptes rendus de l'Humanité concernant les récentes assemblées d'information de la Région Parisienne* »[741]. C'est là le dernier texte de Loriot publié dans la presse du PC.

---

736 Albert Treint, « Le travail fractionnel de la droite définitivement condamné », *L'Humanité* n° 9906, 23 janvier 1926, p. 1.
737 *L'Humanité* n° 9918, 4 février 1926, p. 3.
738 3 MI 6/22 séquence 149.
739 « Zinoviev expose la situation dans le Parti français », *L'Humanité* n° 9940, 26 février 1926, p. 3.
740 Carnet manuscrit de Marcel Martinet n° 8, département des manuscrits de la BNF.
741 *L'Humanité* n° 9922, 8 février 1926, p. 2. Cette protestation est cependant présentée dans *L'Humanité* avec d'importantes réserves signées du secrétaire de cellule.

Bien qu'on trouve parfois écrit que Fernand Loriot aurait été exclu (par exemple dans *L'Humanité* à sa mort), il a en fait démissionné du PC en 1926. Il a certes été poussé hors du Parti, par l'attitude violement hostile de la direction et les propos diffamatoires de sa presse[742]. On comprend qu'il n'ait pas pu rester dans une structure de plus en plus autoritaire, au sein de laquelle il était clairement traité en ennemi, et dont les orientations et le fonctionnement lui étaient de plus en plus étrangers. Il ne pouvait pas accepter le stalinisme, et le stalinisme ne pouvait pas non plus l'accepter : le rejet était mutuel.

Sa lutte contre la dégénérescence de la SFIC aboutit à un échec, par l'impossibilité de débat serein et rationnel sur le fond, et par le manque de démocratie. Il ne lui reste plus qu'à quitter une organisation dégradée, ne correspondant plus à ses idées. Comme beaucoup d'autres à cette période, Loriot quitte le PC tout en restant communiste[743]. Ce départ du PC se fait sans tapage. Cela correspond à son caractère, et aussi sans doute à une volonté de ne pas gêner l'action des oppositionnels qui poursuivent encore la lutte au sein du PC. Pour Loriot, c'est la fin d'un quart de siècle de parti. Sa position passe dès lors de la défense du parti contre la direction, à la défense du communisme contre le parti.

L'opposition de 1924-1926 n'est ni un phénomène marginal, ni un combat d'arrière-garde, mais constitue une résistance significative de militants communistes face à la bureaucratisation et à la stalinisation. En deux ans, l'opposition a certes été vaincue mais elle a néanmoins rencontré un écho chez de nombreux militants, qui ont pu à un moment ou un autre la soutenir. Cependant, peu ont résisté dans la durée aux pressions de l'appareil – ou plutôt des appareils, celui du PC et celui de l'IC. Deux des sept membres du Bureau politique élu en janvier 1924 ont été exclus du parti avant même la fin de l'année du fait de leur opposition. Au printemps 1924 même Maurice Thorez a d'abord soutenu Souvarine, avant d'être progressivement retourné[744]. En 1925, la lettre des 250 regroupe de nombreux syndicalistes, des députés, etc. La direction est contrainte de reconnaître fin 1925 que des militants n'osent pas s'exprimer en congrès par « *crainte d'être qualifiés de droitiers s'ils apportent une opinion divergente* »[745] – signe que la campagne contre les oppositionnels a été menée de façon extrême, et empêche

---

742 « *Tout au long de l'année 1925, la direction multiplie dans les* Cahiers du bolchevisme *les attaques contre Loriot* » (Aurélien Durr, *Albert Treint*, op. cit., tome I, p. 311).
743 Ce ne sera, par contre, souvent pas le cas des militants quittant le PCF stalinien par exemple dans les années 1950 : « *Comme le parti est stalinien et non communiste, ils n'y apprennent pas le communisme et, quand ils le quittent, "ils n'emportent rien avec eux, n'ayant jamais su ce qu'est le communisme"* » (lettre de Rosmer à S. Jacobs du 19 novembre 1958, dans Christian Gras, *Alfred Rosmer*, op. cit., p. 440).
744 Philippe Robrieux, *Maurice Thorez*, Fayard, 1975, pp. 70-88.
745 *Cahiers du bolchevisme* n° 31, 15 novembre 1925, p. 2125.

pratiquement toute expression de véritables divergences. Le phénomène nouveau et déconcertant en cours à Moscou a provoqué des prises de conscience progressives, et en ordre dispersé. Ce manque d'unité a été un facteur de faiblesse : il n'y a pas pour l'opposition communiste l'équivalent de Zimmerwald, ni surtout des mouvements populaires du printemps 1917. La combativité ouvrière est au contraire en berne, « *le nombre des grévistes chute dans les années vingt d'une façon spectaculaire.* »[746]

Ces oppositionnels préféraient démissionner de leurs fonctions plutôt que de cautionner une politique et des méthodes qu'ils condamnaient, et afin de poursuivre leur militantisme oppositionnel à la base. Ce geste aurait pu être efficace politiquement dans le cadre d'un réel débat d'idées, mais il s'agissait en fait d'une lutte de pouvoir et ces démissions furent donc tactiquement un échec. La confrontation était à armes inégales, et bien plus : les oppositionnels et la nouvelle direction ne se situaient en fait pas sur le même terrain – bataille d'idées d'un côté, bataille de places de l'autre.

Du point de vue de la direction, si l'opposition avait été marginale, ne rassemblant que quelques individus épars et coupés de la base, il aurait suffit de les exclure tous. Mais en réalité l'ancrage de l'opposition dans le parti était beaucoup plus sérieux. La méthode employée pour réduire leur audience fut donc d'obtenir des capitulations individuelles, détachant un par un des militants ayant soutenu à un moment ou un autre l'opposition. En pratique, la bureaucratie soumet les oppositionnels à une importante pression, et leur propose en fait de renier leurs idées en échange, par exemple, d'un poste rémunéré dans l'appareil. Loriot, qui y avait renoncé de son propre chef en décembre 1921, n'était de toute évidence pas sensible à ce type de marchandage.

Lors du 7ᵉ Comité exécutif élargi de l'IC, le 25 novembre 1926, Lozovski déclare avec soulagement qu'est désormais battue dans le PC en France « *la droite, avec Souvarine et Loriot, qui nous avait beaucoup causé d'inquiétude* »[747].

Dès le début de son processus de stalinisation, le PC s'est débarrassé de ses principaux fondateurs, qui constituaient également son courant de gauche. Est ainsi né le PC desséché et obéissant qui va perdurer pendant des décennies. Les congrès verrouillés par la direction, elle-même obéissant aux ordres de la dictature capitaliste d'Etat soviétique, y seront la norme. Cet abandon des principes de ses fondateurs n'empêchera pas d'indéniables succès électoraux pendant certaines périodes, mais Loriot écrira en 1927 en parlant de cette « *mortelle caricature* » de la discipline selon les staliniens :

---

746 Gérard Noiriel, *Les Ouvriers dans la société française*, Seuil, 2002, p. 156.

747 *La Correspondance internationale* n° 138, 20 décembre 1926, p. 1753. Contrairement à ce que l'on peut lire parfois, Loriot ne fut pas « sanctionné » lors de cette réunion de l'IC (son nom ne figure dans aucune des résolutions adoptées) ; cela n'aurait d'ailleurs pas eu beaucoup de sens, puisqu'il avait déjà quitté le PC.

« Cela peut représenter une certaine force ; cela peut même servir des desseins et des intérêts politiques, mais cela ne sera jamais une force révolutionnaire, une force créatrice. »[748]

L'esprit des 21 conditions – bien qu'elles ne furent pas adoptées au Congrès de Tours – a rapidement pesé : en particulier la « *discipline de fer confinant à la discipline militaire* »[749]. En décembre 1920, Souvarine écrivait que « *le Parti bolchevik a aussi des "tendances"* », et que « *l'Internationale Communiste comprend des Hollandais, des Anglais, des Italiens, antiparlementaires* » à côté d'autres qui « *condamnent l'antiparlementarisme* »[750]. Cela était certes vrai au moment où écrivait Souvarine, mais ne le fut rapidement plus du tout : les tendances furent interdites, et les antiparlementaires exclus – autant de pluralisme en moins. Evidemment, on ne peut en faire le reproche à Souvarine ou Loriot, qui ne pouvaient pas deviner cette involution. Force est de constater que l'IC qu'ils rejoignent en 1919 n'est pas celle qui se révèle quelques années plus tard ; mais ils ont néanmoins mis du temps à comprendre la nature réelle de la politique des bolcheviks.

Opposition communiste à l'extérieur du parti

Après avoir quitté le PC, Loriot participe aux courants d'extrême-gauche qui défendent un communisme anti-stalinien. Il ne cessa pas d'appartenir au « mouvement communiste », selon les mots de Souvarine (cf annexe 2) : un mouvement dispersé dans divers groupes d'opposition. Dans cette logique, le PC ayant cessé d'être communiste en devenant stalinien, le mouvement communiste est une constellation qui ne peut exister qu'en défendant des positions indépendantes et en radicale opposition vis-à-vis de l'IC stalinisée.

Le Syndicat de l'Enseignement de la Région parisienne est l'objet d'une offensive de la direction du PC. Jusque là surtout dirigé par des communistes dissidents, les « orthodoxes » y prennent la majorité en novembre 1926. La résolution proposée par Loriot est battue de justesse, par 20 voix contre 17. Ce texte, publié dans *La Révolution prolétarienne*, est particulièrement important pour saisir les conceptions de Loriot à cette période :

---

748 Fernand Loriot, « La campagne contre l'Opposition », *Contre le courant* n° 2-3, 2 décembre 1927, p. 7.
749 Extrait de la 12ᵉ condition, *Statuts et résolutions de l'Internationale Communiste adoptés par le deuxième Congrès*, Bibliothèque communiste, 1920, p. 36. Dans *L'Humanité* n° 6042, 8 octobre 1920, p. 2, on ne trouve que « *discipline de fer* » ; le quotidien précise que cette version française est « *transcrite de l'italien* », autrement dit une traduction de traduction.
750 Varine [Boris Souvarine], « De l'alliance à la fusion », *Bulletin communiste* n° 50-51, 23 décembre 1920, pp. 3-4.

« *Le Syndicat de l'Enseignement de la région parisienne [...] rappelle que "l'émancipation des travailleurs sera l'œuvre des travailleurs eux-mêmes".* [...] *Le Syndicat de l'Enseignement ne fait aucune confusion entre les groupements d'affinités politiques ou philosophiques, fussent-ils essentiellement prolétariens et dévoués aux intérêts de la classe ouvrière, et cette classe ouvrière elle-même.*
C'est-à-dire que si, dans sa lutte émancipatrice, le prolétariat organisé dans ses syndicats peut recevoir de l'extérieur un appui profitable, sa révolution et sa victoire sont conditionnées par sa propre aptitude à assurer la production et le gouvernement des richesses.
Aucun parti, fût-il au pouvoir et y disposât-il des moyens d'action que peut donner l'appui des travailleurs, ne saurait se substituer aux syndicats dans l'accomplissement des tâches du syndicalisme ouvrier. »
Selon Loriot, c'est en étant indépendant que le mouvement syndical « *pourra triompher de l'oppression capitaliste et édifier le régime communiste.* » Il dénonce en particulier, étant « *instruit par l'expérience* », la subordination des syndicats au PC, ainsi que « *l'introduction dans les syndicats des méthodes de centralisation et de bolchévisation préconisées par le Parti communiste assurant l'omnipotence d'un appareil de fonctionnaires* [c'est-à-dire de permanents]. » Le texte s'achève en préconisant de « *soustraire le mouvement syndical à la tutelle de tous les partis politiques.* » Cette résolution reçoit les signatures de Marthe Bigot, Noélie Drous, Fulconis, Hagnauer[751], etc.

En octobre 1927, Souvarine dresse dans le *Bulletin communiste* un réquisitoire contre le régime de l'URSS[752]. Peu après, c'est Rosmer qui dénonce « *la dictature stalinienne et la liquidation du communisme* »[753]. Dès avril 1925, Pierre Pascal écrivait d'URSS à Monatte que « *la social-démocratie modèle bolcheviste est devenue en Russie un parti conservateur* », et il dénonçait une « *restauration accélérée du capitalisme* »[754]. S'inscrivant dans ce courant, Loriot écrit dans *La Révolution prolétarienne* à partir de janvier 1927. Au cours de cette même année, il envoie au *Bulletin communiste* de Souvarine une souscription et une lettre pour lui signifier son accord politique[755].

---
751 « Au Syndicat de l'Enseignement de la Région parisienne. Une déclaration de la minorité », *La Révolution prolétarienne* n° 24, décembre 1926, pp. 23-24. Une réponse au ton habituel viendra de l'IC : J. Duret, « La fin de Loriot », *L'Internationale communiste* n° 3, 1er février 1927, pp. 208-211.
752 Boris Souvarine, « Octobre noir », *Bulletin communiste* n° 22-23, octobre-novembre 1927, pp. 345-352. Republié dans Boris Souvarine, *A contre-courant, écrits 1925-1939*, op. cit., pp. 119-136.
753 *La Révolution prolétarienne* n° 47, 1er décembre 1927, pp. 5-9.
754 Cité dans Christian Gras, *Alfred Rosmer*, op. cit., p. 332.
755 Nous n'avons pas retrouvé ce document, qui est mentionné dans la nécrologie de Loriot par Souvarine (annexe 2), et sous forme d'un accusé de réception collectif dans le *Bulletin*

En novembre 1927, Loriot participe à la création de la revue *Contre le courant*, qui se présente comme « Organe de l'Opposition Communiste », et qui relaie les positions de l'opposition communiste russe anti-stalinienne, en particulier de Trotski. Loriot y côtoie entre autres Lucie Colliard, Marcel Hasfeld, et Maurice Paz – tous trois anciens du Comité de la Troisième Internationale. Dans son premier numéro, un article collectif trace un parallèle entre la trahison stalinienne en URSS et la trahison d'août 1914 : « *Aujourd'hui, comme il y a treize ans, des chefs indignes de la mission qui leur a été confiée, des masses égarées et trompées ; aujourd'hui comme alors, la confusion, le mensonge, le fanatisme.* »[756] Après la parution du premier numéro, les militants du comité de rédaction encore membres du PC en sont exclus.

Dès 1927, cette revue communiste dénonce le « *stalinisme* » et les « *méthodes staliniennes* » (en employant ces termes précis[757]). Loriot écrit que « *chaque jour maintenant dans l*'Humanité*, les porte-paroles de Staline s'essaient à l'apologie du dictateur et à la justification de la répression dont l'opposition russe est l'objet.* [...] *Une collectivité qui n'a pour règle que le bon plaisir des chefs devient rapidement une troupe d'aventure... et d'aventuriers.* [...] *Depuis l'avènement du néo-léninisme et de la "bolchévisation", il n'y a plus de légalité communiste. Staline et sa fraction n'ont fait qu'aggraver le mal et le rendre incurable.* »[758] Début 1928, on lit dans un article signé de la rédaction que « *les mesures de violence de Staline n'ont pas mis un terme aux difficultés économiques. Celles-ci vont croissant.* [...] *On en vient de plus en plus au système du rationnement.* [...] *l'aggravation de ces difficultés est le résultat le plus clair de la politique de Staline. Et en fin de compte, c'est le prolétariat qui fait les frais de cette politique !* »[759] En janvier 1928, la revue s'élève contre les mesures répressives prises en URSS contre les communistes oppositionnels dont Trotski, Rakovski, Sapronov, etc. : « *Tous sont réduits à la famine, persécutés, jetés en prison, déportés : Ils vont retrouver en Sibérie les souffrances qu'ils ont déjà subies sous le tsarisme ! Pourquoi ? Face aux*

---

communiste n° 20-21, juillet-septembre 1927, p. 323. La souscription de Loriot apparaît dans le *Bulletin communiste* n° 27-28, avril-juillet 1928, p. 442.

756 « La Révolution en danger », *Contre le courant* n° 1, 20 novembre 1927, p. 4.

757 Delfosse, « Le Stalinisme et la grève des mineurs anglais », *Contre le courant* n° 2-3, 2 décembre 1927, pp. 24-25 (on peut notamment y lire que « *le Stalinisme est responsable de l'échec lamentable de la grève anglaise* »). « Méthodes staliniennes » est le titre d'une rubrique régulière, présente dès le premier numéro de la revue. Le dictionnaire Le Robert fait donc une erreur en affirmant que le mot « stalinisme » n'apparaît en français qu'en 1929 (et « stalinien » en 1926) : le terme « stalinisme » est en fait attesté en langue française au moins dès 1927.

758 Fernand Loriot, « La campagne contre l'Opposition », *Contre le courant* n° 2-3, 2 décembre 1927, p. 6.

759 « Sous le signe du "GUEPEOU" », *Contre le courant* n° 8, 11 février 1928, p. 3.

mensonges et à l'optimisme officiels, ils ont osé montrer que la politique de Staline trahissait les intérêts des ouvriers qui ont fait la Révolution. »[760]

En février 1928, Loriot fait partie des signataires d'un tract de protestation contre la déportation de Trotski en Sibérie. Le texte constitue une condamnation sans appel des dirigeants de l'Etat russe qui reprennent « *la tradition tsariste* », et nommément de Staline, ainsi que des staliniens français. Parmi les autres signataires du tract, on retrouve notamment Bigot, Colliard, Mahouy, Monatte, Paz et Rosmer[761]. Début mars, Loriot est également signataire d'un texte de syndicalistes de l'enseignement protestant contre « *l'emprisonnement et l'exil des révolutionnaires russes de l'opposition communiste* », et demandant à la CGTU et à l'ISR d'intervenir « *en faveur de la libération des emprisonnés et des proscrits.* » Les huit autres signataires sont Bigot, Colliard, Drous, Fulconis, Hagnauer, Lucien Hérard, ainsi qu'Antoine et Marcelle Richard. Le texte suscite un débat au sein des instances de la Fédération de l'enseignement, dont la direction n'est pas encore ouvertement opposée au PC et qui décide finalement d'en refuser l'insertion dans *L'Ecole émancipée*. L'appel est néanmoins publié dans *La Révolution prolétarienne* et *L'Action syndicaliste*[762].

Outre ces dénonciations de la répression, Loriot souhaite tirer le bilan de la période écoulée et en particulier de la dégénérescence de la révolution russe. Avec son article « Que vaut l'expérience russe ? », publié en mars dans *La Révolution prolétarienne*, il approfondit son analyse, dénonçant « *la métamorphose du communisme en "léninisme", la décomposition de l'Internationale Communiste sous les effets de la "bolchevisation"* ». Considérant que « *les évènements de ces dix dernières années portent en eux des leçons qu'il serait vain de méconnaître* », il critique également les limites des oppositionnels communistes qui, tout en ayant raison de dénoncer « *la dictature de Staline* », ont selon lui le tort de ne pas remettre en cause le léninisme ; ils parlent ainsi de « *démocratie dans le parti* », alors que d'après Loriot l'enjeu est bien plus vaste : « *la démocratie prolétarienne dans la révolution.* »

Sa critique de l'Etat bolchevik, dirigé par « *une bureaucratie pseudo-communiste* », est définitive : « *L'U.R.S.S. n'est ni U (union), ce qui suppose la libre adhésion des parties composantes, et une certaine autonomie de ces parties ; ni R (république), puisque c'est une dictature centralisée, évoluant*

---

760 « Appel aux Travailleurs », *Contre le courant* n° 7, 22 janvier 1928, p. 1.
761 « Pour la révolution russe, pour le prolétariat international », appel diffusé en tract, repris dans *Contre le courant* n° 9, 6 mars 1928, pp. 17-18.
762 « Pour les déportés et les emprisonnés », *La Révolution prolétarienne* n° 57, 1er mai 1928, p. 8, et *L'Action syndicaliste* n° 34, juin 1928, p. 3. Trois autres militants avaient par la suite signé le texte. Cf également Maurice Dommanget, *Le Syndicalisme dans l'enseignement*, IEP Grenoble, tome III, s.d. [1969], pp. 64-66, et Louis Bouët, *Trente ans de combat syndicaliste et pacifiste*, op. cit., pp. 380-381.

toujours davantage vers la dictature personnelle ; ni S (socialiste), puisque le socialisme reste à construire en Russie et que les concessions de plus en plus importantes faites au capitalisme ne permettent pas, dans la situation mondiale présente, d'en escompter la réalisation ; ni S (soviétique), car les Soviets ne constituent plus en Russie la pierre d'assises du régime. »
Loriot procède ensuite à une analyse implacable des rouages de l'IC stalinisée, devenue une simple annexe de l'URSS : « *Etroitement liée dès son origine au gouvernement russe, elle reste indissolublement attachée à ce gouvernement et son évolution se fait dans le sens d'une dépendance toujours plus étroite. [...] Or, les faits ont déjà montré que les intérêts du gouvernement russe s'opposent à ceux du prolétariat mondial. [...] L'avenir montrera avec plus d'évidence encore la divergence des intérêts de l'Etat russe et de la révolution prolétarienne universelle. Il est hors de doute, en effet, que la Russie ne va pas au socialisme. [...] L'économie russe se stabilisera peut-être sous les formes d'une sorte de capitalisme d'Etat gardant de ses origines révolutionnaires certains aspects originaux, mais ses caractéristiques essentielles resteront celles d'une économie capitaliste et non d'une économie socialiste.* »
Revenant sur le processus de stalinisation, Loriot écrit qu'à partir de 1924, la bolchevisation a été la mise en place d'une organisation « *conçue pour asservir la pensée, pour l'isoler et l'étouffer, pour assurer l'irresponsabilité, l'autorité et l'invulnérabilité des chefs [...] Moralement, le Parti, ou plutôt la nouvelle formation, car le Parti n'existe plus, se caractérise par le mépris le plus absolu des masses ouvrières et des militants du rang [...] L'hypocrisie, la duplicité, le mensonge, la calomnie sont employés sans distinction* ». Loriot parle d'expérience quand il écrit que « *les dirigeants du Parti communiste russe et le chœur de leurs fonctionnaires internationaux* » ont une « *haine farouche de l'esprit critique* ». L'IC n'est donc « *plus que la réunion sous un même sceptre des bureaucraties nationales.* » Résultat de ces processus, « *les P.C. actuels sont au service du Gouvernement de Staline ; leur organisation, leurs méthodes, leur idéologie les attachent indissolublement à ce gouvernement. [...] Le néo-communisme n'est pas une garantie pour le prolétariat mondial. Ses formations sont constituées, entretenues et maniées de telle sorte qu'elles peuvent être éventuellement* **dirigées contre la classe ouvrière**. *Si l'on voit mal, en effet, comment la politique de Staline a nui au capitalisme, on peut déjà mesurer [...] le mal fait par cette politique à toutes les classes ouvrières du monde. Les preuves s'accumulent pour montrer que l'intransigeance verbale de la fraction Staline dissimule une politique opportuniste, contre-révolutionnaire et antiprolétarienne.* » Le problème n'est pas pour autant une question de personnes, mais bien de forces sociales : « *L'axe du conflit n'est pas entre Staline et Trotsky, mais entre le stalinisme et le prolétariat.* »
Alors que souvent les opposants internes ont tendance à idéaliser la période où ils étaient dans la majorité, Loriot évite cette erreur et ne limite pas sa

critique à la période où il a été oppositionnel : « *Ce serait s'illusionner grandement que de croire que le problème actuel consiste à renouer dans l'I.C. la chaîne rompue en 1924 par l'avènement du stalinisme.* »

Ainsi, critiquant avant tout le « stalinisme », mais aussi l'insuffisance des oppositions qui restent léninistes, Loriot propose une autre conception révolutionnaire. Ce qui lui importe, c'est de dégager les conditions pour arriver à « *l'unité révolutionnaire du prolétariat universel.* » Son orientation est alors essentiellement syndicaliste révolutionnaire, même s'il n'emploie pas l'expression[763].

Cet article de Loriot donne lieu à une attaque signée Maurice Thorez dans *L'Humanité* du 27 mars, qui critique l'article de Loriot sans en donner le titre, ni même indiquer la revue où il est paru ! Le ton de Thorez est clairement celui de l'insulte : « *Loriot débite les stupidités bourgeoises et social-démocrates* », c'est un « *contre-révolutionnaire* » et il est membre du « *Bloc trotkyste* » [sic] – même si de toute évidence son opinion diverge du trotskisme. Mais cet article est significatif par ce qu'il laisse deviner en creux, à savoir l'estime conservée à Loriot chez certains militants du Parti communiste, puisque Thorez écrit : « *Il arrive parfois que de bons ouvriers communistes*[764] *[...] regrettent la rigueur des mesures prises contre les oppositionnels, ex-communistes, en particulier contre ceux qui ont été, à une époque déterminée, les porte-parole autorisés et écoutés des tendances révolutionnaires au sein de l'ancien parti socialiste. C'est ainsi que quelques camarades avaient pu garder un peu de sympathie personnelle pour Loriot en souvenir d'un passé que rien ne fera plus revivre.* »[765]

A Monatte qui lui suggère de faire une réponse à cet article diffamatoire, Loriot répond : « *Au sujet de Thorez, je vais encore te sembler un drôle de phénomène, mais je ne puis me faire à l'idée de répondre à quelqu'un que je méprise. Lui et les aventuriers de sa trempe qui exploitent actuellement le communisme peuvent aboyer à mes chausses, cela n'arrive pas à m'émouvoir. Je sais que c'est un tort, qu'il y a des choses qu'on ne doit pas laisser passer d'où qu'elles viennent. Mais je n'arrive que bien difficilement à vaincre ma répugnance.* »[766]

Loriot reçoit par contre les félicitations de Marcel Martinet, qu'il remercie par courrier du 4 avril pour ce « *jugement si élogieux* », ajoutant : « *comme tu l'as senti, je n'ai eu d'autre préoccupation que de provoquer la réflexion.*

---

[763] Fernand Loriot, « Que vaut l'expérience russe ? », *La Révolution prolétarienne* n° 54, 15 mars 1928, pp. 1-7, et Fernand Loriot, *Les Problèmes de la Révolution prolétarienne*, Librairie du travail, 1928, pp. 3-34. Souligné dans l'original.
[764] Il doit donc selon Thorez exister de « mauvais ouvriers communistes » ?
[765] Maurice Thorez, « Sept ans après Tours », *L'Humanité* n° 10.698, 27 mars 1928, pp. 1-2. Le titre de l'article est une allusion à la brochure de Loriot de 1922, *Un an après Tours*.
[766] Lettre du 22 avril 1928, archives Monatte (IFHS 14 AS/246c).

Je reste convaincu, en effet, que l'unité d'organisation et d'action du prolétariat est subordonnée partout à un gros effort de clarification de la pensée révolutionnaire. La classe ouvrière s'est, jusqu'ici, trop nourrie de formules équivoques génératrices de déceptions amères. »[767] Une note dans *La Révolution prolétarienne* signale que « *les articles de Loriot ont secoué beaucoup de camarades. De tous côtés, ils ont provoqué des discussions* »[768]. L'objectif recherché a donc été atteint.

Autre conséquence, suite à la publication de cet article un net désaccord est exprimé par Maurice Paz au sein de la revue *Contre le courant* : « *Cet article de Loriot marque la séparation entre nous. C'est une constatation pénible quand il s'agit d'un camarade de haute conscience comme Loriot.* »[769] Dans le même numéro paraît le dernier article de Loriot dans la revue, qui est consacré à l'unité syndicale. Il y défend l'indépendance syndicale, et critique très nettement les dirigeants de la CGT comme de la CGTU. A ses yeux, l'unité syndicale ne pourra résulter que d'un réveil « *de la conscience ouvrière reprenant, en l'enrichissant de l'expérience acquise au cours de ces quinze dernières années, la tradition du syndicalisme révolutionnaire qui n'est autre chose que la vraie tradition marxiste et communiste.* » Il s'agit donc de « *travailler à la reconstitution d'une C.G.T. unique indépendante de tous les partis politiques, au sein de laquelle une véritable démocratie prolétarienne assurera la liberté d'expression pour tous* »[770]. Puis, le 20 avril c'est la rupture : 5 membres du comité de rédaction sur 14 quittent *Contre le courant*, dont Loriot et Hasfeld, la revue poursuivant désormais une orientation essentiellement trotskiste[771].

Loriot avait déjà pleinement intégré l'équipe de *La Révolution prolétarienne*, et il adhère à la Ligue syndicaliste formée en 1926 autour de ses militants[772]. La Ligue préconise l'unité syndicale afin de réaliser « *le maximum d'action commune contre le patronat et contre l'Etat* », et se base sur « *le précepte de*

---

767 Lettre de Fernand Loriot, fonds Martinet du département des manuscrits de la BNF.
768 *La Révolution prolétarienne* n° 58, 15 mai 1928, p. 3.
769 Maurice Paz, « Réponse à Loriot », *Contre le courant* n° 10, 31 mars 1928, pp. 7-10. Dans cet article, Paz reprend à son compte les mythes léninistes : « *l'Union Soviétique reste encore un Etat prolétarien* », ou encore « *sans Parti, la classe n'est pas prête à réaliser sa mission historique* ». C'est parce qu'il exerce son esprit critique face à ces mythes que Loriot n'a plus sa place dans une revue qui ne veut pas aller plus loin que les leaders de l'opposition en URSS. *Contre le courant* refusa d'insérer la réponse de Loriot à Paz, qui fut finalement publiée dans *La Révolution prolétarienne* n° 57, 1er mai 1928, pp. 8-9.
770 F. Loriot, « L'unité syndicale », *Contre le courant* n° 10, 31 mars 1928, pp. 12-16.
771 Le numéro suivant de la revue contient deux réponses à Loriot : Joseph Djoukitch, « Le problème de la révolution d'après Loriot », *Contre le courant* n° 11, 9 mai 1928, pp. 5-8, et Delfosse, « Le syndicalisme révolutionnaire a fait son temps », pp. 15-16. La scission est annoncée dans l'entrefilet « Entre camarades », p. 16.
772 La date d'adhésion de Loriot à la Ligue syndicaliste n'est pas établie : ce pourrait être 1926, 1927 ou 1928.

la Première Internationale d'après lequel l'émancipation des travailleurs ne sera l'œuvre que des travailleurs eux-mêmes. »

Loriot publie début avril dans La Révolution prolétarienne la seconde partie, longue et précise, de son étude critique. Il revient d'abord sur les fondamentaux révolutionnaires : « *Il appartient au prolétariat d'accomplir la Révolution qui marquera la chute définitive de la domination capitaliste. […] la mission historique du prolétariat est […] la socialisation des moyens de production et de répartition, l'organisation de la propriété et du travail ; la suppression des classes sociales. L'effort du prolétariat ne vise pas seulement à l'affranchissement d'une classe, mais à la suppression des classes, à la fin de l'exploitation de l'homme par l'homme, à la libération de l'humanité.*
Ce bref rappel de l'essentiel des conclusions marxistes n'offre ici rien de nouveau, rien d'original ; mais dans la confusion créée par les déviations du communisme et du réformisme, il devait être fait, car ces conclusions reniées par certains dirigeants du mouvement syndical ouvrier restent la condition de l'unité révolutionnaire de tous les prolétariats du monde. »
Ces bases posées, il s'agit pour Loriot de savoir « *par quel chemin nous arriverons à la Société communiste.* » Dans ce but, il dégage de l'expérience un principe de base : « *Comme son action l'organisation du prolétariat doit être autonome.* » Cela implique de combattre les institutions extérieures, en particulier l'Etat puisqu'il y a « *divergence absolue entre les fins conservatrices de l'Etat et les fins révolutionnaires du prolétariat qui n'étend ses conquêtes et son pouvoir qu'aux dépens de l'Etat.* »
Loriot s'oppose une fois de plus à la dictature russe, et à toute dictature de parti : « *La dictature de Staline ne se distingue en rien d'essentiel des dictatures dont l'Histoire nous offre l'exemple. […] La dictature du parti communiste n'est pas la dictature du prolétariat.* » Tout au contraire, « *la véritable dictature du prolétariat […] ne prend son plein sens et ne donne au prolétariat les garanties qu'il peut attendre d'elle que lorsque l'organe du pouvoir est l'expression directe de la démocratie prolétarienne et est placé sous le contrôle de cette démocratie.* »[773]
Quelques années plus tôt, Loriot souhaitait un parti de type nouveau[774], intégrant les acquis du syndicalisme révolutionnaire tout en étant fidèle aux principes marxistes proclamés par la SFIO d'avant 1914 – mais qu'elle n'avait pas su incarner pleinement. En 1928, il prend acte de sa déception

---
773 Fernand Loriot, « La mission historique du prolétariat », La Révolution prolétarienne n° 55, 1ᵉʳ avril 1928, pp. 1-9, et Fernand Loriot, Les Problèmes de la Révolution prolétarienne, Librairie du travail, 1928, pp. 34-76.
774 L'expression « parti de type nouveau » a été régulièrement employée, mais tous n'y mettaient pas le même contenu – loin de là. Loriot y reviendra en 1927, en évoquant la façon dont en 1920 il s'illusionnait sur ce nouveau parti « *que mon enthousiasme faisait trop à l'image de mes espérances* » (La Révolution prolétarienne n° 26, 15 janvier 1927, p. 13).

vis-à-vis de ce Parti, et en conséquence écrit l'inverse de ce qu'il disait en 1921 lorsqu'il affirmait la nécessité d'un parti révolutionnaire. Ou plus exactement, désormais le parti révolutionnaire est pour lui en fait le syndicat et il n'est, dans cette perspective, nul besoin d'une organisation politique spécialisée. Il ne faut pas oublier que l'objectif fondamental de Loriot déjà en 1917-1921, ce n'était ni de « transformer » la SFIO en parti révolutionnaire, ni de « créer » un nouveau parti, mais de participer à une révolution mondiale.

Ces articles sont rassemblés dans une brochure publiée en juin 1928 par les éditions de la Librairie du travail, sous le titre : *Les Problèmes de la révolution prolétarienne*. La brochure de 76 pages, vendue 3 francs, est éditée à 3.000 exemplaires. La Librairie du travail, initiée par Hasfeld, diffusait déjà depuis 1922 la précédente brochure de Loriot, *Un an après Tours*. Un large encart signale la parution de la brochure dans tous les numéros de *La Révolution prolétarienne* de mai à octobre 1928, puis de nouveau en 1929, et une note de lecture très favorable paraît dans *L'Ecole émancipée*[775].

En août 1928, la Librairie du travail se constitue en coopérative d'édition. Loriot participe en versant 100 francs, le capital de la coopérative étant constitué à son origine par 20 parts de 100 francs. Au cours des deux années suivantes le besoin d'argent fait que de nouvelles parts sont ouvertes, et Loriot en paie 9 de plus[776]. Parmi les autres sociétaires on retrouve notamment Hasfeld, Monatte, Rosmer, Victor Serge, Hattenberger, Marie Guillot, Martinet, Dunois, Hagnauer, etc[777].

*   *   *

La Révolution prolétarienne publie en janvier 1930 un nouvel article de Loriot : « La faillite de l'Internationale Communiste et l'indépendance du mouvement syndical », texte achevé en novembre 1929. Il s'agit d'un long article, qui reprend comme surtitre « Les Problèmes de la révolution prolétarienne », comme les articles de 1928. Loriot y dénonce « *la transformation de l'Internationale Communiste en une secte militarisée d'adeptes d'une religion nouvelle, de plus en plus isolée du prolétariat* ». Il revient sur les évènements des années précédentes, et critique encore « *la "bolchevisation", brusquement imposée par Staline et ses créatures* », qui est née « *de la nécessité de supprimer, en Russie et dans les jeunes P.C., tout ce qui pouvait faire obstacle au gouvernement personnel et, en premier lieu, la*

---

[775] H. Fulconis, *L'Ecole émancipée* n° 20, 10 février 1929, p. 317.
[776] PV de l'AG du 17 mai 1931, archives Marcel Hasfeld, Centre d'histoire sociale du XXe siècle. Cf également *La Vie ouvrière* n° 1, 30 avril 1919, p. 4.
[777] Marie-Christine Bardouillet, *La Librairie du travail, 1917-1939*, Maspero, 1977, pp. 103-104.

démocratie communiste. » Il critique le PC qui en vient « *à renier les fondements mêmes de la doctrine marxiste* », et l'Internationale communiste qui, « *vidée depuis longtemps de son contenu de Parti politique, n'est plus qu'une branche de la bureaucratie stalinienne* ». En conséquence, « *la conscience prolétarienne et révolutionnaire est aujourd'hui hors de l'I.C. ; elle y restera.* »

Estimant que « *l'expérience a montré qu'un Parti politique ne saurait ni représenter la classe ouvrière, ni se substituer à elle dans la direction de sa révolution* », Loriot en conclue qu'une « *classe ne peut agir que par la démocratie au sein de ses organes représentatifs. Or, une pareille démocratie est la négation de la théorie du parti souverain.* » Loriot perçoit, avec le recul, que le bolchevisme n'est pas ce qu'il paraissait être : « *Le bolchevisme, qui pouvait apparaître, au début, comme une force d'unité révolutionnaire, apporte maintenant, chaque jour, une preuve nouvelle de son impuissance à créer cette unité indispensable. Et c'est le problème de l'action révolutionnaire de classe que cette faillite pose impérieusement aujourd'hui devant nous.* » Il s'agit donc pour lui de sortir du modèle bolchevik et de renouveler les perspectives révolutionnaires, qui doivent être tout à la fois communistes, démocratiques, marxistes et syndicalistes. Dans ce but il ne pense plus qu'un parti politique soit nécessaire. Se prononçant à nouveau pour la réunification syndicale, dans l'autonomie – tout en précisant que « *les partis politiques et les syndicats de toute nature ne peuvent s'ignorer* » –, il défend la théorie d'un « *syndicat parti de classe du prolétariat.* » Le syndicat ne se confond cependant pas selon lui avec les « *partis politiques* », et Loriot de conclure que le syndicat « *se refusant à distinguer entre les formes de tutelle qui pourraient lui être offertes ou imposées, conscient de son rôle et de sa force, affirmera sa volonté de conserver, vis-à-vis de tous les partis politiques, une indépendance qui constitue la garantie la plus sûre d'une solution prolétarienne des problèmes de la Révolution.* »[778]

Outre le stalinisme qu'il rejette comme un courant ennemi des prolétaires et des révolutionnaires, il critique également les « *groupes léninistes d'opposition* », en particulier Trotski, à qui il reconnaît certains mérites mais lui reproche de ne pas faire d'examen critique du bolchevisme. Cela lui vaut naturellement d'être critiqué à son tour par les trotskistes du journal *La Vérité*[779]. Loriot se situe donc à cette période dans une extrême-gauche qui est non seulement anti-stalinienne, mais aussi anti-léniniste.

---

778 Fernand Loriot, « La faillite de l'Internationale Communiste et l'indépendance du mouvement syndical » [texte daté du 15 novembre 1929], *La Révolution prolétarienne* n° 95, 1ᵉʳ janvier 1930, pp. 5-13. Souligné dans l'original.
779 « Un syndic trop pressé », 17 janvier 1930, repris dans Pierre Naville, *Matériaux pour l'histoire du mouvement communiste en France : l'entre-deux guerres*, EDI, 1975, pp. 163-165.

Pour l'unification syndicale

La scission de la CGT constituait pour Loriot un échec sur le plan syndical. Rejetant la scission, il est en tant qu'instituteur membre des deux CGT : il est à la fois adhérent de la Fédération de l'enseignement de la CGTU, et du Syndicat national des instituteurs affilié à la CGT.

Fin 1930, il milite pour l'unification syndicale en s'inscrivant dans la démarche du « Comité des 22 » : le 9 novembre 1930, un appel est lancé pour l'unité syndicale « *sur les bases de la Charte d'Amiens [...] dans la pratique de la lutte de classes et dans l'indépendance du mouvement syndical* » vis-à-vis des partis et des gouvernements. Il est signé de 22 syndicalistes dont Monatte, Pichorel, Dumoulin, Hagnauer, Engler, Colliard, Chambelland, etc[780]. L'objectif n'est pas mince, puisqu'il s'agit en pratique de faire l'unité syndicale contre les appareils des deux CGT. L'appel est également critiqué par les appareils politiques, à la fois par le PC stalinien et par la SFIO – en l'occurrence par Blum[781]. Loriot s'associe à cette campagne mais, à 60 ans, ne joue plus de rôle moteur. Il est également en désaccord avec la majorité du Comité des 22 quant aux modalités de l'unité syndicale[782]. Cette initiative se soldera par un échec[783]. La réunification CGT-CGTU ne sera effective que quelques années après sa mort, en 1936.

Ne supportant plus le climat stalinien dans la CGTU, et en particulier dans le Syndicat de l'enseignement de la Seine qui est « *dirigé par des staliniens* »[784] – contrairement à la Fédération au niveau national – Loriot quitte finalement cette dernière en 1930, étant désormais syndiqué uniquement à la CGT, au sein du Syndicat national des instituteurs[785]. Toujours militant syndical, et membre de la Ligue syndicaliste, il n'en est pas moins pour les jeunes générations de révolutionnaires « *un instituteur vieillissant, parlant un langage châtié, naguère secrétaire du Comité de la IIIe Internationale* »[786].

---

780 « Pour reconstruire l'Unité syndicale », *Le Cri du peuple* n° 49, 12 novembre 1930, p. 1.
781 *Le Populaire* n° 2839, 15 novembre 1930, p. 6.
782 *La Révolution prolétarienne* n° 114, 5 février 1931, pp. 18-21.
783 Sur l'histoire du Comité, cf Daniel Guérin, « Une tentative de réunification syndicale, 1930-1931 », *Revue d'histoire économique et sociale* vol. 44, n° 1, 1966, pp. 107-121 (repris – souvent mot pour mot – dans Daniel Guérin, *Front populaire, révolution manquée*, Maspero, 1976, pp. 40-48), et Pierre Monatte, « La vie et la mort du Comité des 22 », *La Révolution prolétarienne* n° 122, décembre 1931, pp. 4-14. Sur l'importante implantation locale des comités pour l'unité syndicale en 1931, voir les archives Maurice Chambelland du Musée social.
784 H. Fulconis, « Un bilan de bolchevisation », *Le Cri du peuple* n° 25, 21 mai 1930, p. 4.
785 La revue *Les Primaires* écrira à sa mort que, « *partisan de l'unité syndicale, Loriot rejoignit la C.G.T. pour militer à la base, afin de donner une orientation révolutionnaire à l'organisme qui groupe la majorité des travailleurs.* » (« Fernand Loriot », *Les Primaires* n° 36, 1er décembre 1932, pp. 881-882).
786 Jean Rabaut, *Tout est possible !, les gauchistes français, 1929-1944*, Denoël, 1974, p. 23.

* * *

Loriot avait obtenu d'être nommé dans une école à Paris, rue Jomard – c'est-à-dire très proche de son domicile du XIXe arrondissement – où il va finir sa carrière. Atteint d'une leucémie myéloïde chronique, il continue cependant à travailler. Le 23 mars 1932, il écrit à Monatte : « *Je suis absorbé chaque jour par une besogne de besogneux qui me demande plus de force que ne m'en laisse un traitement épuisant aux rayons X que je suis depuis quatre mois à l'hôpital St Louis.* »[787]

Fernand Loriot prend sa retraite à la rentrée 1932. Louis Bouët écrit qu'à cette rentrée, « *au lieu de son coupon habituel de renouvellement d'abonnement à l*'Ecole Emancipée*, nous avions reçu une lettre de sa compagne nous disant qu'il était alité, et en retraite avec une situation pécuniaire bien diminuée, ses années d'interruption n'ayant pas été comptées. Nous lui fîmes savoir aussitôt que la revue lui serait adressée gratuitement comme une chose due à un ancien collaborateur qui s'était tant dépensé pour notre organisation et pour la cause révolutionnaire ; et il nous a répondu par la lettre ci-dessous, la dernière peut-être qu'il ait écrite :*
"Votre décision m'émeut au plus haut point. Vous devez comprendre cependant de quelle amertume cette émotion est mêlée... J'ai une leucémie myéloïde [...] Traitement épuisant aux rayons X. Chances de guérison nulles. Simple espoir de prolongation d'une existence... peu intéressante..."
[...] *Peu de jours après les journaux nous apprenaient sa mort.* »[788]

Fernand Loriot, âgé de 62 ans, meurt à l'hôpital Saint-Louis de Paris le 12 octobre 1932. Il est enterré au cimetière de Pantin le 15 octobre.
Ses camarades et amis saluent sa mémoire en écrivant des articles nécrologiques, Souvarine dans *La Critique sociale* et le *Bulletin communiste*, Monatte dans *La Révolution prolétarienne*, Bouët dans *L'Ecole émancipée*, Dunois dans *Monde*, Roger Hagnauer dans *Le Peuple*, Marie et François Mayoux dans *Notre point de vue*, Marie Guillot dans *L'Action syndicaliste*, etc.
Dans un court entrefilet, *Le Populaire* salue « *un homme sincère, modeste et parfaitement désintéressé.* »[789] *L'Humanité* se distingue en dénigrant celui qui avait pourtant été l'un des principaux fondateurs du PC, dans un bref entrefilet relégué en deuxième page[790].

---

787 Archives Monatte, IFHS 14 AS/246c.
788 Louis Bouët, « Nécrologie : Fernand Loriot », art. cit. Curieusement, ces deux lettres mentionnées par Bouët ne figurent pas dans les archives Louis et Gabrielle Bouët de l'IFHS.
789 Texte non-signé, *Le Populaire* n° 3537, 14 octobre 1932, p. 2.
790 « Fernand Loriot est mort », texte non-signé, *L'Humanité* n° 12.359, 15 octobre 1932, p. 2. Par comparaison, la mort de sa première épouse, Jeanne Loriot, avait été annoncée le 20 mai 1919 en première page de *L'Humanité*.

Cette discrétion de la SFIO comme du PC, alors même que Loriot avait été une figure de premier plan de ces deux partis, annonce son effacement de la part des deux appareils de la gauche. La revue *Les Primaires* écrit que Loriot est mort « *pauvre et quasi oublié. L'Humanité et Le Populaire se sont bornés à lui consacrer quelques lignes : ils se seraient honorés en donnant en exemple la vie de cet incomparable militant.* »[791] Il était trop communiste pour les sociaux-démocrates, trop politique pour les syndicalistes, officiellement trop socialiste pour les staliniens – mais en réalité surtout trop critique du stalinisme. Il sera cependant cité au cours des années 1930 par quelques syndicalistes révolutionnaires[792]. En 1935, Martinet rendra hommage à Loriot en lui dédiant la deuxième partie de son recueil *Culture prolétarienne*[793].

Dans les années 1960-1980, des historiens consacrant de nombreuses années à travailler, à lire la presse de l'époque, à consulter les archives et à interroger les témoins encore vivants, se rendirent compte de l'importance de Loriot, qu'ils firent apparaître dans leurs ouvrages de synthèse[794]. Mais par la suite Loriot est devenu un nom parmi d'autres.

Cela tenait aussi à sa personnalité, ainsi que l'écrivit Dunois : « *Si Loriot avait eu l'âme d'un politicien vulgaire, s'il avait daigné exploiter la notoriété un moment attachée à son nom, il eût fait à coup sûr une assez belle "carrière", comme tant d'autres qui ne le valaient pas. Mais il était dénué d'ambition personnelle. Les évènements seuls, l'avaient mis en lumière, avaient fait du modeste instituteur de Puteaux qu'il était avant la guerre, un homme public. Dès qu'il crut pouvoir rentrer dans l'ombre, volontairement il s'effaça.* »[795]

---

791 La revue énonce pour sa part cette conclusion : « *Que son souvenir demeure semblable à ce que fut sa vie : un soufflet pour ceux qui trahissent, une leçon pour ceux qui luttent.* » (« Fernand Loriot », *Les Primaires* n° 36, 1ᵉʳ décembre 1932, pp. 881-882).
792 Voir les articles de Jean Duperray sur le « Syndicalisme en URSS » dans *Feuilles libres* n° 12 et 16, 25 mars et 25 mai 1936, etc.
793 « A la mémoire de Fernand Loriot » (Marcel Martinet, *Culture prolétarienne*, réédition Agone, 2004, p. 67).
794 Par exemple, Annie Kriegel notait qu'en 1919-1920 « *le bloc révolutionnaire tendait spontanément à se réaliser autour d'une personnalité, Loriot* » (*Aux origines du communisme français*, op. cit., p. 279). On peut par contre regretter que sa seconde épouse, qui n'avait pas souhaité se remarier et s'appelait donc toujours Loriot, et qui vécut en banlieue parisienne jusqu'à son décès en 1978, n'ait jamais été interrogée par un historien.
795 Amédée Dunois, « Mort d'un militant. Fernand Loriot », *Monde* n° 229, 22 octobre 1932, p. 13.

V : Conclusion

*« il peut se tromper parfois ; du moins ne cherche-t-il pas
à tromper les autres »*[796]

Fernand Loriot est à la fois une figure majeure et sous-estimée du communisme en France. Oublié, sa tombe a été « relevée » (c'est-à-dire détruite) en 1954. Il existe bien une école Fernand Loriot à Tuffé (petite ville de la Sarthe)... mais il s'agit d'un hommage à un homonyme.
Peut-on expliquer cet oubli en partie par les « absences » de Loriot : son incarcération pendant 10 mois, puis son état de santé, sa volonté de rester en retrait ? Son rôle précurseur n'en est pas moins indéniable : engagé dans l'action contre la guerre dès 1915, leader de l'opposition révolutionnaire socialiste de 1916 à 1920, partisan de l'adhésion à l'Internationale communiste dès sa création en 1919, reconnu par Lénine et d'autres comme le principal représentant du communisme en France en 1919-1921, « *le meilleur de nos camarades* » selon Souvarine[797], membre du premier Comité directeur de la SFIC, co-président du IIIe congrès de l'IC, à la tête de l'opposition communiste en 1925. Fernand Loriot ne posait pas au théoricien, mais ce qu'il a écrit est ce qui comptait à l'époque : des articles dans des revues et journaux militants, des tracts, des brochures. Cela à une période où la presse, les tracts, et les petites brochures à fort tirage étaient justement les médias déterminants. De plus il s'exprimait fréquemment lors de réunions publiques.

On constate une frappante symétrie : alors que le courant que représentait Loriot dans la SFIO en 1918-1920 se renforçait au sein d'un parti qui était lui-même en forte croissance, son courant au sein de la SFIC en 1924-1926 fut marginalisé au sein d'un parti qui voyait fondre ses effectifs. L'objectif d'auto-émancipation des travailleurs impliquant la démocratie organisationnelle, Loriot va s'opposer à certaines pratiques internes à la SFIO puis au PC. Pour un véritable fonctionnement démocratique, il faut entre autres une libre et franche expression des opinions, en particulier des divergences, non seulement en comités restreints mais devant l'ensemble des adhérents : ce n'est pas le cas à la SFIO pendant la guerre, ni au PC bolchévisé. Mais alors qu'il était radicalement opposé à la direction en 1916-1918, il pouvait cependant toujours présenter des motions au vote des militants ; ce n'était plus le cas dans la SFIC d'après 1924, les votes n'y étant quasiment plus que des plébiscites.

---

[796] *Bulletin communiste* n° 26, 22 juin 1922, p. 498. Cette citation est extraite d'une note anonyme à propos de Boris Souvarine (probablement écrite par Dunois) – mais pouvant parfaitement s'appliquer aussi à Fernand Loriot.
[797] *Bulletin communiste* n° 36, 14 octobre 1920, p. 15.

Souvarine écrira qu'à partir de 1924, « *tous les communistes obstinés à ne pas confondre discipline et servilité, tous les hommes capables et coupables de quelque pensée indépendante ou originale seront désormais traités en suspects, dénoncés comme opportunistes, assimilés aux contre-révolutionnaires, écartés enfin un à un, puis en série et par groupes. [...] On ne tarda pas à voir combien Rosa Luxembourg avait eu raison contre Lénine en jugeant prématuré de fonder la nouvelle Internationale [...] Les partis communistes se transformaient en ramifications de l'Etat soviétique, sous une autocratie commune, avec les mêmes déformations générales et des tares identiques.* »[798] Là où les instances, quoique très dissemblables, de la Première Internationale (1864-1872) puis de la Deuxième Internationale (1889-1914) rassemblaient effectivement des militants d'horizons et de courants différents venus de plusieurs pays d'Europe, la Troisième Internationale fut une création d'un seul Parti, représentant de plus un seul courant à partir de 1921 (interdiction des tendances au sein du parti bolchevik), Parti de surcroît au pouvoir et s'étant assuré une situation de Parti unique (« *ce que nul programme communiste n'a jamais prescrit* », comme le rappelait Souvarine en 1929[799]). Les décisions de la direction de la Troisième Internationale étaient donc, et furent de plus en plus, des émanations directes de la bureaucratie régnante en Russie, et non des décisions collégiales associant à égalité les différentes sensibilités communistes de divers pays. Il ne s'agissait donc pas d'un véritable internationalisme.

Les militants du C3I voulaient un parti qui soit communiste, mais en réalité l'« Internationale » qui portait ce nom était bolchevique et léniniste plus que communiste. A partir de 1924 c'est explicitement un parti « bolchevik » qu'il faut mettre en place, le « modèle » russe entamant son tournant stalinien. L'appareil bureaucratique russe domine l'IC et progressivement ses partis-membres. Le rythme fut légèrement différent suivant les pays : pour la France l'année décisive fut 1924. Après les transformations et exclusions de 1924-1926, la domination du stalinisme pouvait désormais se mettre totalement en place.

Dès 1919, il y avait un lourd malentendu. Bien des communistes en Europe pensaient que la IIIe Internationale succédait aux deux précédentes, sans les dérives de la Deuxième, mais en ayant conservé ce que ces deux structures avaient eu de positif. Autrement dit, une nouvelle IIe Internationale *mais* révolutionnaire, *mais* qui ne s'écroulerait pas devant une nouvelle guerre. En réalité – ce qu'il est facile de constater avec le recul historique (mais qui l'était bien moins à l'époque) – le principal point nouveau était que cette « Internationale » était la création d'un seul parti, voire en fait la création d'un Etat où ce parti exerçait sa dictature. Quelles que soient les

---

[798] Boris Souvarine, *Staline, aperçu historique du bolchévisme* [première publication : 1935], Ivrea, 1992, p. 319.
[799] Boris Souvarine, *A contre-courant, écrits 1925-1939*, op. cit., p. 263.

proclamations, les termes officiels qui reprenaient la tradition des Internationales précédentes, la réalité ne pouvait être que radicalement différente. Dunois dira plus tard qu'il a adhéré « *en homme qui ne pouvait pas croire que tout l'avenir de l'Internationale communiste fût contenu et enfermé dans les pauvres limites des XXI conditions.* [...] *j'étais loin d'attribuer aux XXI conditions un caractère définitif,* ne varietur. *Je pensais que ce qu'un congrès avait fait, un autre pouvait le défaire.* » Il ajoute d'ailleurs que « *de 1921 à la mort de Lénine, les XXI conditions n'avaient été appliquées à peu près nulle part.* » Selon lui, elles seront en fait appliquées à partir de 1924, et de façon « *aggravée* »[800]. Il est à remarquer que Dunois avait, dès octobre 1920, écrit qu'il ne fallait pas s'attacher à la lettre des 21 conditions « *qui ne saurait avoir qu'une signification superficielle et transitoire.* »[801] Au malentendu originel s'est donc ajouté un changement d'orientation à Moscou, entraînant un accroissement des contradictions qui ne pouvaient qu'aboutir à la rupture.

En récapitulant son parcours, on peut s'interroger : Loriot serait-il passé du socialisme (1901-1906) au syndicalisme révolutionnaire (1906-1914), au pacifisme révolutionnaire (1915-1919), au communisme (1919-1928), et enfin de nouveau au syndicalisme révolutionnaire (1928-1932) ? En réalité, ce furent de sa part des manifestations des mêmes convictions fondamentales, contre les structures sociales dominantes et pour l'émancipation des travailleurs. Il voulut un temps un parti à la fois nouveau et fidèle à la charte de création de la SFIO, un parti centré sur l'action sociale plus que sur les élections. En faisant le bilan des années passées, Loriot sera par la suite déçu par la forme organisationnelle qu'est le parti politique[802]. Prenant le temps de la réflexion, il adopte un recul critique sur des évènements dont il a été un acteur important. La lutte sociale à la base restant sa préoccupation, il privilégie dès lors le seul syndicalisme. Son analyse, qu'il maintient durant les cinq dernières années de sa vie, constitue une réprobation de la forme du parti politique – réformiste comme léniniste – et défend une conception révolutionnaire s'appuyant sur l'union des travailleurs dans la lutte syndicale.

Loriot n'avait été connu nationalement des militants de la FNSI qu'à partir de 1912 ; dans la CGT et dans la SFIO à partir de 1915-1916 ; au niveau du « grand public » à partir de la victoire de sa motion dans la Fédération socialiste de la Seine en février 1920, puis davantage avec son

---

800 Amédée Dunois, « Vieux souvenirs », *La Bataille socialiste* n° 76, 15 février 1934, pp. 3-4.
801 Amédée Dunois, « Il n'y a que l'esprit qui compte », *L'Humanité* n° 6044, 10 octobre 1920, p. 1.
802 Ce bilan hostile au principe du parti sera également effectué, par une autre voie, par des communistes allemands comme Otto Rühle (*La Révolution n'est pas une affaire de parti*, 1920, réédition L'Entremonde, 2010).

emprisonnement, le succès de sa motion à Tours et son poste de numéro deux du parti. Début 1922, il sort donc des deux années où il a été le plus exposé. Les épreuves et les déceptions n'ont pas manqué. Il souhaite donc prendre du recul, sans renier l'essence de son engagement. Loriot était simplement un travailleur, qui reprit son emploi dès qu'il le put : il reprit son poste au même niveau qu'il l'avait quitté. La politique n'a donc pas servi sa « carrière » – ce fut même l'inverse, du fait des sanctions politiques. Il n'y avait de toute façon pas de carriérisme chez Loriot, qui ne se voyait pas comme un « homme politique », mais comme un travailleur engagé politiquement[803]. Il écrivait en 1928 : « *je n'ai jamais eu de goût pour la vie publique et j'ai en horreur la politique et les politiciens.* » Son action à la SFIO puis à la SFIC n'étaient pas pour lui de la « politique », mais de l'action de classe, une lutte contre la guerre, contre l'exploitation, pour la révolution sociale. Dans cette conception, la participation à une organisation politique, de même d'ailleurs qu'à une organisation syndicale, doit avant tout avoir une utilité sociale : contribuer à l'union des exploités pour changer la société. Bien qu'il soit devenu militant socialiste cinq ans avant d'être syndicaliste, il était par la suite resté au fond un syndicaliste, révolutionnaire, bien qu'il écrivit : « *l'expérience a précisé mon syndicalisme que je ne me suis jamais préoccupé de classer.* » Il ajoutait, confirmant la continuité de son engagement : « *Mais pour moi qui scrute ma conscience, mon syndicalisme d'aujourd'hui ne diffère pas en son **essence** de mon syndicalisme d'il y a 22 ans* »[804], c'est-à-dire de 1906, lors de son adhésion au syndicat des instituteurs.

Les premières années du PC sont souvent mal perçues, peut-être parce que jugées trop complexes. Mais dans un organisme vivant, démocratique et pluraliste, la complexité est une situation normale ; une structure stérilisée et monolithique devient sans doute plus facile à appréhender, mais c'est parce que les libres débats l'ont quittée. Il existait des projets différents aux débuts du PC, pour simplifier celui de Frossard – continuer la SFIO sans les dérives de la guerre –, et celui de Loriot – former un nouveau type de parti révolutionnaire, faisant la synthèse du marxisme, des principes de la SFIO de 1905, du syndicalisme révolutionnaire, ainsi que des expériences diverses des révolutions en Russie, en Allemagne, etc. Ces nuances furent progressivement balayées par un autre projet imposé depuis Moscou : changer le PC en simple filiale du Parti-Etat russe. L'éphémère PC des débuts, dont Loriot est le principal fondateur, est celui qui en 1922 exaltait dans son hebdomadaire l'existence des tendances[805], qui mettait l'anarchiste

---

803 Loriot a été permanent comme trésorier de la SFIO d'octobre 1919 à avril 1920, emprisonné de mai 1920 à mars 1921, puis permanent comme secrétaire international de la SFIC de mars 1921 à décembre 1921. Il n'a donc été permanent que pendant 15 mois au total.
804 Souligné dans l'original, note autobiographique de Fernand Loriot, 1928, document cité.
805 « *L'unanimité ? Elle n'est pas nécessairement un bien dans un Parti démocratique*

Kropotkine en couverture du *Bulletin communiste* (7 février 1922), qui refusait la subordination des syndicats au Parti[806], qui appelait à la solidarité avec les victimes de la famine en Russie plutôt que d'en nier l'existence, qui se prononçait pour les Etats-Unis d'Europe[807], qui déclarait que « *le mode d'exploitation du sol en commun ne peut être imposé par contrainte* »[808], etc. Ce Parti n'existait plus quelques années plus tard, quand bien même son nom était – pour un temps – conservé (plus tard le nom disparaîtra lui aussi, « Parti communiste SFIC » étant remplacé par « Parti communiste français »).

Même s'ils se revendiquaient sincèrement du marxisme, les fondateurs du PC n'avaient pas une grande connaissance de la théorie marxiste, comme d'ailleurs la plupart des membres du PC et de la SFIO avant comme après 1914 : on chercherait en vain un véritable théoricien marxiste dans leurs rangs[809]. Mais chez les fondateurs, dont Loriot, on trouve des principes importants issus du mouvement ouvrier, syndicaliste et socialiste révolutionnaire, qui remontent à la Commune de 1871 et à la Première Internationale. Ce sont ces principes qui les opposent à ceux qui votent les crédits de guerre au milieu des années 1910, puis à ceux qui mettent le PC au pas au milieu des années 1920. Mais il ne faudrait pas en conclure qu'ils auraient été des opposants systématiques, puisqu'ils ont noué des alliances quand ils le jugeaient nécessaire pour les idées qu'ils défendent : en 1918 pour chasser les « socialistes de guerre » de la direction de la SFIO, en 1920 pour que la majorité à Tours soit nette et massive.

Il reste que cette carence de bases théoriques marxistes a été un facteur de perméabilité aux thèses bolcheviques. L'impression était que les bolcheviks faisaient la paix et tentaient d'instaurer le socialisme. Dans ces conditions,

---

comme le nôtre. L'unanimité prolongée pourrait bien équivaloir au marasme et à l'atonie. » (Amédée Dunois, « Notre "tendance" », *Bulletin communiste* n° 2, 12 janvier 1922, p. 23). Propos prémonitoires s'il en est !

806 Dans une résolution adoptée au Congrès de Marseille, le Parti communiste « *déclare hautement sa volonté de respecter le droit des syndicats de se gouverner et de s'administrer eux-mêmes, en dehors de toute injonction, de toute tutelle, de toute subordination.* » (*Bulletin communiste* n° spécial du 14 février 1922, p. 8).

807 Boris Souvarine, « Les Etats-Unis d'Europe », *Bulletin communiste* n° 36, 6 septembre 1923, pp. 536-538.

808 Motion Loriot-Souvarine, novembre 1920.

809 Selon l'historien Jean Touchard, « *c'est un parti où l'activité théorique est mince* » (*La Gauche en France*, Le Seuil, 1977, p. 64). Fin 1923 encore, Marcel Ollivier écrit qu'en France en particulier, « *la pensée marxiste est encore à peu près inconnue. On n'en parle généralement que par ouï-dire. Ce qu'on connait de l'œuvre de Marx se réduit à quelques brochures répandues à quelques centaines ou quelques milliers d'exemplaires tout au plus, et d'ailleurs tout à fait insuffisants pour faire connaître l'essentiel de la doctrine marxiste.* » (*Bulletin communiste* n° 49, 6 décembre 1923, p. 884). Selon l'historienne Madeleine Rébérioux, « *la France n'est qu'un des nombreux pays où la gauche ne dirige pas en 1914 le mouvement socialiste, mais elle est le seul où les courants de gauche occupent à l'intérieur du parti une si maigre place.* » (*Le socialisme et la première guerre mondiale (1914-1918)*, dans *Histoire générale du socialisme*, tome 2, op. cit, p. 597).

comment des socialistes pacifistes auraient pu ne pas s'enthousiasmer ? Mais en réalité, l'isolement de la Russie et la guerre civile, ajoutés à l'idéologie spécifique des bolcheviks, entraînaient la dégénérescence de la Révolution russe de 1917 en un Etat bureaucratique autoritaire. Les principaux fondateurs du PC n'ont cependant pas été « dociles » face au stalinisme, ils n'ont pas renié leurs convictions contre une place à la tête d'un appareil. Certainement, vers 1919-1921 ils défendaient la Révolution russe telle qu'ils se l'imaginaient, plus que telle qu'elle était en réalité[810]. Mais Loriot et Souvarine, notamment, ont eu le mérite de comprendre dès la fin des années 1920 et le début des années 1930 que le « marxisme » des bolcheviks était largement étranger à Marx, et qu'ils avaient mis en place en Russie un régime dictatorial et oppresseur basé sur le capitalisme d'Etat. Ils ont intelligemment compris le stalinisme, et l'ont clairement dénoncé. Par son parcours, Loriot était aux yeux des nouveaux dirigeants du PC bolchevisé un véritable « reproche vivant » : il a incarné avec d'autres une éthique révolutionnaire, ainsi que le refus de parvenir et la fidélité à une conception libératrice et auto-émancipatrice du communisme[811]. C'est pourquoi dans la vision idéologique d'une histoire réécrite, il est un des nombreux « hommes en trop » du XXe siècle. Cela explique en partie la grande discrétion à son égard.

D'où viennent les premiers militants du PC, en 1920-1921 ? Il n'y a au fond pas de nouveauté complète : ce sont les courants communistes existant en France depuis le XIXe siècle, les courants socialistes révolutionnaires divers (même la SFIO fut fondée comme « *parti de lutte de classe et de révolution* » – Loriot rappelait fréquemment cette formule dans ses articles[812]), les courants syndicalistes révolutionnaires, qui se poursuivent sous d'autres formes après avoir été étouffés par la guerre. La résurgence de ces courants est portée par les militants de la gauche internationaliste pendant la guerre, et par de nouveaux militants qui affluent vers la SFIO. Les idées et le militantisme communistes étaient loin d'être une nouveauté en France : le communisme y date des années 1790, autour de Gracchus Babeuf et de la Conjuration des Egaux. Il se développe ensuite dans les années 1830-1840, les communistes participant aux mouvements révolutionnaires.

---

810 Lorsque Souvarine écrivait que les bolcheviks « *ont donné le pouvoir au peuple* », il ne fait aucun doute qu'il le pensait réellement (Boris Souvarine, *Eloge des bolcheviks*, Librairie du Populaire, s.d. [1919], p. 40).

811 Il écrivait par exemple que la démocratie n'est « *possible qu'en régime communiste* » (Flory [Fernand Loriot], « Communistes, oui ! », *L'Humanité* n° 5922, 10 juillet 1920, p. 1).

812 Par exemple dans le *Bulletin communiste* n° 19, 12 mai 1921, p. 314 : Loriot écrit qu'« *un parti de lutte de classe et de révolution* » est « *un véritable Parti communiste* ». Dans la motion Loriot-Souvarine pour le congrès de Tours, le parti est qualifié d'« *instrument de lutte de classes et de révolution* ». En août 1920, Loriot appelait à ce que la SFIO effectue « *sa transformation complète en véritable parti de classe* » (« La grande offensive », *L'Humanité* n° 6004, 31 août 1920, p. 1), etc.

C'est au contact de ces militants que Karl Marx, en exil à Paris en 1843-1844, achève son évolution vers le communisme. Après la répression sous la dictature de Napoléon III, ils participent pleinement à la Commune de Paris en 1871. Son écrasement entraîne la mort ou l'exil de nombreux communistes. En 1896, l'Alliance communiste est une scission du Parti ouvrier socialiste révolutionnaire, sans que l'emploi du mot communiste dans son nom ne marque un changement d'orientation. Les anarchistes emploient également le terme : au cours de ces années entre la Commune de 1871 et la Guerre de 1914, ils se sont décrits comme socialistes, socialistes révolutionnaires, communistes, communistes libertaires. Le groupe des Etudiants socialistes révolutionnaires internationalistes était depuis 1893 un groupe anarchiste, et en 1910 se forme une Fédération communiste rebaptisée ensuite de façon plus explicite : Fédération communiste-anarchiste[813]. On parle alors indifféremment de socialisme, de communisme, de collectivisme[814] – mais c'est le mot socialisme qui prédomine dans l'usage courant. Dans ses écrits, Jaurès reconnaît le communisme comme étant le but du mouvement socialiste, écrivant par exemple en 1901 : « *Que fera la Révolution communiste, quand elle sera au terme de son développement ? Sans doute elle créera un système tout nouveau de propriété : elle substituera la propriété commune des moyens de production à la propriété capitaliste et bourgeoise.* »[815] Se basant sur le règlement de la SFIO, qui stipule que le but du parti est « *une société collectiviste ou communiste* » (les deux termes étant considérés comme synonymes), le député socialiste Bracke-Desrousseaux – pourtant hostile à l'IC – écrira que « *tous les socialistes sans exception sont communistes.* »[816]

C'est en ce sens que Loriot était pleinement communiste. Par contre, même s'il avait la confiance de Trotski et de Lénine dès l'époque de la guerre, Loriot n'était pas un « bolchevik français ». Il faisait partie de ces communistes d'Europe s'étant radicalement opposés à la guerre, et ayant par ailleurs des divergences diverses avec les bolcheviks – comme Rosa Luxemburg en Allemagne, Herman Gorter et Anton Pannekoek aux Pays-Bas, Sylvia Pankhurst en Grande-Bretagne, etc. Pour ceux d'entre eux qui ne furent pas assassinés par les contre-révolutionnaires, la rupture avec les bolcheviks interviendra au bout de quelques années, de façon plus ou moins rapide, mais inéluctablement. Après leur rupture avec Moscou ils continuent d'être communistes, sans jamais avoir été léninistes.

---

813 Jean Maitron, *Le Mouvement anarchiste en France*, op. cit., tome I, pp. 22, 84, 119, 139, 395, 442, 448, 450, etc.
814 « *Communisme, Collectivisme ou Socialisme sont des mots différents, mais qui ont la même signification.* » (Compère-Morel, *Grand dictionnaire socialiste du mouvement politique et économique national et international*, Publications sociales, 1924, p. 139).
815 Jean Jaurès, *Etudes socialistes*, Cahiers de la Quinzaine, 1901, p. 235.
816 Bracke, « Oui, Communistes ! », *L'Humanité* n° 5957, 15 juillet 1920, p. 1.

L'opposition radicale à laquelle participe Loriot à la fin de sa vie considère que le PC stalinisé n'a plus de communiste que le nom. Souvarine écrira qu'en 1924 « *"communiste" signifie alors en Russie non plus adepte du communisme, mais membre du Parti, du parti au pouvoir, du seul parti légal.* »[817] Rome n'est plus dans Rome, et les mots perdent de leur sens. Sous l'influence russe, le PC est devenu un « Etat dans l'Etat » – ce qui était déjà le cas du SPD avant la guerre, mais pas de la SFIO. Comme tout « Etat », le PC va voir se former – sous l'influence et le modèle de l'Etat russe – une couche bureaucratique, et un gouvernement gérant et dirigeant à la place du peuple : en l'occurrence, à la place des adhérents[818]. Cette direction va trouver sa forme stable à une période où le nombre d'adhérents est très faible, comme une petite annexe de la direction de l'URSS, devenant une sorte de SPD miniature et stalinien. L'abolition de la démocratie interne permet la stabilité de la couche bureaucratique, laquelle est sous la dépendance financière du pouvoir russe qui assure le maintien de ses privilèges matériels. Du groupe de pairs du C3I de 1919-1920, à un appareil fortement hiérarchisé : en dix ans l'organisation a été changée de fond en comble, transformée tant structurellement que politiquement. Progressivement s'impose la fétichisation du parti centralisé prétendument infaillible. De plus, la forte centralisation de l'IC était supposée trouver sa justification dans l'imminence d'une révolution mondiale ; mais alors qu'elle n'est plus à l'ordre du jour, l'IC renforce plus encore sa centralisation bureaucratique.

Les fondateurs du C3I étaient tendus vers un objectif : la révolution sociale. Quelques années plus tard, le PC était dirigé par un appareil de permanents qui avaient un intérêt matériel dans la perpétuation de cet appareil, ils étaient donc centrés sur l'existence du parti en tant que tel. Politiquement, on est passé de l'objectif d'une révolution prolétarienne mondiale, à un dogme conservateur de défense systématique d'un Etat – l'URSS – et ce quoi que fassent ses dirigeants, et quelle qu'y soit l'oppression. Les principaux fondateurs du PC, dont Loriot, ne purent accepter cette substitution idéologique.

Le PC devenu stalinien s'était politiquement renié ; il était logique qu'il renia aussi son histoire, et en particulier qu'il renia et calomnia ses deux

---

817 Boris Souvarine, *Staline, aperçu historique du bolchévisme*, op. cit., p. 315 (souligné dans l'original).

818 Comme tout « Etat » qui se respecte, le PC va créer son propre « patriotisme », en l'occurrence un patriotisme de Parti. Ce dernier se doublera à partir du milieu des années 1930 d'un patriotisme français peu conforme aux principes internationalistes révolutionnaires : « *après 1936, l'opportunisme des communistes devint évident. Dès lors, ils mirent un terme à l'intransigeance qu'ils avaient montrée à l'époque où ils appartenaient à un petit parti isolé et ils s'alignèrent sur la plupart des positions réformistes qu'ils avaient vilipendées auparavant.* » (Ralph Schor, *L'Opinion française et les étrangers en France, 1919-1939*, Publication de la Sorbonne, 1985, p. 720).

principaux fondateurs : Fernand Loriot et Boris Souvarine. Leur rôle fut intentionnellement amoindri d'une part à cause des tensions qui existaient entre les différents courants dès la création de la SFIC, et surtout par la suite à cause de leur attitude d'opposants internes, puis de militants révolutionnaires opposés au stalinisme[819]. Peu importait au parti stalinisé que Loriot ait été « *le premier militant français à bénéficier de la confiance* » de Lénine[820]. Au fond, le constat paradoxal concernant Loriot et Souvarine est le suivant : ayant eu raison contre la direction du PC, ils sont ostracisés précisément pour cela. Le mensonge étant la substance de base du stalinisme, c'est une attitude logique de la part de staliniens. On peut s'étonner davantage de la sous-estimation de Loriot et Souvarine par des historiens contemporains.

Il est de plus remarquable que la lecture de leurs textes des années 1920-1930 reste extrêmement fructueuse pour comprendre les mécanismes du phénomène stalinien, et plus généralement léniniste. A partir de 1925, on trouve dans *La Révolution prolétarienne*, le *Bulletin communiste*, *Contre le courant*, en particulier sous les plumes de Fernand Loriot et de Boris Souvarine, des éléments d'une grande lucidité sur les réalités en URSS, dont des éléments qui seront pourtant proclamés par d'autres comme des « révélations » bien des décennies plus tard.

Fernand Loriot présente un intérêt fondamental tant pour son rôle historique, jusqu'ici sous-estimé[821], que pour la pertinence de ses analyses précoces. Il est donc temps que son importance soit enfin prise en compte.

Julien Chuzeville, mai 2012.

---

819 « *Le stalinisme érigera une histoire canonique évinçant d'un revers de main les véritables fondateurs.* » (François Ferrette, *Le Comité de la 3ème Internationale et les débuts du PC français*, op. cit., p. 162).

820 Philippe Robrieux, *Histoire intérieure du Parti communiste*, tome 1, op. cit., p. 15. Robrieux écrit plus loin que Lénine « *avait, dès 1918, accordé sa confiance, pour ce qui était des Français, à Fernand Loriot* » (tome 4, p. 388).

821 Songeons que le magazine *L'Histoire* a réussi à publier en décembre 2010 un dossier d'une trentaine de pages sur la « naissance du Parti communiste français » sans jamais mentionner une seule fois Loriot, pourtant premier signataire de la motion créatrice du PC ! Il était déjà le premier signataire des motions d'adhésion à la Troisième Internationale lors des deux congrès précédents, et en 2011 François Ferrette qualifiera Loriot de « *principal fondateur du PCF* » (*La Véritable histoire du Parti communiste français*, op. cit., p. 209).

Annexe 1 : illustrations

Fernand Loriot au service militaire, vers 1890.

Loriot en famille, vers 1907.

Le timbre de cotisation du Comité pour la reprise des relations internationales.

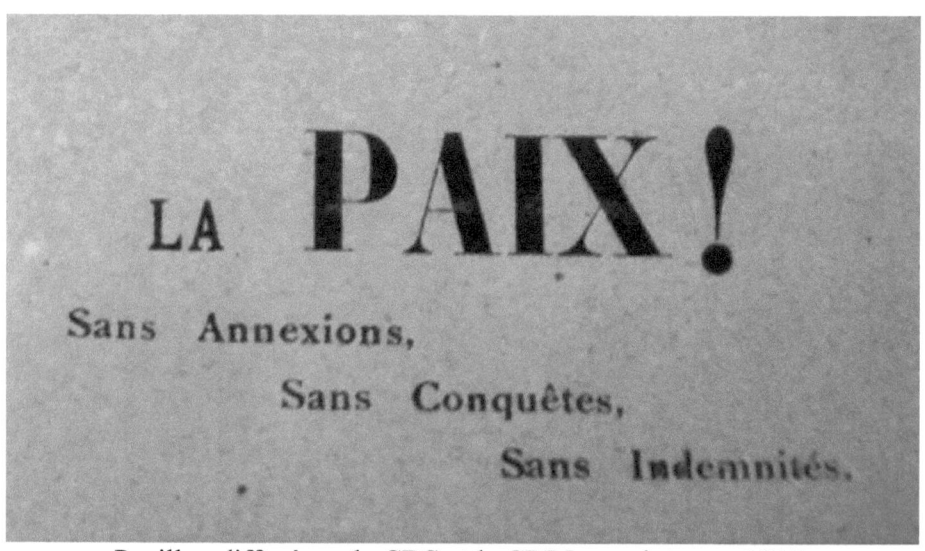

Papillon diffusé par le CDS et le CRRI au printemps 1917.

Loriot s'exprimant en congrès de la SFIO
(dessins parus dans *L'Humanité* des 22 avril 1919 et 29 décembre 1921).

Fernand Loriot avec sa seconde épouse et leur fille, vers 1927.

Annexe 2

Note nécrologique sur Fernand Loriot, écrite par Boris Souvarine, publiée dans sa revue *La Critique sociale* (janvier 1933) :

« La mort de Fernand Loriot, le 12 octobre dernier, a privé le mouvement communiste d'un de ses hommes les plus nécessaires, un de ceux qui résument la précieuse expérience d'une époque exceptionnelle par l'importance des faits historiques successifs dont ils furent témoins et, plus ou moins, participants. Combien reste-t-il de ces militants qui aient connu ou vécu le socialisme de la IIe Internationale, la grande guerre et ses conséquences, la crise de toutes les doctrines révolutionnaires, la révolution russe, les origines et la décadence de la IIIe Internationale, l'évolution du bolchévisme et la décomposition du communisme international, et soient restés fidèles à leur cause contre vents et marées, à travers tant de vicissitudes ?

Aux heures tragiques où son parti renonçait à toute raison d'être, Fernand Loriot (1870-1932) a été en France l'incarnation de la résistance à l'irrémédiable déviation du vieux socialisme embourgeoisé. Il fut parmi les premiers initiateurs de la minorité internationaliste, dans le Parti et les syndicats, les fondateurs du *Comité pour la reprise des relations internationales* devenu en 1919 *Comité de la IIIe Internationale*. Aux côtés de Merrheim et de Bourderon, mais plus ferme et conséquent, il a mené la lutte qui aboutit à la fondation du parti communiste par les étapes des conférences de Zimmerwald (1915) et de Kienthal (1916). Son activité s'est exercée en particulier dans le Syndicat des Instituteurs, tout en se manifestant avec plus d'évidence dans le parti, d'abord socialiste, puis communiste.

En 1920, F. Loriot fut emprisonné et inculpé de « complot contre la sûreté de l'Etat ». Libéré en 1921, après dix mois de prison préventive, il participa au IIIe Congrès de l'Internationale communiste, la même année. A son retour en France, il se tint à l'écart de l'action politique, pour des raisons de vie privée. Après la « bolchévisation » de 1924, il prit fait et cause pour l'opposition et, ayant rompu avec le parti dégénéré en 1926 se rallia au syndicalisme révolutionnaire.

On ne saurait pourtant sans arbitraire classer le Loriot des dernières années dans un courant bien défini, car il cherchait sa voie d'une façon très personnelle. Ses affinités n'avaient rien d'exclusif : sa dernière lettre au *Bulletin Communiste*, accompagnant une souscription, exprimait un accord que n'a pas démenti sa position ultérieure en dépit de divergences indiquées dans ses derniers articles de la *Révolution Prolétarienne*. Si l'on admet que les actes ont plus d'importance que les mots, il importe de noter son adhésion à la C.G.T., attitude plus proche de la tactique des marxistes du *Cercle communiste démocratique*[822] que de celle des syndicalistes-révolutionnaires obstinés à « redresser » une C.G.T.U. domestiquée. Personne ne peut dire avec certitude comment Loriot eût évolué dans une nouvelle phase du mouvement. Ce qui est sûr, c'est qu'il se décidait toujours après mûre réflexion, de lui-même et sans préjugé, pour tenir ensuite très ferme sur ses convictions. Cette fermeté de caractère et la droiture de son esprit ont été les traits distinctifs de sa personnalité.

Loriot avait collaboré pendant la guerre à l'*Ecole Emancipée*, au *Journal du Peuple*, après la guerre à la *Vie Ouvrière*, à *l'Humanité* et surtout au *Bulletin Communiste*, enfin à la *Révolution prolétarienne*.

Sa mort a été très douloureusement ressentie par ses anciens compagnons d'armes, dispersés et isolés après la déchéance ignominieuse de la IIIe Internationale. »[823]

---

822 Souvarine était lui-même membre du Cercle communiste démocratique, qui a existé de 1930 à 1934.
823 « Fernand Loriot », *La Critique sociale* n° 7, janvier 1933, p. 51 (texte non-signé, écrit par Boris Souvarine). Egalement reproduit, légèrement modifié, dans « Nos morts », *Bulletin communiste* n° 32-33, juillet 1933, pp. 554-555.

Annexe 3 : la scission socialiste

« A quand la scission qui nous libérera ? » (Lucien Roland, août 1916[824])

Dès août 1914, avec le vote des crédits de guerre et l'entrée de socialistes au sein du gouvernement d'union sacrée, la scission s'annonçait à plus ou moins long terme. Fin 1914, la SFIO comme «*parti de lutte de classe et de révolution*» créé en 1905 n'existait déjà plus en pratique[825]. C'était le cas également en Allemagne, fait particulièrement significatif puisque le SPD était jusqu'en 1914 le principal parti de l'Internationale socialiste. Pendant la guerre, Rosa Luxemburg écrivait : «*Seul celui qui a le courage et l'honnêteté de reconnaître l'ampleur de la défaite actuelle du socialisme pourra rassembler assez de forces pour transformer des pieds à la tête le parti et l'Internationale socialiste, comme l'exigent ses véritables devoirs historiques.* »[826] Il s'agit donc pour elle de prendre en compte tous les évènements depuis août 1914, pour transformer radicalement les organisations socialistes. Mais si les « socialistes de guerre » résistent à ce projet ? Une autre socialiste allemande, Clara Zetkin, écrit que la lutte pour la paix doit être menée «*avec nos dirigeants, s'ils se décident enfin ; sans eux, s'ils continuent à hésiter ; contre eux, s'ils veulent freiner le mouvement.* »[827] Le débat sera rapidement tranché : en Allemagne, l'exclusion des pacifistes par la direction du SPD intervient début 1917.

Les « majoritaires de guerre », en luttant vigoureusement contre cette volonté de reconstruction des pacifistes, ne laissent d'autre perspective aux internationalistes révolutionnaires que la soumission ou la scission. La durée de la guerre, et donc la prolongation de cette fracture entre socialistes pendant que l'hécatombe se poursuit, a un rôle fondamental dans la logique qui mène aux scissions. Les attitudes face à la guerre, non seulement divergentes mais opposées, appliquées pendant plusieurs années de suite deviennent des fossés séparant les camarades d'hier. Avec le recul, Frossard écrit en 1930 que «*l'agent essentiel de la division ouvrière, c'est la guerre elle-même.* »[828] Il indique également qu'avant même la scission effective, elle était déjà «*faite moralement* » ; ce thème de «*la scission morale* » était apparu au sein de la SFIO dès 1916, tant à la droite qu'à la gauche du parti[829].

---

824 Lucien Roland était à l'époque un représentant de l'aile droite de la SFIO (cité par Gilles Candar dans *Carnets de Marcel Cachin*, tome I, CNRS, 1993, p. 785).
825 Le pacte d'unité de 1905 stipulait que les députés de la SFIO devaient voter contre les crédits militaires (*1er & 2e Congrès nationaux*, op. cit., p. 14).
826 *Spartacusbriefe* n° 4, dans Rosa Luxembourg, *Contre la guerre par la révolution*, Spartacus, 1973, p. 56.
827 « Pour la paix », *Die Internationale* n° 1 (avril 1915), dans Clara Zetkin, *Batailles pour les femmes*, éditions sociales, 1980, p. 357.
828 L.-O. Frossard, *De Jaurès à Lénine*, op. cit., p. 5.
829 Cf par exemple Raffin-Dugens, « Je sors les clous », *Le Populaire* n° 4, 21 mai 1916, p.

En France, lorsqu'en décembre 1916 les « majoritaires de guerre » craignent de devenir minoritaires à bref délai, certains parlent déjà de scissionner : « *en cas de déplacement définitif de la majorité, ils constitueraient un nouveau parti socialiste. Du reste, la scission serait bien accueillie, disent-ils, de tous les majoritaires, car ce serait pour eux un véritable soulagement de se séparer de ces éléments imbus d'un esprit de système contre la Nation aux prises avec le militarisme agresseur.* »[830] En février 1917, c'est le député longuettiste Barthélemy Mayéras qui écrit que les majoritaires de la SFIO *« sont unitaires tant qu'ils sont la majorité et que les obligations de la discipline ne pèsent que sur nous. Ils seront volontiers scissionnistes quand ils seront en minorité »*[831]. Avec lucidité, François Mayoux écrit en mars 1917 que la scission est inévitable mais ne se produira qu'une fois la guerre achevée[832]. En mai, Loriot se prononce dans le même sens, considérant que du fait de l'ampleur des divergences l'unité est devenue *« une formule de façade sans signification.* »[833] En juin, il écrit que la scission sera inévitable et nécessaire, mais que la situation ne s'y prête pas encore[834].

Ce ne sont donc pas octobre 1917 ni les bolcheviks qui créent la logique de scission. Du reste, des scissions – même si de natures différentes – étaient déjà effectives avant la guerre aux Pays-Bas, en Pologne, en Russie, en Bulgarie, en Italie, etc. Avant la création de la IIIe Internationale d'autres scissions ont lieu en Grèce et en Suède, en novembre 1918 est fondé le Parti communiste d'Autriche, puis en décembre 1918 le Parti communiste d'Allemagne se forme autour de la Ligue spartakiste de Rosa Luxemburg (dont les profonds désaccords avec les bolcheviks sont connus). En janvier 1919, son assassinat, avec Karl Liebknecht, sur ordre d'un ministre « socialiste » (Gustav Noske), crée une situation très lourde : d'une part l'une des plus importantes théoriciennes communistes vient d'être exécutée d'une balle dans la tête ; d'autre part on comprend bien qu'une unité d'organisation entre les spartakistes survivants et le parti de Noske devient excessivement complexe à envisager. Loriot, on l'a vu, écrit qu'il *« y a du sang sur les murs »* de la Deuxième Internationale[835]. En janvier 1919, lors d'une réunion

---

3. Loriot écrit en 1917 que « *la majorité chauvine* » assume « *la responsabilité de la scission morale* » (F. Loriot, « Vers la troisième Internationale », *La Nouvelle Internationale* n° 1, 1er mai 1917, p. 1).

830 Rapport d'un « socialiste de guerre » informateur de police, du 21 décembre 1916 (AN F 7/13073). Trois jours plus tôt un autre rapport indique que le parti *« va à une scission inévitable. »*

831 Mayéras, « Où sont les scissionnistes ? », *Le Populaire* n° 40, 26 février 1917, pp. 1-2, et *Le Journal du peuple* n° 54, 4 mars 1917, p. 1.

832 François Mayoux, « Dans le Parti socialiste. Les équilibristes et la scission », *Ce qu'il faut dire* n° 53, 31 mars 1917, p. 3.

833 F. Loriot, « Vers la troisième Internationale », *La Nouvelle Internationale* n° 1, 1er mai 1917, p. 1.

834 F. Loriot, « Erreur », *Ce qu'il faut dire* n° 65 [indiqué par erreur 64], 23 juin 1917, p. 2.

835 F. Loriot, « Avant Strasbourg », *Le Journal du peuple* n° 39, 8 février 1920, pp. 1-2.

de la CAP de la SFIO, Saumoneau fait référence à la répression menée par le SPD contre les révolutionnaires d'Allemagne et lance à Renaudel : « *Si vous étiez au pouvoir, vous en feriez autant ; vous nous fusilleriez !* »[836] On voit que l'ambiance n'est, pour le moins, pas à la réconciliation...

Le courant socialiste qui va créer l'Internationale « deux et demie » affirme en décembre 1920 que « *la guerre mondiale a détruit la Deuxième Internationale.* »[837] Lorsqu'en février 1920 le congrès de la SFIO décide de quitter la Deuxième Internationale, il ne s'agit au fond que de prendre acte de sa disparition. Avant 1914, l'Internationale était « *déjà minée par ses contradictions internes.* »[838] Les divergences s'accentuaient entre les courants avant la guerre, et « *le fossé qui séparait les diverses tendances s'élargit encore, après août 1914, jusqu'à devenir infranchissable.* »[839] Déjà avant 1914 la Deuxième Internationale affichait une unité illusoire, tout comme nombre de ses partis membres – à commencer par le SPD, son principal constituant – et se caractérisait par de nombreuses contradictions entre les discours et les pratiques. Un événement majeur bouleversant toute la société, en l'occurrence la Guerre mondiale, devait montrer la profondeur irréconciliable de ces divergences, et la fragilité de cette structure.

La scission de la SFIO s'inscrit donc dans le cadre d'un phénomène d'ampleur mondiale, s'étant développé sur un temps assez long. Cependant, les lignes de fracture qui existaient en France entre socialistes avant 1914 ne sont pas celles que l'on observe pendant la guerre : dans tous les anciens courants de la SFIO, on trouvera des « majoritaires de guerre » et des pacifistes. On reconnaît dans la SFIO pendant la guerre les mêmes courants que dans les autres partis des pays belligérants. Après le conflit, les luttes sociales intenses en 1919 jouent un rôle important dans la radicalisation de nombreux militants, qui se traduit en particulier par le développement du courant représenté par Loriot[840]. Les luttes de 1919-1920 sont vues à l'époque par les militants révolutionnaires comme des signes d'un accroissement de la combativité sociale, et comme des étapes vers la révolution.

Longuet, qui souhaitait encore une seule Internationale allant du SPD aux bolcheviks, écrivait en janvier 1919 : « *Plusieurs Internationales, cela*

---

836 Rapport de police du 16 janvier 1919 (AN F 7/15935¹).
837 *L'Humanité* n° 6105, 10 décembre 1920, p. 3.
838 Annie Kriegel, *Les Internationales ouvrières (1864-1943)*, PUF, 1970, pp. 56-60.
839 Georges Haupt, *La Deuxième Internationale*, op. cit., p. 81. Haupt a également écrit que la crise au sein de l'Internationale « *éclata en août 1914 : elle était latente depuis des années.* » (Georges Haupt, *L'Historien et le mouvement social*, op. cit., p. 132 ; cf aussi pp. 122-123 sur les scissions et divergences avant 1914). Voir également Georges Haupt, *Le Congrès manqué*, Maspero, 1965, p. 39.
840 Ces phénomènes sont présentés de façon très succincte par Annie Kriegel dans sa thèse, ce qui est signalé par Colette Chambelland dans une note de lecture (*Revue française de science politique* n° 3 vol. 16, 1966, en particulier pp. 628-630 et 635).

voudrait dire : plus d'Internationale. »[841] Et c'est effectivement ce qui s'est produit, même si formellement il y en aura quatre. En effet, preuve que l'origine des scissions est loin de se résumer à l'approbation ou non des bolcheviks, au début des années 1920 ce ne sont pas moins de quatre « Internationales » concurrentes qui coexistent : l'Internationale communiste, l'Internationale socialiste, l'Union des Partis socialistes pour l'action internationale (dite « Internationale deux et demie » ou « Internationale de Vienne »[842]), et l'Internationale communiste ouvrière (courant d'« ultra-gauche »). Il faut noter que toutes ces « Internationales » (excepté la petite Internationale communiste ouvrière) comportent en leur sein un ou plusieurs partis qui sont au pouvoir dans leur pays. Cette situation, inédite avant la guerre, va totalement transformer la signification et les pratiques de ces structures.

En France, d'une part l'unité de la SFIO fut entamée en fait dès fin 1919-début 1920, avec le départ d'un groupe situé à la droite du parti qui créa le petit « Parti socialiste français »[843]. Mais concernant la scission de loin la plus importante, celle de décembre 1920 à Tours, *une* scission était inéluctable, mais pas forcément *la* scission telle qu'elle a eu lieu. Pour ce qui est de la *nature* de cette scission de la SFIO, c'est-à-dire à la fois ses thématiques et sa ligne de fracture, l'influence des bolcheviks est déterminante. Il y a cependant dans les débats du Congrès de Tours plusieurs sujets qui s'entremêlent. Par exemple, Blum dans son célèbre discours, aux analyses souvent pénétrantes concernant le bolchevisme, se rend inaudible pour la majorité des militants en défendant la politique menée pendant la guerre : il est prêt à recommencer l'union sacrée, donc la « trahison » d'août 1914. Il déclare cependant que « *le débat n'est pas entre la conception réformiste et la conception révolutionnaire, mais entre deux conceptions révolutionnaires* »[844]. Les longuettistes sont dans une situation complexe, car l'Internationale communiste est en décembre 1920 une réalité tangible, alors que l'Internationale correspondant à leurs idées, l'Union des Partis socialistes

---

841 Jean Longuet, « Quatre ans de lutte pour l'Internationale », *Le Populaire* n° 286, 26 janvier 1919, p. 3. Dans *La Vie ouvrière* du 30 avril 1919, Rosmer écrivait également qu'il ne pouvait pas exister plusieurs internationales. En octobre 1920 c'est Friedrich Adler qui écrit à son tour : « *On ne cesse de nous parler de deux Internationales, mais, en vérité, pour l'instant, il n'existe pas d'Internationale du tout.* » (« L'Internationale », *L'Humanité* n° 6036, 2 octobre 1920, p. 3).
842 Dirigée par le Parti ouvrier social-démocrate d'Autriche et l'USPD. L'appellation « Internationale deux et demie » est antérieure à sa proclamation effective, ce qui explique le succès de cette formule.
843 Ce petit PSF fut après 1921 membre de la Deuxième Internationale tandis que la SFIO maintenue était à l'Internationale de Vienne, et la SFIC à l'IC. La division au niveau international se retrouvait donc en France.
844 *18ᵉ Congrès national tenu à Tours, compte-rendu sténographique*, op. cit., p. 256. Blum déclare également que le socialisme des bolcheviks « *repose sur des idées erronées en elles-mêmes, contraires aux principes essentiels et invariables du socialisme marxiste.* » (pp. 246-247). Ce discours avait été préparé avec son mentor, Lucien Herr.

pour l'action internationale, n'est pas encore constituée – elle ne sera créée que deux mois plus tard.

Il faut noter qu'en Allemagne on retrouve au même moment une division identique en trois courants socialistes, mais déjà séparés en autant de partis : la droite forme le SPD, le centre l'USPD, et la gauche le KPD. Comme en France, le centre se divise fin 1920 entre ceux, majoritaires, qui rejoignent l'IC (et fusionnent avec le KPD), et ceux qui s'y refusent (qui retourneront plus tard au SPD). On retrouve donc exactement la même division qu'en France[845]. Expliquer l'évolution des courants de la SFIO en 1920 uniquement par des évènements de la vie politique française serait donc arbitraire.

Finalement, la scission de la SFIO se fait formellement sur l'attitude face au « télégramme Zinoviev »[846], lequel ne rallia pas un seul militant aux vues de la gauche, mais fut par contre une aubaine pour la droite de la SFIO qui vit ainsi une partie importante du centre partir avec elle pour créer la nouvelle SFIO. Si le centre était resté à la SFIO devenue SFIC (la motion Loriot-Souvarine prévoyait l'acceptation de ces « centristes » au sein de la SFIC[847]), la droite aurait été contrainte de créer un petit groupe de notables quasiment sans base. Cette droite du parti, bien aidée par le télégramme de Zinoviev, a été habile en ne quittant pas le congrès dès le vote de l'adhésion à l'IC, mais en attendant pour ne pas quitter seule le parti[848]. Après le congrès, Clara Zetkin critiqua dans une lettre à Lénine le télégramme de Zinoviev, et les agissements de la direction de l'IC qui « *ont parfois le caractère d'une intervention brutale, autoritaire, en l'absence d'une connaissance exacte des circonstances réelles* ». Elle indiquait que les communistes français à Tours se sont plaints de cette initiative de l'IC : « *"Pourquoi met-on à Moscou des obstacles sur notre chemin, au lieu de nous faciliter la lutte ? Pourquoi des insultes, au lieu d'emporter la conviction par des raisons valables ?" Voilà ce qu'on pouvait entendre partout.* »[849]

---

845 Il y a en fait une complexité supplémentaire en Allemagne : l'existence d'un parti d'ultra-gauche, le KAPD (scission du KPD), qui n'a pas d'équivalent en France. Le courant « Heine-Leroy », outre qu'il est groupusculaire par rapport au KAPD, ne se situe pas sur les mêmes orientations.

846 Il s'agit d'une lettre de l'Exécutif de l'IC (dont le premier signataire est Zinoviev), adressée au Congrès de Tours, insultante pour les longuettistes (le texte figure, sans la faute de frappe à « dénomination » qui est régulièrement reproduite, dans *L'Internationale communiste* n° 16, mars 1921, pp. 3719-3720).

847 Ce qui ne signifie pas forcément que les militants du C3I souhaitaient que les longuettistes restent dans le parti transformé : ils comptaient plutôt sur leur démission. C'était une tactique différente de celle des bolcheviks, pour qui l'exclusion s'imposait – d'où le « télégramme Zinoviev », qui fut le moyen d'imposer leur tactique au détriment de celle des communistes de France.

848 Sur la préparation de la scission par la droite du parti et les hésitations des longuettistes, voir le témoignage de B. Manier, *Tours et alentours, la genèse d'une scission*, Paris, 1921 (Office universitaire de recherche socialiste, B1 98 BD).

849 Lettre du 25 janvier 1921, citée dans Gilbert Badia, *Clara Zetkin, féministe sans frontières*, éditions ouvrières, 1993, pp. 219-222 ; également dans Romain Ducoulombier,

Avant la scission, la SFIO était traversée par des divergences fondamentales. Mais dès le lendemain du Congrès de Tours, les deux partis issus de la scission comprennent chacun en leur sein des courants très différents. Entre Loriot, Frossard, Leroy, Verfeuil à la SFIC, et entre Guesde, Blum, Renaudel, Zyromski à la SFIO, par exemple, des divergences importantes subsistent qui s'exprimeront régulièrement dans les années et les décennies suivantes. Comme la SFIO d'avant la scission, les deux partis qui en sont issus demeurent en 1921 des corps composites. Dans un premier temps, cela pose moins de problèmes dans la nouvelle SFIO qui affiche une volonté de continuité pluraliste, que dans la SFIC qui s'affirme comme une transformation dans un but unique, la révolution sociale imminente – qui de surcroît se dérobe.

Les débuts de la SFIC sont marqués par deux processus simultanés, qui se recoupent en partie mais ne se confondent pas : une transformation de l'intérieur, et une progressive mise sous tutelle par le pouvoir russe. La particularité est que le malentendu concernant la nature de l'Internationale communiste fait que le deuxième point n'est pas vraiment perçu comme tel à l'époque par les acteurs. Chronologiquement, c'est d'abord le premier événement (la transformation décidée en interne) qui prédomine, et par la suite le second (la mise sous tutelle)[850]. Les tensions que provoque la transformation, perçue par certains dirigeants comme une menace pour le fonctionnement de la direction, aboutissent à des difficultés importantes qui favorisent la mise sous tutelle : comme l'écrit l'historien Jean-Louis Panné, *« les crises internes du Parti français ont pour conséquence d'accroître, dans son propre fonctionnement, le poids du Komintern et le rôle de ses émissaires. »*[851] Dans un second temps, à partir de 1924, cette mise sous tutelle autoritaire est systématisée. Les principaux tenants de la transformation de l'intérieur sont exclus ou marginalisés.

Il y a donc à la fois un processus de transformation de l'intérieur – qui est progressivement abandonné –, et un processus de mise sous tutelle depuis l'extérieur – qui est progressivement imposé. Ce second mouvement s'accompagne d'une deuxième transformation, qui est avant tout une bureaucratisation : l'appareil se développe tandis que toute démocratie interne disparaît. Il importe de ne sous-estimer aucun des deux éléments, ni leurs évolutions respectives – y compris les évolutions dans l'IC au cours des années 1920, cadre plus large sans lequel on ne peut comprendre la stalinisation du PC. Moins de dix ans après sa création, le résultat de la

---

Régénérer le socialisme, aux origines du communisme en France (1905-1925), thèse de doctorat, IEP Paris, 2007, pp. 937-938.

850 Bien après avoir quitté le PC, Frossard indiquera que début 1921 : « *Moscou nous laisse la paix.* » (*De Jaurès à Lénine*, op. cit., p. 187). Trotski, dans une lettre à Rosmer du 22 mai 1922, parle de « *la politique prudente d'expectatives et en partie passive que le Comintern a menée* » jusqu'alors à l'égard du parti français (BNF FOL-LB57-19352).

851 Jean-Louis Panné, *Boris Souvarine*, op. cit., p. 111.

victoire du stalinisme est l'uniformisation du PC sur des bases contraires à celles que défendaient ses fondateurs.

Juste après la scission, la SFIC comme la nouvelle SFIO se revendiquaient du socialisme révolutionnaire et des principes fondateurs de la SFIO de 1905. Le manifeste de la SFIC se réclamait entre autres de Jaurès, et proclamait : « *Vive le socialisme révolutionnaire français !* ». La nouvelle SFIO se décrivait dans son manifeste comme « *un parti de classe poursuivant la transformation la plus rapide possible de la société capitaliste en société collectiviste ou communiste.* »[852] Mais les deux partis tourneront ensuite le dos à ces principes, et c'est ce constat qui entraînera en 1938 la création du Parti socialiste ouvrier et paysan (PSOP), par le départ de la SFIO de la tendance Gauche révolutionnaire dirigée par Marceau Pivert. Fait symptomatique, le PSOP comprend non seulement des militants historiques de la SFIO, mais aussi des militants communistes anti-staliniens ; même Trotski préconisera à ses partisans d'adhérer au PSOP. De même que la SFIC était en partie le produit des mouvements de 1919-1920 (ainsi que d'éléments antérieurs), le PSOP sera en partie le produit tardif des importantes mobilisations de mai-juin 1936. Ces partis se constituent donc « trop tard » : il faut d'importantes luttes sociales pour qu'ils apparaissent, mais en même temps la durée nécessaire à leur création fait que, lorsqu'ils apparaissent enfin, le pic des mobilisations est déjà passé.

Après le choc d'une guerre mondiale durant plus de quatre années, une scission socialiste était donc sans doute inévitable. Mais les conditions spécifiques dans lesquelles elle s'est produite ont fait que la scission n'a pas vraiment clarifié la situation, et que bien des ambiguïtés ont persisté des deux côtés. Et surtout, les deux partis issus de cette scission n'ont cessé, chacun pour des raisons et de façon différentes, de s'éloigner de l'objectif commun initialement affiché : être une organisation socialiste révolutionnaire.

---

852 La SFIC affirme néanmoins que le choix s'est fait « *entre le réformisme parlementaire et le communisme marxiste* » (*L'Humanité* des 31 décembre 1920 et 1ᵉʳ janvier 1921, *Le Populaire* du 1ᵉʳ janvier 1921).

Annexe 4 : les courants lors des congrès de la SFIO de 1915 à 1920

	« Loriotistes »	« Longuettistes »	« Majoritaires de guerre »
Décembre 1915	2,8 %	motion « d'unanimité » : 97,2 %	
Décembre 1916	7,9 %	37,7 %	54,4 %
Octobre 1917[853]	7,4 %	38,8 %	53,8 %
Octobre 1918[854]	9,5 %	42,8 %	47,7 %
Avril 1919	14,1 %	46,5 %	39,4 %
Septembre 1919	25,6 %	motion « d'unanimité » : 74,4 %	
Février 1920[855]	41,6 %	42,7 %	15,7 %
Décembre 1920	68,7 %[856]	22,9 %[857]	8,4 %[858]

Ce tableau évalue l'évolution du rapport de force entre les trois courants socialistes pendant la guerre, chacun portant des orientations essentiellement différentes.

Les résultats du CRRI/C3I, courant des « loriotistes », au sein des congrès nationaux s'accroissent de 49 % en avril 1919, puis de 81 % en septembre, suivi – en seulement cinq mois – d'une nouvelle augmentation de 62 % en février 1920. Sur la période de dix mois avant le Congrès de Tours, il ne reste plus au C3I qu'à obtenir un accroissement de 21 % de son résultat pour

---

853 Ce congrès pose problème en raison de l'amendement Brizon, sur lequel se sont reportés à la fois des mandats pour le CRRI et des mandats longuettistes. Pour ce tableau, en nous aidant des résultats du Conseil national de février 1918, nous avons réparti les suffrages de l'amendement Brizon aux trois quarts vers les longuettistes, le quart restant vers les loriotistes.
854 Au moment du vote décisif, les loriotistes se sont ralliés aux longuettistes pour obtenir un changement de majorité, la motion Longuet obtenant 52,3 % des suffrages. Pour ce tableau, nous avons évalué la part de chacun des deux courants dans ce résultat grâce à la répartition des places à la commission des résolutions.
855 Résultats rétablis après prise en compte des mandats détournés.
856 On intègre les suffrages de l'amendement Heine.
857 On intègre les suffrages de la motion Pressemane.
858 On considère généralement que toutes ces abstentions étaient des mandats pour la motion Blum-Paoli (retirée par ses auteurs, pour des raisons peu évidentes). Ce n'est en fait pas certain, mais nous respectons ici cet usage afin de simplifier.

conquérir la majorité absolue dans le parti. Ce sera, après le ralliement d'une partie des longuettistes[859], une augmentation de 65 %.

L'hypothèse selon laquelle le C3I aurait pu obtenir la majorité absolue en décembre 1920 même sans l'apport du courant Frossard-Cachin issu des longuettistes, paraît donc crédible. D'autre part, même sans Frossard et Cachin, une partie des longuettistes – comme Dunois – aurait certainement rejoint de toute façon la motion du C3I à Tours. Mais il est certain que si le C3I avait eu la majorité seul, celle-ci aurait été moins nette.

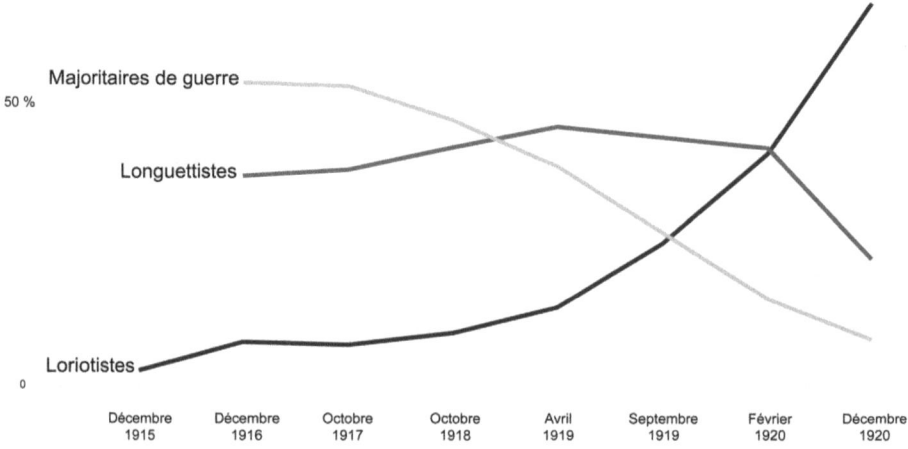

---

859 Simultanément, une autre partie – moins importante – des longuettistes est passée à la motion Blum-Paoli.

Annexe 5 : la scission syndicale

« le syndicalisme a une action propre à mener, à laquelle nul d'entre nous ne songe à attenter, mais les syndicats qui se proposent véritablement comme but la suppression du patronat et du salariat doivent être des syndicats de classe. » (Fernand Loriot[860])

C'est un cliché souvent répété que la scission de la CGT serait la conséquence mécanique de la scission de la SFIO. Pourtant, elles paraissent davantage avoir toutes deux leur logique propre, déterminées par la situation d'ensemble du mouvement ouvrier suite à la guerre[861]. De plus, si on en restait à cette simplification, on ne comprendrait pas pourquoi des anarcho-syndicalistes hostiles au PC ont été parmi les plus actifs partisans de la scission syndicale et de la création de la CGTU. La scission de la CGT en 1921-1922 est en fait l'aboutissement d'une opposition entre orientations syndicales différentes, avec en toile de fond le passif de la guerre.

Dès 1915, quelques rares syndicalistes pacifistes proposaient de quitter la CGT, pour former une « *nouvelle CGT* » pacifiste et révolutionnaire[862]. En 1917-1918, la direction « de guerre » de la CGT avait manœuvré de façon habile, en reprenant dans ses motions des éléments « zimmerwaldiens », et avait obtenu le ralliement de quelques leaders minoritaires importants comme Merrheim et Dumoulin. En transigeant, donc en acceptant une partie des critiques des minoritaires, la direction de la CGT avait réussi à se maintenir – contrairement à la direction de guerre de la SFIO, qui conserva une orientation discréditée et scella ainsi sa perte. Néanmoins, des minoritaires continuent de contester la direction de la CGT : ils obtiennent 24 % des suffrages lors du congrès de l'été 1918. En 1919, un Comité provisoire des syndicats minoritaires est formé, dont Monatte est le secrétaire. Fin 1919, des Comités de syndicalistes révolutionnaires (CSR) sont constitués dans l'enseignement, avec Guillot, Loriot, les Mayoux, Brion, Izambard, Lafosse, etc[863]. L'année suivante, ces CSR sont généralisés par les minoritaires au sein des autres branches de la CGT.

De 1918 à 1921, les minoritaires de la CGT ont auprès des adhérents des résultats de plus en plus importants, et en 1921 ils sont proches d'obtenir la majorité. La direction redoute donc de perdre et de devoir leur laisser les

---

860 « La grande offensive », *L'Humanité* n° 6004, 31 août 1920, p. 1. Souligné dans l'original.
861 Voir la partie « Le poids décisif de la guerre » dans Jean-Louis Robert, *La Scission syndicale de 1921, essai de reconnaissance des formes*, Publications de la Sorbonne, 1980, pp. 176-179, ainsi que Pierre Monatte, *Trois scissions syndicales*, op. cit., etc.
862 Cf par exemple rapport de police du 22 novembre 1915 (AN F 7/13574).
863 Slava Liszek, *Marie Guillot*, op. cit., p. 168, Louis Bouët, *Le Syndicalisme dans l'enseignement*, op. cit., tome II, pp. 193-194, et rapport de police du 8 décembre 1919 (AN F 7/13743).

responsabilités. De plus, l'échec des grèves de mai 1920 aggrave les tensions : touchés par la répression, de très nombreux militants ont perdu leur travail, voire leur liberté – parmi lesquels Loriot. Et chacun des deux courants rend l'autre responsable de la défaite.

Dès 1920, des minoritaires – dont Loriot – annoncent aux dirigeants de la CGT qu'ils vont perdre la majorité, tout comme les partisans de l'union sacrée dans la SFIO : « *le mouvement qui a emporté A. Thomas emportera bien Jouhaux.* »[864] En décembre 1920, les CSR obtiennent la majorité dans l'union CGT de la Seine. La direction nationale, voyant la progression inexorable de ses opposants, va agir avant de perdre la majorité. En février 1921, Souvarine dénonce une « *volonté de scission* » chez les dirigeants de la CGT ; cette éventualité est selon lui à combattre car le syndicat est fondamentalement différent du parti : « *Le syndicat, basé sur l'intérêt de classe, unit les prolétaires parce que prolétaires, parce qu'exploités, même si leurs opinions ne sont pas identiques* »[865]. Loriot écrit qu'il « *ne saurait être question de subordination organique d'une organisation à l'autre* », mais il se prononce pour une « *unité de front révolutionnaire* »[866].

Au Congrès de Lille en juillet 1921, la direction ne rassemble plus que 54 % des votes, contre 46 % à la minorité. Au Comité confédéral de septembre 1921, la direction propose une motion de condamnation des CSR, qui est votée de peu : 63 voix contre 56. De multiples exclusions de syndicalistes minoritaires sont prononcées : « *Pendant que les révolutionnaires se tâtent sur le thème "rester ou partir ?" les réformistes décident pour eux en les excluant.* »[867]

En décembre, les CSR se réunissent, réaffirment l'« *autonomie complète* » du syndicalisme, et demandent la convocation d'un congrès extraordinaire ainsi que la réintégration des exclus. Après le refus de la direction, les « minoritaires » réunis dans les CSR créent la CGT-Unitaire (CGTU), qui tient son congrès fondateur en juin 1922, regroupant environ 300.000 adhérents – soit à peu près autant que la CGT avant 1914. Lors de ce congrès, la CGTU ne vote son adhésion à l'Internationale syndicale rouge (ISR) qu'avec réserve, et avec un tiers de suffrages opposés à l'adhésion.

Contrairement à ce qui sera le cas par la suite, en 1920-1921 de nombreux communistes sont effectivement pour le maintien de l'unité syndicale. La motion Loriot-Souvarine adoptée au Congrès de Tours stipulait que « *le Parti condamne toute tentative de scission syndicale.* » Le nom de CGT « unitaire » n'est donc pas, à l'époque, complètement usurpé.

---

864 Flory, « La grande offensive », art. cit.
865 Varine [Boris Souvarine], « Les naufrageurs de la C.G.T. », *Bulletin communiste* n° 7, 17 février 1921, p. 97.
866 Fernand Loriot, « Les rapports du parti et des syndicats en France », *Bulletin communiste* n° 36-37 deuxième année, 1er septembre 1921, p. 596.
867 Christian Gras, *Alfred Rosmer*, op. cit., p. 219.

Les dirigeants réformistes de la CGT voulaient la scission avant de perdre la majorité, et certains militants des CSR voulaient également la scission[868]. La position de Moscou était ambigüe : contre la scission, mais créant cependant l'ISR (même si l'ISR s'opposait selon Rosmer à « *toute scission syndicale* »[869]). Les révolutionnaires unitaires comme Loriot et Monatte n'avaient, dès lors, aucune chance. Remarquons que les bolcheviks n'appelaient pas à la scission syndicale, et qu'elle eut néanmoins lieu. A l'inverse, ils voulaient que la scission politique se produise bien avant décembre 1920, mais elle n'eut lieu qu'à son heure. On voit bien que, s'ils eurent un rôle dans la *nature* des scissions, ce n'est pas eux qui les provoquèrent.

---

868 Pierre Monatte, *Trois scissions syndicales*, op. cit., en particulier pp. 150-163.
869 Alfred Rosmer, *Moscou sous Lénine*, op. cit., tome II, p. 119.

Annexe 6

« Lettre des 80 » de l'opposition communiste (février 1925) :

« Au Comité exécutif de l'Internationale communiste.

La situation du Parti français continue à inspirer à bien des militants les plus graves inquiétudes ; ces inquiétudes ne peuvent pas s'exprimer dans le parti, nous verrons pourquoi par la suite. Aussi nous tournons-nous vers l'Internationale, comme nous l'avons fait lors des crises précédentes.

Il y a plus d'un an que nous sentons avec angoisse la gravité de la crise ; si nous n'avons pas eu recours plus tôt à l'Internationale, c'est que les causes profondes de la crise nous échappaient encore ; mais aujourd'hui, les manifestations répétées du malaise nous permettent de le caractériser, de remonter aux causes, et de proposer des remèdes.
Nous n'avons pas l'intention de faire l'historique de la crise. Rappelons seulement que la crise russe de l'an dernier a, par contre coup, provoqué sa première manifestation. Nous ne disons pas que la crise russe a provoqué la crise française, mais bien qu'elle l'a déclenchée : en fait, le Parti était tout prêt à faire une maladie, il était à la merci d'un accident.
Examinons les caractéristiques principales de la maladie du Parti français.

Ce qui apparaît avec le plus d'évidence, c'est la <u>suppression de toute critique et auto-critique</u>[870] à l'intérieur du Parti.
L'auto-critique de la Direction est nulle ; elle estime sans doute, contrairement au principe et à la pratique bolchéviks, qu'elle se diminuerait en reconnaissant ses fautes pour y porter remède.
Et ce travail critique qu'elle n'accomplit pas sur elle-même la Direction du parti interdit aux membres du Parti de l'effectuer.

Nous savons qu'on nous répondra que "la discussion est libre"...
"La discussion est libre", mais si une fédération se déclare insuffisamment informée pour se prononcer (comme ce fut la cas de la Seine-Inférieure lors de la discussion de l'an dernier) la Direction du Parti la rappelle à l'ordre et lui enjoint de prendre position ; il ne s'agit pas de comprendre, il faut voter – et bien voter.

---

[870] L'identité des termes ne doit pas entraîner de confusion : il s'agit ici d'une volonté d'autocritique de la direction, ce qui s'inscrit dans la demande d'une liberté de critique et de discussion interne inhérente à un fonctionnement démocratique. Cela n'a donc rien à voir avec le procédé bureaucratique de formatage utilisé plus tard par le stalinisme (et en particulier par le maoïsme).

"La discussion est libre", mais la question est posée ainsi au Parti : vous pouvez voter pour ou contre, mais si vous votez contre, vous votez contre l'Internationale (voir Humanité de Mai 1924). Façon absurde de poser la question. C'est à proprement parler, de l'intimidation. On ne peut pas consulter le Parti pour ou contre l'Internationale, pas plus qu'on ne peut lui demander s'il est pour ou contre le Communisme. Procéder ainsi, c'est résoudre la question d'avance : les membres du Parti ne veulent pas démentir leur attachement à l'Internationale, mais ils renoncent à exprimer leur pensée... L'Internationale ne se méprendra pas : Nous ne croyons pas que la Direction du Parti ou la Direction de l'Internationale doivent s'abstenir dans les discussions, nous ne pensons pas qu'elles doivent y assister en spectateurs désintéressés, mais nous sommes sûrs que ni le Parti, ni l'Internationale n'ont à gagner à ces méthodes, et que chaque militant doit penser par lui-même, et non pas accepter une pensée toute faite.

"La discussion est libre", mais celui qui se permet d'exprimer son point de vue est rappelé à la discipline.

"La discussion est libre", mais la minorité se voit retirer arbitrairement la représentation à laquelle elle a droit. (Exemple : la minorité du Congrès Fédéral de la Seine du 18 mai 1924 n'a pas été représentée au Conseil National).

"La discussion est libre", mais les Assemblées délibérantes sont supprimées en fait du haut en bas du Parti ; il n'y a plus que des Assemblées d'information où aucune initiative ne peut se faire jour.

"La discussion est libre", mais Monatte, Rosmer et Delagarde, membres du Comité Directeur, sont mis dans l'impossibilité d'exprimer leur pensée. On les MET EN DEMEURE de faire une déclaration, et on refuse de publier cette déclaration. De plus, on continue à les provoquer dans la presse du Parti en leur attribuant des idées qu'ils n'ont pas. Et lorsque, poussés à bout, ils publient leur "Lettre aux membres du Parti", on les exclut pour indiscipline... Certes, prise isolément, la brochure constituerait un acte d'indiscipline, mais si on l'examine avec l'ensemble des faits qui l'ont provoquée, quels sont les indisciplinés ? Ce sont ceux qui ont méconnu les droits du Parti, ce sont ceux qui se sont servi de l'appareil du Parti dans un esprit de fraction.

"La discussion est libre", mais ceux qui n'admettent pas les procédés que l'on a employés pour se débarrasser de Monatte sont à leur tour menacés d'être chassés du Parti. (Entre autres, une camarade du 13ème Rayon est traduite devant une commission d'enquête pour avoir voté contre l'exclusion à son Assemblée de rayon).

"La discussion est libre", mais lorsque l'exclusion de Monatte, Rosmer et Delagarde est évoquée devant le 10ème Rayon, le délégué du centre[871] indique qu'il est défendu de voter contre et même de s'abstenir.

---

871 C'est-à-dire l'envoyé de la direction.

"La discussion est libre", mais lorsqu'au dernier Congrès de la Région Parisienne, Berthelin apporte un point de vue différent de celui du Centre, son intervention est odieusement travestie dans le Compte-Rendu en une "diversion social-fasciste", et le camarade est exclu du Parti.

"La discussion est libre", mais si, au Congrès de Clichy, plusieurs camarades (Dunois, Loriot, Rappoport, Mahouy) s'avisent de ne pas être d'accord en tout avec la Direction, ils sont bafoués et injuriés, leur pensée est dénaturée dans le journal du Parti. Mahouy est même menacé de voies de fait. La moindre critique est considérée comme un acte d'indiscipline, et il suffit de critiquer pour être classé dans la fameuse "droite". Ce que l'on veut étouffer dans la "droite" c'est l'esprit critique, créateur d'initiatives.

"La discussion est libre", mais au compte-rendu du Congrès, le 8 février, on refuse la parole à Loriot et à Dunois. Loriot demande la convocation d'Assemblées où l'on puisse discuter, il demande que les cellules soient saisies des grandes questions de la vie du Parti. La Direction répond par des sarcasmes.

"La discussion est libre", mais c'est un principe que l'on n'applique pas et dont on se contente de décorer la façade de la maison.

Qu'on nous entende bien : nous ne voulons pas nous faire ici les apologistes d'une critique stérile et négative, mais nous pensons qu'une critique franche et vigoureuse est la première condition de vitalité du Parti communiste ; nous croyons que la Direction doit exercer sur elle-même une auto-critique impitoyable.

Si au moins le "Cours Nouveau" du Parti avait eu pour résultat de supprimer les phrases inutiles, de "supprimer les beaux discours" comme l'a déclaré Sémard au dernier Congrès ! Mais en fait, la parole sonore continue à retentir dans le Parti ; elle est seulement devenue le monopole d'une poignée d'orateurs.

Ainsi, dans le Parti, toute discussion est abolie ; l'exclusion est le premier et le dernier mot. Le 27 novembre, la 15° Jeunesse[872] se solidarise avec les camarades Jaouen et Hattenberger "qui reprennent tous les arguments de la droite internationale". (Nous savons ce que cela veut dire). Mais le Comité National aura tout de même raison puisqu'il exclut Jaouen et Hattenberger (voir Humanité du 29 novembre)...

Ce qui ne veut pas dire qu'on donne franchement la raison des exclusions. On choisit des prétextes et l'on emploie des subterfuges. Les exemples abondent.

C'est Guillou, Secrétaire fédéral de la Vendée, qui, pour avoir fait des critiques à la conférence des Secrétaires fédéraux, est exclu du Parti. Mais la raison officielle de l'exclusion, c'est une brochure parue six mois auparavant

---

[872] Comprendre : la 15ᵉ section des Jeunesses communistes.

à l'occasion des élections (et connue de la Direction depuis longtemps), brochure dont on donne des citations tronquées...

C'est Lemire, un camarade qui sort de la prison de Mayence où ont été enfermés pendant des mois les soldats qui ont fraternisé avec les ouvriers allemands, Lemire qui, après une campagne de diffamation à laquelle il ne lui est pas permis de répondre, est exclu des Jeunesses pour "déviation petite-bourgeoise", en réalité parce qu'il s'est refusé à approuver l'exclusion de Monatte.

C'est Berthelin, exclu pour avoir apporté un point de vue différent de celui de la Direction au Congrès de la Région parisienne ; mais on masque la vérité en prétendant que Berthelin est exclu parce qu'il a trompé sa cellule.

C'est encore Lemire dont la cellule avait demandé la réintégration dans les Jeunesses qui se voit, le 29 janvier, chassé du Parti sans avoir même la possibilité de s'expliquer : on lui refuse la parole.

C'est Eartin, Secrétaire du 23° rayon qui est exclu, le 31 janvier, toujours pour l'affaire Monatte. Ces deux dernières exclusions inaugurent de façon symbolique la période de <u>normalisation</u>.

Ainsi, se dégage, des faits, leur signification.

Il n'y a plus de discussion dans le Parti et il n'est permis sur aucun point d'avoir une opinion différente de celle de la Direction.

A la lumière des évènements, nous sommes obligés de reconnaître que l'exclusion de Souvarine prend une signification toute différente de celle qu'on a voulu lui donner. Souvarine a été exclu pour des actes d'indiscipline. Ces actes méritaient une sanction, mais pas l'exclusion. L'exclusion est une mesure désespérée, justifiable seulement quand il n'y a plus rien à attendre du communisme d'un militant. C'est ce qui explique les hésitations de Lénine dans le cas de Paul Lévi... Or, les fautes de Souvarine étaient incomparablement moins graves que celles de Lévi ; Souvarine ne pouvait pas être considéré comme perdu pour le mouvement. Nous n'avons pas protesté en son temps contre l'exclusion de Souvarine, nous nous sommes inclinés devant cette décision du 5° Congrès mais aujourd'hui, à la lumière de tout un système de faits qui s'enchaînent, le vrai sens de l'exclusion de Souvarine nous apparaît : Souvarine n'a pas été exclu pour indiscipline, mais pour avoir soutenu une opinion différente de celle de la Direction du Parti. L'exclusion de Souvarine n'a fait que précéder et préparer dans un même ordre de choses, celles de Monatte, Rosmer et Delagarde.

Non, en vérité, l'exclusion ne doit pas être un procédé courant et normal : le Parti n'a pas de forces à gaspiller, et ce n'est pas sans appréhension qu'il voit écarter de lui les promoteurs du communisme en France : Souvarine, Monatte, Rosmer – et sans doute bientôt Loriot.

L'absence de discussion et la défense de critiquer que nous venons de constater entraînent comme une conséquence logique la suppression de tout contrôle de la masse sur la Direction du Parti. Plus de contrôle direct, et pas davantage de contrôle indirect ! La masse ne contrôle plus, et ses délégués n'ont pas conservé davantage le contrôle qu'ils étaient chargés d'exercer en son nom.

Les membres du Comité Directeur sont nommés par le Congrès, mais l'expérience nous a montré qu'ils sont à la merci du coup d'Etat de quelques membres de la Direction. Personne non plus n'exercera le contrôle du Parti sur la gestion de son journal : le Conseil d'Administration de l'Humanité est supprimé en fait.

Enfin, aucune garantie n'est donnée aux membres du Parti. Une accusation lancée contre un militant est sûre désormais de faire son chemin. Aucune justification possible : la Commission des Conflits n'existe que sur le papier. Les militants ont-ils au moins la sécurité de s'appuyer sur les statuts du Parti ? - Non, les statuts ne sont pas respectés : après leur exclusion, Guillou et Berthelin en appellent au Congrès du parti comme c'est <u>leur droit</u> : on ne leur répond même pas, ou on ne respecte pas les engagements pris.

Au moyen de ces méthodes, le Parti est mis en coupe réglée, et il s'y développe un état d'esprit qui n'est pas précisément communiste. Celui qui n'approuve pas <u>doit se taire</u>. Les petites lâchetés sont à l'ordre du jour. Les militants s'habituent à ne rien dire ou à dire le contraire de ce qu'ils pensent. Ils sont placés à chaque instant entre leur sincérité et leur attachement au Parti. Ainsi, on obtient des Congrès d'unanimité...

Le Parti n'a plus le droit de penser ni d'exprimer sa pensée, mais il doit cependant se prononcer, il est appelé à voter.

Et comme le Parti est laissé dans l'ignorance des questions politiques dont il ne discute plus, il en arrive à ne plus se prononcer sur des problèmes, mais sur des personnes. On pose, tout simplement, à cette occasion, <u>la question de confiance</u>, comme cela se pratique au Parlement ; un militant ne peut plus donner son opinion sur n'importe quoi, sans voter pour ou contre l'appareil du Parti, avec toutes les conséquences que cela comporte. Nous ne craignons pas de le dire : les méthodes parlementaires, le parlementarisme sévissent à <u>l'intérieur</u> du Parti, et cela est très grave pour l'avenir du mouvement ouvrier.

La Direction semble se souvenir de l'existence de la masse du Parti dans les seules occasions où il y a un vote à emporter. On dirait qu'il s'agit d'obtenir une majorité par tous les moyens plutôt que de convaincre et d'élever la conscience du Parti. Seul, le résultat immédiat et <u>formel</u> paraît compter. Le Congrès National vient de se réunir. Les cellules n'ont rien connu, rien discuté de son ordre du jour. Et même – fait sans précédent – l'ensemble du Congrès a été écarté de la confection des thèses : il s'est contenté de "faire confiance" au Bureau politique pour les élaborer en son nom... C'est l'abdication totale !

Ce qui est vrai de la pensée du Parti, est vrai aussi de son organisation.

Les cellules, qu'on a voulu constituer vite et tout d'un coup existent bien sur le papier, mais leur existence réelle est morne ; telle cellule n'a jamais mis à son ordre du jour une question politique, telle autre se déclare "absorbée par les tâches immédiates" (entendez la vie de l'entreprise et le paiement des cotisations) ; telle autre ne se réunit que pour la forme, et les camarades se lassent d'être dérangés inutilement.

Les cellules ne font l'objet d'aucun contrôle de la part de la Fédération (sauf bien entendu lorsqu'il s'agit d'enlever un vote).

En principe, les secrétaires de cellules et de rayons sont nommés par les cellules et les rayons, ainsi que les délégués au Congrès. En fait, le Centre se réserve le droit d'exercer son veto et de substituer ses hommes de confiance aux délégués qui ne seraient pas "dans la ligne" ; il se réserve même de se substituer purement et simplement aux cellules et aux rayons dans les délégations ; ainsi, lors du dernier Congrès de la Région parisienne, lorsqu'il s'est agi de désigner la délégation au Congrès National : la délégation qui a été nommée sur la proposition du Centre, au milieu du malaise général, comprenait 40 fonctionnaires[873] sur 60 membres. On conçoit, dans ces conditions, que seule la <u>pensée officielle</u> puisse se faire jour dans le Parti où tout s'inspire des <u>METHODES FORMALISTES DE LA BUREAUCRATIE</u>.

Mais, cette pensée officielle, a-t-elle su, au moins, rester fidèle à la pensée de l'Internationale, a-t-elle su, au moins, se garder des déviations ?
Nous pouvons affirmer que non.
Sous le couvert de la lutte contre "la droite", la véritable droite social-démocrate poursuit son travail de sape dans le Parti. L'électoralisme n'est pas mort, le parlementarisme non plus. Sous le couvert de déclamations contre l'électoralisme et le parlementarisme, ils restent installés à la Direction du Parti. De même pour les illusions démocratico-pacifistes, et même pour les déviations gauchistes. Notre camarade Mahouy, pour avoir essayé au Congrès, d'en donner des exemples concrets, patents, indéniables, et choisis parmi beaucoup d'autres, s'est vu menacer de représailles.

Il fallait cependant mettre le Parti en garde contre les déviations et les erreurs les plus récentes de sa Direction. Après la manifestation de Jaurès[874], on avait parlé de révolution imminente, avait dit dans l'Humanité aux paysans de prendre la terre à coups de fusils, Doriot avait déclaré à la Chambre que les conditions objectives de la Révolution étaient réalisées, on avait promis la prise du pouvoir pour demain (et celui qui n'était pas de cet avis était un contre-révolutionnaire !).

Naturellement, cela n'empêche pas de faire des déclarations officielles contre le putsch, mais l'atmosphère putschiste se développe. Pourra-t-on tenir indéfiniment en suspens les espoirs prématurés que l'on suscite ?...

---

873 Il s'agit de « fonctionnaires du Parti », autrement dit des permanents.
874 Le 23 novembre 1924, les communistes s'étaient constitués en cortège séparé à l'occasion du transfert des cendres de Jaurès au Panthéon.

D'ailleurs, cet esprit putschiste semble être le complément obligatoire des méthodes de la Direction : ne fait-il pas justifier une discipline trop mécanique, un centralisme (qui n'a plus rien à voir avec le centralisme démocratique) par l'imminence de la Révolution ?

Cet appel à la Révolution immédiate, ces déclamations ont eu un résultat : la bourgeoisie crie au péril communiste, elle s'arme (les armuriers ont littéralement écoulé tout leur stock), <u>elle se prépare</u>. L'organisation de l'ennemi a fait de sérieux progrès. La classe ouvrière, elle, n'est prête ni à attaquer ni à se défendre. Voilà le résultat pratique et immédiat de la politique qu'on a faite.

Le remède n'est pas dans une agitation <u>inconsidérée</u> contre le fascisme, agitation <u>qui déclare fasciste tout ce qui n'est pas communiste</u> : fascistes les briseurs de grèves de Douarnenez (Mussolini trouve ainsi en Biétry[875] un ancêtre inattendu), fasciste le Sénat, fasciste le Bloc des Gauches, fasciste le pain cher, sociale-fasciste la motion Loriot. Il faut en passer... et des meilleures !

Ce sont là des traits principaux de la situation que nous avions le devoir de signaler à l'Internationale.

Mais, tout cela, qui a trait aux symptômes de la crise, n'en explique pas les raisons profondes.

Nous n'avons jamais songé à expliquer la crise par des "questions de personne". Non, c'est tout autre chose...

Quelles sont donc les raisons profondes de la crise ?

Ces raisons, qui existaient il y a plus d'un an, et qui existent encore, sont telles, qu'aucune solution purement formelle, aucune motion d'unanimité ne pourront y remédier.

Nous pensons que ces raisons sont à la fois d'ordre national et international, et nous nous réservons de revenir ultérieurement sur ces dernières.

Une des causes fondamentales nous semble être que <u>LE PARTI MANQUE DE VIE A LA BASE</u>.

L'activité intellectuelle de ses membres est médiocre : aucun effort sérieux ne vient corriger leur insuffisance théorique et leur défaut d'expérience. Aussi, les membres du Parti ne réagissent-ils pas d'eux-mêmes aux évènements, et ne s'orientent-ils pas spontanément.

L'activité pratique, l'activité de propagande, ne vaut guère mieux et cela se conçoit : comment serait-il possible de pénétrer les masses ouvrières d'un esprit communiste, si les adhérents du Parti n'en sont pas eux-mêmes suffisamment pourvus ? Ce manque d'activité et de propagande explique l'absence de liens vivants avec l'ensemble de la classe ouvrière, aussi bien avec les syndiqués qu'avec les inorganisés.

---

875 Pierre Biétry, figure des « syndicats jaunes » opposés aux grèves.

Le manque de liaison avec la classe ouvrière c'est, pour le Parti du Prolétariat, l'impossibilité d'exprimer les aspirations de sa classe et de remplir son rôle d'avant-garde.

Tout ceci revient à dire que le Parti n'est pas encore en état d'accomplir exactement les tâches qui le sollicitent, il n'est pas encore en état de remplir sa fonction de Parti Communiste... Pourquoi ? <u>Parce qu'il est loin d'être encore un véritable Parti Communiste</u>.

Si nous insistons sur ce point, c'est que nous jugeons nécessaire de mettre en garde l'Internationale contre la surestimation du Parti français que fait la Direction du Parti.

A côté de cette cause fondamentale de la crise (<u>LE PARTI MANQUE DE VIE A LA BASE</u>) il y a une cause accidentelle.

La cause accidentelle qui a précipité la crise du Parti français et lui a donné une très grande acuité, c'est le contre-coup de la crise russe de l'an dernier.

Le contre-coup de la crise russe a porté sur cet organisme mal formé, sur ce Parti insuffisamment lié aux masses, médiocrement encadré, et d'éducation insuffisante.

De plus, la question russe, brutalement révélée, a été très mal posée : le Parti n'a pas été appelé à discuter des problèmes controversés, mais à prendre position sur les aspects personnels des antagonismes russes. <u>Et prendre position à tout prix</u>. Les dirigeants du Parti eux-mêmes se sont orientés souvent pour des raisons de sentiment, sans parler de ceux qui ont l'habitude de ménager leur avenir en volant au secours du plus fort.

La masse du Parti, laissée dans l'ignorance des véritables problèmes, a renoncé à travailler pour se faire une opinion, elle a renoncé à comprendre, elle a consenti l'abdication qui était en quelque sorte sollicitée, elle a admis d'abandonner les questions d'apparence complexe au seul examen des organismes directeurs ; elle s'est résignée à "faire confiance", c'est-à-dire à se mettre à la remorque de sa direction quelle qu'elle soit et quoi qu'elle fasse (elle a suivi Treint comme elle venait de suivre Souvarine...).

La masse du Parti a pris l'habitude de voir les problèmes posés puis résolus en DEHORS D'ELLE. Il s'est créé dans le Parti une incroyable passivité.

Ainsi, se sont révélées les tares que recélait le Parti français, et elles se sont révélées avec d'autant plus de virulence, qu'elles étaient en quelque sorte favorisées par les circonstances, par la Direction du Parti, et même – il faut le dire – par Klein[876], délégué du Comité Exécutif, étroitement lié à la Direction actuelle du Parti et qui porte une lourde part de responsabilité dans la situation actuelle.

---

[876] Pseudonyme d'Abraham Gouralski, bolchevik depuis 1918 ou 1919, devenu émissaire de l'IC.

De la trop brève analyse qui précède, l'Internationale pourra déduire les remèdes qu'il convient d'apporter à la Crise du Parti français. Si nous avons réussi à définir le mal, il sera possible de déterminer la façon pratique de le traiter.

Une intervention venant d'en haut peut aider au rétablissement, mais sans être par elle-même complètement efficace.

Ce qui est essentiel, c'est de changer le <u>régime</u> du Parti, c'est de laisser surgir la pensée, l'initiative, les cadres de la masse du Parti. Cela ne se fera pas en un jour, bien loin de là ; les habitudes prises tiendront quelque temps encore notre Parti dans leur étau.

Mais la pratique du Centralisme démocratique favorisera les progrès sans permettre les abus, et donnera au Parti une trempe et une discipline qui ne seront plus de l'imitation et de la caricature.

Pratiquement, nous pensons que l'élargissement du pouvoir délibératif à une assemblée plus large que la cellule (rayon ou réunion de cellules) donnerait le plus heureux résultat. Nous ne voulons qu'effleurer cette question sur laquelle nous aurons à revenir bientôt.

Aujourd'hui nous nous adressons à l'Internationale. Nous lui disons notre pensée nettement. Nous sommes sûrs qu'elle ne restera pas sourde à notre cri d'alarme. »

Suivent les noms des 80 signataires, le plus souvent accompagnés du numéro de leur cellule du PC :
ALBRESPY, cellule 331 ; ANDRINOPLE, 273 ; AUCOUTURIER, 1044 ; BANSARD, 19 ; Jeanne BANSARD, 19 ; BEAUVAUS, 278 ; Amédée BELIN, 1116 ; Eugène BELIN, 1118 ; Louise BELIN, 329 ; BELLICO, 371 ; H. BETTENDROFFER, 371 ; Marthe BIGOT, 1090 ; BORDAGE ; BOYET, Administrateur de la Coopérative Ouvrière "LA BELLEVILLOISE" ; Hélène BRION ; CARRIERE, 231 ; CASTEX, 23 ; CHANFREAU, 65 ; CORNILLON, 19 ; Jeanne DAMIENS, Féd. Landes-Basses Pyrénées ; DELSOL, 226, Secrétaire de la fraction du Gaz de Banlieue ; DESSAY, Membre de la C.E. de la Féd. du Bâtiment ; André DIDIER, 273 ; F. DIDIER ; Marie DIDIER, 273 ; A. DISSOUS, 231 ; Amédée DUNOIS, 178 ; G. FLEURET ; Maurice FRADIN, 343 ; Lucien FRETIGNY, 845 ; GAMELON, 28 ; Françoise GARNIER, 19 ; GARSOT, 409 ; G. GAYE, Secrétaire de la Fédération Unitaire des Métaux ; GERMAIN, 343 ; GOURGET, 274 ; P. GRANDIN, 319, Secrétaire du Syndicat de l'Alimentation ; G. HACHE, 880 ; René HAGNUAEUR, Secrétaire du Syndicat des Employés de Bourse ; Roger HAGNAUER, 333 ; Marcel HASFELD, 474 ; HATTENBERGER, 410 ; René JOLY, 880 ; R. JOUSSE, 32 ; Marie KER ; KOSTULECKI ; LACROIX, 19 ; LAMBERT, 713, Secrétaire de la Fédération Unitaire des Produits Chimiques ; LEMASSON, 409 ; Al. LEROY, 410 ; Georges LEROY, 6 ; Ch. LESAVRE, 278, Secrétaire du 10ᵉ Rayon de la Région Parisienne ; Fernand LORIOT,

Cellule des Abattoirs ; A. MADRANGE, 343 ; MAHOUY, 343 ; MARACH, 409 ; MAUROUARD, 178 ; Sarah MENANT, 231 ; Eugène MICHAUT, 474 ; E. MOREAU, 438 ; Louise MOREAU ; Léon NOEL, 436 ; Céline NOIR ; FALISE, 478 ; NOSCA, 19 ; Maurice PAZ, 343 ; Albert PELLETIER, 288 ; PERRIER, 19 ; PERTINETTO, 496 ; PIOVANO, 136 ; Adolphe PRUDHOMME, 32 ; L. PRUDHOMME, 19 ; Lucie QUESNEL, 436 ; Antoine RICHARD, Fédération Landes-Basses Pyrénées ; RICHERAND, Secrétaire du Syndicat de la Chaussure de Paris ; Andrée ROMBAUD, cellule 93 ; ROUX, 409 ; M. ROY, 273 ; H. ROYER, 792 ; VOYTIER, 138 ; WITO, Isère[877].

---

877 RGASPI 517/1/294, copie communiquée par Aurélien Durr. Nous avons respecté la typographie de l'original.

Bibliographie et sources

Brochures écrites par Fernand Loriot :
Comité pour la reprise des relations internationales, *Les Socialistes de Zimmerwald et la guerre*, Paris, s.d. [1916]
Comité pour la reprise des relations internationales (section socialiste), *Organisation et action de la section*, Paris, 1917. [brochure peut-être coécrite avec Louise Saumoneau]
Parti Communiste (Section Française de l'Internationale Communiste), *Rapport du Secrétariat international*, Paris, s.d. [fin 1921] [la brochure contient également des rapports de Lucie Leiciague et René Naegelen]
Fernand Loriot, *Un an après Tours, discours prononcé le 5 février 1922 au Compte rendu du Congrès de Marseille à la Fédération de la Seine*, Cahiers communistes, 1922.
Fernand Loriot, *Les Problèmes de la Révolution Prolétarienne*, Librairie du travail, 1928.

Journaux et revues où a écrit Fernand Loriot :
L'Avenir international
Bulletin communiste
Bulletin syndical du Syndicat des institutrices et instituteurs du département de la Seine
Cahiers du bolchevisme
Ce qu'il faut dire
Contre le courant
L'Ecole émancipée (durant la guerre : *L'Ecole* puis *L'Ecole de la Fédération*)
L'Humanité
L'Internationale[878]
L'Internationale communiste
Le Journal du Peuple
La Nouvelle Internationale
La Plèbe
Le Populaire
La Révolution prolétarienne
La Revue communiste
Les Semailles
La Vie ouvrière
Les Voix qu'on étrangle

---

[878] Loriot a écrit dans deux journaux portant ce titre : l'hebdomadaire dirigé par Péricat en 1919, et le quotidien du soir de la SFIC (dirigé par Renoult) en 1921.

Principales archives publiques[879] :

En premier lieu, évoquons brièvement certaines lacunes : d'abord les archives privées, notamment des correspondances qui sont perdues ou ont été détruites (en particulier pendant la Seconde Guerre mondiale).
Manquent également l'essentiel des archives de la SFIO de la période 1905-1920, tant au niveau national que dans le département de la Seine (en particulier de la section de Puteaux). Les comptes-rendus détaillés des congrès socialistes de 1915 à 1919 n'ont pas été publiés – contrairement à l'usage – et les sténographies originales semblent être perdues. Les procès-verbaux du Comité confédéral de la CGT pendant la guerre ne furent jamais publiés en dépit des demandes réitérées des minoritaires[880], et les originaux semblent également perdus.
Les PV des réunions du CRRI/C3I ont également disparu[881]. Début 1921, le C3I protestait publiquement à propos du « *registre des procès-verbaux du Comité, volé par la police chez l'un des secrétaires, Loriot, et actuellement détenu par le Parquet de la Seine* »[882]. Si ces documents avaient été conservés par la justice, ils auraient été dans le dossier d'instruction aux Archives judiciaires de Paris, Cour d'assises de la Seine, 1920-1921 : or ces archives ont brûlé au cours des années 1970. Si les pièces ont été rendues à Loriot suite à l'acquittement, leur sort aura été identique : les archives personnelles de Fernand Loriot ont intégralement disparu, probablement détruites pendant la Seconde Guerre mondiale (sa veuve étant déjà inquiétée pour ses origines juives, conserver ces documents potentiellement compromettants ne lui parut sans doute pas prudent). Sont donc perdus ses archives personnelles, lettres reçues, manuscrits, bibliothèque, etc.
L'absence des PV des réunions du CRRI/C3I est dommageable à la connaissance précise des activités de ce Comité. L'absence des archives personnelles de Fernand Loriot est encore plus problématique – détail rageant, Dunois précise qu'avant de mourir Loriot « *avait mis en ordre ses papiers* »[883].

---

879 Nous n'indiquons pas forcément tout ce que contiennent les cartons, mais uniquement ce qui intéresse notre sujet. Quelques autres archives sont mentionnées en notes dans le corps du texte.
880 Alfred Rosmer, *Le Mouvement ouvrier pendant la Première Guerre mondiale*, op. cit., tome I, p. 171, discours de Monatte au Congrès de Lyon de 1919, etc.
881 Annie Kriegel avait émis l'hypothèse que les rapports présents dans les archives de la Préfecture de police pouvaient éventuellement être « *les comptes-rendus établis par les instances régulières de l'organisation* » (*Aux origines du communisme français*, op. cit., p. 126) ; mais il n'en est rien, il s'agit de façon certaine de rapports d'informateurs.
882 Comité de la IIIᵉ Internationale, « Une protestation », *L'Humanité* n° 6153, 27 janvier 1921, p. 1, et *La Vie ouvrière* n° 91, 28 janvier 1921, p. 1.
883 « *avec ce soin méticuleux qu'il apportait en toutes choses, il avait mis en ordre ses papiers, rédigé ses dernières volontés, dressé la liste des amis dont il souhaitait la présence à ses humbles obsèques.* » (Amédée Dunois, « Mort d'un militant. Fernand Loriot », art. cit.).

De façon plus générale, précisons que nous ne pouvons naturellement nous baser que sur les traces parvenues jusqu'à nous, ce qui exclut de l'action connue d'un militant syndical et politique de nombreuses activités régulières comme la distribution de tracts, la vente d'un journal, le collage d'affiches, et l'ensemble du militantisme le plus quotidien.

Institut français d'histoire sociale :
Archives de Maurice Dommanget, cartons 14 AS/207 : procès-verbaux du Conseil fédéral et des congrès de la FNSI, 1913-1917 (incomplets), et 14 AS/239e : bribes d'archives de la FNSI (1907-1919).
Archives de Pierre Monatte, carton 14 AS/246c : correspondance reçue, note autobiographique de Fernand Loriot de 8 pages dactylographiées [1928] (ainsi que l'original manuscrit).
Archives de Louis et Gabrielle Bouët, cartons 14 AS/435 (1915-1916), 14 AS/436 (1917-1918), 14 AS/437 (1919), 14 AS/441 (1920), 14 AS/445 (1921), 14 AS/470 (1924) et 14 AS/472 (1925) : correspondance reçue.

Archives nationales (Paris) :
Documents du Ministère de la justice :
BB^{18} 2631^2 1001 A20/188 et BB^{18} 2639^1 2551 A20 : documents annexes concernant l'instruction pour « complot » contre Loriot, 1920-1921.

Documents du Ministère de l'intérieur :
F 7/12893 : SFIO et SFIC, rapports, tracts et affiches (1921).
F 7/13053 : « *Répertoires des principaux révolutionnaires* ». Loriot figure dans deux listes sans date (certainement des années 1910), ainsi que dans une liste « *Situation militaire des militants anarchistes* » de 1916, et dans un « *Etat des anarchistes, antimilitaristes et communistes* » du 27 mai 1921.
F 7/13072 : congrès de la SFIO (en particulier 1915 et 1916[884]).
F 7/13073 : congrès de la Fédération socialiste de la Seine (1915 et 1916), et CN de la SFIO (1916-1918).
F 7/13074 : SFIO pendant la guerre.
F 7/13090 : activités communistes en France (1918-1925).
F 7/13349 : antimilitarisme pendant la guerre 14-18, synthèse sur le pacifisme au 1er janvier 1917.
F 7/13370 : instructions et circulaires contre les pacifistes (1915-1920).
F 7/13371 : liste des pacifistes (1916), rapports sur le pacifisme.
F 7/13372 : synthèse sur le pacifisme pendant la guerre, non datée [probablement janvier 1919][885].

---

884 Les liasses sont en désordre et mélangées : des éléments du congrès de 1916 sont placés par erreur dans le dossier 1915.
885 Certaines parties du texte ont cependant été achevées avant l'armistice. Ce document, de plus de 500 pages, doit être utilisé avec une très grande prudence tant les erreurs factuelles

F 7/13374, 13375 et 13376 : tracts et brochures pacifistes saisis (1915-1918).
F 7/13569 : Comité de défense syndicaliste (1916-1919).
F 7/13574, 13575 et 13576 : CGT de 1914 à 1919, et rapports sur le pacifisme.
F 7/13743, 13744 et 13747 : syndicalisme des instituteurs (1917-1927).
F 7/13961 : note de police sur Fernand Loriot, 7 décembre 1916 (4 pages).
F 7/13973 : surveillance des communistes, 1920-1921.
F 7/15935[1] : dossier de police sur Albert Bourderon (1908-1922).
F 7/16000[1] : dossiers de police sur Charles Rappoport (1900-1938).
F 7/16004[2] : copie d'une lettre de Jacques Sadoul à Loriot interceptée et saisie (30 janvier 1920).

Centre des archives contemporaines (Fontainebleau) :
19940445/278 : dossier de police sur Maurice Fromentin (1920-1924).
19940459/279 : dossier de police sur Boris Souvarine (1917-1937).
19940459/360 : dossier de police sur Fernand Loriot, « *instituteur socialiste révolutionnaire* » (1916-1932). Contient entre autres quatre notes de synthèse sur Loriot : du 7 décembre 1916 (4 pages), du 18 avril 1920 (5 pages), du 30 avril 1920 (7 pages), et de février 1925 (2 pages).
19940508/889 : fiche sur Maurice Fromentin.
19940508/1518 : trois fiches sur Fernand Loriot, et une sur son fils Robert.

Bibliothèque nationale de France :
4-LB57-18181 : recueil de tracts du Comité pour la reprise des relations internationales.
4-LB57-18608 (4,1 à 4,5) : Congrès de Clichy du Parti communiste SFIC (1925), épreuves incomplètes de la sténographie inédite (5 tomes).
FOL-LB57-19352 : recueil de documents de la SFIC, et lettres de Trotski à des militants de la SFIC (1921-1922)[886].
FOL-R PIECE-280 : tract du Comité de la 3ᵉ Internationale, « La Résolution d'adhésion à la 3ᵉ Internationale », 8 pages. [novembre 1920]
NAF 28352 : Marcel Martinet, carnets manuscrits et correspondance reçue.

Archives de la préfecture de police (Paris) :
B^A 1470, 1535 et 1536 : rapports sur la SFIO.
B^A 1558 : rapports sur le CRRI, tracts et brochures pacifistes saisis.
B^A 1559, 1560, 1561 et 1562 : correspondances de militants pacifistes interceptées (et parfois saisies).
B^A 1628 : dossiers sur les manifestations du 1ᵉʳ mai (1899-1932), en particulier 1917 et 1919.

---

abondent : par exemple, il est écrit que le 16 juin 1915 « *à la Section socialiste de Puteaux, Loriot distribue le manifeste de Zimmerwald.* » Voilà qui eut été avant-gardiste, puisque ce manifeste ne fut écrit que trois mois plus tard.
886 Documents provenant des archives de Maurice Heine.

B^A 2030 : « complot » de mai 1920, meetings pour la libération des inculpés, notes sur le « *procès Loriot-Souvarine* » de mars 1921.
K3 : dossier sur Léonie Kauffmann.

Service historique de la Défense (Vincennes) :
6N146 : tracts saisis du Comité pour la reprise des relations internationales, rapports et circulaires sur le pacifisme aux armées et sa répression.
6N148 : rapports sur les pacifistes (1914-1918), tracts saisis.
20N181 : lettre interceptée et saisie de Marcel Body à Loriot, ce dernier étant défini dans l'inventaire comme « *président du parti communiste français* »[887].

Archives du PCF (conservées par les archives départementales de Seine-Saint-Denis) :
Copies sur microfilms de documents des archives de Moscou :
3 MI 6/1 : correspondances, tracts (C3I et SFIC), début du compte-rendu sténographique inédit du Congrès de Marseille de décembre 1921 (pages 1 à 488).
3 MI 6/2 : suite et fin du compte-rendu sténographique du Congrès de Marseille (pages 501 à 1395[888]), lettre de Loriot du 26 novembre 1921 à Lucien Laurat (« Révo », militant du Parti communiste d'Autriche), résolution présentée à la Fédération de la Seine de la SFIC.
3 MI 6/3 : traduction en russe d'un article de Loriot paru dans le *Bulletin communiste* du 24 novembre 1921, lettre de Loriot et Dunois au Comité exécutif de l'IC (24 janvier 1922).
3 MI 6/5 : PV du Comité directeur et du Bureau politique du PC (1923).
3 MI 6/8, 9 et 16 : 7 numéros du bulletin de la cellule communiste de Loriot (1924-1925).
3 MI 6/10 : Congrès de Clichy de janvier 1925 : sténographie inédite d'interventions (dont celles de Loriot, Dunois et Rappoport), PV du Comité central du PC (1925).
3 MI 6/11 et 12 : PV du Bureau politique du PC (1925).
3 MI 6/15 : textes de l'opposition communiste (1925).
3 MI 6/20 : PV du Comité central du PC (1926).
3 MI 6/22 : PV du Bureau politique du PC (1926), lettre de Semard à l'IC sur l'opposition communiste (16 janvier 1926).
3 MI 6/32 : lettre de Georges Beaugrand à la direction du PC (5 avril 1927), confirmant que Loriot est « *considéré comme démissionnaire* » depuis l'année précédente.

Archives départementales de Paris :

---

[887] Ce carton était inaccessible au moment de notre recherche.
[888] La pagination n'est pas continue ; il y a donc en fait moins de pages.

D1 T1 460 : dossier de l'Instruction publique sur Fernand Loriot en tant qu'instituteur.

Bibliographie essentielle[889] :
Archives de Jules Humbert-Droz, 1919-1923, 1923-1927 et 1928-1932, IISG, 1970-1988, 3 tomes.
Dictionnaire biographique du mouvement ouvrier français (« Le Maitron », dirigé par Jean Maitron et Claude Pennetier), en particulier les deux notices sur Fernand Loriot : volume 17, éditions ouvrières, 1975 (non-signée, p. 312), et volume 35, éditions ouvrières, 1989 (J. L. Panné, pp. 60-62).
L'Internationale communiste et sa section française (recueil de documents), Librairie de l'Humanité, 1922.
Syndicalisme révolutionnaire et communisme, les archives de Pierre Monatte, 1914-1924, Maspero, 1968.
Marie-Christine Bardouillet, *La Librairie du travail, 1917-1939*, Maspero, 1977.
François Bernard, Louis Bouët, Maurice Dommanget et Gilbert Serret, *Le Syndicalisme dans l'enseignement, histoire de la Fédération de l'enseignement des origines à l'unification de 1935*, IEP Grenoble, s.d. [1966-1969], 3 tomes.
Louis Bouët, *Les Pionniers du syndicalisme universitaire*, L'Ecole émancipée, s.d. [1951]
Louis Bouët, *Trente ans de combat syndicaliste et pacifiste*, L'Amitié par le livre, s.d. [1973]
Louis Bouët, « Nécrologie : Fernand Loriot », *L'Ecole émancipée* n° 5, 30 octobre 1932.
A. Bourderon et A. Merrheim, *Conférence socialiste internationale, Zimmerwald (Suisse), 5-8 septembre 1915*, Paris, s.d. [1915]
Robert Brécy, *Le Mouvement syndical en France, 1871-1921, essai bibliographique*, éditions du Signe, 1982.
Gilles Candar, *Jean Longuet, un internationaliste à l'épreuve de l'histoire*, Presses universitaires de Rennes, 2007.
Colette Chambelland, *Pierre Monatte, une autre voix syndicaliste*, éditions de l'Atelier, 1999.
Dominique Chekir, *Recherches sur le syndicalisme des instituteurs de la Seine de 1917 à 1922*, mémoire de maîtrise, Université Paris I, 1988.
Comité pour la reprise des relations internationales, *Jean Jaurès et les causes de la guerre*, Paris, s.d. [1916]

---

889 Nous ne mentionnons évidemment pas l'ensemble des ouvrages consultés, ni certains des textes qui sont déjà cités en note dans le texte. Lorsque l'éditeur n'est pas clairement identifié, nous indiquons le lieu d'édition : en général Paris. Le cas échéant, nous avons indiqué l'édition la plus récente.

Comité pour la reprise des relations internationales, *Seconde conférence socialiste internationale de Zimmerwald, tenue à Kienthal (Suisse), du 24 au 30 avril 1916*, Paris, s.d. [1916]
Comité pour la reprise des relations internationales, *Le Socialisme et la guerre*, Paris, 1917.
Critique sociale, *Les Vies de Boris Souvarine*, Paris, 2008.
Edouard Dolléans, *Histoire du mouvement ouvrier*, Armand Colin, 1967, tomes 2 et 3.
Jacques Droz (dir.), *Histoire générale du socialisme*, PUF, 1997, tomes 2 et 3.
Max Ferré, *Histoire du mouvement syndicaliste révolutionnaire chez les instituteurs, des origines à 1922*, Sudel, 1955.
François Ferrette, *Le Comité de la 3ème Internationale et les débuts du PC français (1919-1936)*, mémoire de maîtrise, Université Paris I, 2004-2005.
Thierry Flammant, *L'Ecole émancipée, une contre-culture de la belle époque*, Les Monédières, 1982.
L.-O. Frossard, *De Jaurès à Lénine, notes et souvenirs d'un militant*, Nouvelle revue socialiste, 1930.
Shaul Ginsburg, *Raymond Lefebvre et les origines du communisme français*, Tête de feuilles, 1975.
Christian Gras, *Alfred Rosmer et le mouvement révolutionnaire international*, Maspero, 1971.
Charles Jacquier, *Boris Souvarine, un intellectuel antistalinien de l'entre-deux-guerres : 1924-1940*, thèse de doctorat, Université Paris X, 1993-1994, 2 tomes.
Jacques Kergoat, *Le Parti socialiste*, Le Sycomore, 1983.
Annie Kriegel, *Aux origines du communisme français, 1914-1920*, Mouton, 1964, 2 tomes.
Loïc Le Bars, *La Fédération unitaire de l'enseignement (1919-1935), aux origines du syndicalisme enseignant*, Syllepse, 2005.
Georges Lefranc, *Le Mouvement socialiste sous la Troisième République*, Payot, 1977, 2 tomes.
Daniel Ligou, *Histoire du socialisme en France (1871-1961)*, PUF, 1962.
Slava Liszek, *Marie Guillot, de l'émancipation des femmes à celle du syndicalisme*, L'Harmattan, 1994.
Paul Louis, *La Crise du socialisme mondial*, Alcan, 1921.
Paul Louis, *Le Syndicalisme français d'Amiens à Saint-Etienne (1906-1922)*, Alcan, 1924.
Marie et François Mayoux, *Instituteurs pacifistes et syndicalistes*, Canope, 1992.
Pierre Monatte, *Trois scissions syndicales*, éditions ouvrières, 1958.
Pierre Monatte, *La Lutte syndicale*, Maspero, 1976.
Pierre Monatte, « Une conscience : Fernand Loriot », *La Révolution prolétarienne* n° 140, 25 novembre 1932.

Pierre Monatte, Alfred Rosmer et Victor Delagarde, *Lettres aux membres du Parti Communiste. Avant le Congrès de Janvier. Quelques documents*, s.l.n.d. [fin novembre 1924]
Jean-Louis Panné, *Boris Souvarine*, Robert Laffont, 1993.
Jean-Louis Panné, *La Lettre des 250*, dans Michel Dreyfus, Claude Pennetier et Nathalie Viet-Depaule (dir.), *La Part des militants, biographie et mouvement ouvrier*, éditions de l'Atelier, 1996.
Jean-Louis Robert, *Ouvriers et mouvement ouvrier parisiens pendant la Grande Guerre et l'immédiat après-guerre*, thèse de doctorat d'Etat, Université Paris I, 1989, 9 tomes[890].
Philippe Robrieux, *Histoire intérieure du Parti communiste*, Fayard, 1980-1984, 4 tomes.
Romain Rolland, *Journal des années de guerre, 1914-1919*, Albin Michel, 1952.
Alfred Rosmer, *Le Mouvement ouvrier pendant la Première Guerre mondiale*, éditions d'Avron, 1993, 2 tomes[891].
Alfred Rosmer, *Moscou sous Lénine*, Les Bons caractères, 2009.
Louise Saumoneau, *Les Femmes socialistes contre la guerre*, Paris, s.d. [1920-1924 ?], 3 brochures.
Boris Souvarine, *Autour du congrès de Tours*, Champ libre, 1981.
Boris Souvarine, *A contre-courant, écrits 1925-1939*, Denoël, 1985.
Boris Souvarine, *Une controverse avec Lénine, 1916-1917*, dans Lénine, *Lettre ouverte à Boris Souvarine*, Spartacus, 1970.
Aude et Charles Sowerwine, *Le Mouvement ouvrier français contre la guerre, 1914-1918*, EDHIS, 1985, 7 tomes[892].
Henry Torrès, *Histoire d'un complot*, Clarté, 1921.
Joël Tronquoy, *Le Combat pacifiste des instituteurs syndicalistes pendant la guerre 1914-1918*, mémoire de maîtrise, Université Paris I, 1977.
Léon Trotsky, *Le Mouvement communiste en France, 1919-1939*, éditions de Minuit, 1977.
Robert Wohl, *French Communism in the Making, 1914-1924*, Stanford University Press, 1966[893].

---

890 Seule une partie de cette thèse a été publiée : Jean-Louis Robert, *Les Ouvriers, la patrie et la Révolution, Paris 1914-1919*, Les Belles lettres, 1995.
891 Rosmer est mort avant d'avoir écrit le troisième tome prévu.
892 Ces volumes contiennent des fac-similés de nombreux documents, mais il manque plusieurs tracts, et les quelques indications de contexte ou attributions d'auteurs sont parfois inexactes.
893 Un extrait (pp. 428-430) est traduit dans Jean-Paul Brunet, *L'Enfance du Parti communiste (1920-1938)*, PUF, 1972, pp. 51-53.

Iconographie de Fernand Loriot dans la presse de 1917 à 1922 :

* Dessins : *Le Journal du Peuple* des 1er janvier 1917, 26 février 1921, 1er mars 1921 et 2 mars 1921, *L'Humanité* des 22 avril 1919 et 29 décembre 1921, *Le Canard enchaîné* du 30 avril 1919, *Le Rire* du 5 juin 1920, *Le Petit journal* du 27 février 1921, *L'Œuvre* du 1er mars 1921, *L'Echo de Paris* du 1er mars 1921.

* Photos : *Excelsior* des 22 avril 1919, 7 mai 1920, 28 février 1921, 1er mars 1921 et 2 mars 1921, *Les Hommes du jour* du 28 février 1920 (couverture pleine page), *L'Humanité* des 7 mai 1920, 20 février 1921 (n° bis), 27 février 1921, 3 mars 1921, 11 août 1921, 27 décembre 1921, 2 janvier 1922 et 6 février 1922, *Floréal* du 22 mai 1920, *Le Matin* du 8 juin 1920, *Le Petit journal* du 1er mars 1921, *Le Petit parisien* du 1er mars 1921, *Le Peuple* du 1er mars 1921, *Bulletin communiste* des 3 mars 1921 et 15 décembre 1921, *La Vie ouvrière* du 11 mars 1921, *Le Journal du Peuple* des 18 mars 1921 et 5 janvier 1922, *L'Internationale* du 30 décembre 1921.

Mes remerciements à Philippe Bourrinet, Philippe Catonné, Frédéric Cépède, Antoine Chuzeville, Clément Comet, Aurélien Durr, François Ferrette, Pierre Haniez, Virginie Hébrard, Charles Jacquier, Stéphane Julien, Jean-Jacques Karman, Jean-Michel Kay, Michel Loriot, Irène Mainguy, Suzanne Namèche, Bruno Paleni, Jean-Louis Panné, Germinal Pinalie, Hélène Strub, Lucie Viver.

chuzevillejulien@gmail.com

Table des matières

I : Un instituteur socialiste et syndicaliste   p. 7
    Au Syndicat des Instituteurs de la Seine   p. 10

II : Contre la guerre   p. 17
    Le Comité pour la reprise des relations internationales   p. 31
    Printemps 1917, lueurs dans la nuit   p. 49
    Renversement de majorité à la SFIO   p. 71
    Berne, à la croisée des chemins   p. 79

III : Pour la révolution   p. 95
    Le Congrès socialiste de Strasbourg   p. 105
    La transformation de la SFIO en SFIC   p. 121
    Le Congrès communiste de Marseille   p. 133
    Divisions sur le front unique   p. 138
    Repli provisoire   p. 141

IV : Communiste oppositionnel   p. 153
    Opposition à l'intérieur du parti communiste   p. 153
    Opposition communiste à l'extérieur du parti   p. 174
    Pour l'unification syndicale   p. 184

V : Conclusion   p. 187

Annexes :
1 : Illustrations   p. 197
2 : Note nécrologique sur Fernand Loriot, par B. Souvarine   p. 201
3 : La scission socialiste   p. 203
4 : Les courants lors des congrès de la SFIO de 1915 à 1920   p. 211
5 : La scission syndicale   p. 213
6 : La lettre des 80 de l'opposition communiste (1925)   p. 217

Bibliographie et sources   p. 227

L'histoire
aux éditions L'Harmattan

Dernières parutions

3000 ANS DE RÉVOLUTION AGRICOLE
Techniques et pratiques agricoles de l'Antiquité à la fin du XIXe siècle
Vanderpooten Michel
De la Grèce et la Rome antiques à l'Andalousie arabe, des campagnes gauloises à la France des Lumières et de la Révolution industrielle du XIXe siècle, l'évolution des connaissances et des pratiques agricoles est ici retracée à travers l'étude de près de 4000 documents. Les étapes de la production agricole, à différentes époques, sont étudiées, ainsi que l'entrée de l'agriculture dans l'ère de la chimie et du machinisme.
(Coll. Historiques, série Travaux, 34.00 euros, 332 p.)
ISBN : 978-2-296-96444-0, ISBN EBOOK : 978-2-296-50329-8

ANTIQUITÉ (L') MODERNE
Wright Donald
Ce livre étudie le regard que l'homme de la Belle Époque porte sur l'Antiquité. Il analyse la modernité de la Troisième République et ce que celle-ci doit à une interprétation systématique et scientifique des apports grecs et romains. Au travers des textes littéraires et scientifiques ainsi que de nombreux documents ensevelis puis retrouvés dans les archives françaises, ce livre est une étude sociologique d'une époque moderne par excellence qui se veut «classique».
(Coll. Historiques, série Travaux, 27.00 euros, 274 p.)
ISBN : 978-2-296-99168-2, ISBN EBOOK : 978-2-296-50407-3

GRANDEUR ET SERVITUDE COLONIALES
Sarraut Albert - Texte présenté par Nicola Cooper
Albert Sarraut fut l'un des maîtres-penseurs du colonialisme de la période de l'entre-deux-guerres. Cet ouvrage de 1931 est l'un des meilleurs exemples de la justification du colonialisme français : il touche à tous les impératifs coloniaux de la France, du tournant du siècle aux débuts de la décolonisation. C'est essentiellement Sarraut qui façonna le langage avec lequel les Français parlaient de leur empire colonial.
(Coll. Autrement mêmes, 24.00 euros, 200 p.)
ISBN : 978-2-296-99409-6, ISBN EBOOK : 978-2-296-50121-8

HOMO SAPIENS (L') ET LE NEANDERTAL SE SONT-ILS PARLÉ
EN RAMAKUSHI IL Y A 100000 ANS ?
Paléontologie génétique et archéologie linguistique
Diagne Pathé
Cet ouvrage présente les découvertes qui permettent pour la première fois d'éclairer de manière factuelle la révolution culturelle et linguistique, qui a planétarisé avec l'avènement de la parole de Sapiens, voire de Néandertal, le monothéisme et les cultes bachiques de bonne fortune et de fécondité, à partir de 300000 et 200000 ans av. J.-C. Les faits qui rendent compte de manière précise de cette révolution sont portés par le ramakushi et son vocabulaire comme langage datable matériellement entre 8000 et 10000 ans av. J.-C.
(Editions Sankoré, 14.50 euros, 138 p.)
ISBN : 978-2-296-99334-1, ISBN EBOOK : 978-2-296-50189-8

HISTOIRE DES PEUPLES RÉSILIENTS (Tome 1)
Traumatisme et cohésion VIe-XVIe siècle
Benoit Georges
Ce livre revient sur l'histoire de communautés éparses qui, surmontant le traumatisme de leur naissance improbable, firent preuve de résilience collective. Histoire particulière, marginale,

de rescapés et de fuyards qui se prirent en charge pour se sauver, trouvant en eux-mêmes, dans leur cohésion intime, cette énergie qui les hissa au-dessus de l'ordinaire. Histoire de petites sociétés horizontales qui, vivant en périphérie du continent européen, irradièrent au loin jusqu'à se poster en économies-monde, quand la société médiévale, toute pétrie de verticalité hiérarchique, clouait la population au sol.
(Coll. Historiques, série Essais, 23.00 euros, 222 p.)
ISBN : 978-2-296-99201-6, ISBN EBOOK : 978-2-296-50168-3

HISTOIRE DES PEUPLES RÉSILIENTS (Tome 2) – Confiance et défiance XVIe-XXIe siècle
Benoit Georges
Au XVIe siècle, la Contre-Réforme déclara le meilleur de la bourgeoisie *persona non grata* et, poussant des communautés entières à l'exil, elle les contraignit à se réfugier dans une Eglise plus sociétaire, à tramer du lien social - source de cohésion et de puissance, à faire preuve de cette résilience collective qui fit la fortune de l'Amérique puritaine. Dans ce second tome, cette histoire dit aussi ce que - privées d'une aventure commune - l'Inde des castes et l'Italie du Mezzogiorno ne furent pas ; ce que - par esprit de défiance - l'Amérique des temps modernes pourrait ne plus être.
(Coll. Historiques, série Essais, 23.00 euros, 224 p.)
ISBN : 978-2-296-99200-9, ISBN EBOOK : 978-2-296-50167-6

VAGABOND (LE) EN OCCIDENT. SUR LA ROUTE, DANS LA RUE (Volume 1) – Du Moyen Age au XIXe siècle
Sous la direction de Francis Desvois et Morag J. Munro-Landi
Les textes ici réunis se proposent de fixer une image du vagabond dans les cultures occidentales. Du Moyen Age à nos jours, les sociétés occidentales ont hésité entre fascination et répulsion pour le nomadisme, enviable quand il est choisi, détestable et harassant quand il est imposé. Ces contributions reviennent sur l'histoire de ce phénomène, son accueil et sa pénalisation, ainsi que sur ses représentations dans la littérature et les arts plastiques.
(38.00 euros, 378 p.) ISBN : 978-2-296-99153-8, ISBN EBOOK : 978-2-296-50110-2

VAGABOND (LE) EN OCCIDENT. SUR LA ROUTE, DANS LA RUE (Volume 2)
Sous la direction de Francis Desvois et Morag J. Munro-Landi
Ce volume s'interroge sur l'esthétisation progressive et simultanée, partout en Occident, du vagabond. Bohème et poète, on le voit dériver lentement d'une recherche d'identité plus ou moins consciente et assumée vers la désagrégation personnelle et le désenchantement incarnés par les bandes de voyous et les punks. Le vagabondage retrouve alors sa fonction première de quête de la survie, mais avec un horizon beaucoup plus sombre désormais.
(35.00 euros, 346 p.) ISBN : 978-2-296-99154-5, ISBN EBOOK : 978-2-296-50111-9

BALEINES (LES) FRANCHES
Soulaire Jacques
Véritable encyclopédie richement illustrée, ce livre nous plonge dans les mers froides, à la découverte de l'univers passionnant des baleines franches. Un premier volet détaille l'anatomie et la physiologie de ces géants du monde animal, un second déroule l'histoire de leur pêche par pays de manière chronologique, ce qu'aucune histoire de la chasse à la baleine n'avait fait auparavant.
(SPM, 39.00 euros, 560 p.) ISBN : 978-2-901952-93-0, ISBN EBOOK : 978-2-296-50078-5

HISTORIQUE DE L'ARTILLERIE DE MARINE ET DE LA COLONISATION FRANÇAISE
Laloire Jean-Claude - Préface du général de brigade Bertrand Noirtin
Cet ouvrage présente les *Bigors*, les Artilleurs de Marine, engagés hors du territoire métropolitain, en particulier sur les continents africain et asiatique, depuis leur création officielle en 1692. Ils ont apporté une contribution décisive à la constitution des empires coloniaux successifs, et à leur gestion. L'artillerie de Marine constitue aujourd'hui une armée d'excellence face aux menaces actuelles.
(11.50 euros, 94 p.) ISBN : 978-2-296-99254-2

HISTOIRE NAVALE HISTOIRE MARITIME
Mélanges offerts à Patrick Villiers
Textes réunis par Christian Borde et Christian Pfister
Ces contributions traitent de l'histoire navale et maritime de l'Antiquité romaine à la période contemporaine. Transgressant la frontière entre marine de guerre et de commerce, P. Villiers a ensuite mené des travaux sur l'archéologie du vaisseau de guerre à l'Âge classique, la bataille navale, les dynamiques portuaires, le commerce colonial et la traite des esclaves, les convois atlantiques et la guerre de course, sans oublier la marine de Loire.
(SPM, 21.00 euros, 210 p.) ISBN : 978-2-901952-92-3

ROYAUMES (LES) NÉO-HITTITES À L'ÂGE DU FER
Les Hittites et leur histoire
Freu Jacques, Mazoyer Michel
Ce livre présente l'époque dite néo-hittite et fait une conclusion globale sur l'histoire et la civilisation hittites. L'histoire des États «néo-hittites» débute après l'effondrement, vers -1180, du grand royaume de Hatti. Elle a connu plusieurs phases : l'âge d'or, celui des contacts réguliers avec les Assyriens et les rois d'Urartu, d'Israël et de Phrygie ; la période finale et la conquête assyrienne, de la seconde moitié du VIIIe siècle à la fin du VIIe siècle avant JC.
(Coll. Kubaba, série Antiquité, 36.00 euros, 366 p.) ISBN : 978-2-296-99244-3

SOLEIL (LE) ET LA LUNE DANS LE PAGANISME SCANDINAVE DU MÉSOLITHIQUE À L'ÂGE DU BRONZE RÉCENT (DE 8000 À 500 AV.J.-C.)
Ettighoffer Patrick
Le Soleil et la Lune jouent un rôle déterminant dans les structures mêmes du paganisme nordique. Les deux luminaires sont indissociablement liés sous le terme de «cycle vital», autrement dit l'alternance vie-mort-renouveau. Voici un exposé historique, archéologique et iconographique, enrichi de recours à l'ethnographie, la tradition littéraire, la linguistique, l'étymologie et la toponymie.
(Coll. Kubaba, série Antiquité, 36.00 euros, 348 p.) ISBN : 978-2-296-96990-2

JARDINS D'HIER ET D'AUJOURD'HUI – De Karnak à l'Eden
Aufrere Sydney H., Mazoyer Michel
La création et l'organisation des jardins ont étonnamment varié au gré des cultures, du temps et de l'espace. Malgré une diversité apparente de représentation et de conception, ils semblent prolonger l'image d'un «Eden» primitif, un lieu idéal, séparé du monde sauvage. Ces contributions nous entraînent dans les jardins de l'Antiquité et des époques moderne et contemporaine.
(Coll. Kubaba, 29.00 euros, 286 p.) ISBN : 978-2-296-96101-2

RECHERCHES SUR LES COURS LAÏQUES DU XE AU XIIIE SIÈCLE
Bongert Yvonne
Préface à la nouvelle édition d'Elisabeth Magnou-Nortier
Cet ouvrage retrace la lente reconstruction de la fonction judiciaire, à travers les procédures de paix (transaction, médiation et arbitrage), puis l'organisation des cours que domine peu à peu la *Curia regis*, tandis que l'appel est mis en place et qu'est diffusé un système de preuves rationnelles propres à évincer ordalies, cojureurs et duels judiciaires. Dans cette gigantesque acculturation à l'aube de la formation de notre système judiciaire, le modèle canonique joua un rôle déterminant.
(36.00 euros, 322 p.) ISBN : 978-2-296-96492-1

MÉTAMORPHOSES (LES) DE LA SAGESSE AU PROCHE-ORIENT ASIATIQUE
Des Sumériens à Thalès
Arnaud Daniel
Voici exposée la richesse intellectuelle du Proche-Orient asiatique, de la fin du IVe millénaire au VIe siècle avant notre ère. L'histoire de la région fut complexe, même si les empires, à partir du IXe siècle, imposèrent un ordre à peu près stable. Cette solution politique apparut, au VIe siècle, insatisfaisante au Grec Thalès comme au roi de Babylone. Aussi, celui-ci chercha-t-il à réunir ses sujets dans le culte d'une divinité suprême ; Thalès inventa la philosophie.
(Coll. Kubaba, 36.00 euros, 552 p.) ISBN : 978-2-296-56948-5

L'HARMATTAN, ITALIA
Via Degli Artisti 15; 10124 Torino

L'HARMATTAN HONGRIE
Könyvesbolt ; Kossuth L. u. 14-16
1053 Budapest

ESPACE L'HARMATTAN KINSHASA
Faculté des Sciences sociales,
politiques et administratives
BP243, KIN XI
Université de Kinshasa

L'HARMATTAN CONGO
67, av. E. P. Lumumba
Bât. – Congo Pharmacie (Bib. Nat.)
BP2874 Brazzaville
harmattan.congo@yahoo.fr

L'HARMATTAN GUINÉE
Almamya Rue KA 028, en face du restaurant Le Cèdre
OKB agency BP 3470 Conakry
(00224) 60 20 85 08
harmattanguinee@yahoo.fr

L'HARMATTAN CAMEROUN
BP 11486
Face à la SNI, immeuble Don Bosco
Yaoundé
(00237) 99 76 61 66
harmattancam@yahoo.fr

L'HARMATTAN CÔTE D'IVOIRE
Résidence Karl / cité des arts
Abidjan-Cocody 03 BP 1588 Abidjan 03
(00225) 05 77 87 31
etien_nda@yahoo.fr

L'HARMATTAN MAURITANIE
Espace El Kettab du livre francophone
N° 472 avenue du Palais des Congrès
BP 316 Nouakchott
(00222) 63 25 980

L'HARMATTAN SÉNÉGAL
« Villa Rose », rue de Diourbel X G, Point E
BP 45034 Dakar FANN
(00221) 33 825 98 58 / 77 242 25 08
senharmattan@gmail.com

L'HARMATTAN TOGO
1771, Bd du 13 janvier
BP 414 Lomé
Tél : 00 228 2201792
gerry@taama.net

553397 - Janvier 2014
Achevé d'imprimer par